KB262237

전국 지역어 텍스트 총서 ①
경상북도 ①
경주지역어 텍스트-1

한국방언학회 자료총서 1 · 전국 지역어 텍스트 총서 1

경주지역어 텍스트-1

경상북도 ①

최명옥 · 김주석 공편저

‖ '전국 지역어 텍스트 총서' 발간사 ‖

불과 40년 전만 해도, 지방의 경우, 태어난 고장을 한 번도 벗어나 보지 못하고 일생을 마치는 사람들이 대부분이었다. 그 시대에는 교통이 매우 불편하였으며 대중매체라고는 라디오뿐, 그것도 전파가 미치지 못하는 곳에서는 들을 수가 없었다. 그런 시대 이전까지는 자연 장애물로 인하여 사람들의 왕래가 어려웠던 지역들 사이에는 사용하는 말이 달랐다. 어느 한 지역에 사용되는 말은 그 지역 주민들에게 대대로 내려오는 전승물(傳承物)과 같은 것이었다.

1970년대 이후 우리 사회가 산업 사회로 바뀌면서 농촌에는 큰 변화가 일어났다. 청·장년층이 대도시로 빠져나갔고 가족제도가 대가족에서 핵가족 제도로 바뀌었다. 그 결과 농촌 인구는 노년층이 주를 이루게 되었으며 노년층과 청소년층 간에 언어의 단절이 생기기 시작했다. 그리하여 앞으로 10년 동안에 지금의 7, 80대 노년층이 타계(他界)하게 되면, 전통적인 고유어휘와 표현들의 대부분이 소멸할 상태에 이르렀다. 이 기간에 우리가 최우선하여 해야 할 것은 그들 토박이 노년층의 말을 최대로 수집하여 보존하는 일이다.

정치, 경제, 기술 등과 관계되는 문제는 앞으로 우리의 노력에 따라 현재보다 더 개선될 수 있을 것이며 가지고 싶은 각종 명품이나 귀중품들은 시간이 지나면 그보다 더 개량되고 고급화될 수 있을 것이다. 그러나 지금 우리가 토박이 노년층의 말을 수집하여 보존해 두지 않는다면, 10년 뒤에는 더할 수 없는 대가와 희생을 치른다 하더라도, 다시는 그들의 말을 되살릴 수 없을 것이다.

편자는 1996년에서 1년간 동경대학에서 근무하는 동안에 일본의 국립국어연구소를 방문하였다가 그곳에 소장되어 있는 전국 각지에서 간행된 엄청난 양의 방언자료집과 지역어 텍스트를 보고 큰 충격을 받았다. 그 무렵까지 간행된 한국어의 방언자료집은, 양의 크기에 관계없이, 열 손가락으로 꼽을 정도였으며 제대로 된 지역어 텍스트는 하나도 없었기 때문이다.

한국어 연구자들은 여러 지역어와 계층어를 포함한 현대 이전의 한국어 연구가 불가능한 사실을 아쉽게 생각하고 있다. 그것은 연구대상이 되는 문헌어의 거의 전부가 중부지역 상층어에 한정되어 있기 때문이다. 그런데 10년 전의 상황에서 편자가 느낀 것은, 50년이나 100년 뒤에, 1900년대의 한국어를 연구하려는 사람들도 그와 동일한 생각을 하리라는 것이었다. 그때에 볼 수 있는 1900년대 한국어 자료는 대개 표준 한국어로 기록된 문헌 자료뿐일 것이기 때문이었다.

이런 생각을 하면서, 귀국하면 기존에 수집된 전국의 주요 지역어의 음성자료(당시에는 아날로그 녹음에 한정되었음)를 구하여 디지털화하는 한편 전국을 대상으로 한 지역어 텍스트를 간행할 계획을 세웠다. 이번에 편자가 한국방언학회 자료 총서의 하나로 이 '전국 지역어 텍스트 총서'를 편하여 내는 것은 10년 전에 세웠던 계획의 실현이다.

이상적인 지역어 텍스트는 전국 각 도별로 4, 5지역을 선정하여 간행하는 것이 좋겠지만, 우선 이 지역어 텍스트 총서는 남한의 9도와 북한의 4도(함경남북도와 평안남북도)에서 한 지역을 택하여 모두 13권으로 간행할 것이며 각 권은 다음 4단으로 구성할 것이다. 제1단 : 지역어의 음성에 대한 한글 자모 표기, 제2단 : 제1단에 제시된 지역어의 음성에 대한 국제 음성기호(I.P.A.)와 보충 기호 표기, 제3단 : 제1단의 음성형에 대한 어간과 어미의 분철 표기, 제4단 : 제3단의 표기 내용에 대한 표준 한국어 대역. 이것은 독자들에게 이 텍스트가 가장 좋은 연구 자료가 되고 독자들이 그 내용을 가장 분명하게 이해할 수 있게 하기 위한 것이다.

그러므로 이 지역어 텍스트는 현대 한국어의 보존이라는 역사적 의의 외에, 음운론, 형태론, 통사론, 담화분석 등에 관심이 있는 연구자들에게는 직접적인 연구 자료가 될 수 있을 것이며, 대학이나 대학원 과정에서 한국어학을 가르치는 교수들에게는 담당 강좌의 연습문제로 활용될 수 있을 것이다. 그리고 장차 한국어학을 전공하려는 학생들에게는, 자연어로서의 한국어에 대한 경험의 폭을 넓힘으로써, 한국어에 대한 상대적인 사고를 형성하는 도장이 될 수 있을 것이다.

그러나 이런 종류의 책들은 상업성이 없다. 그럼에도 불구하고 이 총서 간행의 제의를 이대현 사장은 선뜻 받아들였다. 비록 상업성은 없다고 하더라도 분명히 역사적이고도 학술적인 가치를 가질 수 있는 이 총서의 간행을 '도서출판 역락'에서 맡아 했다는 사실에 의의를 두고 싶다는 것이었다. 이대현 사장의 그런 고마운 결정에 편자는 깊은 감사를 드린다.

2007년 7월
편자 최명옥 씀

경주는 약 천년에 걸친 신라의 수도였다. 이러한 역사적 사실 외에 경주가 가지는 또 다른 사실은 그곳이 현대 한국어의 발상지라는 것이다. 기원전 57년에 경주 지역에서 건국된 사로국의 언어는 4세기 후반에 이르러 지금의 경상북도 일대로 그 세력을 확장하였다. 6세기 초에 국호가 신라로 바뀌었으며 신라는 백제(660년)와 고구려(668년)를 멸망시켜 삼국을 통일하였다.

신라의 삼국통일은 단순히 영토의 통일만이 아니라 언어의 통일까지 이룬 것이라는 점에서 의의를 가진다. 신라가 고려에 병합되고 그 뒤에 고려에서 조선으로, 다시 대한민국으로 국호가 바뀌었지만, 사로국의 언어는 신라어와 고려어 그리고 조선어를 거쳐서 지금의 한국어로 이어져 내려오는 것이다. 그러니까 경주지역어는 현대 한국어의 시조어가 된다.

이 책에는 그러한 한국어사적 의의를 가지는 경주지역어가 수록되어 있다. 수록된 경주지역어는 1983년에 공편저자인 김주석 선생이 카세트 녹음기로 녹음한 음성을 전사한 것이다. 녹음 상태가 좋지 않아 정확하지 못하거나 전사가 불가능한 부분이 상당히 있었다. 그러한 부분은 특별한 의미를 주지 않는다고 생각하여 이 텍스트에는 제외하였다.

경주지역어는 그 성격상 크게 셋으로 구분된다. 해안어와 내륙 민촌어와 내륙 반촌어가 그것이다. 해안어와 내륙어의 큰 차이는 해안어가 '아(부사형어미 포함)'를 많이 사용하는데 반하여 내륙어는 '어(부사형어미 포함)'를 많이 사용한다는 것이다. 예. '알라아 : 얼라아(어린애), 간지랍다 : 간지럽다, 곯아 떨아지다 : 곯어 떨어지다' 등. 그리고 내륙 민촌어

(해안어 포함)와 내륙 반촌어의 큰 차이는, 민촌어와는 달리, 반촌어에서는, 일부 단어에 한하여 자음 뒤에서 이중모음의 발음이 가능하다는 것이다. 예. ‘기 : 귀(耳), 가부 : 과부(寡婦), {성, 헝, 헹} : 형(兄)’ 등.

이 책에 수록된 것은 내륙 반촌어이다. 이 점에서 이 텍스트는 미완성의 것이라 할 수 있다. 경주의 해안어와 내륙 민촌어를 담은 텍스트를 마련하여 명실상부한 경주지역어 텍스트를 완성하는 것이 남은 과제가 된다. 그렇지만 공편저자들은 이 텍스트가 한국어 연구자와 한국어학 강의 담당 교수들에게, 그리고 대학원 과정에서 한국어학을 전공하려는 학생들에게 적은 도움이 될 수 있기를 바란다.

끝으로 이 책의 간행을 흔쾌히 수락하여 준 이대현 사장과 까다롭고도 힘든 과정을 거쳐서 훌륭한 책으로 만들어 준 권분옥 팀장을 비롯한 편집부 여러분에게 이 자리를 빌려 고마움을 전한다. 아울러 꼼꼼하게 마무리 교정을 하여 준 임석규 선생과 ‘찾아보기’ 작업을 하여 준 한성우 선생에게도 고마움을 전한다.

2007년 7월
최명옥 씀

‖ 차 례 ‖

일러두기

1 이 텍스트는 모두 4단으로 구성된다. 제1단은 지역어의 음성을 한글 자모로 표기한 것이며 제2단은 제1단에 제시된 지역어의 음성을 국제음성기호(I.P.A.)와 보충 기호로 표기한 것이다. 그리고 제3단은 제1단의 음성형에 대한 기저형을 어간과 어미로 분철하여 표기한 것이며 제4단은 제3단의 표기 내용을 표준어로 대역한 것이다.

2 이 지역어는 6개의 단(單)모음소 /이(i), 에·애(ɛ), 으·어(ɜ), 우(u), 오(o), 아(a)/를 가진다. 그러므로 /에(e)/, /애(ɛ)/와 /으(ɯ)/, /어(ʌ)/는 이 지역어에서 음소의 기능을 가지지 못한다. 그러나 한글 자모로 표기하는 경우에는 독자들이 쉽게 이해할 수 있도록 그들 모음(소)를 표준어에 맞추어 구별하여 표기한다.

3 이 텍스트에 사용되는 로마자 음성 기호와 그에 대한 한글 자모 음가를 ( ) 속에 표시하면 다음과 같다.
　① 모음 : i(이), ɛ(에·애), ɜ(으·어), u(우), o(오), a(아)
　② 자음 : ⓐ 무성음 : p(ㅂ), p'(ㅃ), pʰ(ㅍ), t(ㄷ), t'(ㄸ), tʰ(ㅌ), s(ㅅ), č(=tʃ)
　　　　　　　　　　(ㅈ), č'(=tʃ')(ㅉ), čʰ(=tʃʰ)(ㅊ), k(ㄱ), k'(ㄲ), kʰ(ㅋ), h(ㅎ)
　　　　　　ⓑ 유성음 : b('ㅂ/p'의 유성음), d('ㄷ/t'의 유성음), ɾ(초성의 'ㄹ'),
　　　　　　　　　　l(종성의 'ㄹ'), ǰ(=ʤ)('ㅈ/č'의 유성음), g('ㄱ/k'의 유성음),
　　　　　　　　　　ɦ('ㅎ/h'의 유성음)
　　　　　　ⓒ 비음(鼻音) : m(ㅁ), n(ㄴ), ŋ(종성의 'ㅇ')
　　　　　　ⓓ 구개음 : ɲ('ㄴ/n'의 구개음), ɕ('ㅅ/s'의 구개음), ʎ('ㄹ/l'의 구개음),
　　　　　　　　　　ç('ㅎ/h'의 구개음)
　③ 활음 : j('야[이+아]'의 '이'), w('와[오+아]'의 '오')

4 기호나 약호는 다음과 같다.
　① 제＝제보자, 조＝조사자, 동＝동석자
　② °＝고유명사, ˜＝비음(鼻音)
　③ ´＝고조[高調, high], ˇ＝상승조[上昇調, rising],
　　'´'나 'ˇ'가 없는 음절이나 모음＝저조[低調, low]
　④ □＝청취 불가능한 부분

5 동일한 단어와 표현인데도 성조 표시가 다르게 되어 있는 것이 더러 있다. 그것은 그 단어가 분포되는 환경의 차이나 제보자의 심리적 변동 표현에 말미암는 것이다.

제보자 박용순

1917년 생, 뱀띠, 67세(1983년 채록 당시)

연고지 : 경주시 건천읍

녹음 일자 : 1983. 9.

못굴을 빼려다가

조 물́료́? 무슨́물료?
muʎʎoʹ? musɜʹnmuʎʎo?
물료? 무슨 물료?
▷ 물이라니요? 무슨 물 말씀이에요?

제 정˘만́서가, 머́어시 인자́, 사˘람́드리마리야, 몯뚜́게 잔뜩́ 깔리́이가́아
čɜˇŋmaʹnsɜga, mɜʹɕi inʲaʹ, saˇraʹmdɜrimarija, mott'uʹgɛ čant'ɜʹk k'aʎʎiʹigaʹa
정만서°가, 머어시 인자, 사람들이 말이야, 못둑에 잔뜩 깔리이가아
▷ 정만서가, 거시기 이제, 사람들이 말이야, 못 둑에 잔뜩 깔려서

제 서가́아 읻́땀마리야. 정˘만́서가 가́다́가,
sɜgaʹa iʹtt'ammarija. čɜˇŋmaʹnsɜga kaʹdaʹga,
서가아 잇단 말이야. 정만서°가 가다가,
▷ 서있단 말이야. 정만서가 가다가,

제 "저́기 머 하는냥́?" 그́러˘이˘까, "지́꿈́ 모내́기 하́고, 저거 참, 저
"čɜʹgi mɜ hanɜnɲaʹŋ?" kɜʹrˠɜ̃ĩk'a, "čiʹk'uʹm monɛʹgi haʹgo, čɜgɜ čʰam, čɜ
"저기 머 하는냥?" 그러니까, "지꿈 모내기 하고, 저거 참, 저
▷ "저기서 무얼 하느냐?"고 그러니까, "지금 모내기를 하고, 저것 참, 저

제 몯짜́리 하́고, 해애́야́ 대는́데, 굴˘ 이́거́로 몸빼́애 가주고 모́도
motčˇaʹri haʹgo, hɛɛʹjaʹ tɛnɜʹndɛ, kuˇl iʹgɜʹro momp'ɛʹɛ kaǰugo moʹdo
못자리 하고, 해야 대는데, 굴1) 이거로 몬 빼 가주고, 모도
▷ 못자리를 하고, 해야 되는데, 못굴 이걸 못 빼 가지고, 모두

---

1) 굴(못굴) : 못의 물을 필요에 따라 빼거나 막는 구멍.

제 저레 읻'따.″고,

　　čɜɾe iʹtt'a.″k'o,

　　저레 잇다.″꼬
▷ 저렇게들 있다.″고

조 굴˘로′ 몸˘빼′애?

　　kuˇlloʹ moˇmp'ɛʹɛ?

　　굴로 몬 빼?
▷ 못굴을 못 빼다니?

제 "으, 굴˘ 그거′로 몸˘빼′다˜이˜? 개˘아′들 거′튼 놈′드′리." 그러′이˜까

　　"ɜ, kuˇl kɜgɜʹɾo moˇmp'ɛʹdãĩ? kɛˇaʹdɜl kɜʹtʰɜn noʹmdɜʹɾi." kɜʹɾʒĩk'a

　　"으, 굴 그거로 몬 빼다니? 개아들 겉은 놈들이." 그러니까
▷ "응, 못굴 그것을 (하나) 못 빼다니? 개아들 같은 놈들이." 그러니까

제 "핟따, 대′앧따." 시′퍼, 마′아 모지′이 가′주고 잘˘ 대접′패애 가′주고, 막

　　"hatt'a, tɛʹɛtt'a." ɕiʹpʰɜ, maʹa moǰiʹi kaʹǰugo čaˇl tɛǰɜʹppʰɛɛ kaʹǰugo, mak

　　"하따, 대앳다." 싫어, 마아2) 모지이 가주고 잘 대접해 가주고, 막
▷ "아따, 됐다." 싫어, 에, (다들) 모여서 (정만서를) 잘 대접해서, 막

제 "갑′시′더." 커′머 "구˘리′ 어딘′노?", "저 몯′ 소˘게″ 커˜이˜

　　"kaʹpɛiʹdɜ." kʰɜʹmɜ "kuˇɾiʹ ɜdiʹnno?", "čɜ moʹt soˇgɛ″ kʰɜʹĩ

　　"갑시더." 커머 "굴이 어딧노?", "저 못 속에." 커니
▷ "갑시다."고 하며 "못굴이 어디에 있느냐?", "저 못 속에."라고 하니까

제 이′럭′케 보′디˜이˜, "아이구′, 무′리′ 이치리′ 인는′데 어′예′

　　iʹɾɜʹkkʰɜ poʹdĩĩ, "aiguʹ, muʹɾiʹ iǰʰiɾiʹ innsʹndɜ ɜ́jɛʹ

　　이렇게 보디니, "아이구, 물이 이치리 잇는데 어예
▷ 이렇게 (살펴)보더니(만), "아이구, 물이 이처럼 (꽉 차) 있는데 어째

---

2) '마아' 또는 '마' : 간투사의 일종으로 '에', '어' 등에 대응되는 듯.

제 빼능′기요? 빠저′ 주′구라꼬. 드가가′주고?" 하하하하, 허허허허.

p'ɛ′nɜ′ŋgijo? p'a′ĵɜ′ čuguʹrak'o. tɜgagaʹĵugo?" haɦaɦaɦa, hɜɦɜɦɜɦɜ.

빼는기요? 빠저 죽우라꼬? 드가 가주고?" 하하하하, 허허허허.

▷ 빱니까? 빠져 죽으라고? (못에) 들어가서?" 하하하하, 허허허허.

조 술′마 어′더′묵′꼬, 구′른′ 암 빼″주′고, 하하하하.

suʹlma ɜ′dɜ′mu′kk'o, kuʹrɜ′n am p'ɛ″ĵuʹgo, haɦaɦaɦa.

술만 얼어묵고, 굴은 안 빼 주고, 하하하하.

▷ 술만 얼어먹고, 못굴은 안 빼 주고, 하하하하.

동 굴″ 빼″ 돌″라′ 카′″이″까네, 그′양 굴′만′ 빼″주′먼 대능′강?

kuʹl p'ɛ″ toʹlla′ kʰãʹĩk'anɛ, kɜ′jaŋ kuʹlma′n p'ɛ″ĵu′mɜn tonɜ′ŋgaŋ?

굴 빼 돌라 카니까네, 그양 굴만 빼 주먼 대는강?

▷ 못의 굴을 빼 달라고 하니까, 그냥 (물 없는) 못굴만 빼 주면 되는가?

제 그′래 굴″ 빼′애 돌′라′ 카′″이″까네 무′리′ 가뜩′ 차가′지고 그′양,

kɜ′rɛ kuʹl p'ɛ′ɛ toʹlla′ kʰãʹĩk'anɛ mu′ri′ kat'ɜ′k čʰagaʹĵigo kɜ′jaŋ,

그래 굴 빼애 돌라 카니까네 물이 가뜩 차 가지고 그양,

▷ 그래 못굴을 빼 달라고 하니까 (못에) 물이 가득 차 가지고 그냥,

조 물 인능′ 굴′로′ 빼야지, 물 엄′능′ 굴″로′……

mul innɜ′ŋ kuʹllo′ p'ɛjaĵi, mul ɜ′mnɜ′ŋ kuʹllo′……

물 잇는 굴로 빼야지, 물 없는 굴로……

▷ 물이 있는 못의 굴을 빼야지, 물 없는 못굴을……

동 나′는 주′그라꼬?

naʹnɜn čuʹgɜrak'o?

나는 죽으라꼬?

▷ 나는 죽으라고?

제 허허허허, 물′ 인능′ 구′름′ 몸″빼′앤다.

hɜɦɜɦɜɦɜ, muʹl innɜ′ŋ kuʹrɜ′m mo″mp'ɛ′ɛnda.

허허허허, 물 잇는 굴은 몬 뺀다.

▷ 허허허허, 물이 있는 못굴은 (못 속에 잠수해서) 못 뺀다.

제 술ʹ만 실컨ʹ 어ˇ더ʹ 무ʹ걷따.
　　suʹlman ɕilkʰɜʹn ɜˇdɜʹ muʹgɜttʼa.

　　술만 실컨 얻어 묵엇다.
▷ 술만 실컷 얻어 먹었다.

동 내ˇ 그ʹ래, 정ˇ만ʹ세는 내ˇ 그ʹ래…….
　　nɛˇ kɜʹɾɛ, čɜˇŋmaʹnsɛnɜn nɛˇ kɜʹɾɛ…….

　　내 그래, 정만세°는 내 그래…….
▷ 늘 그래, 정만서는 늘 그래…….

논 가운데 바위 치우기

제 또 항군′데 가′도′고 하˜′이˜까 농′부가 노′늘′ 갈˘고′ 읻′따마리야.

t'o haŋgu′ndɛ ka′do′go hã′ĭk'a no′ŋbu′ga no′nɜl ka˘lgo′ i′tt'amarija.

또 한군데 가도고 하니까 농부가 논을 갈고 잇다 말이야.

▷ (정만서°가) 또 한군데를 가다가 하니까 농부가 논을 갈고 있단 말이야.

제 방′구또˘′리 떡, 놈 복′파′네 하나′ 배기′이가′아 인는′데 이너′미′ 뭐어′냐′

pa′ŋgut'o˘′ri t'ɜk, nom po′kpʰa′nɛ hana′ pɛgi′iga′a innɜ′ndɛ i nɜ′mi′ mwɜɜ′ɲa′

방굿돌이 떡, 논 복판에 하나 백이이가아 잇는데, 이넘이 뭐냐

▷ 바윗돌이 턱, 논 복판에 하나 박혀 있는데, 이놈이 뭐냐

제 하′면, 소′로′ 가′주고 "일로′로" 커′머 이쪼˘그로 갇′따가, "워′띠 워′띠"

ha′mjɜn, so′ro′ ka′jugo "illo′ro" kʰɜ′mɜ ič′o′gɜro ka′tt'a′ga, "wɜ′t'i wɜ′t'i"

하면, 소로 가주고 "일로로" 커머 이쪽으로 갓다가, "워띠 워띠"

▷ 하면, 소를 가지고 "이리로" 하면 이쪽으로 갔다가, "저리로 저리로"

제 커′머 저쪼˘그로 갇′따가 하′며, 그 도˘′를′ 통′귀하는데, 훌쩡′질

kʰɜ′mɜ čɜč′o′gɜro ka′tt'a′ga ha′mjɜ, kɜ to˘′rɜl tʰo′ŋgwihanɜndɛ, hulč′ɜ′ɲjil

커머 저쪽으로 갓다가 하며, 그 돌을 통귀하는 데, 훌쩡질[3]

▷ 하면 저쪽으로 갔다가 하며, 그 돌을 통과하는 데 (있어서), 쟁기질을

제 하′는′데, 애˘′로′ 묵꺼′등. "여′보′ 여′보′ 그거′ 와 앤조′오내′앱뿌고 그거′,

ha′nɜ′ndɛ, ɛ˘′ro′ mukk'ɜ′dɜŋ. "jɜ′bo′ jɜ′bo′ kɜgɜ′ wa ɛnǰo′one′ɛpp'ugo kɜgɜ′,

하는 데, 애로 묵거등. "여보, 여보 그거 와 앤 조오내뿌고 그거,

▷ 하는 데, 애를 먹거든. "여보, 여보 그걸 왜 주워내 버리지 않고,

---

3) 훌쩡질 : '쟁기질' 또는 '극젱이질'과 비슷함.

제 그 그 돌ˇ 그거˙ 지ˇ버 내ˊ앱뿌라. 모 함포ˊ기라도 더 꼬ˇ불 낀ˊ데,
k3 k3 toˇl k3g3ˊ čiˇb3 nεˊεpp'ura. mo hampʰoˊgirado t3 k'oˇbul k'iˇndε,
그 그 돌, 그거 집어 내뿌라. 모 한 포기라도 더 꼽울 긴데,
▷ 그 돌, 그것을 집어 내버려라. 모를 한 포기라도 더 꽂을 것인데,

제 어ˊ에ˊ 그ˊ레 어리숙ˊ께 그 지ˇ슬ˊ 하ˊ고 인ˊ냐?" 커˜이˜까. 어ˊ찌ˊ 이ˊ레 보˜이˜까,
3ˊjeˊ k3ˊrε 3risuˊkk'ε k3 čiˇs3ˊl haˊgo iˊnɲa?" kʰ3ˇĩk'a. 3ˇčˊi iˊrε pˊõĩk'a,
어예 그레 어리숙게 그 짓을 하고 잇냐?" 커니까. 어찌 이레 보니까,
▷ 어찌 그렇게도 어리석게 그 짓을 하고 있느냐?"고 하니까. 어찌 이렇게 보니까,

제 참ˇ 저ˊ기ˊ이, 빼빼장구˜이˜라 커ˊ디˜이˜, 정ˊ만서가 힝ˊ깨ˊ나 인능ˊ갑따
čʰam č3ˊgiˊi, p'εp'ɛjaŋgũĩra kʰ3ˇdĩĩ, č3ˊŋmaˊns3ga çiˊŋk'εˊna inn3ˊŋgapt'a
참 저기이, 빼빼장군이라 커디니, 정만서°가 힘깨나 잇는갑다
▷ 참 저게, 말라깽이장군이라고 하더니, 정만서가 힘깨나 있는가 보다

제 시푸거ˊ등. "저 무거ˊ버서 어떡ˊ케 드ˊ러냄ˊ니까?" 이라˜이˜까네 "야 이 사ˊ람ˊ,
ɕipʰug3ˊd3ŋ. "č3 mug3ˊb3s3 3ˊt'k3ˊkʰε t3ˊr3nεˊmniˊk'a?" iˊrãĩk'ane "ja i saˊraˊm,
싫우거든. "저 무겁어서 어떻게 들어냅니까?" 이라니까네 "야 이 사람,
▷ 싫거든. "저 무거워서 어떻게 들어냅니까?" 이러니까 "야 이 사람,

제 그거ˊ 내 드ˊ러 내ˊ애주ˊ지." 캐애ˊ. "하ˊ이 그럳슴니까? 마 좀 저
k3g3ˊ nε t3ˊr3 nεˊεjuˇji." kʰεεˊ. "haˊi k3ˊr3ts3mnik'a? ma čom č3
그거 내 들어 내애주지." 캐. "하이 그렇습니까? 마 좀 저
▷ 그거 내가 들어 내주지."라고 해. "하 그렇습니까? 그러면 좀 저

제 그거ˊ……" 참ˇ 가주 완능ˊ 거 인자ˊ 실ˇ컨ˊ 무걷따. "그래 어ˊ떡ˊ케
k3g3ˊ……" čʰaˇm kaju waˊnn3ˊŋ k3 injaˊ ɕiˇlkʰ3ˊn muˊg3tt'a. "k3ˊrε 3ˊt'3ˊkkʰε
그거……" 참 가주 왓는 거 인자 실컨 묵엇다. "그래 어떻게
▷ 그걸……" 곁두리를 가져 온 것을 이제 실컷 먹었다. "그래 어떻게

제 드ˊ러내ˊ능ˊ기요?" "소이까ˊ리 푸ˊ러ˊ라."꼬 인자ˊ, 소이까ˊ리,
t3ˊr3nεˊn3ˊŋgijo?" "soik'aˊri pʰuˊr3ˊra."k'o injaˊ, soik'aˊri,
들어내는기요?" "소이까리 풀어라."꼬 인자, 소이까리,
▷ 들어냅니까?" "쇠고삐를 풀어라."고 인제, 쇠고삐,

제 그 훌쩡′, 그 저 받′쭐 그거′
　　k₃ ʌulčʼɜʼŋ, k₃ čɜ paʼtčʼul kɜgɜʼ
　　그 훌쩡, 그 저 밧줄 그거
▶ 그 쟁기, 그 저 밧줄 그것

동 소 붙′쭈리다.
　　so poʼtčʼurida.
　　소 봇줄이다.
▶ 소 봇줄이다.

제 그래, "그거′ 좀 푸′러′라."고, "푸러′가′아 이거 도ˇ를′ 무꾸′우라." 이′카′거등.
　　kɜʼɾɛ, "kɜgɜʼ čom pʰuʼɾɜʼɾa."go, "pʰuʼɾɜʼgaʼa igɜ toˇɾɜʼl mukʼuʼuɾa." iʼkʰaʼgɜdɜŋ.
　　그래, "그거 좀 풀어라."고, "풀어가아 이거 돌을 묶우우라." 이카거등.
▶ 그래, "그것을 좀 풀라."고, "풀어서 이 (바윗)돌을 묶으라."고 하거든.

제 무꾸′우~이ˇ 인자′ 짐′빠를 이래′ 해ˇ 갸′주골랑 도ˇ레′ 이레′에 지ˇ댄다 인자′, 짐′빠
　　mukʼuʼũĩ inǰaʼ čiʼmpʼaɾɜl iʼɜʼɾ heˇ kaʼǰugollaŋ toˇɾeʼ iɾeʼɜ čiˇdeʼnda inǰaʼ, čiʼmpʼa
　　묶우우니 인자 짐빠를 이레 해 가주골랑 돌에 이레에 지댄다 인자, 짐빠를
▶ 묶으니까 짐바를 이렇게 해 가지고서 돌에 이렇게 기댄다 인제, 짐바를

제 저 걸′고′ "자 디ˇ에′ 좀 드′러라."꼬 지′는 힘′도′ 안주′고
　　čɜ kɜˇlgoʼ "ča tiˇɜʼ čom tɜʼɾɜɾaʼ."kʼo čiʼnɜn çimdoʼ anǰuʼgo
　　저 걸고 "자 디에 좀 들어라."꼬 지는 힘도 안 주고
▶ 돌에다가 걸고서 "자 뒤에서 좀 (돌을) 들라."고 자기는 전혀 힘도 안 주고

제 드′러라 컨다′마리야. 그 히′메 들리′일테기 인′나마리야.
　　tɜʼɾɜɾa kʰɜʼndaʼmarija. kɜ çiʼmɜ tɜʼɾʎiʼiltʰegi iʼnnamarija.
　　들어라 컨다 말이야. 그 힘에 들리일 텍이 잇나 말이야.
▶ 들라고 한단 말이야. 그 힘에 들릴 턱이 있느냐 말이야.

조 하하하하.
　　hahahaha.
　　하하하하.
▶ 하하하하.

[제] "야 이′눔′ 자′서가, 니˘들′도 몬˘하′능거로 내보′고 저내′라′ 커′먼……,

"ja i′nu′m ča′sɜ′ga, ni˘dɜ′ldo mo˘nɦa′nɜŋgɜɾo nɛbo′go čɜnɛ˘ɾa′ kʰɜ′mɜn……,

"야 이눔 자석아, 니 들도 몬하는 거로 내 보고 저내라 커먼……,

[▷] "야 이놈 자식아, 네가 들지도 못하는 것을 (감히) 나를 보고 져내라고 하면……,

[동] 니˘들′도 몬˘하′능거로 내가′ 우′얘′ 지′노?"

ni˘dɜ′ldo mo˘nɦa′nɜŋgɜɾo nɛ′ga′ u′jɛ′ či′no?"

니 들도 몬하는 거로 내가 우애 지노?"

[▷] 네가 들지도 못하는 것을 내가 감히 어떻게 지느냐?"

[제] 허허허허, 하하하하.

hɜɦɜɦɜɦɜ, haɦaɦaɦa.

허허허허, 하하하하.

[▷] 허허허허, 하하하하.

[동] 묵끼′는 실컴무′걷따.

mukk'i′nɜn ɕilkʰɜmmu′gɜtt'a.

묵기는 실컨 묵엇다.

[▷] 먹기는 실컷 먹었다.

[조] 본′데′ 그사′라미 빼빼장구˝잉˝강요?

po′ndɛ′ kɜsa′ɾami p'ɛp'ɛjaŋgũ′ĩŋganjo?

본데 그 사람이 빼빼장군인강요?

[▷] 본디 그 사람(정만서°)이 말라깽이장군인가요?

[제] 어디′. 그거′ 머 이˘바′구 하′두′구 하˝이˝ 그′럳치 빼빼장구′늠 무신′.

ɜdi′. kɜgɜ′ mɜ i˘ha′gu ha′du′gu hã˜ĩ˜ ko′ɾotčʰi p'ɛp'ɛjkugu′nɜm muɕin.

어디. 그거 머 이바구 하두구 하니 그렇지 빼빼장군은 무신.

[▷] 아니. 그거 뭐 이야기를 하다가 하니까 그렇지 말라깽이장군은 무슨.

[조] 몸′도′ 작˘꼬′ 머 얼′꼬 곰˘보′고 머, 그 저

mom′do′ ča˘kk'o′ mɜ ɜ′lk'o ko˘mbo′go mɜ, kɜ čɜ

몸도 작고 머, 얽고 곰보고 머, 그 저

[▷] (정만서°는) 몸도 작고 뭐, 얽고 곰보고 뭐, 그 저

조 코빵매~이~ 소´리로 하´고 그´랜따면서요?

kʰop'aŋmɛ̃ĩ so´ɾiɾo ha´go kɜ´ɾɛtt'amjɜnsɜjo?

코빵맹이 소리로 하고 그랫다면서요?

코맹맹이 소리를 하고 그랬다면서요?

동 내˅ 코빵매~이~ 소´리로 해앧´따´데´에.

nɛ˅ kʰop'aŋmɛ̃ĩ so´ɾiɾo hɛɛ´tt'a´dɛɛ.

내 코빵맹이 소리로 했다데에.

늘 코맹맹이 소리를 했다고 하더군.

이와 기생과 빨래

제 함부′늠마리야, 오′세 이가′ 마ˇ이ˇ 익′꼬, 머′어시한데, 술찝′, 기생쩌′베
hambu′nɜmmarija, o′sɛ i′ga′ mã̃ĩ̃ i′kk'o, mɜ′ɜɕihandɛ, sulč′i′p, kisɛŋč′i′bɛ
한분은 말이야, 옷에 이가 많이 잇고, 머어시한 데, 술집, 기생집에
▶ (정만서가) 한번은 말이야, 옷에 이가 많이 있고, 그런 데, 술집, 기생집에

제 가가′, 가가′주고, "야, 나 저 빨래′쩜 저 해에′ 두가. 너 빨래′할 찌′게,
kaga′, kaga′jugo, "ja, na čɜ p'allɛ′č′ɜm čɜ hɛɛ′ du′ga. nɜ p'allɛ′ɦial č′i′gɛ,
가가, 가 가주고, "야, 나 저 빨래 쩜 저 해 두가. 너 빨래할 찍에,
▶ 가서, 가 가지고, "얘, 내 (옷의) 빨래를 좀 해 다오. 네 빨래할 적에,

제 가′치′ 쫌 해애′ 두가." "하 이, 어′제 그저′께 해앤′는데 언′제′ 머
ka′č゙i′ č'om hɛɛ′ tu′ga." "ha i, ɜ′jɛ kɜjɜ′k'ɛ hɛɛ′nnɜ′ndɛ ɜ′njɛ′ mɜ
같이 쫌 해 두가." "하 이, 어제 그저께 햇는데 언제 머
▶ (내 옷도) 같이 좀 해 다오." "하 이, 어제 그저께 (빨래를) 했는데 언제 뭐 (또)

제 할 여′개 엄′니ˇ이′더." 컨′능′기라. "그′래?" 이′너′미, 허허, 저 도′부ˇ이ˇ 나가′아,
hal jɜ′gɛ ɜ′mnĩ′ĩdɜ." kʰɜ′nnɜ′ŋgira. "kɜ′rɛ?" i′nɜ′mi, hɜhɜ, čɜ to′bũĩ naga′a,
할 여개 없니더." 컹는 기라. "그래?" 이넘이, 허허, 저 도분이 나가아,
▶ 할 틈이 없습니다."고 하는 거라. "그래?" 정만서가, 허허, 화가 나서,

제 굴따리′ 미′테 차′저′ 가가′주고, 애′애드리 이′를′ 작′꼬 익꺼′등. 애′애들 인자′
kult'ari′ mi′tʰɛ čʰa′jɜ′ kaga′jugo, ɛ′ɛdori i′ro′l ča′kk'ʋ ikk'ɜ′dɜŋ. ɛ ɛdɜl inja′
굴다리 밑에 찾어 가가주고, 애애들이 이를 잡고 있거든. 애애들 인자
▶ 굴다리 밑에 찾아 가지고, (거지) 애들이 이를 잡고 있거든. 애들 인자

제 거ˇ지′들 저거′ 어더묵′꼬는 와가′주구 인자′ 양지쪼′게 안′저가′아, 오′슬′
kɜ゙ji′dɜl čɜgɜ′ ɜdɜmu′kk'onɜn waga′jugu inja′ jaŋjič′o′gɛ a′njɜga′a o′sɜ′l
거지들 저거 얻어묵고는 와가주구 인자 양지쪽에 앉어가아, 옷을
▶ 거지들이 저희끼리 얻어먹고는 와가지고는 인제 양지쪽에 앉아서, 옷을

24

제 버′저가′아 인자′ 이 잠는′데, 부′슬′ 가주 가가′주고 붙뚜까′블 요레 내′며′,
p₃ʼj₃gaʼa inǰaʼ i čamn₃ʼnde, puʼs₃ʼl kaǰu kagaʼjugo puttʼukʼaʼb₃l jorɛ neʼmj₃ʼ,
벗어가아 인자 이 잠는데, 붓을 가주 가 가주고 붓뚜깝을 요레 내며,
▶ 벗어서 인제 이를 잡는데, 붓을 가져 가 가지고 붓두껍을 요렇게 내밀며,

제 "야, 요고 이′자′버가′아 요′기 여′어 돌′라′."꼬 허허허허.
"ja, joʼgo iʼǰaʼb₃gaʼa joʼgi j₃ʼ₃ toʼllaʼ."kʼo h₃ɦɦ₃ɦ₃ɦ₃.
"야, 요고, 이 잡어가아 요기 옇어 돌라."꼬 허허허허.
▶ "애, 요기, 이를 잡아서, 요기에 넣어 달라."고 하니까 허허허허.

제 소비′기′ 자′버 여′어 주′거′등. 떡 한′통 다′ 차˜이˜′까, 또′하′나
sobiˇgiʼ čaʼb₃ j₃ʼ₃ čuʼg₃ʼd₃ŋ. tʼ₃k haʼnthoŋ taˇ čʰãˇĩkʼa, tʼoʼɦaʼna
소빅이 잡어 옇어 주거등. 떡, 한 통 다 차니까, 또 하나
▶ (거지들이 이를) 소복이 잡아 넣어 주거든. 떡, 한 통이 다 차니까, 또 하나

제 더 뽀′버가′아, 옌′날′ 섬′비드른 필′라˜이′라꼬마리야, 요새′애 애′애들 말′로′는,
t₃ poʼb₃ʼgaʼa, jeˇnnaʼl s₃ʼmbid₃r₃n pʰiʼllãˇĩrakʼomarija, josɛʼɛ ɛʼɛd₃l maˇlloʼn₃n,
더 뽑어가아, 옛날 선비들은 필낭이라꼬 말이야, 요새애 애애들 말로는,
▶ 더 뽑아서, 옛날 선비들은 필낭(筆囊)이라고 말이야, 요새 애들 말로,

제 참 필′통′은, 이거 저 뚜껑′ 해애′ 가주고 이′레′ 잊′찌마는 주미˜′이˜, 지다′넌′
čʰam pʰiʼlthoʼŋ₃n, ig₃ č₃ tʼukʼ₃ʼŋ hɛɛʼ kaʼjugo iʼrɛʼ iʼtčʼiman₃n čumĩˇĩ, čidaˇn₃ʼn
참 필통은, 이거 저 뚜껑 해 가주고 이레 잇지마는 주미니, 지닳언
▶ 참 필통은, 이거 저 뚜껑을 해 가지고 이렇게 있지마는 주머니, 기다란

제 주머˜이˜′로 이′레′ 지′버 가주고, 뚜껑′ 이′레′ 떡 더′퍼 가주고 이 차′고′
čum₃˜ĩro iʼrɛʼ čiʼb₃ kaʼjugo, tʼukʼ₃ʼŋ iʼrɛʼ tʼ₃k t₃ʼpʰ₃ kaʼjugo i čʰaʼgoʼ
주머니로 이레 집어 가주고, 뚜껑 이레 떡 덮어 가주고, 이 차고
▶ 주머니를 이렇게 기워 가지고, 뚜껑을 이렇게 떡 덮어 가지고, 이렇게 차고

제 댕′깈꺼등. 그래가′아 필′라˜아˜ 인자′ 지′버여′얻따. 그래 기′생′찌′베
tɛʼŋgikkʼ₃d₃ŋ. k₃ʼrɛgaʼa pʰiʼllãˇã inǰaʼ čiʼb₃j₃ʼ₃ttʼa. k₃ʼrɛ kiʼsɛʼŋčiʼbɛ
댕깃거등. 그래가아 필낭아 인자 집어옇엇다. 그래 기생집에
▶ 다녔거든. 그래서 필낭에다 인제 집어넣었다. 그래 (그) 기생집에 (도로)

제 가갸주고, "어어 치´버´라." 커´메 그래 기생찌´베 각´꺼´등. 언´제´든지
kagaʼjugo, "ɜɜ čʰiʼbɜʼɾa." kʰɜʼmɛ kɜʼɾɛ kisɛŋčʼiʼbɛ kaʼkkʼɜʼdɜŋ. ɜʼnjčɛʼdɜnji
가 가주고, "어어 칩어라." 커메 그래 기생집에 갓거등. 언제든지
가 가지고, "어어 추워라."고 하며 그래 기생집에 갔거든. 언제든지

제 저저 겨´으레 치´불´ 찌´게는, 저저 아린짜´리에 요 하나´ 정도´ 머, 저
čɜjɜ kjɜʼɜɾɛ čʰiʼbuʼl čʼigɜnɜn, čɜjɜ aɾitčʼaʼɾiɛ jo hanaʼ čɜŋdoʼ mɜ, čɜ
저저 겨을에 칩울 직에는, 저저 아릿 자리에, 요 하나 정도 머, 저
저저 겨울에 추울 적에는, 저저 아랫목에, 요 하나 정도 뭐, 저

제 차단이´불 하나´는 인자´ 까´러´ 녹커´등.
čʰadaniʼbul hanaʼnɜn injaʼ kʼaʼɾɜʼ nokkʰɜʼdɜŋ.
차단이불 하나는 인자 깔어 놓거등.
차렵이불 하나는 깔아 놓거든.

조 무슨´ 이´불료?
musɜʼn ibuʼʎʎo?
무슨 이불요?
무슨 이불이라고요?

제 차단이´불.
čʰadaniʼbul.
차단이불.
차렵이불.

조 차단이´불료?
čʰadaniʼbuʼʎʎo?
차단이불요?
차렵이불이라 말씀이지요?

제 으, 저저 아주 두터´분 이´불 말´고´, 보˙통´ 열, 열´붕거 인자´. 그래 척 안저
ɜ, čɜjɜ aʼju tutʰɜʼbun iʼbul maʼlgoʼ, poʼtʰoʼŋ jɜl, jɜʼlbuŋgɜ injaʼ. kɜɾɛ čʰɜk aʼnjɜ
으, 저저 아주 두텁운 이불 말고, 보통 열, 엷운 거 인자, 그래 척 앉어
응, 저저 아주 두터운 이불 말고, 보통 얆은 것 인제, 그래 척 앉아

제 가´주고, 뚜껑´을 들´시 노˘ˇ오˜이, 구드´리 따따ˇ하˜이ˇ까네, 저거´가
ka͡ʔugo, t'uk'ɜʔŋɜl tɜʹlɕi nõʹõi, kudɜʹɾi t'at'aˇhãʹik'anɛ, čɜgɜʹga

가주고, 뚜껑을 들시 놓오니, 구들이 따따하니까네, 저거가

▷ 가지고, 붓두껍을 열어 놓으니까, 방구들이 따뜻하니까, 그놈들이(이들이)

제 기´이 나올빡´께는 솰솰´ 기´이 나´오거등, 그라고는 구마´아,
kiʹi naolp'aʹkk'ɛnɜn swaʹlswaʹl kiʹi naʹogɜdɜŋ, kɜʹɾagonɜn kumaʹa,

기이 나올밖에는. 솰솰 기이 나오거등, 그라고는 구마아,

▷ 기어 나올 수밖에. 솰솰 기어 나오거든, (정만서°가) 그러고는 고만,

제 왑´뿌´렉꺼등. 그이´튼날 아치´메 딱 가˜이˜까 그 기´생´여˜이˜ 이´불
waʹpp'uʹɾɛkk'ɜdɜŋ. kɜiʹtʰɜnnal ačʰiʹmɛ t'ak kãʹik'a kɜ kiʹsɛʹŋjɜ̃ĩ iʹbul

와뿌렛거등. 그 이튿날 아침에 딱 가니까 그 기생 연이 이불

▷ 와버렸거든. 그 이튿날 아침에 딱 가니까 그 기생 년이 이불

제 홑청하´고 머 이´부리라 컨는 이´부른 점´부 다´ 깔쮜´이뜨더 가´주고
hotčʰɜŋɦaʹgo mɜ iʹburira kʰɜnnɜn iʹburɜn čɜʹmbu taˇ k'alčʹwiʹitʹɜdɜ gaʹʔugo

홑청하고 머 이불이라 컹는 이불은 전부 다 깔쮜이뜯어 가주고

▷ 홑청과 뭐 이불이라고 하는 이불은 전부 다 (마구) 쥐어뜯어 가지고

제 인자´아 소´테다 상´꺼´등. 그´노메 이´는´ 그 마 자´불라 커´먼
inʲaʹa soʹtʰɛda saʹŋk'ɜʹdɜŋ. kɜʹnome iʹnɜʹn kɜ ma čaʹbulla kʰɜʹmɜn

인자 솥에다 삶거등. 그놈에 이는 그 마 잡울라 커먼

▷ (이를 죽이기 위해) 솥에다 삶거든. 그놈의 이는 (한 마리씩) 잡으려고 하면

제 한´정´ 억´꼬´마리야, 참 양잼물´ 여´어 가´주고, 저 재 재 잼무´를 여´어
haˇnʲɜʹŋ ɜˇkk'oʹmarija, čʰam janʲɜmmuʹl jɜʹɜ kaʹʔugo, čɜ čɛ čɛ čɛmmuʹɾɜl jɜʹɜ

한정 없고 말이야, 참 양잿물 옇어 가주고, 저 재 재 잿물을 옇어

▷ 한정 없고 말이야, 참 양잿물을 넣어 가지고, 저 재 재 잿물을 넣어

제 가´주고 옌´나´레는 잼물´ 캐´각´꼬 인자´ 저 깍때´기 거´틍거 머
kaʹʔugo jɛˇnnaʹɾɛnɜn čɛmmuʹl kʰɛˇgaʹkk'o inʲaʹ čɜ k'akt'ɛʹgi kɜʹtʰɜŋgɜ mɜ

가주고 옛날에는 잿물 캐 갖고 인자 저 깍대기 겉은 거 머

▷ 가지고 옛날에는 잿물이라고 해 가지고 이제 저 콩깍지 같은 것 뭐

제 매′붕거′로 깍때′기 재가′ 제′일′ 맵따네. 태′완능 그거′로 갇따′가 인자′
mɛ′buŋgɜ′ro k'akt'ɛ′gi čɛ′ga′ čě′i′l mɛ′pt'anɛ. tʰɛ′wannɜŋ kɜgɜ′ro katt'a′ga inǰa′
맵운 거로 깍대기 재가 제일 맵다네. 태왓는 그거로 갖다가 인자
▷ 매운 것을 콩깍지 (태운) 재가 제일 맵다네. 태운 그것을 갖다가 이제

제 재′를′ 시리′에 머′어시 해녹′코 물 떠버′어가′아 고 노̌람′물 인자′
čɛ′rɜ′l ɕiri′ɛ mɜ′ɜɕi hɛnok'kʰo mul t'ɜbɜ′ɜga′a ko nǒ′ra′mmul inǰa′
재를 시리에 머어시 해 놓고 물 떠 버어가아, 고, 노란 물 인자
▷ 재를 시루에 거시기 해 놓고 물을 떠 부어서, 고, 노란 물이 이제

제 우′러나능 그거′까′아 인자′ 빨래′를 참 해앹′찌′. 비′누가 어디′
u′rɜnanɜŋ kɜgɜ′k'a′a inǰa′ p'allɛ′rɜl čʰam hɛɛ′tč'i′. pi′nuga ɜdi′
우러나는 그거 까아 인자 빨래를 참 햇지. 비누가 어디
•▷ 우러나는 (잿물) 그걸 가지고 인제 빨래를 참 했지. 비누가 (그 시절에) 어디

제 인′는′데? 그거까′아 하지. 참 옌′나′레느 비′누가 어디′ 이′선나? 그래가′아
i′nnɜ′ndɛ? kɜgɜk'a′a haǰi. čʰam jě′nna′rɜnɜ pi′nuga ɜ′di i′sɜnna? kɜ′rɛga′a
잇는데? 그거 까아 하지. 참 옛날에는 비누가 어디 잇엇나? 그래가아
▷ 있는데? (잿물) 그걸 가지고 하지. 참 옛날에는 비누가 어디 있었나? 그래서

제 인자′ 졸̌타′꼬, 하는지′메 "자, 너거′ 빨래′하는 지′메 내옫또 가′치′쫌
inǰa′ čǒ′ttʰa′k'o, hanɜnǰi′mɛ "ča, nɜgɜ′ p'allɛ′hanɜn či′mɛ nɛ′ott'o ka′čʰi′č'om
인자 좋다꼬, 하는 짐에 "자, 너거 빨래하는 짐에 내 옷도 같이 쫌
▷ 이제 좋다고, (빨래) 하는 김에 "자, 너희들 빨래하는 김에 내 옷도 같이 좀

제 식′꺼 돌̌라′."꼬 빨래′하는 지′미니까, "인자′는
ɕi′kk'ɜ dǒ′lla′."k'o p'allɛ′hanɜn či′minilk'a, "inǰa′nɜn
쉬어 돌라."꼬 빨래하는 짐이니까, "인자는
▷ 씻어 달라."고 빨래하는 김이니까, "이제는 (도리 없이)

제 내빨래′도 해애′ 조오′야′ 대겐′따."
nɛp'allɛ′do hɛɛ′ čoo′ja′ tɛgɜ′tt'a."
내 빨래도 해 조야 대겟다."
▷ 내 빨래도 해 줘야 되겠다."

28

조 빨래´하는 지´메 인자´ 빨래´로 해애´ 조오´야 뒈겐´네요.

　　p'allε´hanɜn či´mε inǰa´ p'allε´ro hεε´ čoo´ja´ twεgε´nnεjo.

　　빨래하는 짐에 인자 빨래로 해 조야 되겟네요.

　▷ 빨래하는 김에 이제는 (정만서의) 빨래를 해 줘야 되겠네요.

제 그´래 공짜배˜이˜로 빨래´하고, 허허허허허허허허.

　　kɜ´rε koŋč'abɛ̃´ĩro p'allε´ɦago, hɜɦɜɦɜɦɜɦɜɦɜɦɜ.

　　그래 공짜뱅이로 빨래하고, 허허허허허허허허.

　▷ 그래 공짜로 빨래하고, 허허허허허허허허.

병풍 치고 큰일 보고

제 이ˇ너́무 시ˇ자~에ˇ 각ˇ꺼́등, 정́만서가 시자~아ˇ 가~이ˇ까, 뒤́가́ 매럽́땀
ínɜ́mu ɕiˇjãˇɜ̃ ka´kkˈɜ́dɜŋ, čɜ́ŋmaˊnsɜga ɕijãˊã kãˇĭk'a, twiˇga´ mɜrɜˊpt'am
이넘우 시장에 갓거등, 정만서°가 시장아 가니까, 뒤가 매럽단
▷ 이놈의 시장엘 갔거든, 정만서가 시장에 가니까, (갑자기) 뒤가 마렵단

제 마리́야. 가먀́아 보~이ˇ, 적땋́한 장소가 차́즈~이ˇ까 암보이́거등. 저́어 보~이ˇ까
ma´ri´ja. kama´a põˇĭ, čɜˊkt'a´ŋhan čaˊŋsoga čʰaˊɟɜˇĭk'a amboi´gɜdɜŋ. čɜ́ɜ põ´ĭk'a
말이야. 가마아 보니, 적당한 장소가 찾으니까, 안 보이거등. 저어 보니까
▷ 말이야. 가만히 보니까, 적당한 장소가 찾으니까, 안 보이거든. 저기를 보니까

제 펭풍́ 장ˇ사가, 장ˇ사가 익꺼́등. 마́아, 그리로 보고 뛴́담마리야.
pʰɜŋpʰuˊŋ čaˇŋsa´ga, čaˇŋsa´ga ikkˈɜˊdɜŋ. ma´a, kɜriɾo po´go t'wiˊndammarija.
펭풍 장사가, 장사가 잇거등. 마아, 그리로 보고 뛴단 말이야.
▷ 병풍 장수가 (하나) 있거든. 에, 거기를 보고 뛴단 말이야.

제 "여보, 여보, 여보, 나 쫌́ 살́리 주소." 커머…… "웨́ 그́러시오?" "이́부제
"jɜbo, jɜbo, jɜbo, na čoˊm saˊʎʎi čuso." kʰɜˊmɜ…… "weˊ kɜˊrɜɕio?" "iˊbuǰɜ
"여보, 여보, 여보, 나 쫌 살리 주소." 커머…… "왜 그러시오?" "이붛에
▷ "여보, 여보, 여보, 나 좀 살려 주시오."라며…… "왜 그러시오?" (우리) 이웃에

제 나하́고 원수진́너미 칼́가́주고 날ˇ 찌릴́라꼬 뒤따́러 온다."꼬
nahaˊgo wɜnsuǰiˊnnɜmi kʰaˊlgaˊǰugo naˇl čʰiˊllak'o twĭtˈa´ rɜ onda."k'o
나하고 원수진 넘이 칼 가주고 날 찌릴라꼬 뒤따러 온다."꼬.
▷ 나하고 원수진 놈이 칼을 가지고 나를 찌르려고 뒤따라 온다."고.

제 "우야더́큼 날ˇ 좀 살́리 주́이ˇ소."꼬 그래가아 마́아 펭풍́ 뒤ˇ로́……
"ujadɜˊkʰɜm naˇl čom saˊʎʎi čuˊĭˊso."k'o kɜˊrɛgaa ma´a pʰɜŋpʰuˊŋ twĭro´……
"우야더큼 날 좀 살리 주이소."꼬 그래가아 마아 펭풍 뒤로……
▷ "어쩌든지 나를 좀 살려 주시오."라고 그래서 에, 병풍 뒤로……

제 수비ˇ기ˊ 이ˊ레, 피ˊ이 녹ˊ코 익ˊ꼬, 그다ˊ아메 기ˊ양 세ˊ아 노ˊ옹거도
subiˇgiˊ iˊɾɛˊ, pʰiˊi noˊkkʰo iˊkkˊo, kɜdaˊamɛ kiˊjaŋ sˊɛa noˊoŋɜdo
수빅이 이레, 피이 놓고 잇고, 그 다암에 기양 세아 놓온 거도
▷ 수북하게 이렇게, (병풍을) 펴놓은 것도 있고, 그 다음에 그냥 세워 놓은 것도

제 익ˊ꼬, 핸ˊ는ˊ데, 저 디ˇ예ˊ 수ˊ무ˊ라꼬, 숭카ˊ아 조옥ˊ꺼ˊ등. 그래 거ˊ어서
iˊkkˊo, hɛˊnnɜˊndɛ, čɜ tiˇjɛˊ suˊmuˊɾakˊo, suŋkʰaˊa čooˊkkˊɜˊdɜŋ. kɜˊɾɛ kɜˊɜsɜ
잇고, 햇는데, 저 디예 숨우라꼬, 숨카아 좃거등. 그래 거어서
▷ 있고, 했는데, 저 뒤에 (가서) 숨으라고, 숨겨 줬거든. 그래 거기서

제 지 볼ˇ릴ˊ 다ˊ보ˊ고 간 디ˇ예ˊ, 머ˊ언 냄ˇ새가 모랑모랑 나ˊ거ˊ등.
či poˇʎʎiˊl taˇboˊgo kan tiˇjɛˊ, mɜˊn nɛˇmsɛga moɾaŋmoɾaŋ naˊgɜˊdɜŋ.
지 볼일 다 보고 간 디예, 머언 냄새가 모락모락 나거등.
▷ 제 볼일을 다 보고 간 뒤에, (보니까) 무슨 냄새가 모락모락 나거든.

제 보ˇ~이ˇ까, 정ˇ만서가 똥ˊ 누ˊ고 간능ˊ기라. 하하 허허 하하 하하.
põˇĭkˊa, čɜˇŋmaˊnsɜga tˊoˊŋ nuˊgo kaˊnnɜˊŋgira. hafia hɜfiɜ hafia hafia.
보니까, 정만서°가 똥 누고 갓는 기라. 하하 허허 하하 하하.
▷ 보니까, 정만서가 (병풍 뒤에서) 똥을 누고 간 거라. 하하 허허 하하 하하.

동 하ˊ여간 하ˊ여간 수ˊ다ˊ는 조ˇ와ˊ, 정만ˊ세가.
haˊjɜgan haˊjɜgan suˊdaˊnɜn čoˇwaˊ, čɜŋmaˊnsɛga.
하여간, 하여간 수단은 좋와, 정만세°가.
▷ 하여간, 하여간 수단은 좋아, 정만서가.

제 그 내ˇ재~에~ 그사ˊ라믈 만ˊ내바앝ˊ떤ˊ들, 이ˊ눔ˊ 자식 커ˊ메, 멕살
kɜ neˇjɛ̆ɛ̃ kɜsaˊɾamɜl maˊnnebaaˊttˊɜˊndɜl, iˊnuˊm čɛɐik kʰɜˊme, mɛˊksal
그 내쟁에 그 사람을 만내밧던들, 이눔 자식 커메, 멕살
▷ 그 나중에 그 사람을 만났을지라도, 이놈의 자식 그러면서, 멱살을

제 검쥐ˇ고ˊ 사ˊ우자꼬 컨는 사ˊ람 억꺼ˊ등. 우ˊ습따마리라, 우ˊ슥꼬 머.
kɜmjwiˇgoˊ saˊujakˊo kʰɜnnɜn saˊɾam ɜkkˊɜˊdɜŋ. uˊsɜptˊamariɾa, uˊsɜkkˊo mɜ.
검쥐고 사우자꼬 컹는 사람 없거등. 우습다 말이라, 우습고 머.
▷ 거머쥐고 싸우자고 할 사람이 없거든. 우습단 말이야, 우습고 뭐.

제 저거′는 볼′래′ 저′런′ 사′라미라꼬 처냅′뿌링거지.

č3′g3′n3n po′llɛ′ č3′r3′n sa′ramirak’o čʰ3nɛ′pp’uriŋ3ǰi.

저거는 본래 저런 사람이라꼬 쳐내뿌린 거지.

▶ 저 사람은 본래 저런 사람이라고 내버려둔 것이지.

조 그′른′쫌 배′왈떤 사′라밍강요?

k3′r3′nč’om pɛ′watt’3n sa′ramiŋganjo?

글은 쫌 배왓던 사람인강요?

▶ (정만서°가) 글은 좀 배웠던 사람인지요?

제 그′름′ 배′완는데 그기′ 머어′냐′ 하′먼, 참, 김′니비, 김삭′깐처럼

k3′r3′m pɛ′wann3ndɛ k3gi′ m33′ɲa′ ha′m3n, čʰam, ki′mnibi, kimsa′kk’atčʰ3r3m

글은 배왓는데, 그기 머냐 하먼, 참 김립이 김삿갓처럼

▶ 글은 배웠는데, 그게 뭐냐 하면, 참 김립(金笠)이 김삿갓처럼

제 그 머야, 무′승곡′쩌′리 이′서가′아, 베′스름 몯′타′고, 그′럭키 마 낭이~이~ 대′애

k3 m3ja, mu′s3ŋgo′kč’3ri i′s3ga′a, pɛ′s3r3m mo′ttʰa′go, k3′r3kkʰi ma naɲĩ′ĩ tɛ′ɛ

그 머야, 무슨 곡절이 잇어가아 베슬은 몯하고, 그렇기 마 낭인이 대애

▶ 그 뭐냐, 무슨 곡절이 있어서 벼슬은 못하고, 그렇게 에, 낭인(浪人)이 되어

제 가′주고 이′레′ 사′나′ 저′레′ 사′나′, 내 함펭성′ 내대′로 살′다′가 죽는′다

ka′jugo i′rɛ′ sa′na′ č3′rɛ′ sa′na′, nɛ hampʰeŋs3′ŋ nɛdɛ′ro sa′lda′ga ču3n3′nda

가주고 이레 사나 저레 사나, 내 한 펭성 내대로 살다가 죽는다

▶ 가지고 이렇게 사나 저렇게 사나, 내 한 평생 나대로 살다가 죽는다고

제 카′고 마. 참.

kʰa′go ma. čʰam.

카고 마. 참.

▶ 하고 에. 참.

조 그′래가′아, 백수건′다리 대′앱뿌……

k3′rɛga′a, pɛksug3′ndari tɛ′ɛpp’u……

그래가아 백수건달이 대애뿌……

▶ 그래서 백수건달이 되어버렸……

제 마 어′디든′지 가가′주고 공짜비′기라. 하하하하.

ma ɜ′didɜ′nǰi kaga′ǰugo koŋč′abi′gira. hahahaha.

마, 어디든지 가 가주고 공짜비기라. 하하하하.

▷ 에, 어디든지 가 가지고는 공짜라. 하하하하.

조 건천′ 사′라미라면서요?

kɜnčʰɜ′n sa′ramiramjɜnsɜjo?

건천° 사람이라면서요?

▷ (정만서°가) 건천 사람이라면서요?

제 그′런 말˘도′ 익′꼬, 고우′얘 머 모라′ 인는′ 사′람도 익′꼬

kɜ′rɜn ma′ldo′ i′kk'o, ko′ujɛ mɜ moɾa′ŋ innɜ′n sa′ramdo i′kk'o

그런 말도 잇고, 고 우얘 머 모량° 잇는 사람도 잇고.

▷ 그런 말도 있고, 그 어찌 뭐 모량(毛良)이라는 사람도 있고.

조 모라~이~라 컨는 사′람도 익′꼬 건처~이~라 컨는 사′람도 인는′데……

moɾã′ĩra kʰɜnnɜn sa′ramdo i′kk'o kɜnčʰɜ′ĩra kʰɜnnɜn sa′ramdo innɜ′ndɛ……

모량°이라 컹는 사람도 잇고 건천°이라 컹는 사람도 잇는데……

▷ 모량이라고 하는 사람도 있고 건천이라고 하는 사람도 있는데……

동 머′어시라, 머어′고′ 자′고~이~라, 어어′, 고지말′ 고지말′ 고지마′리 마′저,

mɜ′ɜɕiɾa, mɜɜ′go′ ča′gõĩɾa, ɜɜ′, koǰima′l koǰima′l koǰima′ri ma′ǰɜ,

거시기라, 머고, 자곤′이라,4) 어어, 고지말°5) 고지말′ 고지말°이 맞어,

▷ 뭐더라, 뭐냐, 작원이라, 아니, 고지마을 고지마을 고지마을이 맞아,

동 고지마′리 마′저.

koǰima′ri ma′ǰɜ.

고지말°이 맞어.

▷ 고지마을이 맞아.

---

4) 작원 : 건천읍 건천리에 있는 마을 이름.
5) 고지말 : 건천읍 건천리에 있는 마을 이름.

맞돈 낸 돼지

제 또 함부′는냐, 술찌′베 가가′주고, "주′모′, 주′모′, 술한′잔 다′고."
t′o hambu′nɜnɲa, sulči′bɛ kaga′jugo, "ču′mo′, ču′mo′, sulha′nǰan ta′go."
또 한 분은 야, 술집에 가가주고, "주모, 주모, 술 한 잔 다고."
또 한번은 말이야, (정만서°가) 술집에 가가지고, "주모, 주모, 술 한 잔 다오."

제 이′카~이′까네, "선′다님, 또 웨˘상′ 잡수′울라꼬요?" 그래. "웨˘상′이라꼬
i′khã′ĩk′anɛ, "sɜ′ndanim, t′o wɛ˘sa′ŋ čapsu′ullak′ojo?" kɜ′rɛ. "wɛ˘sa′ŋirak′o
이카이까네, "선다님,6) 또 외상 잡수울라꼬요?" 그래. "외상이라꼬
이렇게 말하니까, "선달님, 또 외상으로 잡수시려고요?" 그래. "외상이라고

제 안주′나? 안주′먼 암먹′찌." 떡, 안자 이스~이′까네, 주′모가 물′길′로 가
anju′na? anju′mɜn ammɜ′kči." t′ɜk, a′nǰa isɜ′ĩk′anɛ, ču′mo′ga mu′lgi′llo ka
안 주나? 안 주먼 안 먹지." 떡 앉아 잇으니까네, 주모가 물 길로 가
안 주니? 안 주면 안 먹지." 턱 앉아 있으니까, 주모가 물을 길러

제 가′거′등. 물, 참, 물도~오~로 이′고 바′끄로 나′가′거등, 나간′ 디′에′,
ka′gɜ′dɜŋ. mul, čham, muldõ′õro i′go pa′k′ɜro na′ga′gɜdɜŋ, naga′n ti˘jɛ′,
가거등. 물, 참, 물동오로 이고, 밖으로 나가거등, 나간 디에,
나가거든. 물, 참, 물동이를 이고, 밖으로 나가거든, 나간 후에,

제 대주′ 새깨~이~드리 막, 꼬두′밥, 술′빠블 너′러나′안는데, 와가′주고 주저′주저′
tɛju′ sɛkɛ′ĩdɜri mak, k′odu′bap, ou′lp′abɜl nɜ′rɜna′annɜndɛ, waga′jugo ču′jɜ′juǰɜ′
대주 새깽이들이 막, 꼬두밥, 술밥을 널어낳앗는데, 와 가주고 주저주저
돼지 새끼들이 마구, 고두밥, 지에밥을 널어놓았는데, 와 가지고 주섬주섬

---

6) 선다님 : 선달의 높임말.

[제] 주´서 묵꺼´등. 정˘만´서가 읻때´가 요´래´, 요´래´ 끌´거 모´앝서, 소보˘기´

čuˊsɜ mukkˊɜˊdɜŋ, čɜˊŋmaˊnsɜga ittˊaˊga joˊɾɛˊ, joˊɾɛˊ kˊɜˊlgɜ moˊatsɜ, soboˇgiˊ

줏어 묵거등. 정만서°가 잇다가 요래, 요래 끎어 모앗어, 소복이

▷ 주워 먹거든. (그걸 본) 정만서가 있다가 요렇게, 요렇게 끌어 모았어, 소복이

[제] 모데´기 지´야 조올´따´마리다.

modɛˊgi čiˊja čooˊttˊaˊmaɾida.

모데기 지야 좃다 말이다.

▷ 무더기를 지어 줬단 말이다.

[동] 묵´끼 조˘오´라꼬,

muˊkkˊi čoˇoˊɾakˊo,

묵기 좋오라꼬,

▷ 먹기 좋으라고,

[제] 또 모데´기로 지´아 주´고, 또 저짜´아도 모데´기로 지´아 주´고. 이´연´들꺼

tˊo modɛˊgiɾo čiˊa čuˊgo, tˊo čɜčˊaˊado modɛˊgiɾo čiˊa čuˊgo. iˊjɜˊndɜlkˊɜ

또 모데기로 지아 주고, 또 저짜아도 모데기로 지아 주고. 이연들 거

▷ 또 무더기를 지어 주고, 또 저쪽에도 무더기를 지어 주고. 이놈의 것을

[제] 마 이지 저저 하나´석 주´서 묵띠˜이˜ 마 퍽퍽 퍽퍽 지´버조올´띠˜이˜마느

ma iǰi čɜǰɜ hanaˊsɜk čuˊsɜ muktˊĩˊĩ ma pʰɜkpʰɜk pʰɜkpʰɜk čiˊbɜǰooˊttˊĩˊĩmanɜ

마 이지 저저 하나석 줏어 묵디니 마 퍽퍽 퍽퍽 집어줏디니마는

▷ 에, 이것 저것 하나씩 주워 먹더니 에, 퍽퍽 퍽퍽 집어줬더니만

[제] 함맵빵시´기 참 서´꺼 머´거 사티˜이˜마는 거´진 다˘ 머´거

hammɛppˊaŋɕiˊgi čʰam sɜˊkˊɜ mɜˊgɜ satʰĩˊĩmanɜn kɜˊǰin taˇ mɜˊgɜ

한 맷방식이 참 섞어 먹어 삻디니마는 거진 다 먹어

▷ 한 맷방석의 것을 참 섞어 먹어 쌓더니만 거의 다 먹어

[제] 조´젇땀마리야. 무´를´ 한 도˜오˜ 이´고 오˜이˜까, 정만´서가 대˘주´

čoˊjɜttˊammaɾija. muˊɾɜˊl han tõˊõ iˊgo õˊĩkˊa, čɜŋmaˊnsɜga tɛˇjuˊ

조젓단 말이야. 물을 한 동오 이고 오니까, 정만서°가 대주

▷ 조졌단 말이야. (주모가) 물을 한 동이 이고 오니까, 정만서가 돼지

제 새깨~이~인테, 대˘주´인데 멥˘빱´ 미기´고 익꺼´등. "아이구´, 얄˘구´제라,
sɛk'ε̃ˀiintʰɛ, tɛˀjuˀindɛ mɛ'pp'aˀp migi'go ikk'ɜ'dɜŋ. "aigu', ja'lgujˀɛra,
새깽이인데, 대주인데 멧밥 믹이고 잇거등. "아이구 얄궂에라,
▶ 새끼들에게, 돼지한테 지에밥을 먹이고 있거든. "아이고 얄궂어라,

제 저 대˘지 쫌 안 훌˘처 주´고, 아아, 일부´러 저 끄´러´ 모´아가´머 대˘지´로
čɜ tɛˀji č'om an ʍuˀtčʰɜ ču'go, aa, ilbu'rɜ čɜ k'ɜ'rɜ' mo'aga'mɜ tɛˀji'ro
저 대지 쫌 안 훑어 주고, 아아, 일부러 저 끌어 모아가며 대지로
▶ 저 돼지를 좀 쫓아 주지 않고, 아아, 일부러 저 끌어 모아가며 돼지에게

제 저 멥˘빠´블 미기´고 읻˘따."고 "허허, 그거´ 참, 대˘주´는 맏˘똔
čɜ mɛ'pp'a'bɜl migi'go i'tt'a." ko "hɜfiɜ, kɜgɜ' čʰam, tɛˀju'nɜn ma'tt'on
저 멧밥을 믹이고 잇다."고 "허허, 그거 참, 대주는 맞돈
▶ 저 지에밥을 먹이고 있다."고 "허허, 그것 참, 돼지는 맞돈을 (미리)

제 준´줄 아´런찌, 내´가´." 허허허허, 허허허허.
ju'nǰul a'rɜtč'i, nɛ'ga'." hɜfiɜfiɜfiɜ, hɜfiɜfiɜfiɜ.
준 줄 알엇지, 내가." 허허허허, 허허허허.
▶ 준 줄 알았지, 내가." 허허허허, 허허허허.

조 웨˘사~이~ 아˘이~고. 허허허허.
wɛˀsã̂ĩ ãĩ'go. hɜfiɜfiɜfiɜ.
외상이 아니고. 허허허허.
▶ 외상이 아니고. 허허허허.

제 지´는 오~이~까 웨˘사~이~라 커~이~까 술´로 안주는데, 대˘주´는 맏˘똔
či'nɜn õ̂ĩk'a wɛˀsã̂ĩra kʰɜˀĩk'a su'llo anjunɔndɛ', tɛˀju'nɜn ma'tt'on
지는 오니까 외상이라 커니까 술로 안 주는데, 대주는 맞돈
▶ 자기는 와서 외상이라고 하니까 술을 안 주는데, 돼지는 맞돈을

제 조옽´스~이~까 술´빠블 뭉능´거 거´테가´아 그랟따."꼬.
čoo'tsɜ̃ĩk'a su'lp'abɜl muŋnɜ'ŋgɜ kɜ'tʰɛga'a kɜ'rɛtt'a."k'o.
좃으니까 술밥을 묵는 거 겉에가아 그랫다."꼬.
▶ 주었으니까 지에밥을 먹는 것 같아서 그랬다."고.

동 자꼬 어근나게 카니~이~라꼬, 내˘ 나˘민데 밉˘사˘이~나 대˘애고
ča˘k'o ɜgɜnna˘gɛ kʰa˘ní˜ĩɾak'o, nɛ˘ na˘mí˘ndɛ mí˘psãĩna tɛ˘ɛgo

자꼬 어긋나게 카니라꼬, 내 남인데 밉상이나 대애고
▷ 자꾸 어긋나게 (행세) 하느라고, 항상 남에게 밉상이나 부리고

동 공술˘ 어˘더˘ 묵˘꼬, 그˘러~이~.
koŋsu˘l ɜ˘dɜ˘ mu˘kk'o, kɜ˘ɾɜ̃ĩ.

공술 얻어 묵고, 그러니.
▷ 공술을 얻어 먹고, 그러니.

제 그˘래 "나˘주~에~느 그라지˘ 마˘소." 그˘라면서 주˘모가 수를 한˘잔 주˘더˘란다.
kɜ˘ɾɛ "na˘jũɛ̃nɜ kɜɾají˘ ma˘so." kɜ˘ɾamɜnsɜ ču˘mo˘ga su˘ɾɜl ha˘njan ču˘dɜ˘ɾanda.

그래 "나중에는 그라지 마소." 그라면서 주모가 술을 한 잔 주더란다.
▷ 그래 "나중에는 그러지 마시오." 그러면서 주모가 술을 한 잔 주더란다.

조 술˘로 안줄˘수가 엄˘네˘요.
su˘llo anju˘lsuga ɜ˘mnɛ˘jo.

술로 안 줄 수가 없네요.
▷ 술을 안 줄 수가 없네요.

제 허허허허, 허허허허. 대˘주˘는 맡˘똔 주˘나˘? 이˘마˘리야. 허허허허허허.
hɜɦɜɦɜɦɜ, hɜɦɜɦɜɦɜ. tɛ˘ju˘nɜn ma˘tt'on ču˘na˘? i˘ma˘ɾija. hɜɦɜɦɜɦɜɦɜ.

허허허허, 허허허허. 대주는 맞돈 주나? 이 말이야. 허허허허허허.
▷ 허허허허, 허허허허. 돼지는 맞돈을 주느냐? 이 말이야. 허허허허허허.

천(天)은 원(圓), 지(地)는 방(方)

조 해는´ 언´제´ 어디로´ 도´러가´고 다´른´ 언´제´ 어디로´ 도´러가능 거´로
hɛ´nɜ´n ɜˇnjɛ´ ɜdiro´ toˊrɜga´go taˊrɜ´n ɜˇnjɛ´ ɜdiro´ toˊrɜganɜŋ kɜˊro

해는 언제 어디로 돌어가고 달은 언제 어디로 돌어가는 거로

▷ 해는 언제 어디로 돌아가고 달은 언제 어디로 돌아가는 것을

조 다´ 알´잔´슴니까?
taˇ aˇlja´nsɜmnik'a?

다 알잖습니까?

▷ 다 알지 않습니까?

제 그거´ 만들찌´게도, 천´은 워˜이˜에요,
kɜgɜ´ mandɜlčiˊgedo, čʰɜ´nɜn wɜ˜ĩɛjo,

그거 만들 찍에도, 천은 원이에요,

▷ 그것을 만들 적에도, 천(天)은 원(圓)이에요,

제 지´는´ 바˜이˜라 캐앤´따´ 마리라.
čiˊnɜ´n pã˜ĩra kʰɛɛˊtt'a´ marira.

지는 방이라 캣다 말이라.

▷ 지(地)는 방(方)이라고 했다는 말이라.

조 아´, 그´럭케 주장하´는 사´라미 이´석꼬 일´식´ 월´시´글 게산할´수
aˇ, kɜˊrɜkkʰɜ čujaɲha´nɜn sɑˊrami iˊsɔkk'ʊ iˊlɛi̯k wɜˊlɛi̯gɜl kesanɦa´lsu

아, 그렇게 주장하는 사람이 잇엇고 일식 월식을 계산할 수

▷ 응, 그렇게 주장하는 사람이 있었고 일식과 월식을 계산할 수

조 인는´ 사´라믄 그걸´ 아´랃쪼. 달하´고 해´가 도´러가´는´ 기´를´ 아´랃쪼.
innɜ´n sa´ramɜn kɜgɜ´l a´ratčo. talɦa´go hɛˊga´ toˊrɜga´nɜ´n kiˊrɜ´l a´ratčo.

잇는 사람은 그걸 알앗조. 달하고 해가 돌어가는 길을 알앗조.

▷ 있는 사람은 그걸 알았지요. 달과 해가 돌아가는 길을 알았지요.

제 그 먼저′ 사′라미, 여 조선′ 사′라미 갈′거트먼 지′리 그거′
k3 m3nǰ3′ s′arami, j3 čos3′n sa′rami ka′lg3th3m3n či′ri k3k3′

그 먼저 사람이, 여 조선° 사람이 갈 겉으면 지리, 그거

그 먼저 사람이, (일제시대에) 여기 조선 사람이 갈 것 같으면 지리, 그것

제 참 저 백′쩌~이~ 머, 짜′러빠′전′능거 갸주구 만드′런능거 아~이~가.
čham č3 pɛ′kč′ʒĩ m3, č′a′r3p′a′ĵ3′nn3ŋg3 ka′ĵugu mand3′r3nn3ŋg3 ãĩ′ga.

참 저 백정이 머, 짤어빠젓는 거 가주고 만들엇는 거 아니가.

참 저 백정이 뭐, 절어빠진 것을 가지고 만든 것 아니냐.

제 부′치갸′주구, 해나′안능거 인는′데⋯⋯ 근′데, 그 저′네는 점′부
pu′čhiga′ĵugu, hɛna′ann3ŋg3 inn3′ndɛ⋯⋯ k3′ndɛ, k3 č3′nɛn3n č3′mbu

붙이 가주구 해 낳앗는 거 잇는데⋯⋯ 근데, 그 전에는 전부

붙여 가지고 해 놓은 것이 있는데⋯⋯ 그런데, 그 전에는 전혀

제 지′동′서리 업′석′꺼등. 해′갸′ 떠′갸′주고 서쪼′게 빠′지′고
či′do′ŋs3ri 3′ps3′kk′3d3ŋ. hɛ′ga′ t′3′ga′ĵugo s3č′o′gɛ p′a′ĵi′go

지동설이 없엇거등. 해가 떠 가주고 서쪽에 빠지고

지동설이 없었거든. 해가 떠 가지고 서쪽에 빠지고

제 하′느른 둥′글고, 땅′은′ 인자′ 모′낙′꺼등.
ha′n3r3n tu′ŋg3lgo, t′a′ŋ3′n inĵa′ mo′na′kk′3d3ŋ.

하늘은 둥글고, 땅은 인자 모낫거든.

하늘은 둥글고, 땅은 모났거든.

동 하′느른 둥′글고, 땅′은′ 모′낙′꼬?
ha′n3r3n tu′ŋg3lgo, t′a′ŋ3′n mo′na′kk′o?

하늘은 둥글고 땅은 모낫고?

하늘은 둥글고 땅은 모났고?

제 으, 지′는′ 바~이~거등. 처′는 워~이~예요. 하′느리 이′와 갸′치′마리야, 양산처럼
3, či′n3′n pã′ĩg3d3n. čh3′n3′n w3̃′ĩjɛjo. ha′n3ri i′wa ka′čhi′marija, ja′ŋsančh3r3m

으, 지는 방이거등. 천은 원이예요. 하늘이 이와 같이 말이야, 양산처럼

응, 지는 방이거든. 천은 원이에요. 하늘이 이와 같이 말이야, 양산처럼

제 이′럭′키 둥′글기 이′레′ 대′애갸′아 익′꼬, 땅′ 끝′하′고 하′늘 끝′하′고
　　i′rɜ′kkʰi tu′ŋgɜlgi i′rɛ′ tɛ′ɛga′a i′kk'o, t'a′ŋ k'ɜ′tha′go ha′nɜl k'ɜ′tha′go

　　이렇기 둥글기 이레 대가아 잇고, 땅 끝 하고 하늘 끝 하고
▷ 이렇게 둥글게 이레 되어 있고, 땅 끝과 하늘 끝이

제 여′어느 맏때′애가 일′따 이′거′거등, 이′레′ 대′ˇ이ˇ, 근′대 이거 암망′ 갸′도′
　　jɜ′ɜnɜ matt'ɛ′ɛga i′tt'a i′gɜ′gɜdɜŋ, i′rɛ′ tɛ̃′ĩ, k'ɜ′ndɛ igɜ amma′ŋ ka′do′

　　여어느 맞대가 잇다 이거거등, 이레 대니, 근데 이거 암만 가도
▷ 여기는 맞대어 있다 이것이거든, 이렇게 되니, 그런데 이것은 암만 가도

제 머′러서 끅′꺼′정 몽ˇ깐′다.
　　mɜ′rɜsɜ k'ɜ′kk'ɜ′ĵɜŋ mo′ˇŋk'a′nda.

　　멀어서 끝꺼정 몬 간다.
▷ 멀어서 끝까지 못 간다.

월반하는 학교 공부

제 이˘ 꼽파′기 이˘는′, 해 녹′코 미′테에 사˘라′꼬 여게 딱 저′걱꺼등.

i˘ k'oppʰa′gi i˘nɜ′n, hɛ no′kkʰo mi′tʰɛɛ sa′ra′k'o jɜ′gɛ t'ak čɜ′gɜkk'ɜdɜŋ.

이 곱하기 이는, 해 놓고 밑에 사라꼬 여게 딱 적엇거등.

▷ 이 곱하기 이는(2×2=), 해 놓고 밑에다 사라고 여기 딱 적었거든.

제 그 다′아메는 삼′ 꼽파′기 사′믄 요미′테 구′라′꼬 딱 서녹′코,

kɜ ta′amɛnɜn sa′m k'oppʰa′gi sa′mɜn jomi′tʰɛ ku′ra′k'o t'ak sɜno′kkʰo,

그 다암에는 삼 꼽하기 삼은 요 밑에 구라꼬 딱 서놓고,

▷ 그 다음에는 삼 곱하기 삼은(3×3=) 요 밑에다 구라고 딱 써놓고,

제 그다′아메 구 나누′기 사′믄 또 이′레′ 선′는데 요′넘′하고 요′넘′하고

kɜda′amɛ ku nanu′gi sa′mɜn t'o i′rɛ′ sɜ′nnɜ′ndɛ jo′nɜ′mɦago jo′nɜ′mɦago

그 다암에, 구 나누기 삼은 또 이레 섯는데 요넘하고, 요넘하고

▷ 그 다음에, 구 나누기 삼은 또 이렇게 썼는데 요놈하고, 요놈하고

제 요레 하′머 요기′이 대고, 요′고′ 요′레′ 하′먼 요기′이 대고, 하′아 이′렁′거구나.

jorɛ ha′mɜ jo′gi′i tɛ′go, jo′go′ jo′rɛ′ ha′mɜn jo′gi′i tɛ′go, ha′a i′rɜ′ŋɜ′guna.

요레 하머 요기이 대고, 요고 요레 하먼, 요기이 대고, 하아 이런 거구나.

▷ 요렇게 하면 요것이 되고, 요것을 요렇게 하면, 요것이 되고, 이하 이런 것이구나.

제 고′오 땅′걷′또 고고′ 예˘제′ 보′고 가치 서가′주고 해보˜이˘까 막꺼′등.

ko′o t'a′ŋgɜ′tt'o kogo′ jɛ˘jɛ′ po′go kačʰi sɜga′ĵugo hɛbõ′ik'a makk'ɜ′dɜŋ.

고오 딴 것도, 고고 예제 보고 같이 서 가주고, 해 보니까 맞거등.

▷ 거기 딴 것들도, 그것 예제를 보고 같이 써 가지고, 해 보니까 맞거든.

조 궁˘민′학꾜 이˘항′연때요?

ku˘ŋmi′nɦakk'jo i˘ha′ŋjɜnt'ɛjo?

국민학교 이학연 때요?

▷ 초등학교 이학년 때요?

제 으, 그다ᵛ아메 이ᵛ항ᵛ연책 마 다ᵛ 드ᵛ러내ᵛ애 녹ᵛ코 사망연ᵛ

ɜ, kɜda′amɛ iˇɦa′ɲɜnčʰɛk ma taˇ tɜ′rɜnɛ′ɛ no′kk’o samaɲɜ′n

으, 그 다암에 이학연 책 마 다 들어내애 놓고 삼학연
▷ 응, 그 다음에 이학년 책 에, 다 들어내 놓고(공부해서 떼 내놓고) 삼학년

제 책 달ᵛ라ᵛ드러떠구마느 그ᵛ러~이ᵛ까, 그거ᵛ도 해애ᵛ보~이ᵛ 대능거ᵛ라 그담ᵛ

čʰɛk ta′lladɜrɜt’ɜgumanɜ kɜ′rɜ̃ĩk’a, kɜgɜ′do hɛɛ′bõ̂ĩ tɛnɜŋgɜ′ra kɜda′m

책 달라드럿더구마는 그러니까, 그거도 해보니 대는 거라. 그담
▷ 책에 달려들었구먼 그러니까, 그것도 해보니 되는 거라. 그다음

제 사ᵛ항ᵛ염버터, 인자ᵛ 글ᵛ때 소ᵛ수ᵛ 소ᵛ수ᵛ라 커ᵛ능ᵛ거는 인자ᵛ 항개

sa′ɦa′ɲɜmbɜtʰɜ, inja′ kɜ′ltˇɛ so′suˇ so′su′ra kʰɜ′nɜ′ŋgɜ′nɜn inja′ ha′ŋgɛ

사학염버터 인자, 글때 소수 소수라 커는 거는 인자 한 개에
▷ 사학년부터 이제, 그때 소수 소수라고 하는 것은 이제 한 개에

제 모지래ᵛ애는 방ᵛ개ᵛ짜리로 갇따ᵛ가 이ᵛ분ᵛ지…… 참, 영ᵛ쩜 오ᵛ라ᵛ꼬 치고,

mojirɛ′ɛnɜn pa′ŋgɛ′č’ariro katt’a′ga iˇbu′nči…… čʰam jɜ′ŋč’ɜm o′ra′k’o čʰigo,

모지래애는 반 개짜리로 갖다가 이분지…… 참, 영쩜 오라꼬 치고,
▷ 모자라는 반 개짜리를 갖다가 이분지…… 참, 영점 오(0.5)라고 치고,

제 그다ᵛ아메 영ᵛ쩜 사ᵛ, 아하ᵛ 그럼 인자ᵛ 그림ᵛ도 여ᵛ어 도ᵛ표가 익꺼ᵛ등

kɜda′amɛ jɜ′ŋč’ɜm saˇ, aɦa′ kɜ′rɜm inja′ kɜ′ri′mdo jɜ′ɜ to′pʰjoga ikk’ɜ′dɜŋ

그 다암에 영쩜 사, 아하 그럼 인자 그림도 여어 도표가 잇거등
▷ 그 다음에 영점 사, 아하 그럼 이제 그림도 여기 도표가 있거든

제 □궁처ᵛ럼 이ᵛ레ᵛ 해애ᵛ 녹ᵛ코, 요만ᵛ춤 이ᵛ레ᵛ 해애ᵛ가ᵛ아 요 새카마ᵛ~이ᵛ 칠ᵛ하ᵛ거등.

□kɯnčʰɜ′rɜm i′rɛ′ hɛɛ′ no′ldʰo, joma′nčʰum irɛ hɛɛ′ga a jo sɛkʰamã̂ĩ čʰi′lɦa′gɜdɜŋ.

□궁처럼 이레 해 놓고, 요만춤 이레 해가아 요 새카만이 칠하거등.
▷ □궁처럼 이렇게 해 놓고, 요만큼 이렇게 해서 요 새카맣게 칠하거든.

제 요고ᵛ는 사ᵛ분ᵛ지 일, 이ᵛ기ᵛ이 이ᵛ럭ᵛ코, 이ᵛ거ᵛ는 이ᵛ럭ᵛ코마리야.

jo′go′nɜn sa′bu′nji il, i′gi′i i′rɜ′kkʰo, i′gɜ′nɜn i′rɜ′kkʰomarija.

요고는 사분지 일, 이기이 이렇고, 이거는 이렇고 말이야.
▷ 요것은 사분의 일(四分의 一), 이것이 이렇고, 이것은 이렇고 말이야.

제 해˘ 보˜이˜ 댄ʹ다 마리야. 그 댜ʹ아메 사ʹ항ʹ연책 띠ʹ고ʹ, 오˘항ʹ연책 또
hɛ˘ põî tɛʹnda maɾija. kɜ taʹamɛ saʹɦaʹŋjɜnčʰɛk tʼiʹgoʹ, oʹɦaʹŋjɜnčʰɛk tʼo
해 보니 댄다 말이야. 그 다암에 사학연 책 띠고, 오학연 책 또

해 보니까 된단 말이야. 그 다음에 사학년 책을 떼고, 오학년 책이 또

제 익꺼ʹ등 또 유ʹ캉ʹ연책 익ʹ꼬, 다˘ 대ʹ지 머ʹ어. 그ʹ래갸ʹ주고, 그기ʹ이 어˘떡ʹ케
ikkʼɜʹdɜŋ tʼo juʹkʰaʹŋjɜn čʰɛk iʹkkʼo, ta˘ tɛʹji mɜʹɜ. kɜʹɾɛgaʹʥugo, kɜgiʹi ɜʹtʼɜʹkkʰɛ
잇거등 또 육학연책 잇고, 다 대지 머. 그래가주고, 그기이 어떻게

있거든 또 육학년 책이 있고, 다 되지 뭐. 그래서, 그것이 어떻게

제 대본ʹ 저거 문ʹ제ʹ 서 녹ʹ코 인자ʹ 푸러보ʹ라 커˜이˜ "그거ʹ 저 하ʹ면 대ʹ지
tɛboʹn čɜgɜ muʹjɛʹ sɜ noʹkkʰo injaʹ pʰuɾɜboʹɾa kʰɜ̃î "kɜgɜʹ čɜ haʹmɜn tɛʹji
대본 저거 문제 서 놓고 인자 풀어보라 커니 "그거 저, 하면 대지

단번에 저것, 문제를 써 놓고 이제 풀어보라고 하니 "그것이야 저, 하면 되지

제 머ʹ어요." "니˘ 어ʹ예ʹ 아˘노ʹ?" 캬˜이˜, "해보˜이˜ 대데ʹ에요."
mɜʹɜjo." "ni˘ ɜʹjɛʹ aʹno'?" kʰã̂î, "hɛbõî tɛdɛʹɛjo."
머어요." "니 어예 아노?" 카니, "해 보니 대데에요."

뭐요." "네가 (그것을) 어떻게 아느냐?"고 하니까, "해 보니까 되더군요."

제 "니ʹ느 마 그거ʹ 해˘라ʹ." 그ʹ래 선생ʹ드른 갈치ʹ이다가
"niʹnɜ ma kɜgɜʹ hɛ˘ɾaʹ." kɜʹɾɛ sɜnsɛʹŋdɜrɜn kalčʰiʹidaga
니는 마 그거 해라." 그래 선생들은 갈치이다가

"너는 에, 그것을 해라." 그래 선생들은 (다른 학생들을) 가르치다가

제 모르먼ʹ 이ʹ너ʹ무 자석 아˘무ʹ꺼시한테 가갸ʹ아
moɾɜmɜʹn iʹnɜʹmu časɜk aʹmuʹkʼɜɕiɦantʰɛ kagaʹa
모르먼 이넘우 자석, 아무꺼시한테 가 가아

모르면(학생이 잘 못 알아들으면) 이놈의 자식, 아무개한데 가서

제 이˘항ˊ여네 가가ˊ아 배ˊ우고 온너ˊ라. 하하하하.
iˇɦaˊŋjɜnɛ kagaˊa pɛˊugo onnɜˊra. ɦaɦaɦaɦa.

이학연에 가 가아 배우고 온너라. 하하하하.
이학년에 가서 배우고 오너라. 하하하하.

김삿갓의 즉흥 시

제 너이´짜 하´고, 해연´짜 하´고, 열십´짜 하´고, 아홉꾸´짜 하´고,
nɜi´č'a ha´go, hɛjɜ´nč'a ha´go, jɜlɛi´pč'a ha´go, aɦo´kk'u´č'a ha´go,

너 이자하고, 해 연자하고, 열 십자하고, 아홉 구자하고,

▷ 너 이(你)자와, 해 년(年)자와, 열 십(十)자와, 아홉 꾸(九)자와,

제 나영´짜 하´고, 열려~이˜라고하는 나영´짜 하´고, 이에 내´짜 하´고,
najɜ´ŋč'a ha´go, ɜʌ̃ɜ́ʌ̃ɜ́ĩragoɦanɜn najɜ´ŋč'a ha´go, iɛ nɛ´č'a ha´go,

나 영자하고, 연령이라고 하는 나 영자하고, 이에 내자하고,

▷ 나이 영(齡)자와, 연령이라고 하는 나이 영(齡)자와, 이에 내(乃)자와,

제 일´찍 조´짜 하´고, 빠릴조´짜마리야, 조˘조´니 머´어 저
i´lč'ik čo´č'a ha´go, p'ariljo´č'amarija, čo˘jo´ni mɜ´ɜ čɜ

일찍 조자하고, 빠릴 조자 말이야, 조조니 머어 저

▷ 일찍 조(早)자와, 빠를 조자 말이야, 조조(早朝)니 뭐 저

조 예, 예.
jɛ, jɛ.

예, 예.

▷ 예, 예.

제 할´때, 그 다´아메 알지´짜 하´고, 그다´아메 비파실´짜 하´고, 그다´아메
ha´ltɛ, kɜ ta´amɛ alji´č'a ha´go, kɜda´amɛ pipʰaɕi´lč'a ha´go, kɜda´amɛ

할 때, 그 다암에 알 지자하고, 그 다암에 비파 실자하고, 그 다음에

▷ 할 때, 그 다음에 알 지(知)자와, 그 다음에 비파 슬(瑟)자와, 그 다음에

제 비파금′짜 하′고, 이′렁′글로 서′가′주구 내′애 노′오니까 마′아,

pipʰagɜ′mč'a ha′go, i′rɜ′ŋgɜllo sɜ′ga′čugu nɛ′ɛ no′onik'a ma′a,

비파 금자하고, 이런 글로 서 가주구 내애 놓오니까 마아,

비파 금(琴)자, 이런 글을 써 가지고 내 놓으니까 에,

제 기새~′이′라컨는 여~′이′ 펄′펄′ 띠′먼서,

kisɛ̃′ĩrakʰɜnnɜn jɜ̃ĩ pʰɜ′lpʰɜ′l t'i′mɜnsɜ,

기생이라 컹는 연이 펄펄 띠면서,

기생이라고 하는 년이 펄펄 뛰면서,

제 "응? 천′지에 무지레~′이′거튼 너미. 으?"

"ɜŋ? čʰɜ′njiɛ mujirɜ̃′ĩgɜtʰɜn nɜmi. ɜ?"

"응? 천지에 무지렝이 겉은 넘이. 으?"

"응? 천지에 무지렁이 같은 놈이. 응?"

조 요′글′ 하′능′기요?

jo′gɜ′l ha′nɜ′ŋgijo?

욕을 하는기요?

욕을 하는 것입니까?

동 누′가′? 정만′세가?

nu′ga′? čɜŋma′nsɛga?

누가? 정만세°가?

누가? 정만서가?

제 어어′, 김삭′깐.

ɜɜ′, kimsa′kk'aṭ,

어어, 김삿갓°.

아니, 김삿갓.

동 아아′ 김삭′깐.

aa′ kimsa′kk'at.

아아, 김삿갓°.

응, 김삿갓.

제 김삭ʼ까시 삭ʼ까슬 턱 녹ʼ코는

kimsaʹkkʼaɕi saʹkkʼasɜl tʰɜk noʹkkʰonɜn

김삿갓º이 삿갓을 턱 놓고는

김삿갓이 삿갓을 턱 (벗어) 놓고는

동 이쪼ʹ글, 이쪼ʹ그로 좀 내ˇ다ʹ 안ʼ저라.

iĕ'oʹgɜl, iĕ'oʹgɜro ĕom nɛˇdaʹ aʹnjɜɾa.

이쪽을, 이쪽으로 좀 내다 앉어라.

이쪽으로, 이쪽으로 좀 내다 앉아라.

제 어ˇ어, 더ʼ버, 더ʼ버, 삭ʼ까슬 뜰 미ˇ테 턱 버ˇ저 녹ʼ코는 바˜아˜ 드ʼ갇ˇ찌,

ɜˇɜ, tɜʹbɜ, tɜʹbɜ, saʹkkʼasɜl tʼɜl miʹtʰɛ tʰɜk pɜʹjɜ noʹkkʰonɜn pãã tɜʹgaʹtĕ'i,

어엉어, 덥어, 덥어, 삿갓을 뜰 밑에 턱 벗어 놓고는 방아 드갓지.

아니, 더워, 더워, 삿갓을 뜰 밑에다 턱 벗어 놓고는 방에 들어갔지.

제 드러선ʼ담마리야. 그ʼ런데 이, 열아ʹ홉살 무ʼ긍 기ʼ새˜이˜ 참, 꺼ʼ뭉고로

tɜɾɜsɜʹndammaɾija. kɜʹɾɜndɛ i, jɜlaʹhopsal muʹgɜŋ kiʹsɛ̃ĩ ĕʰam, kʼɜʹmuŋgoro

들어선단 말이야. 그런데 이, 열아홉 살 묵은 기생이 참, 꺼문고로

(방으로) 들어선단 말이야. 그런데 이, 열아홉 살 먹은 기생이 참, 거문고를

제 뜩ʼ꼬ʹ 읻따ʼ가 하˜이˜까, 시루ʹ우고 읻따ʼ가 하˜이˜까, 손ʼ니미라 커ʼ머

tʼɜkkʼoʹ ittʼaʹga hãĩkʼa, ɕiɾuʹugo ittʼaʹga hãĩkʼa, soʹnnimiɾa kʰɜʹmɜ

뜯고 잇다가 하니까 시루고 잇다가 하니까, 손님이라 커머

뜯고 있다가, 어, (거문고를) 퉁기고 있다가, 어, 손님이라고 하면서

제 하나ʹ 두ʼ락꺼등. 두ʼ롼ʼ는데, 보˜이˜까 머 저, 천ʼ지에 무지레˜이˜거튼

hanaʹ tuʹɾwaʹkkʼɜdɜŋ. tuʹɾwaʹnnɜndɛ, põĩkʼa mɜ ĕɜ, ĕʰɜʹndʑiɛ muʤirɜ̃ĩgɜtʰɜn

하나 둘왔거등. 둘왔는데, 보니까 머 저, 천지에 무지렝이 겉은

하나가 들어왔거든. 들어왔는데, 보니까 뭐 저, 천지에 무지렁이 같은

제 너미 드ʼ롼ʼ땀 마리야. "여기는 섬ʼ비드리 오ʼ시ʼ능고ʼ시ʼ지, 시ʼ골ʼ 저

nɜmi tɜʹɾwaʹttʼam maɾija. "jɜʹginɜn sɜʹmbidɜɾi oʹɕiʹnɜŋgoʹɕiʹji, ɕiʹgoʹl ĕɜ

넘이 들왓단 말이야. "여기는 선비들이 오시는 곳이지, 시골 저

놈이 들어왔단 말이야. "여기는 선비들이나 오시는 곳이지, 시골의 저

제 무ˊ식칸 사ˊ라미 오ˊ시ˊ는데가 아˜임˜니ˊ다.” “무ˊ식칸지 아한ˊ지 어ˊ예ˊ
muˊɕikkʰan saˊɾami oˊɕiˊnɜndɛga ãĩmniˊda.” “muˊɕikkʰanǰi aɦaˊnǰi ɜˊjɛˊ
무식한 사람이 오시는 데가 아닙니다.” “무식한지 안 한지 어예
▶ 무식한 사람이 오시는 데가 아닙니다.” “무식한지 않은지 (네가) 어찌

제 아˜는ˊ냥?” “그ˊ러먼, 나보ˊ고마리야 글 지ˊ울쭐 아˜능ˊ기요?” 그ˊ러˜이˜
a˜nɜˊnɲaŋ?” “kɜˊɾɜmɜn, naboˊgomaɾija kɜl ǰiˊulǰ‘ul a˜nɜˊŋgijo?” kɜˊɾɜĩ
아는양?” “그러면 나보고7) 말이야 글 지울 줄 아는기요?” 그러니
▶ 아느냐?” “그러면 나한테 말이야 글을 지을 줄 압니까?” 그러니까

제 “지ˊ이라 커ˊ먼 함문ˊ 지, 지ˊ어 보ˊ지.” 이기ˊ라. “나보ˊ고 글ˊ 함문 지ˊ어
“ǰiˊiɾa kʰɜˊmɜn hammuˊn ǰi, ǰiˊɜ poˊji.” igiˊɾa. “naboˊgo kɜˊl hammun ǰiˊɜ
“지이라 커먼, 한문 지, 지어 보지.” 이기라. “나보고 글 한문 지어
▶ “지으라고 하면, 한번 지어 보지.” 이것이라. “나한테 글을 한번 지어

제 보소.” 이ˊ카ˊ거등. “그ˊ래애야?” 지보ˊ고마리야, 지ˊ로 보고 지ˊ를 두고
poso.” iˊkʰaˊgɜdɜŋ. “kɜˊɾɛɛja?” ǰiboˊgomaɾija, ǰiˊɾo poˊgo ǰiˊɾɜl tuˊgo
보소.” 이카거든. “그래야?” 지보고8) 말이야, 지로 보고 지를 두고
▶ 보세요.” 이러거든. “그래?” 자기한테 말이야, 자기를 보고 자기를 두고

제 그ˊ를ˊ 하나ˊ 지ˊ이라 컨ˊ는데, “나ˊ이ˊ 믿ˊ사ˊ링공?”
kɜˊɾɜˊl hanaˊ ǰiˊiɾa kʰɜˊnnɜˊndɛ, “naˊiˊ miˊtsaˊɾiŋgoŋ?”
글을 하나 지이라 컹는데, “나이 및9) 살인공?”
▶ (기생이 자기를 주제로 해서) 글을 하나 지어 보라고 하는데, “나이가 몇 살인고?”

제 “열아ˊ옵 사ˊ림ˊ니더.” 커˜이˜까, “응, 그래?” 그ˊ라머 당장ˊ,
“jɜlaˊop saˊɾiˊmnidɜ.” kʰɜ˜ĩk‘a, “ɜŋ, kɜˊɾɛ?” kɜˊɾamɜ taŋjaˊŋ,
“열아홉 살입니더.” 커니까, “응, 그래?” 그라머 당장,
▶ “열아홉 살입니다.”고 하니까, “응, 그래?” 그러면 당장,

---

7) ‘김삿갓’을 ‘나’로 잘못 말한 듯함. 이하 동일.
8) ‘기생’을 지칭함.
9) ‘및’은 영천 말이고, 경주 말은 ‘몇’임.

[제] "이′년′ 식꾸여˜에˜ 내′조지 실근″
"i′ɲɜ′n ɕikk'ujɜ̃′ɛ̃ nɛ′ʝoʝi ɕilgɜ′n″

"이년 십구영에 내 좆이 실근″
▶ "이년 씹구멍에 내 좆이 슬근″

[조] 자란′ 들리′이니이더.
čara′n tɜʎʎi′iniidɜ.

잘 안 들리니더.
▶ 잘 안 들립니다.

[제] "이′년′ 식꾸여˜에˜ 내′조지 실금′." 커′거′등.
"i′ɲɜ′n ɕikk'ujɜ̃′ɛ̃ nɛ′ʝoʝi ɕilgɜ′m." kʰɜ′gɜ′dɜŋ.

"이년 십구영에 내 좆이 실금." 커거등.
▶ "이년 씹구멍에 내 좆이 슬금."이라고 하거든.

[제] 아까′아 그거′ 글′짜′ 애인′나?
ak'a′a kɜgɜ′ kɜ′lč'a′ ɛi′nna?

아까 그거, 글짜 앤 잇나?
▶ 아까 그 말한 그것, 글자가 있지 않니?

[조] 예, 예.
jɛ, jɛ.

예, 예.
▶ 예, 예.

[제] "언˜제, 마, 그기′ 그′리′냐?″꼬, 마리야. "요′기′지, 이′런′ 너무 무지레˜이˜
"ɜ̌nʝɛ, ma, kɜki′ kɜ′ri′ɲa?″k'o, marija. "jo′gi′ʝi, i′rɜ′n nɜmu muʝirɛ̃′ĩ

"아니, 마, 그기 글이냐?″꼬, 말이야. "욕이지, 이런 넘우 무지렝이
▶ "아니, 에, 그것이 무슨 글이냐?″고, 말이야. "욕이지, 이런 놈의 무지렁이 같은

[제] 영감재˜이˜."라꼬 딱 도′러서거등. "그′러지말고, 지′필′무글 가′주구 오′라.
jɜŋgamʝɛ̃′ĩ." rak'o t'ak to′rɜsɜgɜdɜŋ. "kɜ′rɜʝimalgo, či′pʰi′lmugɜl kaʝugu o′ra.

영감쟁이."라꼬 딱 돌어서거등. "그러지 말고, 지필묵을 가주구 오라.
▶ 영감쟁이."라고 딱 돌아서거든. "그러지 말고, 지필묵을 가지고 오라.

제 이기'이 우'얘' 요'기'냐마리야." 지'필'묵까지 가주오'라? 같짠'시럭꺼등.
i'gi'i u'jɛ' jo'gi'namarija." či'pʰi'lmukk'aǐi ka'ĵuo'ĵra? ka'tč'a'nɕiɾɜkk'ɜdɜŋ.
이기이 우애 욕이냐 말이야." 지필묵까지 가주오라? 같잖시럽거등.
▷ 이것이 어째서 욕이냐 말이야." 지필묵까지 가져오라?고 하니까 같잖거든.

제 저기'이 머 글'시' 실'쭐' 야'능'가 시'퍼가'아 조˘이˘하고 참, 머'카'고 베'루하고
čɜ'gi'i mɜ kɜ'lɕi' ɕi'lč'u'l a'nɜ'ŋga ɕi'pʰɜga'a čõ'ĥago čʰam, mɜ'kʰa'go pɛ'ɾuĥago
저기이 머 글시 실 줄 아는가 싶어가아 종이하고 참, 먹하고 베루하고
▷ 저것이 뭐 (참으로) 글씨를 쓸 줄 아는가 싶어서 종이와 참, 먹과 벼루와

제 붇'하고 갇따'아주˘이˘까, 시'기'로 멩'필로마리야, 척 거'머쥐˘디˘이˘,
pu'tʰago katt'a'ačũ'ĭk'a, ɕi'gi'ɾo me'ŋpʰillomarija, čʰɜk kɜ'mɜĵwi'dĩ'ĩ,
붓하고 갖다주니까, 시기로 멩필로 말이야, 척 거머쥐디니,
▷ 붓을 가져다주니까, (글을) 쓰기를 명필처럼 말이야, (붓을) 척 거머쥐더니,

제 너 이'짜, "너'이 나이 마리야 열아'호베, 이'에 일'찌기 꺼'뭉고와 비파'를
nɜ i'č'a, "nɜ'i nai marija jɜla'hobe, i'ɛ i'lč'igi k'ɜ'muŋgowa pipʰa'ɾɜl
너 이자, "너이 나이 말이야, 열아홉에, 이에 일찍이 꺼문고와 비파를
▷ 너 이자부터, "너의 나이가 말이야, 열아홉에, 이에 일찍이 거문고와 비파를

제 아'랃떠라." 글'짜'로 서녹'코 보˘이˘ □□거등.
a'ratt'ɜra." kɜ'lč'a'ɾo sɜno'kkʰo põ'ĩ □□kɜdɜŋ.
알앗더라." 글자로 서 놓고 보니 □□거등.
▷ 알았더라."(你年十九齡 乃早知瑟琴) 글자를 써 놓고 보니까 □□거든.

제 "아이고' 몰'라' 배'어서 줴˘송'합니다." 커'먼서 마'아 주'안상을 채'리가'아
"aigu' mo'lla' pɛ'ɜsɜ ǰwɛ'so'ŋamnida." kʰɜ'mɜnsɜ ma'a ču'ansaŋɜl čʰɛ'ɾiga'a
"아이고 몰라 배어서 죄송합니다." 커먼서 마아 주안상을 채리가아,
▷ "아이고 몰라 뵈어서 죄송합니다."라고 하면서 에, 주안상을 차려서,

제 "암'빠˘'을˘드'갑'시다." 커'머, 주'안상을 마'아
"a'mp'ã'ɜl t'ɜ'ga'pɕida." kʰɜ'mɜ, ču'ansaŋɜl ma'a
"안방을 드갑시다." 커머, 주안상을 마아
▷ "안방으로 들어갑시다."라고 하며, 주안상을 에,

50

제 디리채′리다가 그′래 대ˇ저′블 하′더′란다.
　 tiriĉʰɛ′ridaga kɜ′rɛ tɛˇĵɜ′bɜl ha′dɜ′randa.

　 디리 채리다가 그래 대접을 하더란다.
　 들입다 차려다가 그렇게 대접을 하더란다.

제보자 김학봉

1913년 생, 소띠, 71세(1983년 채록 당시)

연고지 : 경주시 건천읍

녹음 일자 : 1983. 9.

정만서의 헛죽음

제 정ˇ만´세가 헐쭈´그믈 주´건는데 그 칭´구드리 와가´아,
čɜˇŋma´nsɛga hɜtč'u´gɜmɜl ču´gɜnnɜndɛ kɜ čʰi´ŋgudɜɾi waga´a,
정만세°가 헛죽음을 죽엇는데 그 친구들이 와가아,
▷ 정만서(鄭萬瑞)가 거짓 죽음을 죽었는데 그 친구들이 와서,

제 그´래, 초상´ 치´라´꼬 부´주도 하´고, 이´레´ 사´아 노´˜오˜이˜, 아 참´,
kɜ´ɾɛ, čʰosa´ŋ čʰi´ɾa´k'o pu´ǰudo ha´go, i´ɾɛ´ sa´a nõ´õĩ, a čʰa´m,
그래, 초상 치라꼬 부주도 하고, 이레 샇아 놓오니, 아 참,
▷ 그래, 초상을 치라고 부조(扶助)도 하고, 이렇게 말을 하니까, 아, 참

제 평푸´˜으˜로 이´레´ 가라´아 녹´코,
pʰjɜŋpʰũ´ɜ̃ɾo i´ɾɛ´ kaɾa´a no´kkʰo,
평풍으로 이레 가라아 놓고,
▷ (그런 것이 아니라 얘기가 잘못 흘렀다), 병풍으로 이렇게 (죽은 사람을) 가려서 놓고,

조 말ˇ숨´ 하´시´이소, 하´십´시오.
maˇlsu´m ha´ɕi´iso, ɦa´ɕi´pɕio.
말숨하시이소, 하십시오.
▷ 말씀하십시오, (말씀을 계속) 하십시오.

제 그´래 머 칭´구드리 와가´아 인자´아, 고´글´ 하´고, 그´래 장ˇ예´에
kɜ´ɾɛ mɜ´ čʰi´ŋgudɜɾi waga´a inǰa´a, ko´gɜ´l ha´go, kɜ´ɾɛ čaˇŋjɛ´ɛ
그래 머 친구들이 와가아 인자아, 곡을 하고, 그래 장예에
▷ 그래 뭐 (정만서°의) 친구들이 와서 이제, (빈소에) 곡을 하고, 그래 장례에

제 보태´애 시´라´꼬 부´주또ˇ늘´ 내´애 녹´코 간 다´아메, 그´래 도ˇ˜이´˜ 제´북 마ˇ˜이´˜
potʰɛ´ɛ ɕi´ɾa´k'o pu´ǰut'oˇnɜ´l nɛ´ɛ no´kkʰo kan ta´amɛ, kɜ´ɾɛ tõˇĩ´ čɛ´buk mãˇĩ´
보태애 시라꼬 부줏돈을 내애 놓고 간 다암에, 그래 돈이 제북 많이 왓어
▷ 보태어 쓰라고 부조 돈을 내 놓고 간 다음에, 그래 (부조) 돈이 제법 많이

제 와서′ 마˜이˜ 완′는′데 그′래 인자′, 정˘만′세가
wa′sɜ′ mã˘ĩ wa′nnɜ′ndɛ kɜ′rɛ inʝa′, čɜ˘ŋma′nsɛga

많이 왔는데 그래 인자, 정만세°가
▶ (들어)왔어 (돈이) 많이 (들어)왔는데 그래서 이제, (이튿날) 정만서°가

제 주′걷따가 깯′따′ 카˜이˜까네 또′ 칭′구드리,
ču′gɜtt′aga k′ɛ˘tt′a′ kʰã˘ĩk′anɛ t′o′ čʰi′ŋgudɜri,

죽엇다가 깻다 카니까네 또 친구들이,
▶ 죽었다가 (다시) 깨어났다고 하니까 또 (그) 친구들이,

제 "그′래, 저승 가˜이˜ 어˘떨′터노?"
"kɜ′rɛ, čɜsɜŋ kã˘ĩ ɜ˘t′ɜ′ttʰɜno?"

"그래, 저승 가니 어떻더노?"
▶ "그래 저승에 가보니까 (저승이) 어떠하더냐?"(하고 물으니까)

제 "주′구미 초주′구미라 노˜오˜이˜,
"ču′gumi čʰoʝu′gumira nõ′õĩ,

"죽움이 초죽움이라 놓오니,
▶ "(나도) 처음으로 죽어본 것이라서,

제 머 머′어 어′예′ 대′앤동 모리겔′따." 답′뼈′늘 그′레 해앨′서′.
mɜ mɜ′ɜ ɜ′ʝɛ′ tɛ′ɛndoŋ mɜrigɛ′tt′a." ta′pp′ʝɜ′nɜl kɜ′rɛ hɛɛ′tsɜ′.

머 머어 어예 대앤동 모리겟다." 답변을 그레 햇어.
▶ 뭐가 어떻게 되었는지 모르겠다." (라고 정만서°가) 답변을, 그렇게 했어.

56

범이의 죽음

제 크˙나˙들 이´르미 버˙민´데, 아˙드리 주´걷…… 누´가´ 거˙짐´말로,
k3´na´d3l i´r3mi p3ˇmi´nde, a´d3ri ču´g3t…… nu´ga´ k3ˇǰi´mmallo,
큰아들 이름이 범°인데, 아들이 죽엇…… 누가 거짓말로,
(정만서°) 큰아들의 이름이 '범'인데, 아들이 죽었…… 누가 거짓말을,

제 참 거˙짐´말로 해앺´떰´ 모´냬~이˙지 "칭´구, 너거´ 아´들랴아,
čʰam k3ˇǰi´mmallo hɛɛ´tt'3´m mo´ɲɛ͂iǰi "čʰi´ŋgu, n3g3´ a´d3ʎʎaa,
참 거짓말로 했던 모냉이지 "친구, 너거 아들 야아,
참 거짓말을 했던 모양이지 "친구, 네 아들 말이야,

제 버˙미´가 주´굳딴다." 카~이~까네 "버˙미´ 주´거? 버˙미´ 주´걷스머
p3ˇmi´ga ču´gutt'anda" kʰã´ĩk'anɛ "p3ˇmi´ ču´g3? p3ˇmi´ ču´g3ts3m3
범°이가 죽웃단다." 카니까네 "범°이 죽어? 범°이 죽엇으면
범이가 죽었단다."고 하니까 "범이 죽어? 범이 죽었으면

제 어디´ 포˙수가 초~을~ 손˙능´공? 그´넘 포˙수 참, 일´짜´
3di´ pʰoˇsu´ga čʰõ͂3l so´nn3´ŋgoŋ? k3´n3m, pʰoˇsu´ čʰam, i´l˘a´
어디 포수가 총을 숫는공? 그넘 포수 참, 일자
어디에 사는 포수가 총을 쐈는가? 그놈의 포수가 참으로, 일등짜리

제 포˙수´구나. 버˙믈´ 자´반능거 보~이~." 카더´란다.
pʰoˇsu´guna. p3ˇm3´l ča´bann3ŋg3 p´õĩ." kʰa´d3´randa.
포수구나. 범을 잡앗는 거 보니." 카더란다.
포수로구나. (무섭다는) 범을 잡은 것을 보니까."라고 하더란다.

강만 없으면 건너가 요절을

제 (정ˇ만´세´는) 장ˇ 나 댕´기고 일´려´네 함문´ 오´까말ˇ까´
(čɜˇŋma´nsɛnɜn) čaˇŋ na te´ŋgigo i´ʎʎɜ´nɛ hammu´n o´k'amaˇlk'a´
(정만세°는) 장 나 댕기고 일 년에 함문 오까말까
▷ (정만서는) 항상 나돌아 다니고 (집에는) 일 년에 한 번쯤 올까말까

제 한´데 지´베 오˝이˝, 지´븐 다ˇ 서´거 내란´자가´아 저
ha´ndɛ či´bɛ õ´ĩ, či´bɜn daˇ sɜ´gɜ nɛra´nǰaga´a čɜ
한데 집에 오니, 집은 다 석어 내랎아가아 저
▷ 한데 집에 (돌아) 와 보니까, 지붕은 다 썩어 가지고 내려앉아서 저

제 귀´세´ 세´까´리가 나´발로 불ˇ고´ 베´게느 청뇽´황뇽´ 기´린´득꼬,
kwi´sɛ´ sɛ´k'a´riga na´ballo puˇlgo´ pɛ´gɛnɜ čʰɜŋno´ŋhwaŋno´ŋ ki´ri´ndɜkk'o,
귀세 세까리가 나발로 불고 벡에는 청뇽황뇽 기린듯고,
▷ (지붕) 귀퉁이의 서까래가 나팔을 불고 벽에는 청룡황룡을 그린 듯하고,

조 나´발 부ˇ능´기이 머언데요´?
na´bal puˇnɜ´ŋgii mɜɜndɛjo´?
나발 부는 기이 먼데요?
▷ 나팔 부는 것이 무엇인데요?

제 지´비 다ˇ 서´겁뿌랟시˝이˝ 세´까´리가 이´레´ 나´왇´따 마ˇ리´다.
či´bi taˇ ɜɜ´gɜpp'uɛtsĩ sɛ´k'a´riga i´rɛ´ na´wa´tt'a maˇri da.
집이 다 석어뿌렛이니 세까리가 이레 나왔다 말이다.
▷ 지붕이 다 썩어버렸으니까 서까래가 이렇게 (밖으로) 나왔다는 말이다.

제 그´래 인자´, 비´가´ 쉐에´ 가´주고, 방꾸둘´ 이´레´ 도ˇ구´로
kɜ´rɛ inǰa´, pi´ga´ swɛɛ´ ka´ǰugo, paŋk'udu´l i´rɛ´ toˇgu´ro
그래 인자, 비가 쉐 가주고, 방구둘 이레 도구로10)
▷ 그래 이제, (지붕에서) 비가 새어 가지고, 방구들에다가 이렇게 도구(導溝)를

제 처 나′안는데, 그래 인자′, 이역′ 할마̃′이̃느 저쪼′게, 도̌′구′ 저쪼′게 눅′꼬
čʰɜ na′annɜndɛ, kɜ′ɾɛ inǰa′, ijɜ′k halmã̃′ĩñɜ čɜč′o′gɛ, tǒ′gu′ čɜč′o′gɛ nu′kk'o
처 낳았는데, 그래 인자, 이녁 할마니느 저쪽에, 도구 저쪽에 눕고
▷ 쳐 놓았는데, 그래 이제, 이녁(자기) 할멈은 저쪽에, 도구 저쪽에 눕고

제 자기느 이쪼′게 누′버가′아 "아이고′, 여′보′소, 도대′체,
čaginɜ ič′o′gɛ nu′bɜga′a "aigo′, jɜ′bo′so, todě′čʰɛ,
자기는 이쪽에 눕어가아 "아이고, 여보소, 도대체,
▷ 자기는 이쪽에 누워서 (있는데 할멈이 말하기를) "아이고, 여보시오, 도대체,

제 종종 자′주 쫌 지′베 와 보′지러 지′비 다̌′ 서′거저갸′아
čonǰoŋ ča′ju č'om či′bɛ wa po′ǰiɾɜ či′bi tǎ′ sɜ′gɜǰɜga′a
종종 자주 쫌 집에 와 보지러 집이 다 석어저가아
▷ 종종 자주 좀 집에 와 볼 것이지 지붕이 다 썩어져서

제 무′리′ 쉐̌′가′아 이기′이 머엄니가′?" 캬̃′이̃ "그′너므 갸̃′이̃,
mu′ɾi′ swě′ga′a i′gi′i mɜɜmniga′?" kʰã̌′ĩ "kɜ′nɜmɜ kã̌′ĩ,
물이 쉐가아 이기이 멈니가?" 카니 "그넘으 강이,
▷ (지붕에서) 물이 새어서 이것이 뭡니까?"라고 (강짜를) 하니까 "그놈의 강이,

제 그 갸̃′이̃ 갈리′이 갸′주고 몽̌′ 껀′네′ 가갸′아 그럳치,
kɜ gã̌′ĩ kaʎʎi′i ka′ǰugo mǒ′ŋ k′ɜ̌nnɜ′ kaga′a kɜ′ɾɜtčʰi,
그 강이 갈리이 가주고 몬 건네 가가아 그렇지,
▷ 그 강(江)이 (둘 사이를) 가로막고 있기 때문에 못 건너가서 그렇지,

제 강̌′만′ 앙걸리′잋스머, 건네가갸′아 마′아 단차′레
kǎ′ŋma′n aŋgɜʎʎi′iʎsɜmɜ, kɜnnɜgaga′a ma′a tančʰa′ɾɛ
강만 안 걸리잇으머, 건네가가아 마아 단찰에
▷ 강만 안 걸렸으면(가로놓여 있지 않았다면), 건너가서 에, 단번에

---

10) 도구(導溝) : 논의 물이 잘 빠지도록 작게 파 놓은 물길.

제 때´리 쥐´깁 뿔시머.” 카´더´란다. 천´자˜아˜서 비´가´ 쉐´머´
  t'ɛ´ri čwi´gip p'utɕimɜ.” ka´dɜ´randa. čʰɜ´njããsɜ pi´ga´ swɛ´mɜ´

때리 쥑이 뿟이면.” 카더란다. 천장아서 비가 쇠면
▷ 때려 죽여 버렸으면 (좋으련만).”이라고 하더란다. 천장에서 비가 새면

제 바˜아˜서 바가´치로 나´아녹´코 빔´물´로 박´꼬 해앹´따´는데
  pã̃ãsɜ paga´čiɾo na´ano´kkʰo pi´mmu´llo pa´kk'o hɛɛ´tt'a´nɜndɛ

방아서 바가치로 낳아놓고 빗물로 받고 햇다는데
▷ 방에다 바가지를 놓아두고 (천장에서 떨어지는) 빗물을 받곤 했다는데

제 정´말´로 그랜´는지 애인´지, 보˜˜이˜ 김선´다리가
  čɜ´ŋma´llo kɜɾɛ´nnɜnji ɛi´nji, põ´ĩ kimsɜ´ndariga

정말로 그랫는지 애닌지, 봉이 김선달°이가
▷ 참으로 (정만서°네 집에서) 그랬는지 아닌지 (모르지만), 봉이 김선달이가

제 대´동´강´물 파러무´걷따 컨능기´이나 뭐, 가´태´.
  dɛ´do´ŋgaŋmul pʰaɾɜmu´gɜtt'a kʰɜnnɜŋgi´ina mwɜ, ka´tʰɛ´.

대동강 물 팔어묵엇다 컹는 기이나 뭐, 같애.
▷ 대동강 물을 팔아먹었다고 하는 것이나 뭐, 같아.

제 머´엉가 자´꾸 어근난´ 짐´마´ 내´ 해앹´찌´ 정´만´쉐가.
  mɜ´ɜŋga ča´k'u ɜgɜnna´n či´mma´ nɛ´ hɛɛ´tči´ čɜ´ŋma´nswɛga.

머언가 자꾸 어긋난 짓만 내 햇지 정만쉐°가.
▷ 뭔가 자꾸 어긋난 짓만 계속 했지 정만서라는 사람이.

60

코 베는 정만서

제 또´ 머어´가´ 인니´이라, 그 다´아메.
t'o´ m33´ga´ inni´iɾa, k3 da´amɛ.
또 머가 잇니이라, 그 다암에.
▷ (정만서° 얘기가) 또 뭐가 있을까? 그 다음에.

조 코, 코
kʰo, kʰo
코, 코
▷ 코, 코 얘기가 있잖습니까

제 코?
kʰo?
코?
▷ 코 얘기 말이냐?

조 예.
jɛ.
예.
▷ 예.

제 정ˇ만´세가 "내´가´ 코 비ˇ끼´˜이˜, 코´ 비ˇ끼´˜이˜." 카´˜이˜, 칭´구가
č3ˇŋma´nsɛga "nɛ´ga´ kʰo piˇk'ĩĩ, kʰo´ piˇk'ĩĩ." kʰã´ĩ, čʰi´ŋguga
정만세°가 "내가 코 비낑이, 코 비낑이." 카니, 친구가
▷ 정만서가 "내가 코를 벨게, 코를 벨게."라고 하니까, (그 정만서°의) 친구가

제 읻따´가 "정ˇ말´로 코´ 비ˇ지´러? 몸ˇ 삐´이머˜……, 몸ˇ 삐´이머˜ 니ˇ가´
itt'a´ga "č3ˇŋma´llo kʰo´ piˇji´ɾ3? moˇm p'i´im3̃……, moˇm p'i´im3̃ niˇga´
잇다가 "정말로 코 비지러? 몬 비먼……, 몬 비먼 니가
▷ 있다가 "(자네가) 정말로 코를 벨 것이지? 못 베면……, 못 베면 네가

제 대˅테글 내˅고ʹ, 칭ʹ구 니˅가ʹ.” 아˅니ʹ, 아˅니ʹ, 잘 몬 해앹˅따ʹ.
  tɛ˅tʰɛʹgɜl nɛ˅goʹ, čʰiʹŋgu ni˅gaʹ.” a˅niʹ, a˅niʹ, čal mon hɛɛʹttʼaʹ.
  대텍을11) 내고, 친구 니가.” 아니, 아니, 잘 몬 했다.
▶ 크게 한턱을 내고, 친구인 네가.” 아니, 아니, (얘기를 내가) 잘 못 했다.

제 칭ʹ구가 하늠ʹ 마˅리ʹ “코 니˅가ʹ 몸˅ 비ʹ이며느 니˅가ʹ 대˅테글
  čʰiʹŋguga haʹnɜm ma˅riʹ “kʰo ni˅gaʹ mo˅m piʹimjɜnɜ̃ ni˅gaʹ tɛ˅tʰɛʹgɜl
  친구가 하는 말이 “코 니가 몬 비며는 니가 대텍을
▶ (정만서°의) 친구가 하는 말이 “코를 네가 못 베면 (정만서°) 네가 크게 한턱을

제 내˅고ʹ, 코ʹ로ʹ 니˅가ʹ 비˅머ʹ 내ʹ가
  nɛ˅goʹ, kʰoʹroʹ ni˅gaʹ pi˅mɜʹ nɛʹgaʹ
  내고, 코로 니가 비면 내가
▶ 내고, (정만서° 너 자신의) 코를 네가 베면 (친구인) 내가 (정만서°에게)

제 대˅테글 내˅까ʹ마.” 그ʹ래 인자ʹ 위시ʹ개로 하ʹ며는서, 그ʹ래, “도ʹ매하고
  tɛ˅tʰɛʹgɜl nɛ˅kʼɜʹma.” kɜʹrɛ inǰaʹ wičiʹgɛro haʹmjɜnsɜ, kɜʹrɛ, “toʹmɛɦago
  대텍을 내꺼마.” 그레 인자 위시개로 하면서, 그래, “도매하고
▶ 크게 한턱을 낼게.” 그렇게 이제 우스갯소리를 하면서, 그래, “도마와

제 칼ʹ하고 가ʹ아 온너ʹ라. 코 내 비˅끼˜이˜.” 말˅로ʹ 하ʹ골랑, 도ʹ매하고
  kʰaʹlɦaʹgo kaʹa onnɜʹra. kʰo nɛ pi˅kʼĩĩ.” maʹlloʹ haʹgollaŋ, toʹmɛɦago
  칼하고 가아 온너라. 코 내 비낑이.” 말로 하골랑, 도매하고
▶ 칼을 가지고 오너라. (내) 코를 내가 벨게.”라고 말을 하고서, 도마와

제 칼ʹ하고 가주 오˜이˜까네 코ʹ로ʹ 핑ʹ 푸러ʹ 가주고 도ʹ매 우ʹ에 언ʹ저 녹ʹ코,
  kʰaʹlɦaʹgo kaǰu õĩkʼanɛ kʰuʹroʹ pʰiʹŋ pʰuʹrɜʹ kaǰugo toʹmɛ uʹɛ ɜʹnǰɜ noʹkkʰo,
  칼하고 가주 오니까네 코로 핑 풀어 가주고 도매 우에 얹어 놓고,
▶ 칼을 가져오니까 코를 팽 풀어 가지고 도마 위에다 얹어 놓고서,

---

11) 대택 : 크게 한턱.

제 칼′로′ 가′아 탁′ 처′가′주고, 허허허허 이′레′ 녹′코,
　　kʰaʼlloʼ kaʼa tʰaʼk čʰɜʼgaʼjugo, hɜɦɜɦɜɦɜ iʼɾɛʼ noʼkkʰo,
　　칼로 가아 탁 처가주고, 허허허허 이레 놓고,
제 칼을 가지고 (풀어 놓은 코를) 탁 쳐서, 허허허허 이렇게 해 놓고,

제 "코′ 비′이짜나." 카̃′이̃′, "코′ 비′이라 카̃′이̃′까네 와, 코, 푸′런′능
　　"kʰoʼ piʼičʼana." kʰãʼĩʼ, "kʰoʼ piʼira kʰãʼĩkʼanɛ wa, kho, pʰuʼɾɜʼnnɜŋ
　　"코 빗잖아." 카니, "코 비라 카니까네 와, 코, 푸럿는
제 "(자) 코를 베었잖아."라고 하니까, "코를 베라고 하니까 왜, 코, 풀어놓은

제 코′로 비̌노′?" 콰̃′이̃′, "이′게′ 코, 코′가′ 암만′나?" 마′리′지.
　　kʰoɾo piʼnoʼ?" kʰwãʼĩʼ, "iʼgɛʼ kho, kʰoʼgaʼ ammaʼnna?" maʼɾiʼji.
　　코로 비노?" 콰니, "이게 코, 코가 안 맞나." 말이지.
제 코를 베느냐?"고 하니까, "이것이 코, 코가 맞지 않느냐?" 말이지,

제 "으? 이′거′느 코′ 집′ 아̃′이̃′가? 마′리′다." 하하하하.
　　"ɜ? iʼgɜʼnɜ kʰoʼ čiʼp ãʼĩga? maʼɾiʼda." haɦaɦaɦa.
　　"으? 이거느 코 집 아니가? 말이다." 하하하하.
제 "응? (얼굴 복판에 있는) 이것은 '코의 집'이잖느냐? 말이다." 하하하하.

제 "코 드′런′는 코′집′ 아̃′이̃′가?" 카′더′란다. 허허허허.
　　"kʰo dɜʼɾɜʼnnɜn kʰoʼjiʼp ãʼĩga?" kʰaʼdɜʼɾanda. hɜɦɜɦɜɦɜ.
　　"코 들엇는 코집 아니가?" 카더란다. 허허허허.
제 "코가 들어있는 콧집이잖느냐?"고 하더란다. 허허허허.

공짜로 잣을……

제 잗ˇ시´? 시ˇ자˜에˜ 가가´주고 잗ˇ파´는데
čaˇtɕi´? ɕiˇjã´ɛ̃ kaga´jugo čaˇtpʰa´nɜndɛ
잣시? 시장에 가 가주고 잣 파는 데
▷ 잣씨 (얘기 말이냐)? (정만서°가)시장에 가 가지고 잣을 파는 데 (가서)

제 잗ˇ시´를 무´르먼서러, "여´보´, 이거 머´어요?" 카˜이˜,
čaˇtɕi´rɜl mu´rɜmɜnsɜrɜ, "jɜ´bo´, igɜ mɜ´ɜjo?" kʰã´ĩ,
잣시를 물으먼서러, "여보, 이거 머어요?" 카니,
▷ 잣씨를 (들고 장사꾼에게) 물으면서, "여보, 이것이 뭐요?"라고 하니까,

제 "잗ˇ시´요." 항´개 조´오 묵´꼬, "이거 머´어요?"
"čaˇtɕi´jo." ha´ŋgɛ čo´o mu´kk'o, "igɜ mɜ´ɜjo?"
"자시요/잣시요." 한 개 조오 묵고, "이거 머어요?"
▷ "자시오/잣씨요." 한 개를 주워 먹고, "이것이 뭐요?" (하고 물으니까)

제 "잗ˇ시´요." 그래 안저가´아 마´아, 시ˇ추´렁´키 마˜이˜ 좌´아
"čaˇtɕi´jo." kɜ´rɛ a´njɜga´a ma´a, ɕiˇčʰu´rɜ´ŋkʰi mã´ĩ čwa´a
"자시요/잣시요." 그래 앉어가아 마아, 시추렁기12) 많이 좌아
▷ "자시오/잣씨요." 그래 앉아서 에, 한참동안(아무 소리 않고 잣을) 많이 주워

제 무´걷서. 마˜이˜ 묵´꼴랑 이´러서˜이˜까네, "잗ˇ시´깜 내ˇ고´ 가´시´요." 카˜이˜,
mu´gɜtsɜ. ma´ĩ mu´kk'ollaŋ i´rɜsɜ´ĩk'anɛ, "čaˇtɕi´k'am nɛˇgo´ ka´ɕi´jo." kʰã´ĩ,
묵엇어. 많이 묵골랑 일어서니까네, "잣시 값 내고 가시요." 카니,
▷ 먹었어. 많이 먹고서 일어서니까, "잣씨 값을 내고 가시오."라고 하니,

---

12) 시추렇다 [시ˇ추´렁타/시추렁´타] : 혱 ① 아무런 반응 없이 가만히 있다. ② 아무 소리하지 않고 한동안
조용히 있다. ③ 천연덕스럽다. 천연스럽다. 쵬 단독으로는 쓰지 않고 '있다' '앉다' 따위의 앞에 '시추렁
기' 꼴로 씀.

제 "내˘그리 무´르˘이´까네 자˘시라 캐애´녹´콜랑, 그래 머,
"nɛ˘gɜ´ɾi´ mu´ɾʒĩk'anɛ ča˘ɕi´ɾa kʰɛ˘no´kkʰollaŋ, kɜ´ɾɛ mɜ,
"내그리 물으니까 자시라 캐애놓골랑, 그래 머,
"(내가) 계속 자꾸 물으니까, (그때는) '자시라'고 해 놓고서, 그래 뭐,

제 도˘늘´ 달˘라´? 도˘늘´ 달˘라´ 캐앨´스´머 내가´ 아,
to˘nɜ´l ta˘lla´? to˘nɜ´l ta˘lla´ kʰɛɛ´tsɜ´mɜ nɛ´ga´ a,
돈을 달라? 돈을 달라 캣으면 내가 아,
(이제 와서) 돈을 달라? (미리 나한테) 돈을 달라고 했으면 내가 아,

제 함´버레 암머´걷찌." 카고. 그래 인자´ 갇쩌´어네 가갸´주고, 갸슬´ 하나´
ha´mbɜɾɛ ammɜ´gɜtč'i." kʰa´go. kɜ´ɾɛ inja´ ka´tč'ɜ´ɜnɛ kaga´jugo, ka´sɜ´l hana´
함버레 안 먹엇지." 카고. 그래 인자 갓전에 가가주고, 갓을 하나
함부로 안 먹었지."라 하고. 그래 이제는 '갓전'에 가서, 갓을 하나

제 떡 이´레´ 써´보˘고 써´보˘는 척하고, 이´레´ 머´레 언´저 갸´주고
t'ɜk i´ɾɛ´ s'ɜ´bo´go s'ɜ´bo´nɜn čʰɜkha´go, i´ɾɛ´ mɜ´ɾɛ ɜ´njɜ ka´jugo
떡 이레 써보고 써보는 척하고, 이레 머레 언어 가주고
떡 이렇게 (머리에) 써보고 써보는 척하고, 이렇게 (자기) 머리에 얹어 가지고,

제 "이거 머´어요?" "갇´시´요." "이거 머´어요?"
"igɜ mɜ´ɜjo?" "ka´ɕi´jo." "igɜ mɜ´ɜjo?"
"이거 머어요?" "가시요/갓이요." "이거 머어요?"
(손으로 갓을 가리키며) "이것이 뭐요?" "가시오/갓이오." "이것이 뭐요?"

제 "갇´시´요." 그래가´아 마´아, 빨´끈´ 조라´아 매´애가´아 가˘이˘까네
"ka´ɕi´jo." kɜ´ɾɛga´a ma´a, p'a´lk'ɜ´n čoɾa´a mɛ´ɛga´a kã´ĩk'anɛ
"가시요/갓이요." 그래가아 마아 빨끈 졸아매가아 가니까네
"가시오/갓이오." 그래서 에, (갓끈을) 발끈 졸라매고서 가니까 "(손님)

제 "각´깜´ 내˘고´ 가시´요." "자꾸´ 가라, 갸라 캐애´ 녹´콜랑,
"ka´kk'a´m nɛ˘go´ ka´ɕi´jo." "čak'u´ ka´ɾa, ka´ɾa kʰɛ˘ no´kkʰollaŋ,
"갓값 내고 가시요." "자꾸 가라, 가라 캐 놓골랑,
갓 값을 내고 가시오." "(아까는 나보고) 자꾸 가라, 가라고 해 놓고서,

제 두ˇ부˜이˜나 가ˊ라 캐애ˊ 녹ˊ코, 가ˊ는ˊ데 웨 또 각ˊ깝ˊ 돌ˇ라ˊ

tuˇbũĩna kaˊra kʰɛɛˊ noˊkkʰo, kaˊnɜˊndɛ wɛ t'o kaˊkk'aˊp toˇllaˊ

두 분이나 가라 캐 놓고, 가는데 왜 또 갓 값 돌라

▶ 두 번이나 (나를 보고) 가라고 해 놓고서, 가는데 왜 또, 갓 값을 달라고

제 카ˊ는냐?"꼬 그ˊ래 갇, 공ˊ깥 어ˇ더ˊ 시고 그ˊ랟따더라.

kʰaˊnɜnɲa?"k'o kɜˊrɛ kat, koˊŋk'at ɜˇdɜˊ ɕigo kɜˊrɛtt'adɜra.

카는냐?"꼬 그래 갓, 공 갓 얻어 시고 그랫다더라.

▶ 하느냐?"라고. 그렇게 갓을, 공으로 갓을 얻어 쓰고 그랬다고 하더라.

돼지 불알 술안주

조 배´고´푸머
  pɛ´go´pʰumɜ
  배고푸머
▹ 배고프면

제 응?
  ɜŋ?
  응?
▹ 응?

조 배´고´푸머 와, 뒈˅지´ 잡는´데
  pɛ´go´pʰumɜ wa, twɛ˅ji´ čamnɜ´ndɛ
  배고푸먼 와, 돼지 잡는 데
▹ 정만서°가 배고프면 왜, 돼지 잡는 데

제 아˅아, 대˅지´ 잡는´데, 인자´ 주˅저´메 가가´주고 대˅지´ 잡는´데
  aa, tɛ˅ji´ čamnɜ´ndɛ, inǰa´ ču˅jɜ´mɛ kaga´ǰugo tɛ˅ji´ čamnɜ´ndɛ
  아아, 대지 잡는 데, 인자 주점에 가 가주고 대지 잡는 데
▹ 아, 돼지 잡는 데, 인제 (정만서°가) 주점에 가 가지고 돼지 잡는 데를

제 가가´주고 "대˅주´ 부´랄 그거, 날˅ 주´세´요." 머거 녹´코
  kaga´ǰugo "tɛ˅ju´ pu´ral kɜgɜ, na˅l ču´sɜ´jo." mɜ´gɜ no´kkʰo
  가가주고 "대주 불알 그거, 날 주세요." 먹어 놓고
▹ 가서 "돼지 불알 그것을, 나를 주세요." 먹어 놓고 나니까 "(정만서°에게)

제 "여´보´ 대˅주´ 부´랄 깜 내˅시´오." "암´때´애주 자´분 텍 대´애소.
  "jɜbo´ tɛ˅ju´ pu´ral k'am nɛ´ɕi´o." "a´mt'ɛ´ɛju ča´bun tɛk tɛ´ɛso.
  "여보 대주 불알 값 내시오." "암대주 잡운 텍 대애소.
▹ 여보 돼지 불알 값을 내시오." "(불알이 없는) 암돼지를 잡은 셈 치시오.

제 내가́ 시장́애 가́주고 그부́랄 그거́ 묵꾸저́버 가́주고 달̆라́ 캐앤́는́데,

ne´ga´ ɕiʝa´ŋɛ ka´ʝugo kɜbu´ral kɜgɜ´ mukk´uʝɜ´bɜ ka´ʝugo ta˘lla´ kʰɛɛ´nnɜ´ndɛ,

내가 시장애 가주고 그 불알 그거 묵구접어 가주고 달라 캣는데,

▶ 내가 시장해 가지고 그 불알 그것이 먹고 싶어 가지고 달라고 했는데,

제 마́아, 암́때́애주 자́분 텍 대́애라."꼬 허허허, 그́라더라는데.

ma´a, a´mt´ɛ´ɛʝu ča´bun tɛk tɛ´ɛra."k´o hɜɦɜɦɜ, kɜ´radɜranɜndɛ.

마아, 암대애주 잡운 텍 대애라고."꼬 허허허, 그라더라는데.

▶ 에, 암퉤지를 잡은 셈 치라."고 허허허, (정만서°가) 그렇게 하더라는데.

거문고와 방앗공이

제 기˘생˙지비 가가˙아 우리지˙베 살림˙도 익˙꼬
ki˘sɛ´ɲjibi kaga´a uɾiji´bɛ saʎʎi´mdo i´kk'o

기생집이 가가아 우리 집에 살림도 잇고

▷ (정만서°가) 기생집에 가서 (말하기를) 우리 집에는 살림도 (적잖게) 있고

제 우리지˙베 조˘옹˙거뭉고가 인는˙데, 참 졷˘타˙꼬, 그래 그 기˘새~이~
uɾiji´bɛ čo˘o´ŋɜmuŋgoga innɜ´ndɛ, čʰam čo˘ttʰa´k'o, kɜ´ɾɛ kɜ ki˘sɛ̃´ĩ

우리집에 좋온 거문고가 잇는데, 참 좋다꼬, 그래 그 기생이

▷ 우리집에는 좋은 거문고가 (하나) 있는데, 참 좋다고, 그래 그 기생이

제 그 거뭉고 그거˙ 어˘들˙라꼬 허허 "어야든˙지 요부˙네 갇˘따˙ 지˙베
kɜ kɜ´muŋgo kɜgɜ´ ɜ˘dɜ´llak'o hɜhɜ "ɜjadɜ´nji jobu´nɜ ka´tt'a´ či´bɛ

그 거문고 그거 얼을라꼬 허허 "어야든지 요분에 갓다 집에

▷ 그 거문고 그것을 얻으려고 허허 "어쩌든지 요번에 (집에) 갔다가 집에

제 갇˘따˙ 올˙때느 그 거뭉고 날˘ 갇따˙아 주˙소˙."꼬
ka´tt'a´ ol´t'ɛnɜ kɜ gɜ´muŋgo na˘l katt'a´a ču´so´."k'o

갓다 올 때는 그 거문고 날 갓다 주소."꼬

▷ 갔다가 (돌아) 올 때는 그 거문고를 나에게 갖다 주세요."라고 (하니까)

제 "갇˘따˙아 주˙고말˘고. 그 내인˙데느 벨 피˙로가 업˘서˙." 그라골랑 그래
"katt'a´a ču´gomal˘go´. kɜ nei´ndenɜ pɛl pʰi´ɾoga ɜ˘psɜ´." kɜ´ɾagollaŋ kɜ´ɾɛ

"갓다 주고말고. 그 내인데는 벨 필오가 없어." 그라골랑 그래

▷ "갖다 주고말고. 그것이 나에게는 별 필요가 없어." 그렇게 하고서는 그래

제 인자˙ 지˙비 온다꼬 와가˙아 바˘악~꼬로, 바˘악~꼬 알˘제˙?
inja´ či´bi ondak'o waga´a pãã´kk'oɾo, pãã´kk'o a´ljɛ´?

인자 집이 온다꼬 와가아 방앗고로, 방앗고 알제?

▷ 이제 (자기) 집에 온다고 와서는 방앗공이를, (자네는) 방앗공이를 알지?

조 예.
　　jɛ.
　　예.
▷ 예.

제 나무′ 바̃′악̃꼬로 부′레′다 꺼스′라 갸′주고 그래 똘똘 마′라
　　namu′ pãã′kk'oɾo pu′ɾe′da k'ɜsɜ′ɾa ka͡ʉugo kɜ′ɾɛ t'olt'ol ma′ɾa
　　나무 방앗고로 불에다 꺼스라 가주고 그래 똘똘 말아
▷ 나무로 만든 방앗공이를 불에다 그을려 가지고 그래 (천으로) 똘똘 말아서는

제 사갸′주고, 허허허 갸주 가갸′아 "요부′네 지′베 갸시′디̃이̃
　　saga͡ʉugo, hɜɦɜɦɜ ka͡ʉu kaga′a "jobu′nɛ či′bɛ ka′ɕi′dĩĩ
　　사 가주고, 허허허 가주 가가아 "요분에 집에 가시디니
▷ (잘) 싸 가지고, 허허허 가지고 가서 (기생이 묻기를) "요번에 집에 가시더니

제 거′뭉고 갸주 왈′심′니거?" "갸주 왈′찌러, 푸′러′ 주′까?" 카̃′이̃
　　kɜ′muŋgo ka͡ʉu wa′tɕi′mnigɜ?" "ka͡ʉu wa′tɕ'iɾɜ, pʰu′ɾɜ′ ču′k'a?" kʰã′ĩ
　　거문고 가주 왔십니거?" "가주 왔지러, 풀어 주까?" 카니
▷ 거문고를 가지고 왔습니까?" "가지고 왔지, 풀어 (보여) 줄까?"라고 하니까

제 "푸러 주세′요." 그래가′아 푸′러′ 갸주고 허허허, 이′레′
　　"pʰuɾɜ čusɛ′jo." kɜ′ɾɛga′a pʰu′ɾɜ′ ka͡ʉugo hɜɦɜɦɜ, i′ɾɛ′
　　"풀어 주세요." 그래가아 풀어 가주고 허허허, 이레
▷ "풀어 주세요." 그래서 (싼 것을) 풀어 가지고 허허허, 이렇게

제 들바′ㄷ̃이̃까네 "여′보′세요, 이거 바̃′악̃꼬 아̃임̃니′가?" 카̃′이̃
　　tɜlba′d̃ĩk'anɛ "jɜ′bo′sɛjo, igɜ pãã′kk'o ãĩmni′ka?" kʰã′ĩ
　　들반으니까네 "여보세요, 이거 방앗고 아닙니가?" 카니
▷ 들여놓아 주니까 "여보세요, 이것은 방앗공이가 아닙니까?"라고 하니까

70

제 “바˘악˘꼬가 아˘이˘고, 꺼´뭉고 아˘이˘가 마´리´다. 허허허허.

“pãã́kk’oga ãĩ́go, k’ɜ́muŋgo ãĩ́ga ma´ri´da. hɜɦɜɦɜɦɜ.

“방앗고가 아니고, 꺼문 고 아니가 말이다. 허허허허.

“방앗공이가 아니고, ‘꺼뭉고’잖느냐? 말이다. 허허허허.

제 그´레 기˘생´을 울리´이더란다.

kɜ́ɾɛ kiˇsɛ́ŋɜl uʎʎi´idɜɾanda.

그레 기생을 울리이더란다.

그렇게 (그) 기생을 울리더란다.

해설 | 검은 방앗공이를 뜻하는 경주말의 ‘검운 고’나 ‘거문고’의 발음이 모두 ‘거뭉고~꺼뭉고’
인 것을 악용한 사례임.

목화 따는 색시와 뽀뽀

제 칭'구드리, 그저 이얘'기하께'에 노금하'나'?
 č^hi'ŋgudɜɾi, kɜǰɜ ijɛ'gihak'ɛ'ɛ nogɜmha'na'?
친구들이, 그저 이얘기하께 녹음하나?
▣ (정만서°의) 친구들이, (녹음하지 말고) 그냥 이야기할게 녹음하니?

조 예.
jɛ.
예.
▣ 예.

제 칭'구드리, 저 목'콰'따는, 처'녀가 아'이'고 색'시'라 걷떠'라.
č^hi'ŋgudɜɾi, čɜ mo'kk^hw'at'anɜn, č^hɜ'ɲɜ'ga ãĩ'go sɛ'kɕi'ɾa kɜtt'ɜ'ɾa.
친구들이, 저 목화 따는, 처녀가 아니고 색시라 겉더라.
▣ 친구들이, 저 목화 따는, (상대방이) 처녀가 아니고 색시라고 하더라.

제 저어' 색'시' 임'마'추'고 오'머…… 아'니'? "임'마'추고 오'며느 우리'가
čɜɜ' sɛ'kɕi' i'mma'č^hu'go o'mɜ…… a'ni'? "i'mma'č^hugo o'mjɜnɜ uɾi'ga
저 색시 입맞추고 오면…… 아니? "입 맞추고 오며는 우리가
▣ (자네가) 저 색시와 입을 맞추고 오면…… 아니? "입을 맞추고 오면 우리가

제 칭'구들 우리'가 대'테'글 내'고'
č^hi'ŋgudɜl uɾi'ga tɛ't^hɛ'gɜl nɛ'go'
친구들 우리가 대텍을 내고
▣ 친구들인 우리가 (자네한테) 크게 한턱을 내고

제 니'가' 몸'맏'추우머 니'가' 대'테'글 내'고'." 콰'이',
ni'ga' mo'mma'tč^huumɜ ni'ga' tɛ't^hɛ'gɜl nɛ'go'." k^hw'ãĩ,
니가 몬 맞추면 니가 대텍을 내고." 콰니,
▣ 네가 (저 색시와 입을) 못 맞추면 네가 크게 한턱을 내고."라고 하니까,

제 "맏추′우고 오′지러." 그′래 가가′아, 모′콰′따는데

"matčʰuʹugo oʹjirɜ." kɜʹrɛ kagaʹa, moʹkʰwʹatʼanɜndɛ

"마추고 오지러." 그래 가가아, 목화 따는 데

▷ "(내가 가서 입을) 맞추고 오지." 그래 가서, (색시가) 목화를 따는 데

제 가가′아 "아이고′오, 내 누′네 여′어 까′시가 드가가′아요 까′시가

kagaʹa "aigoʹo, nɛ nuʹnɛ jɜʹɜ kʼaʹɕiga tɜgagaʹajo kʼaʹɕiga

가가아 "아이고, 내 눈에 여어 까시가 드가가아요 까시가

▷ (눈을 감고) 가서는 "아이고, 내 눈에 여기 가시가 들어가서요 가시가

제 드′런′는데, 이 까′시 좀 내′애 주′시′요." 허허, 그래 인자′, 누′늘′ 이′레′

tɜʹrɜʹnnɜndɛ, i kʼaʹɕi čom nɛʹɛ čuʹɕijo." hɜhɜ, kɜʹrɛ injaʹ, nuʹnɜʹl iʹɾɜʹ

들엇는데, 이 까시 좀 내애 주시요." 허허, 그래 인자, 눈을 이레

▷ 들었는데, 이 가시를 좀 내어 주시오." 허허, 그래 이제, 눈을 이렇게

제 그′라자머 이′레′, 마′지 이′레′ 암보′능′가배 마′주 보′고,

kɜʹrajamɜ iʹɾɜʹ, maʹji iʹɾɜʹ amboʹnɜʹŋgabɛ maʹju poʹgo,

그라자면 이레, 마지 이레 안 보는가배 마주 보고,

▷ 그렇게 하자면 이레, (색시와 서로) 이렇게 마주 보게 되잖아 마주 보고,

제 눈 이′레′ 둘′릴찌게 마′아 귀′로′, 두˘ 귀′로′ 검′쥐′이고

nun iʹɾɜʹ tuʹʎʎilčʼigɛ maʹa kwiʹroʹ, tu˘ kwʹiroʹ kɜʹmjwiʹigo

눈 이레 둘릴 찍에 마아 귀로, 두 귀로 검쥐고

▷ 눈을 이렇게 돌릴 적에 에, 귀를, (정만서가 색시의) 두 귀를 거머쥐고

제 이′블′ 쫑 마차′압뿔찌. 그′래가′아 칭′구드리 대′테′글 내′애

ibʹɜlʹ čʼoŋ mačʰaʹappʼutčʼi. kɜʹrɛgaʹa čʰiʹŋgudɜri teʹtʰɜʹgɜl nɛʹɛ

입을 쫑 맞차아뿟지. 그래가아 친구들이 대텍을 내애

▷ 입을 쪽 맞추어버렸지. 그래서 친구들이 (정만서에게) 크게 한턱을 내어

제 만날 그′레 공빼˜이˘ 댕′기메 어˘더′ 무′걷딴다.

mannal kɜʹrɛ koŋpʼɜ̃ʔĩ tɛʹŋgimɛ ɜ˘dɜʹ muʹgɜttʼanda.

만날 그레 공빼~ 이 댕기메 얻어묵엇단다.

▷ 만날 그렇게 다니면서 공짜로 얻어먹었단다.

달을 삼킨 벙어리

제 기˘새~이~ 마아′메′ 잔뜩′ 드′러. 하립빰′ 데′엘꼬 자′모 시푼
   kiˇsɛ̃ĩ maaʹmɛʹ čantʼɜˇk tɜʹrɜ. harippʼaʹm tɛʹɛlkʼo čaʹmo ɕipʰun
  기생이 마암에 잔뜩 들어. 하릿밤 델꼬 자모 싶운
▷ (어느) 기생이 (정만서의) 맘에 잔뜩 들어. 하룻밤을 데리고 잤으면 싶은

제 생′개기 나′는′데, 거′어 인자′아, 기˘생′지베 가가′아 메˘칠 이′레′ 머무′르고,
  sɛ̃ŋgeʹgi naʹnɜˇndɛ, kɜʹɜ injaʹa, kiˇsɛʹɲʲibɛ kagaʹa meˇčhil iʹrɜʹ mɜmuʹrɜgo,
  생객이 나는데, 거어 인자아, 기생집에 가가아 메칠 이레 머무르고,
▷ 생각이 나는데, 거기 이제, 기생집에 가서 며칠을 이렇게 머무르며,

제 묵′꼬 잍따′가, 그래 하루아치′메느 바′블′ 머′그라 캐애′도′ 이′불′ 안띠′고′,
  muʹkkʼo ittʼaʹga, kɜʹrɛ haruačhiʹmɛnɜ paʹbɜʹl mɜʹgɜra kʰɛɛʹdoʹ iʹbuʹl antʼiʹgoʹ,
  묵고 잇다가, 그래 하루 아침에는 밥을 먹으라 캐도 입울 안 띠고,
▷ 묵고 있다가, 그래 하루 아침에는 밥을 먹으라고 해도 입을 떼지 않고,

제 머′어로 무′러도 이블 당줴′ 안띠능기′라′. 버버리 노′르스로.
  mɜʹɜro muʹrɜdo ibɜl taɲčhwʹɛ antʼinɜŋgiʹraʹ. pɜbɜʹri noʹrɜssɜro.
  머로 물어도 입을 당최 안 띠는 기라. 버버리 노릇으로.
▷ 무엇을 물어도 (정만서가) 입을 당최 안 떼는 거라. 벙어리 노릇으로.

제 말˘ 모˘˜한˜다꼬. 기˘새~이~ 하립빰′ 데˘엘꾸 자구′ 시푼′ 생가기
  maʹl moˇɲ̃aˇndakʼo. kiˇsɛ̃ĩ harippʼaʹm tɛʹɛlkʼu čaguʹ ɕipʰuʹn sɛʹŋgaʹgi
  말 몬 한다꼬. 기생이 하릿밤 델구 자구 싶운 생각이
▷ 말을 못 한다고. (정만서°가) 기생을 하룻밤 데리고 자고 싶은 생각이

제 나가ˇ주고, 그′레 버′버리13〉 지ˇ슬′ 하′는′데, 이′불′ 안띠′고′, 무′즘
naga′jugo, kɜ′ɾɛ pɜ′bɜɾi či′sɜ′l ha′nɜ′ndɛ, i′bu′l ant′i′go′, mu′jɜm
나가주고, 그레 버버리 짓을 하는데, 입울 안 띠고, 무즌
▷ 나가지고, 그렇게 벙어리 짓을 하는데, (도무지) 입을 떼지 않고, 무슨

제 말′하′머 솜′마′ 내′애 혼′들′고, 그 기ˇ새~이ˇ, "그 웨 그라느냐?"꼬,
ma′lha′mɜ so′mma′ nɜ′ɛ hɜ′ndɜ′lgo, kɜ ki′sɛ̃′ĩ, "kɜ wɛ kɜ′ɾanɜɲa?"k′o,
말하먼 손마 내애 흔들고, 그 기생이, "그 왜 그라느냐?"꼬
▷ 말을 (걸기만) 하면 손만 내어 흔들고, 그 기생이, "그 왜 그러느냐?"고,

제 "저′네느 버버′리가 아ˇ인~데 웨 버버′리냐?"고, 그′을때느,
"čɜ′nɛnɜ pɜbɜ′ɾiga ãĩ′ndɛ wɛ pɜbɜ′ɾiɲa?"go, kɜ′ɜlt′ɜnɜ,
"전에는 버버리가 아닌데 "왜 버버리냐?"고, 그을 때는,
▷ "전에는 벙어리가 아닌데 "왜 벙어리가 되었느냐?"고, 그럴 때는, (정만서ˆ가)

제 이레에′ 소늘 가르′치면서 마리야, 하′느레 다′리′ 이′레′, 바메 자′는′데
iɾɛɛ′ sonɜl kaɾɜ′čʰimɜnsɜ maɾija, ha′nɜɾe ta′ɾi′ i′ɾɛ′, pa′me ča′nɜ′ndɛ
이레 손을 가르치면서 말이야, 하늘에 달이 이레, 밤에 자는데
▷ 이렇게 손으로 가리키면서(손짓을 하면서), 하늘에 달이 이렇게, 밤에 자는데

제 꾸′메, 이′베 숙ˇ, 우리′ 지′베 가′야 댄′다꼬, 손′질′로 하′거등, 그래
k′u′mɛ i′bɛ su′k, uɾi′ či′bɛ ka′ja tɛ′ndak′o, so′nǰi′llo ha′gɜdɜŋ, kɜ′ɾɛ
꿈에, 입에 숙, 우리 집에 가야 댄다꼬, 손질로 하거등, 그래
▷ 꿈에, 입에 쑥(들어갔으니), 우리 집에 가야 된다고, 손짓을 하거든, 그래

제 마′아, 기ˇ새~이ˇ 꽉 뿌짝′꼬 마′아, 큰′자′석
ma′a, ki′sɛ̃′ĩ k′wak p′uč′a′kk′o ma′a, kʰɜ′nǰa′sɜk
마아, 기생이 꽉 뿔잡고 마아, 큰자석
▷ 에, 기생이 (정만서를) 꽉 붙잡고 에, (장차 크게 성공할) 큰자식을

---

13) 요기서만 '버′버리'로 발음함.

[제] 논는′다꼬, 그′레 뿔짝′꼬, 거′게 인자′, 자′고,

nonnɜ′ndak'o, kɜ′ɾɛ p'utč'a′kk'o, kɜ′gɛ inǰa′, ča′go,

놓는다꼬, 그레 뿔잡고, 거게 인자, 자고,

[▶] 낳을 거라고, (혼자 생각하고) 그렇게 붙잡고 (그러니까), 거기서 이제, 자고,

[제] 메′칠 잘̌ 묵′꼬, 허허 그래 그 기̌새̃이̃ 그래 정̌만′세인데 깝짝′

mɛ′čʰil čǎl mu′kk'o, hɜhɜ kɜ′ɾɜ kɜ kǐsɛ̃ĩ kɜ′ɾɛ čɜ̌ŋma′nsɛindɛ k'apč'a′k

메칠 잘 묵고, 허허 그래 그 기생이 그래 정만세°인데 깝짝

[▶] 며칠(동안) 잘 먹고, 허허 그래 그 기생이 그래 정만서한테 깜빡

[제] 소′가가′아, 허허허허. 모′믈′ 빽끼′이고, 잘 미기′이주고

so′gaga′a, hɜɦɜɦɜɦɜ. mo′mɜ′l p'ɛkk'i′igo, čal migi′iǰugo

속아가아, 허허허허. 몸을 뺏기고, 잘 믹이주고

[▶] 속아 가지고, 허허허허. 몸을 뺏기고, 잘 먹여주고

[제] 그′라더라 카능 그 이얘′기가 이′서.

kɜ′ɾadɜɾa kʰanɜŋ kɜ ijɛ′giga i′sɜ.

그라더라 카는 그 이얘기가 잇어.

[▶] 그러더라고 하는 이야기가 있어.

돌림 따귀

조 돌림′ 귀때′기 만능′거도 정ˇ만′셍기요?

toʎʎiʼm kwitʼɛʼgi mannɜʼŋɜʼdo čɜˇŋmaʼnsɛŋgijo?

돌림 귀때기 맞는 거도 정만셍°기요?

▷ 돌림 따귀를 맞는 것도 정만서입니까?

제 그′래.

kɜʼɾɛ.

그래.

▷ 그래.

조 거′어느 어′예′댄 테′깅기요?

kɜʼɜnɜ ɜʼjɛʼdɛn tʰɛʼgiʼŋgijo?

거어느 어예 댄 텍인기요?

▷ 그것은 어찌 된 것입니까?

제 돌림′ 귀때기 만능′거? 남 주′저′메서 모′도, 칭′구드리 모지′이

toʎʎiʼm kwitʼɛʼgi mannɜʼŋɜʼ? nam čuʼjɜʼmɛsɜ moʼdo, čʰiʼŋgudɜɾi mojiʼi ,

돌림 귀때기 맞는 거? 남 주점에서 모도, 친구들이 모지

▷ 돌림 따귀 맞는 것? 남의 주점에서 모두들, 친구들이 모여

제 안′저가′아, 술′로 서리′ "니ˇ 무′거라, 내 무′거라." 카′고, 돌림′ 차′레로 이′레

aʼnjɜgaʼa, suʼllo sɜɾiʼ "niˇ muʼgɜɾa, nɛ muʼgɜɾa." kʰaʼgo, toʎʎiʼm čʰaʼɾɜɾo iʼɾɛ

앉어가아, 술로 서리 "니 묵어라, 내 묵어라." 카고, 돌림차례로 이레

▷ 앉아서, 술을 서로 "너 먹어라, 내 먹어라." 하고, 돌림차례로 이렇게

제 도′라가거등. 그래 마′아 드가가′ 마′아, 모′금 마럭′꼬, 시장′하지러,

doʼɾagagɜdɜŋ. kɜʼɾɛ maʼa tɜgagaʼ maʼa, moʼgɜm marɜʼkkʼo, ɕijaʼŋɦaʼjiɾɜ,

돌아가거등. 그래 마아 드가가 마아, 목은 마럽고, 시장하지러,

▷ 돌아가거든. 그래 에, (그 술좌석에) 들어가서 에, 목은 마럽고, 시장하지,

제 술′로 마′아 대′애고, 마′아 양̌소′네 들′고 먀′아 이′레, 마′셉뿌랟따. 예̌저′네는
suˊllo maˊa tɛˊego, maˊa jǎŋsoˊnɛ tɜˊlgo mǎˊa iˊɾɜˊ, maˊsɛppˊuɾettˊa. jeˇjɜˊnɜnɜn
술로 마아 대애고, 마아 양손에 들고 마아 이레, 마세뿌렛다. 예전에는
술을 에, 대고, 에, 양손에 들고 에, 이렇게, 마셔버렸다. 예전에는

제 남, 좌̌서′게 드가갸′아 마암′대로 술, 좌̌서′게 드갸′지도 몬̌하′고,
nam, čwaˇsɜˊgɛ tɜgagaˊa maaˊmdɛɾo sul, čwaˇsɜˊgɛ tɜgaˇjido moˇnhaˊgo,
남, 좌석에 드가가아 마암대로 술, 좌석에 드가지도 몬하고,
남의, 좌석에 들어가서 맘대로 술을, 좌석에 들어가지도 못하고,

제 몸̌마′시능기야. "이 양̌바̃′이̃ 무진′, 이런′ 양̌바̃′이̃ 인노? 나̌무 좌̌서′게
moˇmmaˊɕinɜŋgija. "i jǎŋbãˊĩ mujiˊn, iˊɾɜˊn jǎŋbãˊĩ iˊnno? naˊmu čwaˇsɜˊgɛ
몬 마시는 기야. "이 양반이 무진, 이런 양반이 잇노? 남우 좌석에
못 마시는 거야. "이 양반이 무슨, 이런 양반이 (다) 있나? 남의 좌석에

제 와갸′아, 으? 술′짬 버어 노′옹거, 서리′ 곤̌하′고 하는데, 웨
wagaˊa, ɜ?, suˊlčˊam pɜˊɜ noˊoŋɜ, sɜɾiˊ koˇnhaˊgo hanɜndɛ, wɛ
와가아, 으? 술잔 버어 놓온 거, 서리 곤하고 하는데, 왜
(들어)와서, 응? 술잔 부어 놓은 것을, 서로 권하고 하는데, 왜

제 뭉는′냐?"고. 마′아 귀때′기로 들′구 때′리 주̃이̃′까데, 자̌테 사람
muŋnɜˊɲɲa?"go. maˊa kwitˊɛˊgiɾo tɜˊlgu tˊɛˊɾi čũˇĩkˊadɛ, čaˇtʰɛ saɾam
묵는냐?"고. 마아 귀때기로 들구 때리 주니까데, 잩에 사람
(남의 술을) 먹느냐?"고. 에, 따귀를 들고 때려 주니까, (정만서°가) 옆 사람

제 귀때′기로, 따악′ 때′리 주고, 또 도′라가면서······ 그 마즌 사′라미 또
kwitˊɛˊgiɾo, tˊaˇk tˊɛˊɾi čugo, tˊo tˊoˊɾagamɜnsɜˊ······ kɜ maˇĩn saˊɾami tˊo
귀때기로, 딱 때리 주고, 또 돌아가면서······ 그 맞은 사람이 또
따귀를, 딱 때려 주고, 또 돌아가면서······ 그 맞은 사람이 또

제 자̌테 사′라믈 또 들′고치̃이̃′까네, 그′래 인자′, 내̌주̃에̃′는 무럳서.
čaˇtʰɛ saˊɾamɜl tˊo tɜˊlgočʰĩˇĩkˊanɛ, kɜˊɾɛ injaˊ, neˇjũˇɜˇnɜn muˊɾɜtsɜ.
잩에 사람을 또 들고치니까네, 그래 인자, 내중에는 물엇어.
곁에 있던 사람을 또 들고치니까, 그래 이제, 나중에는 물었어.

제 "여′보′세요, 나′무 좌ˇ서′게 두′롸′서 웨 수′른, 웨 마′시고, 으? 자기′가

"jɜ'bo'sɛjo, na'mu čwaˇsɜ'gɛ tu'ɾw'asɜ wɛ su'ɾɜn, wɛ ma'ɕigo, ɜ? ča'gi'ga

"여보세요, 나무 좌석에 둘와서 왜 술은, 왜 마시고, 으? 자기가

"여보세요, 남의 좌석에 들어와서 왜 술은, 왜 마시고, 응? 자기가 (따귀를)

제 마′젙스먼 가마ˇ 잍′찌, 웨′또′ 도′라가머 때′리느냐?"고.

ma'jɜtsɜmɜn kamaˇ i'tči, wɛ'to' to'ɾagamɜ t'ɛ'ɾinɜɲa?"go.

맞엇으면 가마 잇지, 왜 또 돌아가머 때리는냐?"고.

맞았으면 가만히 있(을 일이)지, 왜 또 돌아가며 (따귀를) 때리느냐?"고

제 "아아아, 돌림′ 귀때′긴 줄 알ˇ고′ 안 때ˇ린나." 그래, 그 성ˇ명′을

"aaa, toʎʎi'm kwit'ɛ'gin čuɫ a'lgo' an t'ɛ'ɾinna." kɜ'ɾɛ, kɜ sɜˇŋmjɜ'ŋɜɫ

"아아, 돌림 귀때긴 줄 알고 안 때릿나." 그래, 그 성명을

"아, 돌림 따귀인 줄 알고 때렸잖느냐." 그래서, (당신은 누구냐고) 그 성명을

제 무ˇ르ˇ이ˇ, 정ˇ만′쉐라꼬 하ˇ이ˇ, "하′아 그러면 그′럳치!" 카′고,

mu'ɾɜ̃ĩ, čɜˇŋma'nswɛɾak'o hãˇĩ, "ha'a kɜ'ɾɜmɜn kɜ'ɾɜtčhi!" kʰa'go,

물으니, 정만쇠°라꼬 하니, "하아 그러면 그렇지!" 카고,

물으니까, 정만서라고 하니까, "하아 그러면 그렇지!"라 하고,

제 물′파글 치′더′라 카′는 그′런 얘ˇ기가 이′서.

mu'lpʰagɜɫ čʰi'dɜ'ɾa kʰa'nɜn kɜ'ɾɜn jɛ'gi'ga i'sɜ.

물팍을 치더라 카는 그런 얘기가 잇어.

무릎을 치더라는 그런 얘기가 있어.

벽화 속의 청룡황룡

조 청뇽′황뇨˜′이′라 컨능거느 머 베게는 청뇽′황뇨˜′이˜ 길리′익꼬
čʰɜŋŋoˊpʰwaŋɲõˊîra kʰɜnnɜŋɜnɜ mɜ pɛˊgenɜn čʰɜŋŋoˊpʰwaŋɲõˊî kiʎʎiˊikkˊo
청뇽황뇽이라 컹는 거는 머 벡에는 청뇽황뇽이 길리잇고
▷ 청룡황룡이라고 하는 것은 뭐 벽에는 청룡황룡이 그려져 있고

조 머 컫떼′에요.
mɜ kʰɜttˊɛˊɛjo.
머 컹데에요.
▷ 뭐 어떻다고 하더군요.

제 그′래, 청뇽′황뇽′ 길리′잉거느, 그′래 인자′, 여′네
kɜˊrɛ, čʰɜŋŋoˊpʰwaŋɲoˊŋ kiʎʎiˊiŋɜnɜ, kɜˊrɛ inǰaˊ, jɜˊnɛ
그래, 청뇽황뇽 길리인 거는, 그래 인자, 여네
▷ 그래, 청룡황룡이 그려진 것은, 그래 이제, 빨리

제 그걷′또, 기′생′지베 가 그′래앨서. 아까′ 그거′ 방악′꼬 와,
kɜgɜˊttˊo, kiˊsɜˊɲjibɛ ka kɜˊrɛɛtsɜ. akˊaˊ kɜgɜˊ paŋaˊkkˊo wa,
그것도, 기생집에 가 그래앳어. 아까 그거 방앗고 와,
▷ 그것도, 기생집에 가서 그랬어. 아까 그거 방앗공이 왜 (있지 않았니),

제 그 거′뭉고 거′기서 나′왙서. 우리′ 지′베느 가′머, 베게
kɜ kɜˊmuŋgo kɜˊgisɜ naˊwaˊtsɜ. uriˊ čiˊbenɜ kaˊmɜ, pɛˊgɜ
그 거뭉고 거기서 나왓어. 우리 집에는 가면, 벡에
▷ 그 거문고 (얘기) 거기에서 (파생돼) 나왔어. 우리 집에를 가면, 벽에는

제 청뇽′황뇨˜′이˜ 기′린′ 득꼬, 바˜′아′서 천′장을 치바더보′머 비′리′
čʰɜŋŋoˊpʰwaŋɲõˊî kiˊriˊn tɜkkˊo, pãˊãsɜ čʰɜˊnjaŋɜl čʰibadʒboˊmɜ piˊriˊ
청뇽황뇽이 기린 듯고, 방아서 천장을 치받어보면 빌이
▷ 청룡황룡을 그린 듯하고, 방에서 천장을 쳐다보면 (하늘에는) 별이

제 시˘퍼럭´코, 그래 우리´지´베 거´뭉고도 익´꼬 참 조˘온´데, 우리´집´
eiˇpʰɜɾɜ´kkʰo, kɜ´ɾɛ uɾí´ǰi´bɛ kɜ´muŋgodo i´kk'o čʰam čŏˇó´ndɛ, uɾí´ǰi´p
시퍼렇고, 그래 우리집에 거문고도 잇고 참 좋온데, 우리집
▷ 시퍼렇고, 그래 우리집에는 거문고도 있고 참 좋은데, 우리집을

제 귀˘겅´하로 함문´ 오너´라.” 카˜이˜, 참 그 기˘새˜이˜, 깝빡´ 소가
kwiˇgɜ´ɲɦaɾo hammú´n onɜ´ɾa.” kʰã́ˇi, čʰam kɜ kiˇsɛ̃ˇi, k'app'a´k so´ga
귀겅하로 한문 오너라.” 카니 참 그 기생이, 깝빡 속아
▷ 구경하러 한번 오너라.”고 하니까 참 그 기생이, (정만서°에게) 깜빡 속아

제 가˘주고, 그집´ 귀˘거˜을˜ 가˜이˜까네, 청뇽´황뇽´응커˜이˜느, 지´베 무리´,
kaˇǰugo, kɜǰi´p kwiˇgɜ̃ˇɜl kã́ˇk'anɛ, čʰɜŋno´ɲɦwaŋnõ´ŋɜŋkʰɜ̃ˇĩnɜ, čí´bɛ mu´ɾi´,
가주고, 그 집 귀겅을 가니까네, 청뇽황뇽은컹이는 집에 물이,
▷ 가지고, 그 집 구경을 가니까, 청룡황룡은커녕 집에 물이,

제 집´써´근능 그 무리´ 마´리´지, 배룸빠게 무´더가´아,
čí´ps'ɜ´gɜnnɜŋ kɜ mu´ɾi´ ma´ɾiǰi, pɛɾump'a´gɛ mu´dɜga´a,
짚 썩엇는 그 물이 말이지, 배룸박에 묻어가아,
▷ 짚이 썩은 그 (썩은새) 물이 말이지, 바람벽에 (흘러내려 가지고) 묻어서,

제 요새매´애로 도배´나 해앤´나´ 마리야. 흐´게
josɜmɜ´ɛɾo tobɜ´na hɛɛ´nna´ maɾija. hɜ´gɛ
요새매애로 도배나 햇나 말이야. 흑에
▷ (그때 무슨) 요새처럼 도배나 (제대로) 했느냐 말이야. (바람벽의 맨) 흑에

제 이´레´ 무´더가´아, 참 이´레´ 구´부구´부로 처가´주고 청뇽´황뇽´ 기´린´
í´ɾɜ´ mu´dɜga´a, čʰam í´ɾɜ´ ku´buku´buɾo čʰɜga´ǰugo čʰɜŋno´ɲɦwaŋno´ŋ ki´ɾi´n
이레 묻어가아, 참 이레 굽우굽우로 처 가주고 청뇽황뇽 기린
▷ 이렇게 묻어서, 참 이렇게 굽이굽이를 쳐 가지고 청룡황룡을 그린

제 득꼬, 그래가´아 청뇽´황뇽´ 기´린´듣따꼬. 이´레´ 천´자˜을˜ 치바더보˜이˜
tɜkk'o, kɜ´ɾɛga´a čʰɜŋno´ɲɦwaŋno´ŋ ki´ɾi´ndɜtt'ak'o. í´ɾɜ´ čʰɜ´nǰã́ɜl čʰibadɜbṍˇi
듯고, 그래가아 청뇽황뇽 기린 듯다고. 이레 천장을 치받어보니,
▷ 듯하고, 그래서 청룡황룡을 그린 듯하다고. 이렇게 천장을 쳐다보니까,

제 비ᴗ리′ 참 비′이고 그′럳터라카느, 그′래가′아 자꾸′ 거짐′말마 해앧′서′.

　pi̯ɾi̯′ čʰam pi̯′igo kɜ′ɾɜttʰɜɾakʰanɜ, kɜ′ɾɛga′a čakʼu′ kɜ̌ǰi̯′mmalma hɛɛ′tsɜ′.

　빌이 참 비이고, 그렇더라 카는, 그래가아 자꾸 거짓말마 했어.

▶ 별이 참 보이고, 그렇더라고 하는, 그래서 자꾸 거짓말만 했어.

제 내ᴗ 댕′기메.

　nɛ̌ te̯′ŋgimɛ.

　내 댕기메.

▶ 늘 (나돌아) 다니며.

떡보리 도둑

조 떡′뽀′리 훔′처 무′궁거도 정˘만′셍기요?

t'ɜ′kp'oɾi hu′mčʰɜ mu′guŋɜdo čɜ˘ŋma′nsɛŋgijo?

떡보리14) 훔처 묵운 거도 정만센°기요?

▶ 떡보리를 훔쳐 먹은 것도 정만서입니까?

제 으?

ɜ?

으?

▶ 응?

조 떡′뽀′리 방˘까′네

t'ɜ′kp'oɾi paa′ŋk'a′nɛ

떡보리 방깐에

▶ 떡보리 방앗간에

제 그′래.

kɜ′ɾɛ.

그래.

▶ 그래.

조 떡′뽀′리 훔′처 머′긍거도 정˘만′셍기요?

t'ɜ′kp'oɾi hu′mčʰɜ mɜ′gɜŋɜdo čɜ˘ŋma′nsɛŋgijo?

떡보리 훔처 먹은 거도 정만센°기요?

▶ 떡보리를 훔쳐 먹은 것도 정만서입니까?

---

14) 떡보리 : 아직 채 덜 여문 풋보리를 솥에 넣고 덖어서, 물을 붓고 찧어서 떡처럼 된 먹을거리.

제 으? 훔ˊ치 묵ˇ짜네 빼ˇ자ˊ 무ˊ걷찌,
ɜ? huˊmčʰi muˊkčʼanɛ pʼɛˇjaˊ muˊgɜtčʼi.
으? 훔치 묵잖에 뺏아 묵엇지,
▷ 응? 훔쳐 먹지 않고 뺏어 먹었지,

조 아ˊ아로 여ˊ어녹ˊ코 컨능거
aˊaro jɜˊɜnoˊkkʰo kʰɜnnɜŋɜ
아아로 옇어놓고 컹는 거
▷ (방아확에다) 아이를 넣어놓고 하는 것

제 아ˊ아로 억ˊ꼬, 떡ˊ뽀ˊ리로 찌ˊ그ˇ이ˇ까네,
aˊaro ɜˊkkʼo, tʼɜˊkpʼoˊriro čʼiˊgɜĩkʼanɛ,
아아로 업고, 떡보리로 찍으니까네,
▷ (어떤 부인이) 아이를 업고서, (디딜방앗간에서) 떡보리를 찧으니까,

제 "아이고ˊ 부인ˊ 참, 그 알라ˊ아로 억ˊ꼬 그래, 떡ˊ뽀리 찌ˊ그머 약까ˇ이ˇ나
"aigoˊ puˊiˊn čʰam, kɜ allaˊaro ɜkˊkʼo kɜˊrɛ, tʼɜˊkpʼoˊri čʼiˊgɜmɜ jaˊkkʼaˊĩna
"아이고 부인 참, 그 알라아로 업고 그래, 떡보리 찍으면 약간이나
▷ "아이고 부인 참, 그 아기를 업고서 그렇게, 떡보리를 찧으면 얼마나

제 뒝ˇ기ˊ요? 알라ˊ아로 내 앙ˇ꼬ˊ 쫌 시ˊ러ˊ 여ˊ어 주……" 그 옌ˇ나ˊ레 알라ˊ아 억ˊ꼬,
tweˇŋgiˊjo? allaˊaro nɛ aˇŋkʼoˊ čʼom ɕiˊrɜˊ jɜˊɜ ču……" kɜ jeˇnnaˊrɛ allaˊa ɜˊkkʼo,
된기요? 알라아로 내 안고 쫌 실어 옇어 주……" 그 옛날에 알라 업고,
▷ 됩니까? 아기를 내가 안고서 쫌 쓸어 넣어 주……" 그 옛날에 아기를 업고,

제 어, 빋짜ˊ리 끈타ˇ아ˇ다가, 저저, 아아, 비짜ˊ리 여ˊ어 자레ˊ에다가,
ɜ, pitčʼaˊri kʼɜntʰaˇãdaga, čɜĩɜ aa, piičʼaˊri jɜˊɜ čareˊɛdaga,
어, 빗자리 끈탕아다가, 저저, 아아, 빗자리, 여어 자레에다가,
▷ 어, 빗자루 끝에다가, 저저, 응, 빗자루의, 여기 자루에다가,

제 대꼬재ˇ이ˇ 꼬ˊ바가ˊ아, 이ˊ레ˊ가ˊ아
tɛkʼojeˇĩ kʼoˊbagaˊa, iˊrɜˊgaˊa
대꼬쟁이 꼽아가아, 이레가아
▷ 대꼬챙이를 꽂아서, 이렇게 해서

조 길˘게́.

ki˘llgɛ́.

길게.

▷ 길게.

제 그́래, 바˘아˜가 잘 안 올́러오머, 또 바˘아˜ 머́레에다가

kɜ́rɛ, pãã́ga čal an ó́llɜomɜ, t'o pãã́ mɜ́rɛɛdaga

그래, 방아가 잘 안 올러오먼, 또 방아 머레에다가

▷ 그래, (디딜)방아가 (무거워서) 잘 안 올라오면, 또 방아 머리에다가

제 이́레́ 줄́로́ 매́애가́아 땡́김서러, 바˘아˜ 잘 올́라오́라꼬, 알라́아

i´rɜ́ ču´llo´ mɛ́ɛga´a t'ɛ́ŋgimsɜrɜ, pãã́ čal ó́llao´rak'o, alla´a

이레 줄로 매애가아 땡김서러, 방아 잘 올라오라꼬, 알라아

▷ 이렇게 줄을 매어서 당기면서, (디딜)방아가 잘 올라오라고, (무거운) 아기를

제 억́꼬. "그 뒌˘데́, 알라́아로 내 앙́고́

ɜ́kk'o. "kɜ twɛ˘ndɛ́, alla´aro nɛ a˘ŋgo´

업고. "그 된데, 알라아로 내 안고

▷ (등에) 업고. "그 (방아 찧기가) 힘든데, 아기를 내가 (아기를) 안고

제 시러 여́어 주끼˜이˜." 그́래 마́아 다˘ 찌́거저 가́주고,

ɕirɜ jɜ´ɜ čuk'ĩ́ĩ." kɜ́rɛ ma´a ta˘ či´gɜjɜ ka´jugo,

실어 옇어 주낑이." 그래 마아 다 찍어저 가주고,

▷ (튀어나온 낟알을 안으로) 쓸어 넣어 줄게." 그래 에, 다 찧어저 가지고,

제 인자́ 한덩거́리가 대거́등. 댈́때, 그́래 마́아,

inja´ handɜŋgɜ́riga tɛgɜ́dɜŋ. tɛ́lt'ɛ, kɜ́rɛ ma´a,

인자 한 덩거리가 대거등. 댈 때, 그래 마아

▷ 이제 (찧어진 떡보리가) 한 덩어리가 되거든. 될 때, 그래 에,

제 떡 부́터 오리˜이˜까네 마́리́지. 방악́꼬́ 마́리́다.

t'ɜk pu´tʰɜ orĩ́ĩk'anɛ ma´ri´ji. paŋa´kk'o´ ma´ri´da.

떡 붙어 오리니까네 말이지. 방앗고 말이다.

▷ 떡 붙어 오르니까 말이지. 방앗공이에 (떡 붙어 오르니까) 말이다.

제 그 한 덩거′리 대′애가′아 떡 부터 올′러오~′이~까네, 마′아
k3 han t3ŋg3′ri tɛ′ɛga′a t′3k put^h3 o′ll3õ′îk′anɛ, ma′a
그 한 덩거리 대애가아 떡 붙어 올러오니까네, 마아
▷ (떡보리 찧은 것이) 그 한 덩어리가 되어서 떡 붙어 올라오니까, 에,

제 아′아로 호바′게다 여′업뿌고, 그′래가 마′아, 떡′뽀리느
a′aro hoba′gɛda j3′3pp′ugo, k3′rɛga ma′a, t′3k′p′o′rin3
아아로 호박에다 옇어뿌고, 그래가 마아, 떡보리는
▷ 아이를 (방아) 확에다 집어 넣어버리고, 그래서 에, 떡보리는

제 훌떡′ 벡′끼가′아 도′망′갑뿌렏따. 저거 떡′뽀′리 찌′건능거
hult′3k pɛ′kk′iga′a to′ma′ŋgapp′urɛtt′a. č3k3 t′3k′p′o′ri č′i′g3nn3ŋg3
훌떡 벳기가아 도망가뿌렛다. 저거 떡뽀리 찍엇는 거
▷ (방앗공이에서) 훌떡 벗겨서 도망가버렸다. 저것 떡보리 찧은 것을

제 가′주가능거 빼˘슬′라 카~′이~ 아′아
ka′jugan3ŋg3 pɛ˘s3′lla k^hã′î a′a
가주가는 거 뺏을라 카니 아아
▷ (정만서가) 가져가는 것을 빼앗으려고 하니까 (확 속에 든) 아이를

제 칭구′우겍꼬, 부드˘기′ 어′짤′수 업′서가′아, 떡′뽀′리마 빽끼′입뿌고,
č^hingu′ugɛkk′o, pud3˘gi′ 3′č′a′lsu 3′ps3ga′a, t′3k′p′o′rima p′ɛkk′′iipp′ugo,
칭구겟고, 부득이 어짤 수 없어가아, 떡보리만 뺏기뿌고,
▷ (방앗공이로) 치겠고, 부득이 어쩔 수가 없어서, 떡보리만 뺏겨버리고,

제 마′아 빼′사 가′주 가가′아 머′업뿌랟서.
ma′a p′ɛ′ɛa ka′ju gaga′a m3′3pp′urɛts3.
마아 뺏아 가주 가가아 머어뿌렛어.
▷ (정만서는) 에, (떡보리를) 빼앗아 가져 가서 먹어버렸어.

조 그거′로 공구′우는 방′버븐 업′서요? 이쪼′게서는? 찡′는′ 사′라믄?
k3g3′ro koŋgu′un3n pa′ŋb3b3n 3′ps3jo? ič′o′gɛs3n3n? č′i′ŋn3′n sa′ram3n?
그거로 공구는 방법은 없어요? 이쪽에서는? 찡는 사람은?
▷ (방앗공이) 그것을 괴는 방법은 없어요? 이쪽에서는? (방아를) 찧는 사람은?

86

제 공구′우는 방′버비 익끼′느 읻′찌. 이′서도 그거′로 딱 잡뚜′룩
koŋguʹunɜn paʹŋbɜbi ikkʹiʹnɜ iʹtčʹi. iʹsɜdo kɜgɜʹro tʹak čaptʹuʹruk

공구는 방법이 잇기는 잇지. 잇어도 그거로 딱 잡두룩
▶ (방앗공이를) 괴는 방법이 있기는 있지. 있어도 그것을 딱 (손에) 잡도록

제 줌˘비′ 안해애′ 노′오면 안대′지, 고 인자′ 이기′이 바˘아~가래~이˘머마리지,
čuˇmbiʹ anfiɛɛʹ noʹomɜn andɛĵi, ko inǰaʹ igiʹi pããʹgaɾĕʹĩmɜmaɾiĵi,

준비 안 해 놓오면 안 대지, 고 인자 이기이 방아가랭이면 말이지,
▶ 준비를 해 놓지 않으면 안 되지, 고 이제, 이것이 방아가랑이라면 말이지,

제 이′레 눌류′우머……
iʹɾɛʹ nuʎʎuʹumɜ……

이레 눌류우먼……
▶ 이렇게 눌리면……(손짓을 하며)

제 이′레′ 디′디머 이′레′ 끄˘떡′ 들리′이자나?
iʹɾɛʹ tiʹdimɜ iʹɾɛʹ kʹɜˇtʹɜʹk tɜʎʎiʹiǰana?

이레 디디면 이레 끄떡 들리이잖아?
▶ 이렇게 (방앗가랑이를) 디디면 이렇게 끄덕 들리잖아?

조 예.
jɛ.

예.
▶ 예.

제 들리′이는데 여′기 인자′ 탱′개가 이스′머, 그래 이′레′ 디′디고
tɜʎʎiʹinɜnde jɜʹgi inǰaʹ tʰɛʹŋgega issʹɜmɜ, kɜʹɾɛ iʹɾɛʹ tiʹdigo

들리이는데 여기 인자 탱개가 잇으면, 그래 이레 디디고
▶ 들리는데, 여기 이제 탕개가 있으면, 그래 이렇게 (방앗가랑이를) 디디고

제 여′어 갇′따′ 이′레′ 고′우능기라.
jɜʹɜ kaʹttʹaʹ iʹɾɛʹ koʹunɜŋgiɾa.

여어 갓다 이레 고우는 기라.
▶ 여기 갖다 이렇게 괴는 거라.

조 그'래 천'장에다가.
kɜ́ɾɛ čʰɜ́nǰaŋɛdaga.

그래 천장에다가.
▷ 그렇게 천장에다가.

제 그'래 천'자˜아˜다가. 그'레 하'능'기야.
kɜ́ɾɛ čʰɜ́nǰããdaga. kɜ́ɾɛ há́nɜ́ŋgija.

그래 천장아다가. 그레 하는 기야.
▷ 그래 천장에다가. 그렇게 하는 거야.

담배와 무는 상극

제 예˘저́네 누́가 아주 중˘벼˜에˘ 걸리́이 가주고, 그́래 누́가 말˘하́기로, 아아,
jeˇjˇnɛ nuˊga aˇju čuˇɳbjɜ̃ˇ k̃ɜʎʎíˊi kaˊjugo, kɜˊɾɛ nuˊgaˊ maˇlɦaˊgiro, aa,
예전에 누가 아주 중병에 걸리이 가주고, 그래 누가 말하기로, 아아,
☑ 예전에 누가 아주 중병에 걸려 가지고, 그래 누가 말하기를, 아,

제 이원인́데 가˜이˘까네 콴˘다́ 카덩강́? 그 벼˜으˜는 담˘배́로 마˜이˘˜
iwɜniˊnde kã́ik̃ˊane kʰwaˊndaˊ kʰadɜɳgaˊɳ? "kɜ pjɜ̃ɜ̃ˊnɜn taˇmbɛˊro mã́i
이원인데 가니까네 콴다 카덩강? "그 병으는 담배로 많이
☑ 의원한테 가니까 그렇게 말한다고 하던가? "그 병은 담배를 많이

제 푹́꼬, 이́마˜에˘ 담˘배́ 댇˘찌니 꽉˘ 올́라가́아 인능́ 그사́라믈 자́바서,
pʰuˊkk̃o, iˊmã̃ taˇmbɛˊ tɛtčˊini k̃waˇk oˊllagaˊa innɜˊɳ kɜsaˊɾamɜl čˊabasɜ,
풍고, 이망에 담배 댓진이 꽉 올라가아 잇는 그 사람을 잡아서,
☑ 피우고, 이마에 담배 댓진이 꽉 올라 있는 그런 사람을 잡아서,

제 야게 씨˘며́는 난˘는́다." 카˜이˘. 그래 인자́ 주́이́니, 그 옌˘날́ 도˘느́로,
jaˊge ɕiˇmjɜˊnɜn naˇnnɜˊnda." kʰã́i. kɜˊɾɛ injaˊ čuˊiˊni, kɜ jɜˇnnaˊl toˇnɜˊro,
약에 씨면은 낫는다." 카니. 그래 인자 주인이, 그 옛날 돈으로,
☑ 약으로 쓰면 낫는다."라고 하니. 그래 이제 주인이, 그 옛날 돈으로,

제 옌˘나́레ㄴ 천냐˜을˜…… 천냥́ 빋찌́머 목́수물 들바́덛따 하데́에.
jɜˇnnaˊɾenɜ čʰɜnɲã̃ˊl…… čʰɜnɲaˊɳ pitčˊimɜ moˊksumul tɜlbaˊdɜtt̃a haˊdɛˊɛ.
옛날에는 천 냥을…… 천 냥 빚 지면 목숨울 들받엇다 하데에.
☑ 옛날에는 천 냥을…… 천 냥의 빚을 지면 목숨을 들여놓았다고.

제 그́래 저 천냐˜을˜ 주́고, 그, 이́사́라믄 마, 내˘ 참 담배 마́아,
kɜˊɾɛ čɜ čʰɜnɲã̃ˊl čuˊgo, kɜ, iˊsaˊɾamɜn ma, nɜˇ čʰam tambɛ maˊa,
그래 저, 천 냥을 주고, 그, 이 사람은 마, 내 참 담배 마아,
☑ 그래 저, 천 냥을 주고, 그, 이 사람은 에, 늘 참 담배를 에,

제 밤뭉´는, 밤´묵´꼬 잠´자´는 시갸˜이˘나 담´배´ 암푸´우까 마,
pa´mmu´ɲnɜn, pa´mmu´kk'o ča´mja´nɜn ɕigã´ĭna ta˘mbɛ´ ampʰu´uk'a ma,
밥 묵는, 밥 묵고 잠자는 시간이나 담배 안 푸우까 마,
▷ 밥 먹는, 밥을 먹고 잠자는 시간이나 담배를 피우지 않을까 에,

제 내˘ 담´배´로 이´베 물´고 익´꼬, 마´아 그´양 생´담배도 지´버묵´꼬
nɜ˘ ta´mbɛ´ro i´bɛ mu´lgo i´kk'o, ma´a kɜ´jaŋ sɛ´ŋdambɛdo či´bɜmu´kk'o
내애 담배로 입에 물고 잇고, 마아, 그양 생담배도 집어묵고
▷ 늘 담배를 입에 물고 있고, 에, 그냥 생담배도 집어먹고

제 하는데, 그´래 도˘늘´ 천냐˜을˘ 주´고, 사 왔서. 사 와갸´아, 그´래 옌˘날´
hanɜnde, kɜ´rɛ to˘nɜ´l čʰɜnɲã´ŏl ču´go, sa watsɜ. sa waga´a, kɜ´rɛ jɛ˘nna´l
하는데, 그래 돈을 천 냥을 주고, 사 왔어. 사 와가아, 그래 옛날
▷ 하는데, 그래 돈을 천 냥을 주고, 사 왔어. 사 와서, 그래 옛날

제 도˘늘´, 단냐˜을˘ 주´면서러, "오´늘 시´자˜에˘ 가갸´아, 니˘ 묵꾸´ 시풍거´,
to˘nɜ´l, tanɲã´ŏl ču´mjɜnsɜrɜ, "o´nɜl ɕi´čã´ĕ kaga´a, ni˘ mukk'u´ ɕipʰuŋgɜ´,
돈을, 닷 냥을 주면서러, "오늘 시장에 가가아, 니 묵구 싶운 거,
▷ 돈을, 닷 냥을 주면서, "오늘 시장에 가서, 네가 먹고 싶은 것을,

제 원˘대´로 머´어든지 사´묵´꼬 온너´라." 그 도˘늘´ 단냐˜을˘ 가주고, 시자˜아˜
wɜ˘ndɜ´ro mɜ´ɜdɜnji sa´mu´kk'o onnɜ´ra." kɜ to˘nɜ´l tanɲã´ŏl ka´jugo, ɕijã´ã
원대로 머든지 사묵고 온너라." 그 돈을, 닷 냥을 가주고, 시장아
▷ 원대로 뭐든지 사먹고 오너라." 그 돈을, 닷 냥을 가지고, 시장에

제 갸˜이˘, 천´제에 묵´꼬´ 시풍´기이 업´서´. 그 무시´저네 갸˜이˘까네 무시´가
gã´ĭ, čʰɜ´njɕɛ mukk'o´ ɕipʰu´ŋgii ɜ´psɜ´ kɜ muɕi´jɜne gã´ĭk'ane muɕi´ga
가니, 천제에 묵고 싶은 기이 없어. 그 무시전에 가니까네, 무시가
▷ 가니까, 천지에 도무지 먹고 싶은 것이 없어. 그 무전에 가니까, 무가

제 아´주 커다´능기, 항´개 인는´데, 그거´로 옌˘날´ 도˘느´로 한냐˜을˘ 주´고
a´ju kʰɜda´nɜ´ŋgi, ha´ŋgɛ innɜ´nde, kɜgɜ´ro jɛ˘nna´l to˘nɜ´ro hanɲã´ŏl ču´go
아주 커닳은 기, 한 개 잇는데, 그거로 옛날 돈으로 한 냥을 주고
▷ 아주 커다란 것이, 한 개 있는데, 그것을 옛날 돈으로 한 냥을 주고

90

제 사 가주고, 마 그기′이 어′띠′ 묵꾸 시푼′지 마, 다′ 뿌사′아 무′겁뿐서.
sa ka′ǰugo, ma kɜgi′i ɜ′t′i′ mukk′u ɕipʰu′nǰi ma, ta˘ p′usa′a mu′gɜpp′utsɜ.
사 가주고, 마 그기이 어띠 묵구 싶운지 마, 다 뿌사아 묵어뿟어.
▶ 사 가지고, 에, 그것이 어떻게나 먹고 싶은지 에, 다 부셔 먹어버렸어.

제 다′ 뿌사′아 무′겁뿌러 노′오~이~, 이′마~아~ 여′어 마′아, 담배댇′찐 끼′잉 기′이,
ta˘ p′usa′a mu′gupp′urɜ no′ôĩ, i′mãã jɜ′ɜ ma′a, tambɛtɛ′dč′in k′i′iŋ ki′i,
다 뿌사아 묵어뿌러 놓오니, 이망아 여어 마아, 담배 댓진 끼인 기이,
▶ 다 부셔 먹어버려 놓으니까, 이마에 여기 에, 담배 댓진이 끼었던 것이,

제 홀딱′ 다′ 샤가접뿌레가′아. 그래가′아, 자′비 가~이′까네, "오늘 시′자~아~ 가가′아
holt′a˘k ta˘ sa′gajɜpp′urɛga′a. kɜ′rɛga′a, či′bi kãî′k′anɜ, "o′nɜl ɕi′jãã kaga′a
홀딱 다 삭아저뿌레가아. 그래가아, 집이 가니까네, "오늘 시장아 가가아
▶ 홀딱 다 삭아져버려서. 그래서, 집에 (돌아) 가니까, "오늘 시장에 가서

제 머어′ 사 무′건노?" 무′르~이~. "그 마, 아′무′걷또 벨′로′ 묵꾸′ 시풍′기′이
mɜɜ′ sa mu′gɜnno?" mu′rɜ̃ĩ. "kɜ ma, a˘mu′gɜtto pɛ′llo′ mukk′u′ ɕipʰu′ŋgi′i
머 사 묵엇노?" 물으니. "그 마, 아무것도 벨로 묵구 싶운 기이
▶ 무엇을 사 먹었나?"고 물으니까. "그 마, 아무것도 별로 먹고 싶은 것이

제 억′꼬′, 무시′저네 가가′아는 무시′가 아′주 콩′기이 인는′데, 그거′로 사
ɜ˘kk′o′, muɕi′jɜnɛ kaga′anɜn muɕi′ga a˘ju′ kʰɜ′ŋgii innɜ′ndɛ, kɜgɜ′ro sa
없고, 무시전에 가가아는 무시가 아주 큰 기이 잇는데, 그거로 사
▶ 없고, 무전에 가서는 무가 아주 큰 것이 있는데, 그것을 사

제 무′걷심더." "그′래애야?" 그거 돈′ 천냐~은~ 바′더가′아 섭′뿌′렏째.
mu′gɜtɕimdɜ." "kɜ′rɛɛja?" kɜgɜ to′n čʰɜnɲã′ɜ̃n pa′dɜga′a sɜ′pp′urɛtč′ɛ.
묵엇심더." "그래애야?" 그거 돈 천 냥은 받어가아 서뿌렛째.
▶ 먹었습니다." "그래?" 그 돈 천 냥은 받아서 써버렸지.

제 머, 그사′라믈 자′바 씰라 카~이~ 댇′찐 다′ 빠′접′뿐는데, 몬′ 짜′바
mɜ, kɜsa′ramɜl ča′ba ɕ′illa kʰãî tɛ′tč′in ta˘ p′a′jɜ′pp′unnɜndɛ, mo′n č′a′ba
머, 그 사람을 잡아 씰라 카니 댓진 다 빠저뿟는데, 몬 잡아
▶ 뭐, 그 사람을 잡아 (약에) 쓰려고 하니까 댓진은 다 빠져버렸는데, 못 잡아

제 시고, 그ˇ래가́아 양ˇ펴̃이̃ 다ˇ 잘때́더́란다. 그 병ˇ든́ 사́람도 낙ˇ꼬́,
ɕigo, kɜ́rɛga'a jǎŋpʰjɜ̃ĩ tǎ čalťɛ́dɜ́randa. kɜ pjɜ̌ŋdɜ́n sa'ramdo nǎkk'o',
시고, 그래가아 양편이 다 잘 대더란다. 그 병든 사람도 나앗고,
쓰고, 그래서 양편이 다 잘 되더란다. 그 병든 사람도 나았고,

제 허허허허, 댈́찡 끼́인 사́람도 댈́찌̃이̃ 삭 빠́접́뿍꼬. 그ˇ래가́아, 그 이ˇ얘́기
hɜɦɜɦɜɦɜ, tɛ́tči'iŋ k'i'in sa'ramdo tɛ́tčĩ sak p'aĵɜ́p'ukk'o. kɜ́rɛga'a, kɜ i̯jɛ'gi
허허허허, 댓진 낀 사람도 댓진이 삭 빠져뿟고. 그래가아, 그 이얘기
허허허허, 댓진 낀 사람도 댓진이 싹 빠져버리고. 그래서, 그 이야기가

제 그́럳터마느……
kɜ́rɜttʰɜmanɜ……
그렇더마는……
그렇더구면……

정만서의 동성연애

제 그래 마′아, 저 정˘만′세 이얘′기부′터 해야′ 대자′나.

kɜɾɛ ma′a, čɜ čɜ˘ŋma′nsɛ ijɛ′gibu′tʰɜ hɛja′ teǰa′na.

그래 마아, 저 정만세° 이얘기부터 해야 되잖아.

▷ 그래 에, 저 정만서 이야기부터 해야 되잖아.

조 정˘만′세가

čɜ˘ŋma′nsɛga

정만세°가

▷ 정만서가

제 정˘만′세가 그 인자′ 부˘동 어˘르′느로 옌˘′날′ 그 미˘동′동무마리지,

čɜ˘ŋma′nsɛga kɜ inja′ pu′doŋ ɜ˘ɾɜ′nɜro jɛ˘nna′l kɜ mi˘do′ŋdoŋmumariǰi,

정만세°가 그 인자, 부동° 어른으로 옛날 그 미동동무15) 말이지,

▷ 정만서가 그 이제, 부동 어른을 옛날 그 미동동무 말이지,

제 그′래, 이시′먼서러,

kɜ′ɾɛ, iɕi′mɜnsɜɾɜ,

그래, 잇이먼서러,

▷ 그래, 있으면서,

조 암′똥′무다 마′리′지요?

a′mt'o′ŋmuda ma′ri′ǰijo?

암동무다 말이지요?

▷ 암동무란 말이지요?

---

15) 미동동무 : 동성연애 상대자.

[제] 그래, 암똥무, 암똥문데, 그래 "나는 일후에, 내가 죽떠라도
kɜ´ɾɛ, a´mt'o´ŋmu, a´mt'o´ŋmundɛ, kɜ´ɾɛ "na´nɜn ilɦuˇɛ´, nɛ´ga´ čukt'ɜ´ɾado

그래, 암동무, 암동문데, 그래 "나는 일후에, 내가 죽더라도
[>] 그래, 암동무, 암동무인데, 그래 "나는 뒷날에, 내가 죽더라도

[제] 마리지, 벌추로 니가 해두가. 니가 해 두가." 부동떠긴데,
ma´ɾiǰi, pɜlčʰu´ɾo ni´ga´ ɦedu´ga. ni´ga´ ɦɛ tu´ga." pu´doɲt'ɜgindɛ,

말이지, 벌추로 니가 해 두가. 니가 해 두가." 부동떡°인데,16)
[>] 말이지, 벌초를 네가 해 다오. 네가 해 다오." 부동댁에게 (말했어),

[제] 아들레드른 말가 머, 동서 다, 동서남바˜아˜로 마아,
a´dɜllɛdɜɾɜn malga´ mɜ, toŋsɜ´ taˇ, toŋsɜnambã´ãɾo maa,

아들네들은 말가 머, 동서 다, 동서남방으로 마아,
[>] (정만서°의) 아들네들은 모두 뭐, 동서로 다, 동서남북으로 그만,

[제] 다 흐체엡뿌고,
ta hɜčʰɛ´ɛpp'ugo,

다 흩에뿌고,
[>] 다 흩어져버리고,

[조] 그먼 나이차이가 이섰슴니까?
kɜ´mɜn na´i´čʰaiga i´sɜtsɜmnik'a?

그먼 나이 차이가 잇엇습니까?
[>] 그러면 (정만서와 부동영감은) 나이 차이가 있었습니까?

[제] 나이 차이 읻찌.
na´i´ čʰa´i i´tči.

나이 차이 잇지.
[>] 나이 차이가 있지.

---

16) 부동댁 : 여기서는 부동 영감을 뜻함.

조 얼′마′나?

3′lma′na?

얼마나?

> 얼마나?

제 그 마, 한′ 시′벼′살, 한 시′보′오세, 차′이가 읻′찌. 미˘동′동미라

k3 ma, ha′n ɕi′bj3′sal, han ɕi′bo′osɛ, čʰa′iga i′tč′i. mi˘do′ŋdoŋmiɾa

그 마, 한 십여 살, 한 십오 세, 차이가 잇지. 미동동미라

> 그 에, 한 십여 살, 한 십오 세, 차이가 있지. 미동동무(동성연애의 상대)라고

제 카′머, 고 인자′ 아′주 사랑하′게 이′기거등. 바′무′로 인자′ 한테′ 이′레′ 데′엑꼬

kʰa′m3, ko inǰa′ a′ju saraŋha′gɛ i′gig3d3ŋ. pa′mu′ro inǰa′ hantʰɛ′ i′ɾɛ′ tɛ′ɛkk′o

카머, 고 인자 아주 사랑하게 이기거등. 밤우로 인자 한테 이레 데엑고

> 하면, 고 이제 아주 사랑하게 여기거든. 밤에는 인제 한데 이렇게 데리고

제 자′고 그 인자′, 옫′또′ 해애′ 주′고, 옌˘나′레. 댕′기도 사 디′리′ 주′고.

ča′go k3 inǰa′, o′tt′o′ hɛɛ′ ču′go, jɛ˘nna′ɾɛ. tɛ′ŋgido sa ti′ɾi′ ču′go.

자고 그 인자, 옷도 해 주고, 옛날에. 댕기도 사 딜이 주고.

> 자고 그 이제, 옷도 해 주고, 옛날에. (총각의) 댕기도 사서 들여 주고.

제 옌˘나′레 딤˘머′리 따′악꺼등.

jɛ˘nna′ɾɛ ti˘mm3′ɾi t′a′akk′3d3ŋ.

옛날에 딧머리 땋앗거등.

> 옛날에는 (총각도) 뒷머리를 땋았거든.

조 총˘각′때?

čʰo˘′ŋga′kt′ɛ?

총각 때?

> 총각 때?

제 그′러머, 총˘각′때.

k3′r3m3, čʰo˘′ŋga′kt′ɛ.

그러머, 총각 때.

> 그럼, 총각 때.

조 저 부′동때기가 총각′때?

čɜ puʹdoɲtʼɛgiga čʰoŋgaʹktʼɛ?

저 부동댁°이가 총각 때?

▷ 저 부동댁이 총각 때?

제 그′래.

kɜʹɾɛ.

그래.

▷ 그래.

조 예.

jɛ.

예.

▷ 예.

제 그 인자′, 정ˇ만′세도 총각′때지. 장ˇ가′가′기 저′네.

kɜ inǰaʹ, čɜˇŋmaʹnsɛdo čʰoŋgaʹktʼeǰi. čaˇŋgaʹgaʹgi čɜʹnɛ.

그 인자, 정만세°도 총각 때지. 장가가기 전에.

▷ 그 이제, 정만서도 총각 때지. 장가가기 전에.

조 네, 예 그′래서요?

nɛ, jɛ kɜʹɾɛsɜjo?

네, 예 그래서요?

▷ 네, 예, 그래서요?

제 그′래가아 인자′, 그 정ˇ만′세가 세ˇ상′ 베′리가′아, 그 너′메 고′오, 군′시배ˇ이˜

koʹɾɛgaa inǰaʹ, kɜ čɜˇŋmaʹnsɛga sɛˇsaʹn ᴘɛʹɾigaʹa, kɜ nɜʹmɛ koʹo, kuʹnɛibɛ̃ĩ

그래가아 인자, 그 정만세°가 세상 베리가아, 그 너메 고오, 군시뱅이°17)

▷ 그래서 이제, 그 정만서가 세상 버려서, 그 너머에 고기, 군시뱅이

---

17) 군시뱅이 : 건천읍 용명리에 있는 땅 이름.

96

제 거기 내ˇ 벌′추′로 해 조옥′꺼′등.
kɜ′gi nɛˇ pɜ′lčʰu′ro hɛ čoo′kk'ɜ′dɜŋ.

거기 내 벌추로 해 좃거등.
거기 (정만서°의 묘에) 늘 벌초를 해 주었거든.

조 누′가′?
nu′ga′?

누′가?
누′가?

제 부′동떠거가.
pu′doɲt'ɜgɜga.

부동떡°어가.
부동댁(영감)이가.

조 그 아′주 저˜이ˇ 드′럭′꾸마느?
kɜ a′ju čɜ̃ĩ t3′r3′kk'umanɜ?

그 아주 정이 들엇구마는?
그 아주 정이 들었구면?

제 그′럳치.
kɜ′rɜtčʰi.

그렇지.
그렇지.

조 아하′.
aha′.

아하.
아하.

제 그거 싸′암하능거 보′머 마′아, 기′가′ 찬′대′이. 여′자′……
kɜgɜ s'a′amɦanɜŋgɜ po′mɜ ma′a, ki′ga′ čʰa′ndɛ′i. jɜ̃ĵa′……

그거 싸암하는 거 보면 마아, 기가 찬대이. 여자……
그거 (저희끼리 시샘을 해서) 싸움하는 것을 보면 에, 기가 찬다. 여자……

조 장˘개´가고 다 그´랜´는 디˘에´ 주´걷슬꺼 아˜잉˜기요?
čaˇŋgɛ´gago ta kɜ´ɾɛ´nnɜn tiˇjɛ´ ču´gɜtsɜlk'ɜ ãˇŋgijo?

장개가고 다 그랫는 디예 죽엇을 거 아닝기요?
▶ 장가가고 다 그런 뒤에 죽었을 것 아닙니까?

제 그´럳치.
kɜ´ɾɜtčʰi.

그렇지.
▶ 그렇지.

조 정˘만´세가 멛´살´쭘 주´건는지 모´르´고요?
čɜˇŋma´nsɛga mɛ´tsa´lčʼum ču´gɜnnɜnǰi mo´ɾɜ´gojo?

정만세°가 몇 살쭘 죽엇는지 모르고요?18)
▶ 정만서가 몇 살쯤에 죽었는지 모르고요?

제 그거´느 모´리´지.
kɜgɜ´nɜ mo´ɾiˇǰi.

그거느 모르지.
▶ 그것은 모르지.

조 근´데, 그 재˘수´느 또 집시´늘 와 사´머요?
kɜ´ndɛ, kɜ čɛˇsu´nɜ t'o čipɕi´nɜl wa sa´mɜjo?

근데, 그 재수°19)는 또 짚신을 와 삼어요?
▶ 그런데, 그 재수는 또 짚신을 왜 삼아요?

제 으, 아까´ 저 얘기버´터 하´고. 그´래 인자´, "내´가´ 죽꺼´등 벌´추´
ɜ, ak'a´ čɜ jɛgihɜ´tʰɜ ha´go, kɜ´ɾɛ inǰa´, "nɛ´ga´ čukk'ɜ´dɜŋ pɜ´lčʰu´

으, 아까 저 얘기버터 하고. 그래 인자, "내가 죽거등 벌추
▶ 응, 아까 저 얘기부터 (먼저) 하고 (나서). 그래 이제, "내가 죽거든 벌초는

---

18) 정만서의 생몰 : 1836년 11월 27일 태어나서 1896년 12월 21일 세상을 떠남.
19) 뒤에 등장하는 '박재수'임.

제 니˘ 해˘두가 마리´다." 야´아드른 다˘ 머, 여´거 억´꼬´,

　ni˘ hɛ˘du´ga ma´ri´da." a´adɜrɜn ta˘ mɜ, jɜ´gɜ ɜ´kk'o´,

　니 해두가 말이다. 아아들은 다 머, 여거 없고,

▷ (부동) 네가 해다오 말이다. (정만서°의) 아이들은 다 뭐, 여기 없고,

제 동서남비´알,[20] 동서´사˘바˜을˜ 다˘ 흐체´엡뿌고 업´시˜이˜, "해두´가."

　toŋɜnambi´al, toŋɜ´sa˘ba˜ɜl ta˘ hɜčʰɛ´ɛpp'ugo ɜ´pɛĩ´ĩ, "hɛdu´ga."

　동서남비알, 동서사방을 다 흩엣뿌고 없이니, "해 두가."

▷ 동서남북을, 동서사방으로 다 흩어져버리고 없으니, "(벌초를) 해 다오."

제 그´래갸´아 냉˘재˜에˜ 인자´, 그 정˘만세 아´드리, 묘˘ 차´즐´ 때,

　kɜ´rɛga´a nɛ˘n̄jẽ´ẽ inja´, kɜ čɜ˘ŋma´nsɛ a´dɜri, mjo˘ čʰa´jɜ´l t'ɛ,

　그래가아 냉쟁에 인자, 그 정만세° 아들이, 묘 찾을 때,

▷ 그래서 나중에 (가서) 이제, 그 정만서의 아들이, (아버지의) 묘를 찾을 때,

제 정˘만세 아´드리 저거´ 어˘른´, 인자´ 정˘만세 묘´로´ 차´즐´ 찌´게,

　čɜ˘ŋma´nsɛ a´dɜri čɜgɜ´ ɜ´rɜ´n, inja´ čɜ˘ŋma´nsɛ mjo˘ro´ čʰa´jɜ´l čʰi´gɛ,

　정만세° 아들이 저거 어른, 인자 정만세° 묘로 찾을 찍에,

▷ 정만서 아들이 자기 어른인, 이제 정만서의 묘를 찾을 적에,

제 박 부´동떠게 거´어 인자´, 가갸´아 무´러 가´주고,

　pak pu´doŋt'ɜgɛ kɜ´ɜ inja´, kaga´a mu´rɜ ka´jugo,

　박 부동떡°에 거어 인자, 가가아 물어 가주고,

▷ 박 부동댁(영감)에게 거기 이제, 가서 물어 가지고,

제 그´래 묘˘로´ 차´자´갸´아. 그´래 셍´모´로 해앧´짜´나.

　kɜ´rɛ mjo˘ro´ čʰa´ja´ga´a. kɜ´rɛ sɛ´ŋmo´ro hɛɛ´tčʰa´na.

　그래 묘로 찾아가아. 그래 셍모로 햇잖아.

▷ 그래 묘를 찾아서. 그렇게 성묘를 했잖아.

---

20) '동서사방'이라고 말할 것을 잘못 발음한 것임.

조 그′머 어′느 며˙네′서 묘˘ 선′능′거도 부′동떠게가 선′는지도 모르겐′네?

k₃′m₃ ₃′n₃ mj₃˘nɛ′s₃ mjo˘ s₃′nn₃′ŋ₃do pu′doɲt′₃gɛga s₃′nn₃nǰido mor₃gɛ′nnɛ?

그머 어느 면에서 묘 섯는 거도 부동떡°에가 섯는지도 모르겟네?

▷ 그러면 어느 면에서는 묘를 쓴 것도 부동댁이 썼는지도 모르겠네?

제 그거′는 잘 모′르′지.

k₃g₃′n₃n čal mo′r₃ǰi.

그거는 잘 모르지.

▷ 그것은 잘 모르지.

조 근′데 그 터′가′ 그 머 멜′푼′ 주′고 살수

k₃′ndɛ k₃ tʰ₃′ga′ k₃ m₃ mɛ′tpʰu′n ču′go sa′lsu

근데 그 터가, 그 머 멫 푼 주고 살 수

▷ 그런데 그 터가, 그 뭐 몇 푼을 주고 살 수

조 인′는′ 터′가′ 아˘일˜텐데요? 터′가′ 조˘차′나요.

i′nn₃′n tʰ₃′ga ã˘ĩ′ltʰɛndɛjo? tʰ₃′ga′ čo˘čʰa′najo.

잇는 터가 아닐 텐데요? 터가 좋잖아요.

▷ 있는 터가 아닐 텐데요? 터가 좋잖아요.

제 어′수 조˘치′는 아하′단다.

₃′su čo˘čʰi′n₃n aɦa′danda.

어수 좋지는 안 하단다.

▷ 별로 좋지는 않단다.

조 그′래요?

k₃′rɛjo?

그래요?

▷ 그래요?

제 아, 어′수 조˘치′는 아하′단다.

a, ₃′su čo˘čʰi′n₃n aɦa′danda.

아, 어수 좋지는 안 하단다.

▷ 응, 아주 좋지는 않단다.

조 음.

3m.

음.

▶ 음.

제 그′래가′아.

kɜ′rɛga′a.

그래가아.

▶ 그래서.

조 그′러머 와′ 하′필 밀′구 와가′아 죽′노? 주′글때 우′얘′ 주′건는지 몰˘라′요?

kɜ′rɜmɜ wa′ ha′pʰil mi′lgu waga′a ču′ŋno? ču′gɜltɛ u′jɛ′ ču′gɜnnɜnɟi mo˘lla′jo?

그러머 와 하필 밀구°21) 와가아 죽노? 죽을 때 우애 죽엇는지 몰라요?

▶ 그러면 왜 하필 밀구에 와서 죽나? 죽을 때 어떻게 죽었는지 몰라요?

제 주′굴때 어′에′ 주′건는지 그′거′는 몰˘라′.

ču′gultɛ ɜ′jɛ′ ču′gɜnnɜnɟi kɜ′gɜ′nɜ mo˘lla′.

죽울 때 어예 죽엇는지 그거는 몰라.

▶ 죽을 때 어떻게 죽었는지 그것은 몰라.

조 숙까′락 들고 머, 허허허 컫따′가 주′겁뿌랟따 커′떤′데?

sukk′a′rak tɜlgo mɜ, hɜ̃ɦ̃ɜ̃ɦ̃ɜ̃ kʰɜtt′a′ga ču′gɜpp′urɛtt′a kʰɜ′t′ɜ′ndɛ?

숙가락 들고 머, 허허허 컹다가 죽어뿌렛다 컹던데?

▶ 숟가락을 들고 뭐, 허허허 하다가 죽어버렸다고 하던데?

제 그′랟따 컫′떵′강 머′어 우′옏′따 컫′떵′강. 묘˘로′ 거′어 갇따′ 섣′서′.

kɜ′rɛtt′a kʰɜ′tt′ɜ′ŋgaŋ mɜ′ɜ u′jɛtt′a kʰɜ′tt′ɜ′ŋgaŋ. mjo˘ro′ kɜ′ɜ ka′tt′a′ sɜ′tsɜ′.

그랫다 컹덩강? 머어 우옛다 컹덩강? 묘로 거어 갓다 섯어.

▶ 그랬다고 하던가? 뭐 어쨌다고 하던가? 묘를 거기 갖다 썼어.

---

21) 밀구 : 건천읍 용명리에 있는 마을 이름.

[제] 거′어 갇′따′ 선′는′데,
k3′3 ka′tt′a′ s3′nn3′ndɛ,

거어 갖다 섯는데,
[▶] 거기 갖다 썼는데,

[조] 그′러~이~까 건천′ 사′라믄 틀리멉′쬬?
k3′rɜĩk′a k3nčʰ3′n sa′ramɜn tʰ3ʎʎimɜ′pč′jo?

그러니까 건천° 사람은 틀림없죠?
[▶] 그러니까 (정만서가°) 건천 사람임에는 틀림없지요?

[조] 그′러니까 거게다′가 섣′찌′, 묘˘를′ 서′도′.
k3′rɜnik′a k3gɛda′ga s3′tč′ï′, mjo˘r3′l s3′do′.

그러니까 거게다가 섯지, 묘를 서도.
[▶] 그러니까 거기에다가 썼지, 묘를 써도.

[제] 그′래 거′어 갇′따′ 선′는′데, 그′래 내˘, 벌′추′해 주′고 그′래 내˘재~에~
k3′rɛ k3′3 ka′tt′a′ s3′nn3′ndɛ, k3′rɛ nɛ˘, p3′lčʰu′hɛ ču′go k3′rɛ nɛ˘jɛ̃′ɛ̃

그래 거기 갖다 섯는데, 그래 내, 벌추해 주고 그래, 내쟁에
[▶] 그래 거기 갖다 썼는데, 그래 늘, 벌초해 주고 그래, 나중에

[제] 정˘만′세 아′드리 장˘차′ 가′주고 마′리′지, 인자′
č3˘ŋma′nsɛ a′dɜri ča˘ŋčʰa′ ka′jugo ma′riji, inja′

정만세° 아들이 장차22) 가주고 말이지, 인자
[▶] 정만서의 아들이 장성해 가지고 말이지, 이제

[조] 정˘만′서 아′드리 대′구서 잘 사′랃따면서요?
č3˘ŋma′noo a′dɔri tɛ′gusɜ čal sa′ratt′amjɜnsɜjo?

정만서° 아들이 대구°서 잘 살앗다면서요?
[▶] 정만서의 아들이 대구에서 잘 살았다면서요?

---

22) 장차다 : 장성하다.

제 가ˇ생ˇ 모ʼ개ʼ비로 사ʼ랃딴다.
ki̯ˇsɛʼŋ moʼgɛʼbiro saʼratt'anda.

기생 모개비로 살앗단다.
▶ 기생 모가비로 살았단다.

조 아아ʼ.
aaʼ.

아아.
▶ 그렇군요.

제 옌ˇ날ʼ 소ʼ리, 소ʼ리 갈ˇ치ʼ 주ʼ고, 아ʼ주 일ʼ류ʼ로 머ʼ어시 해앨ʼ서ʼ.
je̯ˇnnaʼl soʼri, soʼri kaˇlˇčʰiʼ čuʼgo, aʼ͡ju iʼʎʎuʼro mɜʼɜɕi hɛɛʼtsɜʼ.

옛날 소리, 소리23) 갈치 주고, 아주 일류로 머시 햇어.
▶ (어린 기생에게) 옛날 소리, 소리를 가르쳐 주고, 아주 일류로 무언가 했어.

제 그 정ˇ만세 아ʼ드리 인자ʼ, 그 정ˇ만세, 그ʼ러먼, 어ˇ른ʼ 아ʼ이ˇ가, 산소에
kɜ čɜˇŋmaʼnsɛ aʼdɜɾi in̯jaʼ, kɜ čɜˇŋmaʼnsɛ, kɜʼɾɜmɜn, ɜ̌ɾɜʼn ãi̯ga, saʼnsoɛ

그 정만세° 아들이 인자, 그 정만세°, 그러면, 어른 아니가, 산소에
▶ 그 정만서의 아들이 이제, 그 정만서, 그러면, (자기의) 어른 아니냐, 산소에

제 성ʼ모ʼ 갈ˇ때는 언ˇ제ʼ나 꽈ʼ자 한짐ʼ빠석 사갸ʼ아 질ʼ머지ʼ고
sɜʼŋmoʼ kaʼlt'ɛnɜn ɜʼn̯jɛʼna k'waʼja hanjiʼmp'asɜk sagaʼa čiʼlmɜjiʼgo

성모 갈 때는 언제나 꽈자 한 짐바석 사가아 짊어지고
▶ 성묘 갈 때는 언제나 과자 한 짐씩을 사서는 짊어지고

제 밀ʼ구 동ʼ네ʼ 와갸ʼ아 아ʼ아들 다ˇ 노ʼ나주ʼ고, "우리ʼ 가세 가가ʼ아
miʼlgu toˇŋnɛʼ wagaʼa aʼadɜl taˇ noʼnajuʼgo, "uɾiʼ kaʼsɛ kagaʼa

밀구° 동네 와가아 아아들 다 노나주고, "우리 갓에24) 가가아
▶ 밀구 동네에 와서는 아이들(에게) 다 나눠주고, "우리 갓에 가서

---

23) 소리 : 노래.
24) 갓 : 산.

제 솔′ 끈치′ 마̆래′이.” 이콰′고, “솔낭′글 기′리′지 마′래이.”

so′l k'ɜnč̆hi′ mărɛ′i.” ikʰwa′go, “solna′ŋgɜl ki′riǰi ma′rɛi.”

솔 끊지 마래이.” 이 콰고, “솔낚을 기리지 마래이.”

▷ 소나무를 끊지 말아라.” 이렇게 말하고, “소나무를 자르지 마라.”

제 그 문줴̃이̆라 컨는 사′라믄 안′죽꺼정 그 산보′고,

kɜ munǰwẽ̂îra kʰɜnnɜn sa′ramɜn a′nǰukk'ɜǰɜŋ kɜ sanbo′go,

그 문종°이라25) 컹는 사람은 안죽꺼정 그 산 보고,

▷ 그 문종이라고 하는 사람은 아직까지 그 (묘가 있는) 산을 돌보고,

제 비′석 세′우고, 망̆두′석 세′우고, 좌̆판′ 녹′코 다̆ 해나′악꺼등.

pi′sɜk sɛ′ugo, ma′ŋdu′sɜk sɛ′ugo, čwa′pʰa′n no′kkʰo tă hɛna′akk'ɜdɜŋ.

비석 세우고, 망두석 세우고, 좌판 놓고 다 해낳앗거등.

▷ 비석을 세우고, 망주석을 세우고, 상석 좌판을 놓고 (석물을) 다 해놓았거든.

---

25) 문종 : 부동댁의 아들.

도래솔 베고 국비 장학생으로

조 그´런데요 그 인자´, 재수´라 커는 사´라믄,
k3´r3ndɛjo k3 inǰa´, čɛsu´ra kʰ3n3n sa´ram3n,
그런데요 그 인자, 재수°라 커는 사람은,
▶ 그런데요 그 인제, 재수라고 하는 사람은,

조 머 아까´ 신 삼˘는´다 컨능´ 거´는 머´엉기요?
m3 ak'a´ ɕin sa˘mn3´nda kʰ3nn3´ŋ k3´n3n m3´3ŋgijo?
머 아까 신 삼는다 컹는 거는 머언기요?
▶ 뭐 아까 짚신을 삼는다고 하는 것은 뭡니까?

제 아아, 재수´, 그 인자´, 그´때 웨´정 때 아˜이˜가? 영´가믄
aa, čɛsu´, k3 inǰa´, k3´t'ɛ wɛʰ3ŋ t'ɛ ãĩga? j3˘ŋga´
아아, 재수°, 그 인자, 그때 왜정 때 아니가? 영감은
▶ 아, 재수, 그 이제, 그때가 일제강점기(日帝强占期) 때 아니냐? (부동)영감은

제 만날´ 댕´기머 술´ 묵´꼬, 머 머, 함´푼 생기면 두˘푸´네치
m3n manna´l tɛ´ŋgim3 su´l mu´kk'o, m3 m3, ha´mpʰun sɛ´ŋgim3n tu˘pʰu´nɛčʰi
만날 댕기머 술 묵고, 머 머, 한 푼 생기면 두 푼에치
▶ 만날 다니며 술만 먹고, 뭐 뭐, 한 푼이 생기면 두 푼어치를

제 묵´꼬, 만날´ 웨˘상´술´ 묵´꼬,
mu´kk'o, manna´l wɛ˘sa´ŋsu´l mu´kk'o,
묵고, 만날 외상술 묵고,
▶ 먹고, 만날 외상술이나 먹고,

조 누´가´?
nu´ga´?
누가?
▶ 누가?

제 부´동떠게가. 그´래.
pu´doɲt'ɜgega. kɜ´ɾɛ.

부동떡°에가. 그래.
▷ 부동댁(영감)이. 그래.

조 그 달´먼네. 정ˇ만´세하고 달´먼네.
kɜ ta´lmɜnnɛ. čɜˇɲma´nsɛhago ta´lmɜnnɛ.

그 닮엇네. 정만세°하고 닮엇네.
▷ 그 닮았네. 정만서와 (성질이) 닮았네.

제 그´럳치. 만날´ 댕´기머 술묵´꼬, 이´레, 댕´기머 놀ˇ고´, 그 머
kɜ´ɾɜtčʰi. manna´l tɛ´ɲgimɜ sulmu´kk'o, i´ɾɛ´, tɛ´ɲgimɜ no´lgo´, kɜ mɜ

그렇지. 만날 댕기머 술 묵고, 이레, 댕기머 놀고, 그 머
▷ 그렇지. 만날 다니며 술이나 먹고, 이렇게, 다니며 놀기나 하고, 그 뭐

제 월사금´ 줄 도ˇ니´업따 마´리´다. 학꾜´ 드가기´ㄴ 드´간는데,
wɜlsagɜ´m čul toˇni´ɜpt'a ma´ri´da. ha´kk'jo´ tɜgagi´nɜ tɜ´ga´nnɜndɛ,

월사금 줄 돈이 없다 말이다. 학교 드가기는 드갓는데,
▷ 월사금을 줄 돈이 없단 말이다. (초등) 학교에 들어가기는 들어갔는데,

조 예.
jɛ.

예.
▷ 예.

제 재수´가. 그´래 나무´ 해애´다가 인자´ 말랴´아가 팔고, 글´때는
čɛsu´ga. kɜ´ɾɛ namu´ hɛɛ´da´ga inǰa´ maʎʎa´aga pʰalgo, kɜ´lt'ɜnɜn

재수°가. 그래 나무 해다가 인자 말랴아가아 팔고, 글 때는
▷ 재수가. 그래 (땔)나무를 해다가 이제 말려서 팔고, 그럴 때는

제 생나무´도 삭´꺼´등. 누구든´지 사고 이´랜´는데. 마´아 나무´
sɛɲnamu´do sa´kk'ɜ´dɜɲ. nugudɜ´nǰi sa´go i´ɾɛ´nnɜndɛ. ma´a namu´

생나무도 삿거등. 누구든지 사고 이랫는데. 마아 나무
▷ 생나무도 사는 사람이 있었거든. 누구든지 사고 이랬는데. 에, 나무를

제 파러가'아, 인자' 월사금' 주'고, 책'사' 시'고', 염'필사 시'고',
pʰarɜga′a, inǰa′ wɜlsagɜ′m ču′go, čʰɛ′ksa′ ɕi′go′, jɜ′mpʰilsa ɕi′go′,

팔어가아, 인자 월사금 주고, 책 사 시고, 연필 사 시고,

▷ 팔아서, 이제 월사금을 주고, 책을 사 쓰고, 연필을 사 쓰고,

제 지'소늘 신'사'마 싱'꼬', 그'래 밀'구 서'시네 도래'소레 가가'주고,
či′sonɜl ɕi′nsa′ma ɕi′ŋk′o′, kɜ′rɛ mi′lgu sɜ′ɕine torɛ′sorɛ kaga′ǰugo,

지 손을 신 삼아 신고, 그래 밀구° 서시네 도래솔에 가 가주고,

▷ 제 손으로 (짚)신을 삼아서 신고, 그래 밀구 서씨네 도래솔에 가 가지고,

제 정'월 초하린'날 솔랑'글 막 비'입뿐따, 마'리'다. 버디'기로 막……
čɜ′ŋwɜl čʰohari′nnal solla′ŋgɜl mak pi′ipp′utt′a, ma′ri′da. pɜdi′giro mak……

정월 초하릿날 솔낡을 막 비이뿟다, 말이다. 버디기로 막……

▷ 정월 초하룻날 소나무를 막 베어버렸단, 말이다. 다복솔을 막……

조 그 와 그'라노? 하'필 도래'솔로 비'노'?
kɜ wa kɜ′rano? ha′pʰil torɛ′sollo pi′no′?

그 와 그라노? 하필 도래솔로 비노?

▷ 그 왜 그러나? 하필 (남의) 도래솔을 베나?

제 다른사'라믄 다' 정'월 초하린'날 제'사' 지'내'애고, 조'타'꼬마리지 으,
tarɜnsa′ramɜn ta′ čɜ′ŋwɜl čʰohari′nnal čɛ′sa′ či′nɛ′ɛgo, čo′tʰa′k′omariǰi ɜ,

다른 사람은 다 정월 초하릿날 제사 지내고, 좋다고 말이지 으,

▷ 다른 사람들은 다 정월 초하룻날 제사를 지내고, 좋다고 말이지 응,

제 세'배'하로 댕'기고, 이'레' 산는'데 지'도 얼룩' 해'다' 녹'코,
sɛ′bɛ′haro tɛ′ŋgigo, i′rɛ′ sannɜ′ndɛ či′do ɜllɜ′k hɛ′da′ no′kkʰo,

세배하로 댕기고, 이레 산는데, 지도 얼룩 해다 놓고,

▷ 세배하러 다니고, 이렇게 해 쌓는데, 저도 얼른 (땔나무를) 해다 놓고,

제 세'배'하로 간'다'꼬, 마'아 올'러가가'아 도래'솔로 마'아 해앱'뿌랟서. 멀'리'
sɛ′bɛ′haro ka′nda′k′o, ma′a o′llɜgaga′a torɛ′sollo ma′a hɛɛ′pp′urɛtsɜ. mɜ′ʎʎi′

세배하로 간다꼬, 마아 올러가가아 도래솔로 마아 해뿌렛어. 멀리

▷ 세배하러 간다고, 에, (산에) 올라가서 도래솔을 에, 해버렸어. 멀리

제 앙갸`고, 그`나른 아`무`도 사`네 앙 갸`거`등. 그래 서`시네드리 묘`오`
aŋgaˊgo, kɜˊnarɜn aˇmuˊdo saˊnɛ aŋ kaˊgɜˊdɜŋ. kɜˊrɛ sɜˊɕinɛdɜri mjoˇoˊ
안 가고, 그날은 아무도 산에 안 가거등. 그래 서 시네들이 묘오
▶ 가지 않고, 그날은 아무도 산에 가지 않거든. 그래 서 씨네들이 묘에

제 올`라가 보`~이`까네, 정`월 초하린`날 나무`해갸`아 오`능`거는 박 재`수`,
oˊllaga bõˇĩkˊanɛ, čɜˊŋwɜl čʰohariˊnnal namuˊhɛgaˊa oˊnɜˊŋgɜnɜn pak čɛˇsuˊ,
올라가 보니까네, 정월 초하릿날 나무해가아 오는 거는 박재수°,
▶ 올라가 보니까, 정월 초하룻날 나무해서 오는 것은 박재수,

제 재`수`바께 억`꺼`등. 올`라가보`~이` 솔버디`기로 막 첩`뿌렌능기야.
čɛˇsuˊbakˊɛ ɜˇkkˊɜˊdɜŋ. oˊllagabõˇĩ solbɜdiˊgiro mak čʰɜˊppˊurɛnnɜŋgija.
재수°밖에 없거등. 올라가보니 솔버디기로 막 처뿌렛는 기야.
▶ 재수밖에 없거든. (산에) 올라가보니까 다복솔을 막 쳐버린 거라.

제 그`래 재`수` 지`베 갸`보`~이` 낭`글 해애` 나`악꺼`등. 그래갸`아, 고`발`로
kɜˊrɛ čɛˇsuˊ čiˇbe kaˊbõˇĩ naˊŋgɜl hɛɛˊ naˊakkˊɜˊdɜŋ. kɜˊregaˊa, koˇbaˊllo
그래 재수° 집에 가보니 낡을 해 낳앗거등. 그래가아, 고발로
▶ 그래 재수네 집에 가보니까 (생)나무를 해다 놓았거든. 그래서, 고발을

제 해앴`따`마리다. 살링게`에, 고`발`로 해애` 노`~이`. "그`러`~이`, 니`가` 핸`나`?"
hɛɛˇttˊaˊmaɾida. salliŋgeˊɛ, koˇbaˊllo hɛɛˊ nõˇĩ. "kɜˊɾõˇĩ, niˇgaˊ hɛˊnnaˊ?"
햇다 말이다. 산림게에, 고발로 해 놓오니. "그러니, 니가 햇나?"
▶ 했단 말이다. 산림계에다, 고발을 해 놓으니까. "그러니, 네가 했느냐?"고

제 카`~이`, "내`가` 핻`슴`더." "웨 해앤`노` 마리`라?" "그 머, 우리지`베
kʰãˇĩ, "nɛˊgaˊ hɛˇtsɜˊmdɜ." "wɛ hɛɛˊnnoˊ maˊɾiˊɾa?" "kɜ mɜ, uɾiǰiˊbe
카니, "내가 햇슴더." "왜 햇노 말이다?" "그 머, 우리집에
▶ 하니까, "내가 했습니다." "왜 했느냐 말이다?" "그 뭐, 우리집이

제 귀차하`지러요, 월사금` 줄` 돈`도` 억`꼬. 그래서 월사금` 주`고,
kwičʰahaˊǰiɾɜjo, wɜlsaˊgɜˊm čuˊl toˇndoˊ ɜˇkkˊoˊ. kɜˊɾɛsɜ wɜlsagɜˊm čuˊgo,
귀차하지러요, 월사금 줄 돈도 없고. 그래서 월사금 주고,
▶ 구차하지요, 월사금(月謝金)을 줄 돈도 없고. 그래서 월사금을 주고,

제 책′사′ 시′고′, 염′필사 시고,그′라알라꼬, 마′아 그거 낭′글 핻′슴′니더.”

č͏ʰɛ´k sa´ ɕi´go´, jɜ´mpʰil sa ɕigo,kɜ´raallak'o, ma´a kɜgɜ na´ŋgɜl hɛ´tsɜ´mnidɜ.”

책′ 사 시고, 연필 사 시고, 그랄라꼬, 마아 그거 낡을 핻습니더.”

▷ 책′ 사 쓰고, 연필 사 쓰고, 그리하려고, 에, 그 나무를 했습니다.”

제 그 인자′ 솔모′ 사′다′ 숭가′아 조오′라′ 마리′다. 그 솔모′도 인자′,

kɜ inja´ solmo´ sa´da´ suŋga´a čoo´ra´ marida. kɜ solmo´do inja´,

그 인자, 솔모[26] 사다 숨가아 조라 말이다. 그 솔모도 인자,

▷ 그 이제, 솔모를 사다가 심어 줘라 말이다. 그 솔모도 이제,

제 살링′게에서러 내′애 보내′애 조오′가′아, 숭가′아 주′고, 그래 모′범 학′새˜이˜라꼬,

salli´ŋgɛɛsɜrɜ nɜ´ɛ ponɜ´ɛ čoo´ga´a, suŋga´a ču´go, kɜ´rɛ mo´bɜm ha´ksɛ̃´ĩrak'o,

산림게에서러 내애 보내애 조가아, 숨가 주고, 그래 모범 학생이라꼬,

▷ 산림계에서 내 보내 줘서, 심어 주고, 그래 모범 학생이라고,

제 그′래 일′부′늘 보내′앧짜나. 그래 인자′ 구′네′ 알′고′,

kɜ´rɛ i´lbu´nɜl ponɜ´ɛtč´ana. kɜ´rɛ inja´ ku´nɛ´ a´lgo´,

그래 일분°을 보내앧잖아. 그래 인자 군에 알고,

▷ 그래 일본으로 (유학을) 보냈잖아. 그래 이제 군청(郡廳)에서 알고,

제 도˘에′ 알′고′, 그′래가˘아 일′부′늘, 무요′로 일′붐′ 보내′애가˘아,

to˘ɛ´ a´lgo´, kɜ´rɛgaa i´lbu´nɜl, mujo´ro i´lbu´m ponɜ´ɛgaa,

도에 알고, 그래가아 일분°을, 무요로 일분° 보내애가아,

▷ 도청(道廳)에서 알고, 그래서 일본을, 무료로(장학생으로) 일본으로 보내서,

제 그′래 돔˘버˘어리가′아, 지′비 도˘늘′ 부′치 노′오˘이˜, 이 영감′, 부′동

kɜ´rɛ to˘mbɜ´ɜriga´a, či´bi to˘nɜ´l pu´čʰi no´õĩ, i jɜŋga´m, pu´doŋ

그래 돈 벌이가아, 집이 돈을 부치 놓오니, 이 영감, 부동°

▷ 그래 (학생이) 돈을 벌어서, 집에다 돈을 부쳐 놓으니까, 이 영감, 부동

---

26) 솔모 : 소나무 모종 또는 묘목.

제 영가′미마리다. 그 인자′, 돈 부′친능 그거′로 가′주고, 아화′
jɜŋga′mimarida. kɜ inǰa′, ton pu′čʰinnɜŋ kɜgɜ′ro kaǰugo, ahw′a
영감이 말이다. 그 인자, 돈 부칫는 그거로 가주고, 아화°27)
▷ 영감이 말이다. 그 이제, (학생이) 돈을 부쳐 준 그것을 가지고, 아화

제 자″아˜ 각′꺼′등. 자′리′ 하나′ 갸′주고, 보′미′라마리야,
čã′ã ka′kk′ɜdɜŋ. ča′ri′ hana′ kaǰugo, po′mi′ramarija,
장아 갓거등. 자리 하나 가주고, 봄이라 말이야,
▷ 장엘 갔거든. 자루를 하나 가지고서, 봄이란 말이야,

제 인자′ 좁′살 함′말 사갸′아, 녹′코, 남′는′ 도′늘′ 진탕′ 머′겉서여,
inǰa′ čo′psal ha′mmal saga′a, no′kkʰo, na′mnɜ′n to′nɜ′l čintʰa′ŋ mɜ′gɜtsɜjɜ,
인자 좁살 한 말 사가아, 놓고, 남는 돈을 진탕 먹엇어여,
▷ 이제 좁쌀 한 말을 사서, 놓고, 남는 돈으로 (술을) 진탕 먹었어,

조 허허허.
hɜɦɜɦɜ.
허허허.
▷ 허허허.

제 진탕′ 묵′꼬, 좁′살 자리′로 둘′러미′고′, 삐딱′자딱˘ 오″이˜, 그 머,
čintʰa′ŋ mu′kk′o, čo′psal čari′ro tu′llɜmi′go′, p′it′a′k čat′a′k õ′ĩ, kɜ mɜ,
진탕 묵고, 좁살 자리로 둘러미고, 삐딱자딱 오니, 그 머,
▷ 진탕 먹고는, 좁쌀 자루를 둘러메고, 비틀비틀 오니까, 그 뭐,

제 좁′살 함′말, 처어′메′에는 무겁′찌마는 머 건드렁′하˜이˜,
čo′psal ha′mmal, čʰɜɜ′mɜ′ɜnɜn mugɜ′pč′imanɜn mɜ kɜndɜrɜ′ŋhã′ĩ,
좁살 한 말, 첨에는 무겁지마는 머 건드렁하니,
▷ 좁쌀 한 말, 처음에는 무겁지마는 뭐 건드렁하게,

---

27) 아화(阿火′) : 경주시 서면에 있는 마을 이름.

110

제 췐˘는데 머 무거´분지 개가´분지 아˘나´? 그´러˘이˘ 자리´가 뚤´버젇떰
　 čʰweˇnnɜ´ndɛ mɜ mugɜ´bunji kɛga´bunji aˇna´? kɜ´ɾɜ̃ĭ čari´ga t'u´lbɜjɜtt'ɜm
　쳇는데 머 무겁운지 개갑운지 아나? 그러니 자리가 뚫어젓던
▷ 취했는데 뭐 무거운지 가벼운지 아니? 그러니까 자루가 뚫어졌던

제 모´얘˘이˘라. 좁´사리 자˘그˘이˘까네, 마˘˘이˘ 뚤´버젇시머˘ 찰 다 나´왇´뿌실
　mo´jɛ̃ĭɾa. čo´psari čaˇgɜ́ĭk'anɛ, mãˇĭ t'u´lbɜjɜtɕimɜ̃ čʰwa´l ta na´wa´tp'uɕil
　모앵이라. 좁살이 작으니까네, 많이 뚫어젓이면 찰 다 나와뺏일
▷ 모양이라. 좁쌀이 작으니까, 많이 뚫어졌으면 쌀 다 나와 버렸을

제 낀데, 쫄´쫄˘쫄´ 흘´러 노´오˘이˘, 지´베 오˘이˘까네 한´대나 나´먿떠란다.
　k'indɛ, čo´lčˇo´lčˇo´l hɜ´llɜ no´õĭ, či´bɛ õ´ĭk'anɛ ha´ndɛna na´mɜtt'ɜɾanda.
　낀데, 쫄쫄쫄 흘러 놓오니, 집에 오니까네 한 대나 남엇더란다.
▷ 것인데, 쫄쫄쫄 흘러 놓으니까, 집에 오니까 한 되나 남았더란다.

제 그 그 그´래,
　kɜ kɜ kɜ´ɾɛ.
　그 그 그래,
▷ 그 그 그래,

조 새˘조´온닐 시´켠네.
　sɜˇjo´onnil ɕi´kʰjɜnnɛ.
　새 좋온 일 시켯네.
▷ 새들에게만 좋은 일을 시켰네.

제 새˘조´온 니˘리´자네, 질´게 다˘ 흘´럳찌.
　sɜˇjo´on niˇri´čanɛ, či´lgɛ taˇ hɜ´llɜtčˇi.
　새 좋온 일이쟎에, 짋에 다 흘럿지.
▷ 새 좋은 일이 아니고, 길에 다 흘렸지.

조 질´게 흘´러시˘이˘까네 새´가´ 주´우 무´굴꺼 애˘잉˘기요?
　či´lgɛ hɜ´llɜsĩĭk'anɛ sɜˇga´ ču´u mu´gulkɜ ɛ̃ĭ´ŋgijo?
　짋에 흘럿이니까네 새가 주우 묵울 거 애닝기요?
▷ 길에다 흘렸으니까 새가 주워 먹을 것 아닙니까?

제 조ʹ오 묵끼ʹ느 조ʹ오 묵ʹ찌. 그ʹ래 저 머어ʹ고ʹ, 저 새ʹ마ʹ시레, 아아, 상뱅ʹ이,

čoʹo mukkʹïʹnɜ čoʹo muʹkčʹi. kɜʹɾɛ čɜ mɜɜʹgoʹ, čɜ sɛʹmaʹɕiɾɛ, aa, saŋbɛ̃ʹĩ,

조오 묵기는 조오 묵지. 그래 저 머고, 저 새마실°에,28) 아, 상봉°이,

▶ 주워 먹기는 주워 먹지. 그래 저 뭐냐, 저 새마을의, 아, 상봉이,

제 이ˇ 상뱅ʹ이, 이ˇ 상뱅ʹ이 모ˇ치ʹ니 부ʹ동떡 따ʹ리ʹ거등……

iˇ saŋbɛ̃ʹĩ, iˇ saŋbɛ̃ʹĩ moˇčʰiʹni puʹdoɲtʹɜk tʹaʹɾiʹgɜdɜŋ……

이상뱅°이, 이상뱅°이 모친이 부동떡° 딸이거등……

▶ 이상봉이(李相鳳), 이상봉이 모친이 부동댁의 딸이거든……

---

28) 새마실 : 건천읍 용명리에 있는 마을 이름. 새마을.

호랑이 잡은 황소

[제] 요새′애는 저 소′ 말˘고′ 사′네 나무하′로도 앙가′고, 풀 비′로′도
josɛ′ɛnɜn čɜ so′ ma˘lgo′ sa′nɛ namuɦa′rodo aŋga′go, pʰul pi′ro′do

요새는 저 소 말고 산에 나무하로도 안 가고, 풀 비로도
▶ 요새는 저 소를 몰고 산에 나무하러도 가지 않고, 풀 베러도

[제] 앙가′는′데 사˘월′따레 풀′로′ 비′거′등
aŋga′nɜ′ndɛ sa˘wɜ′lt'arɛ pʰu′llo′ pi′gɜ′dɜŋ

안 가는데 사월 달에 풀로 비거등
▶ 가지 않는데 사월 달에는 (거름 할) 풀을 베거든

[조] 그 풀′로′, 저 거름할′ 푸′리′죠?
kɜ pʰu′llo′, čɜ kɜrɜmɦa′l pʰu′ri′jjo?

그 풀로, 저 거름할 풀이죠?
▶ 그 풀은, 저 거름할 풀이지요?

[제] 노′네, 노′네 거름할′ 풀′ 풀′로′ 비′로′ 사˘월′따레 간′는′데
no′nɛ, no′nɛ kɜrɜmɦa′l pʰu′l pʰu′llo′ pi′ro′ sa˘wɜ′lt'arɛ ka′nnɜ′ndɛ

논에, 논에 거름할 풀 풀로 비로 사월 달에 갓는데
▶ (벼)논에, 논에 거름할 풀 풀을 베러 사월 달에 (아주 깊은 산에) 갔는데

[제] 그러˘이˘, 이 풀 비′로′ 가′는′ 일˘꾸~이~ 나′무집 사˘는′ 사′라민데
kɜ′rɜĩ, i pʰul pi′ro′ ka′nɜ′n i′lk'ũĩ na′mujip sa˘nɜ′n sa′ramindɛ

그러니, 이 풀 비로 가는 일꾼이 남우 집 사는 사람인데
▶ 그러니, 이 풀을 베러 가는 일꾼이 남의 집을 사는 (머슴 사는) 사람인데

[제] 큰 황˘소로 말˘고′ 가가′아 그 놀˘기도 조˘와′하고 일˘또′ 잘하덤′
kʰɜn hwa˘ŋso′ro ma˘lgo′ kaga′a kɜ no˘lgi′do čo˘wa′ɦago i˘lt'o′ čalɦadɜ′m

큰 황소로 말고 가가아 그 놀기도 좋와하고 일도 잘하던
▶ 큰 황소를 몰고 가서 그 놀기도 좋아하고 일도 잘하던

제 모′냬̌이̌지 그 이̌삼′사월 진̌진′해고 이̌삼′사월 짜란′, 짜람′바미라
moʹɲɛ̃ĩji kɜ iˇsaʹmsawɜl čiˇnǰiʹnhɛgo iˇsaʹmsawɜl čʹariʹn, čʹariʹmpamiɾa

모냉이지 그 이삼사 월 진진 해고 이삼사월 짜린, 짜린 밤이라

▷ 모양이지 그 이삼사(2, 3, 4)월 긴긴 해고 이삼사월 짧은 밤이라고

제 카′는데 밤새̌두룩′ 옌̌날′ 지꾸때̌이̌, 아까 지꾸때̌이̌ 얘기′ 안 이′선나.
kʰaʹnɜʹndɛ pamsɜˇduɾuʹk jɜˇnnaʹl čik'utʹʔ̃ĩ, ak'aʹ čik'utʹʔ̃ĩ jɜʹgiʹ an iʹsɜnna.

카는데 밤새두룩 옛날 짓구땡이, 아까 짓구땡이 얘기 안 잇엇나.

▷ 하는데 밤새도록 옛날 짓고땡, 아까 짓고땡 얘기가 있지 않았니.

제 지꾸때̌이̌ 하′고 풀′비′로 가노̌이̌ 자부럽′땀마리다. 사네
čik'utʹʔ̃ĩ haʹgo pʰuʹlbiʹɾo kanõ̃ĩ čabuɾɜʹpt'ammaɾida. saʹnɛ

짓구땡이 하고 풀 비로 가놓이 자부럽단 말이다. 산에

▷ (잠을 자지 않고) 짓고땡하고 풀을 베러 갔으니까 졸린단 말이다. 산에

제 가가′아 시운한′ 그늘′ 미′테 누′벌스̌이̌ 자′미′ 약까̌이̌나 잘 오′나′?
kaga'aʹ ɕiunha'ʹn kɜnɜ'ʹl miʹtʰɛ nuʹbɜtsʹõ̃ĩ čaʹmiʹ jakk'ã̃ĩna čal oʹnaʹ?

가가아 시운한 그늘 밑에 눕엇으니 잠이 약간이나 잘 오나?

▷ 가서 시원한 그늘 밑에 누웠으니까 잠이 오죽이나 잘 오니?

제 어′짹′껀 마 한숨 실컨′ 자고 나̌이̌ 해′가′ 마 다̌ 빠′져′ 가′주골랑
ɜʹčʹɛ'kk'ɜn ma ha'nsum ɕilkʰɜ'ʹn čaʹgo nã̃ĩ hɛʹgaʹ ma ta'ˇ p'aʹjjɜʹ kaʹjugollaŋ

어쨋건 마 한숨 실컨 자고 나니 해가 마 다 빠져 가주골랑

▷ 어쨌건 에, 한숨 실컷 자고 나니까 해가 에, 다 빠져 가지고서

제 마′아, 풀′로′ 마′아, 그′래 풀′ 비는′ 사′라미 머, 그 머
maʹa, pʰuʹlloʹ maʹa, kɜʹɾɛ pʰuʹl ⱱiʹnɜʹn saʹɾami mɜ, kɜ mɜ

마아, 풀로 마아, 그래 풀 비는 사람이 머, 그 머

▷ 에, 풀을 에, 그렇게 (시간에 쫓기면서) 풀을 베는 사람이 뭐,

제 조̌옹′기고 나′뿡′ 기′고 인′나? 까′시캉 모지′리 마
čoˇoʹŋgigo naʹp'uʹŋ kiʹgo iʹnna? k'aʹɕikʰaŋ moǰiʹɾi ma

좋온 기고 나쁜 기고 잇나? 까시캉 모지리 마

▷ 좋은 것이고 나쁜 것이고 (가릴 틈이 어디) 있니? 가시랑 모조리 에,

제 드´리´ 비˘가´아 그 풀까재˜이˜ 조˘옹´거는 거˘틀 내˘고´
t3´ɾi pi˘ga´a k3 pʰulkʼaĵɛ̃´ĩ čo˘o´ŋg3´n3n g3´tʰ3l nɛ˘go´
들이 비가아 그 풀까쟁이 좋온 거는 겉을 내고
▷ 들입다 베어서는 그 풀 가지가 좋은 것은 겉으로 (나오게) 내고

제 나뿡´거˘는 소˘글´ 역´코 이래가´아 함´ 바´리´ 건주´ 다˘ 비인´는´데
napʼu´ŋg3´n3n so˘g3´l jə´kkʰo iɾɛga´a ha´m pa´ɾi´ k3nĵu´ ta˘ pii´nn3´ndɛ
나뿐 거는 속을 옇고 이래가아 한 바리 건주 다 빗는데
▷ 나쁜 것은 속으로 넣고 이래서 한 바리를 거의 다 베었는데

제 마´아, 해´가´ 실˘…… 버˘미´, 마´아 사´네서 웅…… 내´러오˜이˜,
ma´a, hɛ´ga´ ɕi˘l…… p3˘mi´, ma´a sa´nɛs3 uŋ…… nɛ´ɾ3õ´ĩ,
마아, 해가 실…… 범이, 마아 산에서 웅…… 내러오니,
▷ 에, 해가 슬…… (넘어가니) 범이, 에, 산에서 웅(하고)…… 내려오니,

제 투´구´리고, 그 버˘미´ 소´리로 하거´등 어허´응 콰˜이˜, 소가´ 마 버˘믈´
tʰu´gu´ɾigo, k3 p3˘mi´ so´ɾiro ha´g3´dəŋ 3ɦ3´3ŋ kʰwã´ĩ, so´ga´ ma p3˘m3´l
투구리고,29) 그 범이 소리로 하거등 어홍 콰니, 소가 마 범을
▷ 투그리고, 그 범이 소리를 지르거든 (범이) 어홍 하니까, 소가 범을

제 보´고 마´아 딱˘ 투´구´리고, 그´래가´아 소로´ 인자´ 그 예˘저´네는 소´ 여 이´망에
po´go ma´a tʼa´k tʰu´gu´ɾigo, k3´ɾɛgaa so´ɾo´ inja´ k3 jɛ˘ĵ3´nɛn3n so´ j3 i´maŋɛ
보고 마아 딱 투구리고, 그래가아 소로 인자 그 예전에는 소 여 이망에
▷ 보고 에, 딱 투그리고, 그래서 소를 이제 그 예전에는 소의 여기 이마에

제 함박´쉐카능 기´이 읻´따. 마, 말 와, 함박´쉐 부´치가´아
hamba´kswɛkʰan3ŋ ki´i i´ttʼa. ma, mal wa, hamba´kswɛ pu´čʰiga´a
함박쇠30) 카는 기이 잇다. 마, 말 와, 함박쇠 붙이가아
▷ 함박쇠라고 하는 것이 있었다. 마, 말에도 왜, '함박쇠'를 붙여서

---

29) 투그리다 : 짐승이 서로 싸우려고 소리를 지르며 잔뜩 벼르다.
30) 함박쇠 : 소나 말의 정수리에서 코까지 타고 내려오며 금속으로 장식한 것.

제 댕′긷따. 그거′ 하고 그거′ 인자′ 줄′바~울~, 줄′바~울~ 하고 그 눔′먼′
tɛ́ŋgitt'a. kɜgɜ́ há'go kɜgɜ́ inʝá ču'lbã'ûl, ču'lbã'ûl hago kɜ nú'mmɜ'n
댕깃다. 그거 하고 그거 인자 줄방울, 줄방울 하고, 그 눈먼
▷ 다녔다. 그것과 그것 인제 줄방울, 줄방울 따위를, 그 눈먼

제 망새~이~ 워′낭 소′리 득′꼬 따′러간다 앙 카′나′? 워′낭.
maŋsɛ̃́ĩ wɜ́naŋ so'ri tɜ'kk'o t'a'rɜganda aŋ kʰa'na'? wɜ'naŋ.
망생이 워낭 소리 듣고 따러간다 안 카나? 워낭.
▷ 망아지가 워낭 소리를 듣고 따라간다고 하지 않니? 워낭 (말이야).

조 예.
jɛ.
예.
▷ 예.

제 철걱′ 철걱′, 거′름 거′르먼 철걱′철걱′ 소′리가 나′는′ 그거′
čʰɜlgɜ́k čʰɜlgɜ́k, kɜ'rɜm kɜ'rɜmɜn čʰɜlgɜ́kčʰɜlgɜ́k so'riga na'nɜ'n kɜgɜ́
철걱 철걱, 걸음 걸으면 철걱철걱 소리가 나는 그거
▷ 철걱 철걱, 걸음을 걸으면 철걱철걱 소리가 나는 그것을

제 달′고′, 이′레′가′아 점′부 다˘ 벡′낍뿌고,
ta'lgo', i'rɛ'ga'a čɜ'mbu ta˘ pɛ'kk'ipp'ugo,
달고, 이레가아 전부 다 벳기뿌고,
▷ 달고, 이렇게 해서 (달았던 함박쇠나 줄방울 따위를) 전부 다 벗겨버리고,

제 마′아 알소′로 나′아녹′코, 저 버˘미′ 소′인′데 달′라드~이~ 마리′야 마′아 범˘하′고
ma'a al'so'ro na'ano'kkʰo, čɜ pɜ˘mí so'índe ta'lladɜ̃ĩ ma'rí'ja ma'a pɜ˘mha'go
마아 알소로31) 낳아놓고, 저 범이 소인데 달라드니 말이야 마아 범하고
▷ 에, 알소를 놓아두고, 저 범이 소한테 달려드니까 말이야 에, 범과

---

31) 알소 : 고삐나 코뚜레는 물론 '함박쇠'나 줄방울 등 아무 것도 몸에 걸치지 않은 소.

116

제 소ˊ하ˊ고 막 사ˊ우능거야 사ˊ우는데, "자란다ˊ, 자란다ˊ." 처어ˊ메ˊ는
soˊɦaˊgo mak saˊunɜŋgɜja saˊunɜndɛ, "čarandaˊ, čarandaˊ." čʰ33ˊmɛˊnɜn
소하고 막 사우는 거야 사우는데, "잘한다, 잘한다." 처엄에는
▷ 소가 막 (서로) 싸우는 거야 싸우는데, "잘한다, 잘한다." 처음에는

제 소ˊ인ˊ데 따ˊ러댕ˊ기메 "자란다ˊ." 카ˇ이ˇ 이넘ˊ 소가ˊ 마ˊ아 사ˇ라ˊ믈
soˊíndɛ t'aˊrɜdɛˊŋgimɛ "čarandaˊ." kʰãˆí iˊnɜˊm soˊgaˊ maˊa saˇraˊmɜl
소인데 따러댕기메 "잘한다." 카니 이넘 소가 마아 사람을
▷ 소한테 따라다니면서 "잘한다."고 하니까 이놈의 소가 에, 사람을

제 사타ˊ리 새ˊ에 연능ˊ 거ˊ야, 지 다리ˊ 새ˊ에 그ˊ래서,
satʰaˊri sɜˊɛ jɜnnɜˊŋ kɜˊja, či tariˊ sɜˊɛ kɜˊrɛsɜ,
사타리 새에 옇는 거야, 지 다리 새에 그래서,
▷ (소의) 사타구니 사이에다 넣는 거야, 제 다리 새에 그렇게 해서도,

제 사ˇ라ˊ믈 암발ˇ떠ˊ라네. 사ˇ라ˊ믄 암발ˊ바.
saˇraˊmɜl ambaˇlt'ɜˊranɛ. saˇraˊmɜn ambaˊlba.
사람을 안 밟더라네. 사람은 안 밟아.
▷ 사람을 밟지 않더라네. 사람은 안 밟아.

조 마ˊ른 사ˇ라ˊ믈 암발ˇ른ˊ담니다. 절ˊ때로 암발ˇ른ˊ담니다.
maˊrɜn saˇraˊmɜl ambaˇllɜˊndamnida. čɜˊlt'ɛˊro ambaˇllɜˊndamnida.
말은 사람을 안 밟는답니다. 절때로 안 밟는답니다.
▷ 말은 사람을 안 밟는답니다. 절대로 안 밟는답니다.

제 소ˊ도ˊ 암발ˊ바, 지 알ˊ고ˊ는 암발ˊ바 모르고ˊ 발ˇ받스먼 발ˇ받찌.
soˊdoˊ ambaˊlba, či aˇlgoˊnɜn ambaˊlba morɜgoˊ paˇlbatsɜmɜn paˇlbatčˇi.
소도 안 밟아, 지 알고는 안 밟아 모르고 밟앗으면 밟앗지.
▷ 소도 안 밟아, 제가 알고는 (사람을) 안 밟아 모르고 밟았으면 밟았지.

제 그ˊ래 "자란다ˊ, 자란다ˊ." 카ˇ이ˇ 냉재는 마ˊ아 저 버ˇ미ˊ 마ˊ아 원ˊ청
kɜˊrɛ "čarandaˊ, čarandaˊ." kʰãˆí nɛŋjɛˊnɜn maˊa čɜ pɜˇmiˊ maˊa wɜˊnčʰɜŋ
그래 "잘한다, 잘한다." 카니, 냉재는 마아 저 범이 마아 원청
▷ 그래 "잘한다, 잘한다."고 하니까, 나중에는 에, 저 범이 에, 워낙

제 싱ˇ하게 설치ˇ이ˇ 큰, 참 큼 버ˊ어미야 오새ˊ애 말ˊ로ˊ 머 참
ɕiˇɲɦaˊgɛ sɜˊlčʰĩˇ kʰɜn, čʰam kʰɜm pɜˊɜmija osɜˊɛ maˇlloˊ mɜ čʰam
싱하게 설치니 큰, 참 큰 범이야. 오새애 말로 머 참
▶ 성하게 설치니까 큰, 참 큰 범이야. 요새 말로 뭐 참

제 사자덤ˊ 모ˊ냬ˇ이ˇ지 그 머, 냉ˇ재ˇ에ˇ는 머, 소ˊ인데 으ˇ원ˇ하다가 마 거ˊ비ˊ
saʲadɜˊm moˊɲɛĩˊʲi kɜ mɜ, neˇɲʲɛˇɛ̃nɜn mɜ, soˊ인dɛ ɜˇwɜ̃ˇnɦadaga ma kɜˊbiˊ
사자던 모냉이지 그 머, 냉쟁에는 머, 소인데 응원하다가 마 겁이
▶ 사자 (같았던) 모양이지 그 뭐, 나중에는 뭐, 소한테 응원하다가 에, 겁이

제 나가ˊ주고 마 방구ˊ 새ˊ에 가 수ˊ머ˊ가아 잍따ˊ가…… 마ˊ아 버ˇ미ˊ 소 뿔ˊ로ˊ
nagaˊʲugo ma paŋguˊ sɜˊɛ ka suˊmɜˊgaa ittˊaˊga…… maˊa pɜˇmiˊ so pˊulloˊ
나가주고 마 방구 새에 가 숨어가아 잇다가…… 마아 범이 소 뿔로
▶ 나가지고 마 바위 사이에 가서 숨어 있다가…… 에, 범이 소 뿔에

제 언치ˊ잃서, 언치ˇ이ˇ 따ˇ아ˇ 마, 버ˊ미ˊ 사ˊ닶찌마느 고ˊ양ˊ이가 얼ˊ매ˊ나
ɜnčʰiˊitsɜ, ɜnčʰĩˇˊ tˊãˇãˇ ma, pɜˇmiˊ saˊdaˊpčˇimanɜ koˊʲaˊɲiga ɜˊlmɛˊna
언칫어, 언치니 땅아 마, 범이 사답지마는 고양이가 얼매나
▶ 엎혔어, 엎히니까 땅에다 에, 범이 재빠르지마는 고양이가 얼마나

제 사ˊ닶노? 따ˇ아ˇ 떠ˊ러질 여ˊ개 업ˊ시ˊ 자ˊ꾸 반능ˊ 기ˊ야,
saˊdaˊmno? tˊãˇãˇ tˊɜˊrɜʲil jɜˊɕɛ ɜˊpɕɛˊ čaˊkˊu paˊnnɜˊŋ kiˊʲa,
사답노? 땅아 떨어질 여개 없이 자꾸 받는 기야,
▶ 재빠르니? (고양이가 쥐를 놀리듯이) 땅에 떨어질 틈 없이 자꾸 받는 거야,

제 공 받ˊ뜨시 공궁ˊ으로 디리바ˊ더 제ˊ끼는데 아이구ˊ, 소ˊ가ˊ 죽뜬ˊ지 버ˇ미ˊ
koŋ paˊttˊɕi koŋguˊŋɜro tiɾiɦaˊdɜ čɛˊkˊinɜndɛ aiguˊ, soˊgaˊ čuk17tˊɜˊnʲi pɜˇmiˊ
공 받듯이 공궁으로 딜이받어 제끼는데 아이구, 소가 죽든지 범이
▶ 공 받듯이 공중으로 들이받아 젖히는데 아이고, 소가 죽든지 범이

제 죽뜬ˊ지 마ˊ아 글ˊ때는 마 소ˊ죽ˊ찌 시ˊ퍼가ˊ아 도망ˊ 왔ˊ서ˊ, 도망ˊ을
čuktˊɜˊnʲi maˊa kɜˊltˊɛnɜn ma soˊʲuˊkčˇi ɕiˊpʰɜgaˊa tomaˊŋ waˊtsɜˊ, tomaˊŋɜl
죽든지 마아 글 때는 마 소 죽지 싫어가아 도망 왔어, 도망을
▶ 죽든지 그럴 때는 에, 소가 죽지 싫어서 도망 왔어, (집으로) 도망을

118

제 와갸'아 필'긴' 저'넘' 소가' 지'비 오기'는 올끼'라 그래
waga′a pʰi′lgi′n čɜ′nɜ′m so′ga′ či′bi ogi′nɜn olkʰi′ra kɜ′ɾɛ
와가아 필긴 저넘 소가 집이 오기는 올 끼라. 그래
▷ 와서는 필경 저놈의 소가 집에 (돌아)오기는 올 것이라 (싶었어). 그래

제 결국' 저 황'소'가 버'물' 공궁'으로 바'더갸'아 공'을' 바'더
kjɜlgu′k čɜ hwa′ŋso′ga pɜ′mɜ′l koŋgu′ŋɜɾo pa′dɜga′a ko′ŋɜ′l pa′dɜ
결국 저 황소가 범을 공궁으로 받어가아 공을 받어
▷ 결국 저 황소가 범을 공중으로 받아서 공을 받아

제 갸'주고, 쥐'기 녹'코 오'민서러 벵'낙'꺼치 과'아믈 지리'고마리지
ka′jugo, čwi′gi no′kkʰo o′minsɜɾɜ pɛ′ŋna′kk′ɜčʰi kwa′amɜl čiri′gomariji
가주고, 쥑이 놓고 오민서러 벡락겉이 과암을 지리고 말이지
▷ 가지고, 죽여 놓고 오면서 벽력같이 고함을 지르고 말이지

제 웨' 캬'고 황'소' 우'름소리 여'간' 하'나? 우'러 녹'코는 그 또 띵강'
wɛ′ kʰa′go hwa′ŋso′ u′ɾɜmsori jɜ′ga′n ha′na? u′ɾɜ no′kkʰonɜn kɜ ťo ťiŋga′ŋ
웨 캬고 황소 울음소리 여간하나? 울어 놓고는 그 또 띵강
▷ 웨에 하고 황소 울음소리가 여간하니? 울어 놓고는 그 또 띵강

제 올'리능기 읻'때이 "으ʸ아ʸ 아이우우우' 으ʸ아ʸ아ʸ." 캐사'아먼서 띵강' 올리능
o′ʎʎinɜŋgi i′tt′ɛi "ɜ′ã aiuuu′ ɜ′ãã." kʰɛsa′amɜnsɜ ťiŋga′ŋ o′ʎʎinɜŋ
올리는 기 잇대이 "응아 아이우우우 응아아." 캐샇아먼서 띵강 올리는
▷ 올리는 것이 있다 "응아 아이우우우 응아아."라고 하면서 띵강 올리는

제 기이 인는'데 그'래 그 소 우'는' 소'리로 득'꼬 주'이'니, 옌'나'레
kii inn ɜ′ndɛ kɜ′ɾɛ kɜ so u′nɜ′n so′riro tɜ′kk′o ču′i′ni, jɜ′nna′ɾɜ
기이 잇는데 그래 그 소 우는 소리로 듣고 주인이, 옛날에
▷ 것이 있는데 그래 그 소가 우는 소리를 듣고서 주인이, 옛날에

제 저 독'마'리다, 큰 저 머'어'고', 옹'기' 독 머 살 시'무'말 드'가니ʸ이ʸ,
čɜ to′kma′rida, kʰɜn čɜ mɜɜ′go′, o′ŋgi′ tok mɜ sal ɕi′mu′mal tɜganĩ′ĩ,
저 독 말이다, 큰 저 머고, 옹기 독 머 살 시무 말 드가니이,
▷ 저 독 말이다, 큰 저 뭐냐, 옹기 독 뭐 쌀 스무 말이 들어가느니,

제 머 열'말' 드가니˜이˜, 그걷'또 말 수'가' 읻'따. 그'런
mɜ jɜ′lma′l tɜganĩ′ĩ, kɜgɜ′tt′o mal su′ga′ i′tt′a. kɜ′rɜn
머 열 말 드가니이, 그것도 말 수가 잇다. 그런
▶ 뭐 열 말이 들어가느니, 그것도 (양을 헤아리는) 말 수가 있다. 그런

제 도가'네 드가가'아 소, 소두배˜이˜로 디비'시가'아 솓 꼭때'기 꽉 거'머쥐'고'
mɜ jɜ′l toga′nɛ tɜgaga′a so, sodubẽ′ĩro tibi′ɕiga′a sot k′okt′ɛgi k′wak kɜ′mɜjwi′go′
독 안에 드가가아, 소, 소두뱅이로 디비시가아 솥 꼭대기 꽉 거머쥐고
▶ 독 안에 들어가서, 소, 소댕을 뒤집어서 소댕꼭지를 꽉 거머쥐고

제 '필'겅' 날' 차'즐' 끼'이라.' 시'퍼가'아 거'머쥐'고' 읻시˜이˜, 소가' 지'베
'pʰi′lgɜ′ŋ na′l čʰa′jɜ′l k′i′ira.' ɕi′pʰɜga′a kɜ′mɜjwi′go′ itsĩ′ĩ, so′ga′ či′bɛ
'필겅 날 찾을 끼이라.' 싶어가아 거머쥐고 잇이니, 소가 집에
▶ '필경 나를 찾을 것이라.' 싶어서 거머쥐고 있으니까, 소가 집에

제 와가'주고 온 지'바늘 도'다가, 독 자'테 와가'아 사'람' 냄'새가 나˜이˜,
waga′jugo on či′banɜl to′da′ga, tok ča′tʰɛ waga′a sa′ra′m nɛ′msɛ′ga nã′ĩ,
와가주고 온 집안을 도다가, 독 짙에 와가아 사람 냄새가 나니,
▶ 와 가지고 온 집안을 돌다가, 독 곁에 와서는 사람 냄새가 나니까,

제 막 도'글 막 뿔'로' 가'아 떠박'꼬 사'라'믈 주'깁뿓따 컫떼'에
mak to′gɜl mak p′u′llo′ ka′a t′ɜba′kk′o sa′ra′mɜl ču′gipp′utt′a kʰɜtt′ɛ′ɛ
막 독을 막 뿔로 가아 떠받고 사람을 죽이뿓다 컹데에
▶ 막 독을 막 뿔을 가지고 떠받고 사람을 죽여 버렸다고 하더군

제 그'런 이'리' 이'서.
kɜ′rɜn i′ri′ i′sɜ.
그런 일이 잇어.
▶ 그런 일이 있어.

범한테 빼앗은 처녀

제 눌라ʹ아전ʹ나? 예ˇ저ʹ네 어ʹ는 노ˇ이˜이˜ 부ˇ자ʹ가네 사ˇ는ʹ데
　nullaʹajˇɜʹnnaʹ? jɛˇjʒ́nɛ ʒ́nɜn noˇĩĩ puˇjaʹganɛ saˇnɜndɛ

　눌라젓나? 예전에 어는 노인이 부자간에 사는데
▷ (녹음기의 녹음 단추가) 눌러졌니? 예전에 어느 노인이 부자간에 사는데

제 그 영ˇ가ʹ믄 호부래ʹ비고 아ʹ드른 안ʹ지 미ʹ성ʹ 저˜인데 예ˇ저ʹ네는 낭ʹ글
　kɜ jʒˇŋgaʹmɜn hoburɛ́bigo aʹdɜrɜn aʹnji miˇssʒʹŋ čʒ́indɛ jɛˇjʒ́nɛnɜn naʹŋgɜl

　그 영감은 호불애비고 아들은 안지 미성전인데32) 예전에는 낡을
▷ 그 영감은 홀아비고 아들은 아직 미혼인데 예전에는 땔나무를

제 해ˇ다ʹ가 아, 시ʹ자˜아˜ 파러가ʹ아 그 생ʹ활하는 지ʹ비 마ˇ낵꺼등……
　hɛˇdaʹga a, ɕiʹjãã pʰarʒgaʹa kɜ sɛ́ŋhwalɦanʒn čiʹbi maˇnɛ́kkʹʒdʒŋ……

　해다가 아, 시장아 팔어가아 그 생활하는 집이 많앳거등……
▷ 해다가 아, 시장에 (갖다) 팔아 가지고 그 생활하는 집이 많았거든……

제 그 솔라무ʹ 삭따ʹ리 하ʹ로 간ʹ는ʹ데 비ʹ가ʹ 안 오ʹ고 앙ˇ개가 끼ʹ이가아
　kɜ sollamuʹ saktʼaʹri haʹro kaʹnnʒʹndɛ piʹgaʹ an oʹgo aˇŋgɛʹga kʼiʹigaa

　그 솔나무 삭따리 하로 갓는데 비가 안 오고 안개가 끼이가아
▷ 그 소나무 삭정이를 꺾으러 갔는데 비가 안 오고 안개가 끼어서

제 그ʹ양 이ʹ시리 죽죽죽죽 그 삭따ʹ리 그거ʹ는 바짝ʹ 마린ʹ날보다ʹ가
　kɜʹjaŋ iʹɕiri č̬ykč̬ykč̬ykč̬yk kɜ saktʼaʹri kɜgʒ́nɜn pačʼaʹk mariʹnnalbodaʹga

　그양 이실이 죽죽죽죽 그 삭따리 그거는 바짝 마린날보다가
▷ 그냥 이슬이 죽죽죽죽 삭정이 그것은 바짝 마른날보다는

---

32) 미성 전 : 결혼하기 전. 미혼.

제 이´실오는 그´런나리 낙˘꺼´등 암 뿌사´아지고, 그거´
i´ɕilonɜn kɜ´rɜnnari na˘kk´ɜ´dɜŋ am p´usa´aǰigo, kɜgɜ´
이실 오는 그런 날이 낙거등 안 뿌사지고, 그거
▷ 이슬이 내리는 그런 날이 (꺾기가) 낫거든 안 부수어지고, 그것을

제 하´로 가가´아 마 앙´개가 꽉 끼´이 노´오˜이˘ 해´가´ 지는´동, 머 어´짜´는동
ha´ro kaga´a ma a˘ŋgɛ´ga k´wak k´i´i no´õĩ˘ hɛ´ga´ ǰinɜ´ndoŋ, mɜ ɜ´č´a´nɜndoŋ
하로 가가아 마 안개가 꽉 끼이 놓오니 해가 지는동, 머 어짜는동
▷ 꺾으러 가서 에, 안개가 꽉 끼어 놓으니까 해가 지는지, 뭐 어쩌는지

제 모르고´ 두˘리´ 부´자´가네 인자´ 한´짐석 해가´아 질´머지´고
morɜgo´ tu˘ri´ pu´ǰa´ganɛ inǰa´ ha´nǰimsɜk hɛga´a či´lmɜǰi´go
모르고 둘이 부자간에, 인자 한 짐석 해가아 짊어지고
▷ 모르고 둘이 부자간에, 이제 (삭정이를) 한 짐씩 해서 짊어지고

제 내´러오˜이˘, 그´래가 컹커무리하˜이˘ 마´아 해´가´ 접´뿌레노˜이˘ 어더´버질꺼
nɜ´rɜõĩ˘, kɜ´rɛga kʰɜŋkʰɜmuriɦãĩ˘ ma´a hɛ´ga´ čɜ´pp´urɛnõĩ˘ ɜdɜ´bɜǰilk´ɜ
내러오니, 그래가아 컹커무리하니 마아 해가 저뿌레놓오니 어덥어질 거
▷ 내려오니, 그래서 컴컴하게 에, 해가 저버렸으니 어두워질 것이

제 아˘잉´가배? 컹커무리한´데, 머´어가 어´디서 여´자´ 소´리가 나´거´등,
ãĩ´ŋgabɛ? kʰɜŋkʰɜmuriɦa´ndɛ, mɜ´ɜga ɜ´disɜ jɜ´ǰa´ so´riga na´gɜ´dɜŋ,
아닌가배? 컹커무리한데, 머가 어디서 여자 소리가 나거등,
▷ 아닌가봐? 컴컴한데, 뭐가 어디서 여자 소리가 나거든,

제 하하하하. 그 함문´ 득´꼬, 두˘분´ 득´꼬 그래 인자´, 총´각´ 아부´지가
haɦaɦaɦa kɜ hammu´n tɜ´kk´o, tu˘bu´n tɜ´kk´o kɜ´rɛ inǰa´, čʰo´ŋga´k abu´ǰiga
하하하하. 그 한 문 득고, 두 분 득고 그래 인자, 총각 아부지가
▷ 하하하하. 그 한 번 듣고, 두 번 듣고 그래 이제, 총각의 아버지가

제 "야아야´ 얼룩´ 가자, 얼룩´ 가자." "와´요´?" "저´거´ 야, 처˘녀´
"jaaja´ ɜllɜ´k ka´ǰa, ɜllɜ´k ka´ǰa." "wa´jo´?" "čɜ´gɜ´ ja, čʰɜ˘ɲɜ´
"야야 얼룩 가자, 얼룩 가자." "와요?" "저거 야, 처녀
▷ "애야 얼른 가자, 얼른 가자." "왜요?" "저것이 말이야, (어떤) 처녀의

122

제 위′슴소리 겉′따′.” “그′래애요? 어디서요′?” “저′기′ 야, 저쪼′기 저′기 야.”
wi′sɜmsoɾi kɜ′tt'a′.” “kɜ′rɛɛjo? ɜdisɜjo′?” “čɜˇgi′ ja, čɜčˇo′gi čɜ′gi ja.”
윗음소리 겉다.” “그래요? 어디서요?” “저기 야, 저쪽이 저기 야.”
▷ 웃음소리 같다.” “그래요? 어디서요?” “저기 말이야, 저쪽 저기 말이야.”

제 득끼′이는 쪼′글 항해가′아 가리′치지, 가리′치˜이˜ “그 마 아부′지 여′어
tɜkk'i′inɜn čˇo′gɜl haɲɦɛga′a kaɾi′čʰiji, kaɾi′čʰĩ “kɜ ma abu′ji jɜ′ɜ
듣기는 쪽을 항해가아 가리치지, 가리치니 “그 마 아부지 여어
▷ 들리는 쪽을 향해서 가리키지, 가리키니까 “그 마 아버지는 여기 이 (산)

제 미′테 이스′소, 내′ 함′뭉′ 가보′고요.” 그래 인자′ 지′ 낱′하고 저가부′지
mi′tʰɛ isɜ′so, nɛ′ ha′mmu′ŋ kabo′gojo.” kɜ′ɾɛ inja čiˇ na′thago čɜgabu′ji
밑에 잇으소, 내 한문 가보고요.” 그래 인자 지 낫하고 적아부지
▷ 밑에 있으소, 제가 한번 가보고요.” 그래 이제 자기의 낫과 자기 아버지의

제 낱′하고, 나′슬′ 두′가′락 쥐′고′ 올′러가, 올′라가˜이˜, 이 버′미′ 처′녀′로
na′thago, na′sɜ′l tuˇga′ɾak čwiˇgo′ o′llɜga, o′llagãĩ, i pɜˇmi′ čʰɜˇɲɜ′ɾo
낫하고, 낫을 두 가락 쥐고 올러가, 올라가니 이 범이 처녀로
▷ 낫을, 낫 두 가락을 쥐고 올라가, 올라가니까 이 범이 처녀를

제 어′버다 녹′코 마′리′라 참 고′야˜이˜ 쥐 놀′리드시, 대′애고 놀′리능기야
ɜ′bɜda no′kkʰo ma′ɾi′ɾa čʰam koˇjãĩ čwi no′ʎʎidɜɛi, tɛ′ɛgo no′ʎʎinɜŋgija
업어다 놓고 말이라 참 고양이 쥐 놀리듯이, 대애고 놀리는 기야
▷ 업어다 놓고 말이야 참 고양이가 쥐를 놀리듯이, 자꾸 놀리는 거야

제 이′레′ 놀′리˜이˜, 갑짝′ 자물시˜이˜꺼네 도랑′을 가거′등, 도랑′을 가′디˜이˜마는
i′ɾɛ′ no′ʎʎĩ, kapčˇa′k čamuleˇĩk'ɜnɛ toɾa′ŋɜl ka′gɜ′dɜŋ, toɾa′ŋɜl ka′dĩĩmanɜn
이레 놀리니, 깝짝 자물시니꺼네33) 도랑을 가거등, 도랑을 가디니마는
▷ 이레 놀리니, 깜짝 까무러치니까 (범이) 도랑으로 가거든, 도랑엘 가더니만

---

33) 자물시이다 : 까무러치다. 정신을 잃다. 기절하다. 졸도하다.

제 꽁′지에다가 이′넘′ 물′로′ 문′치가′아 와가′아 나′테다가 촉촉, 모′메
k'o′ɲiɛdaga i′nɜ′m mu′llo′ mu′nčʰiga′a waga′a na′tʰɛdaga čʰo̧kčʰo̧k, mo′mɛ
꽁지에다가 이넘 물로 문치가아 와가아 낱에다가
▷ 꼬리에다가 이놈의 물을 묻혀 와서는 낮에다가

제 촉촉 치˜이˜. 그 자무실′때는 따′믈′ 좔 흘′릴꺼 아˜잉˜가배.
čʰo̧kčʰo̧k čʰĩ′ĩ. kɜ čamuɛi′ltʼɛnɜn tʼa′mɜ′l čwal hɜ′ʎʎilkʼɜ aĩ′ŋgabɛ.
촉촉, 몸에 촉촉 치니. 그 자무실 때는 땀을 좔 흘릴 거 아닌가배.
▷ 촉촉, 몸에다가 촉촉 치니까. 그 기절할 때는 땀을 좔 흘릴 것 아닌가봐.

제 촉촉 치˜이˜, 그 인자′ 정시˜이˜ 오˜이˜까네 또 간지래′애능기야, 대′애고
čʰo̧kčʰo̧k čʰĩ′ĩ, kɜ inǰa′ čɜŋsĩ′ĩ õ′ĩkʼanɛ tʼo kanǰirɜ′ɛnɜŋgija, tɛ′ɛgo
촉촉 치니, 그 인자 정신이 오니까네 또 간지래는 기야, 대애고
▷ 촉촉 치니까, 그 이제 정신이 드니까 또 간질이는 거야, 자꾸

제 간지래˜이˜까네 또 하하하하 위′스˜이˜
kanǰirɜ̃′ĩkʼanɛ tʼo′ hahahaha wi′sĩ
간지래니까네 또 하하하하 윗으니
▷ 간질이니까 또 하하하하 웃으니

조 으, 간지래′애가 욱끼′이능구나.
ɜ, kanǰirɜ′ɛga ukkʼi′inɜŋguna.
응, 간지래애가아 웃기는구나.
▷ 응, 간질이어서 웃기는구나.

제 아, 간지래′애가′아 윅끼′이능기야. 자′꾸 간지래˜이˜까네, 그 고′야˜이˜
a, kanǰirɜ′ɛgaa wikkʼi′inɜŋgija. ča′kʼu kanǰirɜ̃′ĩkʼanɛ, kɜ ko′ǰãĩ
아, 간지래가아 웃기는 기야. 자꾸 간지래니까네, 그 고양이
▷ 아, 간질이어서 웃기는 거야. 자꾸 간질이니까, 그 고양이가

제 쥐′놀′리드시 마′리지 자′꾸 간지래′애 노˜이˜, 위′시˜이˜까네 그래 또 실컨′
čwi′no′ʎʎidʒɛi ma′riǰi ča′kʼu kanǰirɜ′ɛ nõ′ĩ, wi′sĩĩkʼanɛ kɜ′rɛ tʼo ɛilkʰɜ′n
쥐 놀리듯이 말이지 자꾸 간지래 놓오니, 윗이니까네 그래 또 실컨
▷ 쥐를 놀리듯이 말이지 자꾸 간질여 놓으니, 웃으니까 그래 또 실컷

124

제 윅˘꼴´랑, 또´ 깜짝´ 자물수´리˘이˘까네 또 물´문´치로 가´거´등,
wiˇkk'ollaŋ, t'o´ k'apč'a´k čamulsu´rïïk'anɛ t'o mu´lmu´nčʰiro ka´gɜ´dɜŋ,
윗골랑, 또 깜짝 자물수리니까네34) 또 물 문치로 가거등,
▷ 웃고는, 또 깜짝 까무러치니까 또 (꼬리에다) 물을 묻히러 가거든,

제 그 동시´에 처˘녀´를 이´레 앙´꼬´, 지´가´ 처˘녀´ 미´테 등더´리 미´테 딱
kɜ toŋgi´ɛ čʰɜˇɲɜ´rɜl i´rɜ´ a´ŋk'o´, či´ga´ čʰɜˇɲɜ´ mi´tʰɛ dɜŋdɜ´ri mi´tʰɛ t'ak
그 동시에 처녀를 이레 안고, 지가 처녀 밑에 등더리 밑에 딱
▷ 그와 동시에 처녀를 이렇게 안고, 자기가 처녀 밑에 등짝 밑에 딱

제 누´버가´아, 양˘쪼´게 나´슬´ 딱 쥐˘고´ 그래 저넘 버˘미´마리지 또
nu´bɜga´a, ja´ŋč'o´gɛ na´sɜ´l t'ak čwi´go´ kɜ´rɛ čɜnɜm pɜˇmi´mariji t'o
눕어가아, 양쪽에 낫을 딱 쥐고 그래 저넘 범이 말이지 또
▷ 누워서, 양쪽에 낫을 딱 쥐고 그래 저놈의 범이 말이지 또

제 꽁´지에 물´로´ 문´치가 와가´아 어 인자´ 얼구´레다가 치´고´ 하하하하
k'o´ŋjiɛ mu´llo´ mu´nčʰiga waga´a ɜ inja´ ɜlgu´rɛdaga čʰi´go´ hahahaha
꽁지에 물로 문치가 와가아 어 인자 얼굴에다가 치고, 하하하하
▷ 꼬리에 물을 묻혀 와서는 어 이제 얼굴에다가 (물을) 치고, 하하하하

제 위´실 찌˘게 마´아 낟 두˘가´라글 갇따´가 범 마 밴냑꾸´리로 막
wi´ɕil či´ˇgɛ ma´a nat tu´ga´ragɜl katt'a´ga pɜm ma pɜɲɲakk'u´riro mak
윗일 찍에 마아 낫 두 가락을 갖다가 범 마 뱃앞구리로 막
▷ 웃을 적에 에, 낫 두 가락을 갖다가 범의 옆구리를 막

제 찔´러가´아 확˘ 땡´깁뿌랟서. 땡´깁뿌레 노´오˘이˘, 저´넘´ 버미´ 마´아
či´llɜga´a hwaˇk t'ɛ´ŋgipp'urɛtsɜ. t'ɛ´ŋgipp'urɛ no´ôï, čɜ´nɜ´m pɜmi´ ma´a
찔러가아 확 땡기뿌렛어. 땡기뿌레 놓오니, 저넘 범이 마아
▷ 찔러서 확 당겨버렸어. 당겨버려 놓으니까, 저놈의 범이 에,

---

34) 자물수리다 : 까무러치다. 기절하다. 정신을 잃다. 졸도하다.

제 주′겁뿔서. 주′거가′아 범˘ 자′받쩨, 그′래 인자′ 처˘녀′는 머
čuʹgɜppʹulsɜ. čuʹgɜgaʹa pɜˇm čaʹbatčʹɛ, kɜʹɾɛ inǰa čʰɜˇʹɲɜʹnɜn mɜ
죽어뿔서. 죽어가아 범 잡앗제. 그래 인자 처녀는 뭐
▷ 죽어버렸어. (범이) 죽어서 범을 잡았지, 그래 이제 처녀는 뭐

제 자물수′린는데, 억′꼬 내′러와가′아. 그 저가부′지는 먼저′ 낭′글
čamulsuʹrinnɜndɛ, ɜʹkkʹo nɛʹɾɜwagaʹa. kɜ čɜgabuʹǰinɜn mɜnǰɜʹ naʹŋgɜl
자물수릿는데, 업고 내러와가아. 그 적아부지는, 먼저 낡을
▷ 기절했는데, 업고 내려와서. 그 자기 아버지는, 먼저 나무를

제 질′머지′고 지′비 완′는′데 그′래 지′비 와가′주고 참, 참′물′로
čiʹlmɜǰiʹgo čiʹbi waʹnnɜʹndɛ kɜʹɾɛ čiʹbi wagaʹǰugo čʰam, čʰaʹmmuʹllo
짊어지고 집이 왔는데 그래 집이 와 가주고 참, 찬물로
▷ 짊어지고 집에 왔는데 그래 집에 와 가지고 참, 찬물을

제 낄′리가′아 백′꾸′탕을 그거′ 백′꾸′탕이라 칸다′. 참′물′ 낄′링거로.
kiʹʎʎigaʹa pɛʹkkʹuʹtʰaŋɜl kɜgɜʹ pɛʹkkʹuʹtʰaɲira kʰandaʹ. čʰaʹmmuʹl kiʹʎʎiŋgɜɾo.
낄리가아 백구탕을 그거 백구탕이라 칸다. 찬물 낄린 거로.
▷ 끓여서 백비탕(白沸湯)을 그걸 백비탕이라고 한다. 찬물 끓인 것을.

제 백′꾸′탕을 낄′리가′아 이′베다 디루′우고 이′라˜이˜ 사′랃서, 사′란는데. 그′래
pɛʹkkʹuʹtʰaŋɜl kiʹʎʎigaʹa iʹbɜda tiɾuʹugo iʹɾãĩ saʹɾatsɜ, saʹɾannɜndɛ, kɜʹɾɛ
백구탕을 낄리가아 입에다 디루고 이라니 살앗어, 살앗는데. 그래
▷ 백비탕을 끓여서 입에다 드리우고 이러니까 살았어, 살았는데. 그래서

제 주˘소′로 무′르˜이˜ 옌′날′ 참 서′울′ 장원′ 아′네 어′느 정˘스˜어˜ 따′리′라, 요새′
čuˇsoʹɾo muʹɾɜ̃ĩ jɛˇnnaʹl čʰam sɜʹuˇl čaŋwɜʹn aʹnɛ ɜʹnɜ čɜˇʹ ŋsɜ̃ɜ̃ tʹaʹɾiʹɾa, josɛʹ
주소로 물으니, 옛날 참 서울° 장원 안에 어느 정승어 딸이라, 요새
▷ 주소를 물으니까, 옛날 참 서울 장안에 어느 정승의 딸이라, 요새

제 요새′에 말˘로′ 국˘캐′이′원′ 따′리′라. 그′래 인자′ 편˘지′로 만˘지′장서˘으˜로
josɛʹɛ maˇlloʹ kuʹkkʰeʹiʹwɜʹn tʹaʹɾiʹɾa. kɜʹɾɛ inǰa pʰjɜˇʹnǰiʹɾo maˇnǰiʹǰaŋsɜ̃ɜ̃ɾo
요새애 말로 국캐이원 딸이라. 그래 인자 편지로 만지장성으로
▷ 요새 말로 국회의원 딸이라. 그래 인제 편지를 만리장성으로

제 서 가주고 이 편지′ 갇따′아 전하′라꼬 편지′로 이′레′ 전하~이~
s₃ kaĵugo i pʰj₃ˇnĵiˊ kattʼaˊa č₃nɦaˊrakˊo pʰj₃ˇnĵiˊro iˊrɛˊ č₃nɦãˆî

서 가주고 이 편지 갖다 전하라꼬 편지로 이레 전하니
▷ 써 가지고 이 편지를 갖다 전하라고 편지를 이레 전하니까 (정승 집에서는)

제 따른 호′시′글 해애′ 간′주른 반다′시 알′거′등 머 무슨′ 얘′긴′지
tʼar₃n hoˇɛiˊg₃l hɛɛˊ kaˊnĵur₃n pandaˊɛi aˇlg₃ˊd₃ŋ m₃ muss₃ˊn jeˇgiˊnĵi

딸은 호식(虎食)을 해 간 줄은 반다시 알거등 머 무슨 얘긴지
▷ 딸이 틀림없이 호식을 해 간 줄로 알고 있었거든 뭐 무슨 얘긴지

제 모′올따 그래가′아 참 그 편′지′로 전하~이~ "우리′ 따′른′ 호수, 호석′캐
moˊolta k₃ˊrɛgaˊa čʰam k₃ pʰj₃ˇnĵiˊro č₃nɦãˆî "uriˊ tʼaˊr₃ˊn hosu, hos₃ˊkkʰɛ

몷따. 그래가아 참 그 편지로 전하니 "우리 딸은 호수, 호석해
▷ 모르겠다. 그래서 참 그 편지를 전하니까 "우리 딸은 호식해

제 가′주고, 버′미′ 무′러간′는데 그 살′ 리′가′ 맘′무′하다." 카~이~ 그래
kaĵugo, p₃ˇmiˊ muˊr₃gaˊnn₃ndɛ k₃ saˇl riˇgaˊ maˇmmuˊɦada." kʰãˆî k₃ˊrɛ

가주고, 범이 물어갓는데 그 살 리가 만무하다." 카니 그래
▷ 가지고, 범이 물어갔는데 그 살았을 리가 만무하다."고 하니까 그래

제 인자′ 이′야기를 점′부 다′ 해앹′서′. "내가′ 사′네 나무′ 해가′아, 나′는
inĵa iˇjaˊgir₃l č₃ˇmbu taˇ hɛɛˊts₃ˊ. "nɛgaˊ saˊnɛ namuˊ hɛgaˊa, naˊn₃n

인자 이야기를 전부 다 했어. "내가 산에 나무 해가아, 나는
▷ 이제 이야기를 전부 다 했어. "내가 산에 나무를 해서 (먹고사는), 나는

제 나무꾼′~이′라꼬 나무꾼′~인데, 사′네 나무′ 해가′아 오′다′가 우′슴소리가
namukʼũˆîrakˊo namukʼũˆîndɛ, saˊnɛ namuˊ hɛgaˊa oˊdaˊga uˊs₃msoriga

나무꾼이라꼬 나무꾼인데, 산에 나무 해가아 오다가 웃음소리가
▷ 나무꾼이라고 (나는) 나무꾼인데, 산에서 나무를 해 오다가 웃음소리가

제 나′건′데 가보′~이~, 버′미′ 이′리′이′리′ 하고 그런 지′슬′ 하기 때미′네 그래서
naˊg₃ˊndɛ kabõˆî, p₃ˇmiˊ iˊriˊiˊriˊ haˊgo k₃ˊr₃n čiˇs₃ˊl haˊgi tʼɛmiˊnɛ k₃ˊrɛs₃

나건데 가보니, 범이 이리이리 하고 그런 짓을 하기 때민에, 그래서
▷ 나기에 가보니까, 범이 이러이러 하고 그런 짓을 하기 때문에, 그래서

제 처ʼ녀ʼ를 내 배우ʼ에다가 눅끼ʼ이 녹ʼ코 낟ʼ슬ʼ 가ʼ아 쫃ʼ사가ʼ아 자ʼ받따.”
  čʰɜˇɲɜˊɾɜl nɛ pɛuˊɛdaga nukkʼiˊi noˊkkʰo naˊtsɜˊl kaˊa čʼoˊtsagaˊa čaˊbattʼa.”

처녀를 내 배 우에다가 눕기 놓고 낫을 가아 쫓아가아 잡앗다.”
▷ 처녀를 내 배 위에다가 눕혀 놓고 낫을 가지고 쪼아서 잡았다.”고

제 마ʼ리ʼ지 “그ʼ래애야?” 그래가ʼ아 그사ʼ라미 정ˇ승ʼ 사ʼ우 대ʼ고 그래가ʼ아 또
  maˊriˊji “kɜˊɾɛɛja?” kɜˊɾɛgaˊa kɜsaˊrami čɜˇŋsɜˊŋ saˊu tɛˊgo kɜˊɾɛgaˊa tʼo

말이지 “그래야?” 그래가아 그 사람이 정승 사우 대고 그래가아 또
▷ 말이지 “그렇단 말이지?” 그래서 그 사람이 정승의 사위가 되고 그래서 또

제 마느ʼ래인데……
  manɜˊɾɛindɛ……

마느래인데……
▷ 마누라한테……

산도라지

제 산돌개˘ 꼽뽀˘오˘리로 따 가˘주고 산˘ 개˘미로 꼽뽀˘오˘리 아´네 자´바
  sandolgɛ´ k'opp'õõ´riɾo t'a kaʤugo saˇn kɛˇmiɾo k'opp'õõ´ri a´nɛ ča´ba
  산돌개 꽃봉오리로 따 가주고 산 개미로35) 꽃봉오리 안에 잡아
▷ 산도라지 꽃봉오리를 따 가지고 산 개미를 꽃봉오리 안에 잡아

제 여´어가´아 고 요래´ 우´에 딱 오바´아 쥐´고 "돌개꼬´테, 꼬´치야 빨´각키
  jɜ´ɜga´a ko jo´ɾɛ´ u´ɛ t'ak oba´a čwiˇgo´ "tolgɛk'o´tʰɛ, k'o´čʰija p'a´lga´kkʰi
  옇어가아 고 요래 우에 딱 오바아 쥐고 "돌개꿑에, 꽃이야 빨갛기
▷ 넣어서 고 요래 위를 딱 오므려서 쥐고 "도라지꽃아 빨갛게

제 불 서´라." 카´먼 돌개꿀´ 거´테로 자´꼬´ 소느´ㄹ 가´아 이´레´
  pul sɜ´ɾa." kʰa´mɜn tolgɛk'o´t kɜ´tʰeɾo ča´k'o´ so´nɜ´l ka´a i´ɾɛ´
  불 서라." 카먼 돌개꿑 겉에로 자꼬 손을 가아 이레
▷ 불 켜라."고 하면서 도라지꽃의 겉을 자꾸 손을 가지고 이렇게

제 시´다´므머 빨개´에진다 카˘이˘.
  ɕi´da´mɜmɜ p'algɛ´ɛʤinda kʰãˇĩ.
  시담으먼 빨개진다36) 카니.
▷ 쓰다듬으면 빨개진다니까.

조 돌개꼬´타 불 서´라, 돌개꼬´타 불 서´라.
  tolgɛk'o´tʰa pul sɜ´ɾa, tolgɛk'o´tʰa pul sɜ´ɾa.
  돌개꿑아 불 서라, 돌개꿑아 불 서라.
▷ 도라지꽃아 불 켜라, 도라지꽃아 불 켜라.

---

35) 산 개미 : 살아있는 개미.
36) 도라지꽃잎에 개미의 산이 묻으면 리트머스 시험지처럼 빨갛게 변함.

[제] 그′래 빨개′애진다 캬~이~.

k₃′ɾɛ p'algɛ′ɛĵinda kʰã́ĩ.

그래 빨개진다니 카니.

[▷] 그래 빨개진다니까.

[조] 빨개′지능거는 만는′데 그′때 노′래를 머어′라′ 컨능′강? 해애′서′요.

p'algɛ′ĵin₃ŋg₃n₃n man₃′ndɛ k₃′t'ɛ no′ɾɛɾ₃l m₃₃′ɾa′ kʰ₃nn₃′ŋgaŋ? hɛɛ′s₃′jo.

빨개지는 거는 맞는데 그때 노래를 머라 컹는강? 해서요.

[▷] 빨개지는 것은 맞는데 그때 노래를 뭐라고 하는가? 해서요.

[제] 노′래 그뿌~′이~지 머,

no′ɾɛ k₃p'ṹĩ́ji m₃,

노래 그뿐이지 머,

[▷] 노래 그뿐이지 뭐,

[조] 돌개꼬′타 불 서′라.

tolgɛk'o′tʰa pul s₃′ɾa.

돌개끝아 불 서라.

[▷] 도라지꽃아 불 켜라.

130

부라질(아기 어르는) 노래

제 불매′ 불매′ 불매′야 이′불′매가 어′디 불맹′공? 경ˇ상′도 도불매′
pulmɛ′ pulmɛ′ pulmɛ′ja i′bu′lmɛga ɜ′di pulmɛ′ŋgoŋ? kjɜˇŋsa′ŋdo tobulmɛ′

불매 불매 불매야 이 불매가 어디 불맹공? 경상도° 도불매
▷ 풀무 풀무 풀무야 이 풀무가 어디 풀무인가? 경상도 도풀무

제 페엔′수′는 어′디 페엔′숭′공? 경ˇ상′도 도′펜수
pʰɛɛ′nsu′nɜn ɜ′di pʰɛɛ′nsu′ŋgoŋ? kjɜˇŋsa′ŋdo to′pʰɛnsu

펜수는 어디 펜순공? 경상도° 도펜수
▷ 편수는 어디 편수인가? 경상도 도편수

제 쉐′느′ 어′디 쉥′공′?(이하 기록) 절라′도 좌ˇ롱′쉐 부′러라 디′디라 푸르락′
swɛnɜ′ ɜ′di swɜ′ŋgo′ŋ? čɜlla′do čwa′rjo′ŋswɛ pu′rɜra ti′dira pʰurɜra′k

쇠는 어디 쇤공? 전라도° 좌룡쇠 불어라 디디라 푸르락
▷ 쇠는 어디 쇠인고? 전라도 좌룡쇠 불어라 디디어라 푸르락

제 뚝딱′, 푸르락′ 뚝딱′ 푸르락′ 뚝딱′, 푸르락′ 뚝딱′ 푸르락′
t′ukt′a′k, pʰurɜra′k t′ukt′a′k pʰurɜra′k t′ukt′a′k, pʰurɜra′k t′ukt′a′k pʰurɜra′k

뚝딱, 푸르락 뚝딱 푸르락 뚝딱, 푸르락 뚝딱 푸르락
▷ 뚝딱, 푸르락 뚝딱 푸르락 뚝딱, 푸르락 뚝딱 푸르락

제 뚝딱′, 푸르락′ 뚝딱′.
t′ukt′a′k, pʰurɜra′k t′ukt′a′k.

뚝딱, 푸르락 뚝딱.
▷ 뚝딱, 푸르락 뚝딱.

꾀 많은 곁머슴

제 예ˇ저′네 어ˇ건′ 너른′ 점머서′미 "큼′머슴 장′개′ 앙갸′고
je′ǰɜ′nɛ ɜ′gɜ′n nɜɾɜ′n čɜmmɜsɜ′mi "kʰɜ′mmɜ′sɜm ča′ŋgɛ′ aŋga′go
예전에 어건 너른 곁머슴이 "큰머슴 장개 안 가고
▷ 예전에 의견이 너른 곁머슴이 (상머슴에게) "상머슴은 장가를 가고

제 시풍′기요?" "야, 장′개′야 가구접′찌마는 도ˇ′이ˇ 이′서야." "아 그
ɕipʰu′ŋgijo?" "ja, ča′ŋgɛ′ja kaguǰɜ′pčimanɜn tõ′ĩ′ i′sɜja." "a kɜ
싶운기요?" "야, 장개야 가구 접지마는 돈이 잇어야." "아 그,
▷ 싶지 않습니까?" "애야, 장가야 가고 싶지마는 돈이 있어야지." "아 그,

제 우리′ 이′붇 그거′ 저 천′석꾼 과′부′ 아ˇ인ˇ능′기요." "애′기넘 애라,
uri′ i′but kɜgɜ′ čɜ čʰɜ′nsɜkk'un kwa′bu′ ãĩnnɜ′ŋgijo." "ɛ′ginɜm ɛɾa,
우리 이붖 그거 저 천석꾼 과부 안 잇는기요." "애기넘 애라,
▷ 우리 이웃에 그거 저 천석꾼 과부가 (하나) 있잖아요." "예끼 이놈 애라,

제 그런 소리 하지′ 마라, 하′늘캉 땅′캬ˇ′인ˇ데 거거 어디 마′리 안 댄′다."
kɜ′ɾɜn so′ri haji′ ma′ra, ha′nɜlkʰaŋ t'a′ŋkʰã′ĩndɛ kɜ′gɜ ɜdi ma′ri an te′nda."
그런 소리 하지 마라, 하늘캉 땅캉인데 거거 어디 말이 안 댄다."
▷ 그런 소리 하지 마라, 하늘과 땅 사인데 거기 어디 말이 안 된다."

조 천′석꾼네 지′비 따′리′ 인는′데요?
čʰɜ′nsɜkk'unnɛ či′bi t'a′ri′ innɜ′ndɛjo?
천석꾼네 집이 딸이 잇는데요?
▷ 천석꾼네 집에 딸이 있는데요?

제 아니′, 과ˇ부′가, 과ˇ부′. "내 장′개′가두룩 해애′ 주께′에요." "그′래. 음."
ani′, kwa′bu′ga, kwa′bu′. "nɛ čaaŋgɛ′gaduɾuk hɛɛ′ čuk'ɛ′ejo." "kɜ′ɾɛ. ɜm."
아니, 과부가, 과부. "내 장개가두룩 해 주께에요." "그래. 음."
▷ 아니, 과부가, 과부. "내가 (당신이) 장가가도록 해 줄게요." "그래. 음."

제 "내 말ˇ마´ 꼭 드르´쉐이. 내 시´기는 대´로만 하´쉐´이." "으, 그´래 하´지."
　"nɛ maˇlma´ k'ok tɜɾɜ´swɛi. nɛ ɕi´ginɜn tɛ´roman ha´swe´i." "ɜ, kɜ´ɾɛ ha´ʝi."
　"내 말만 꼭 들으쉐이. 내 시기는 대로만 하쉐이." "으, 그래 하지."
▷ "내 말만 꼭 들으십시오. 내가 시키는 대로만 하십시오." "응, 그렇게 하지."

제 그´래 인자´ 하리´ 지ˇ이˜게는 "내라치´메느 과ˇ부´ 지´베 가가´아 우리´ 큼´머슴
　kɜ´ɾɛ inʝa haɾi´ čĩˇɡɛnɜn "nɛračʰi´mɛnɜ kwaˇbu´ či´bɛ kaga´a uɾi´ kʰɜ´mmɜsɜm
　그래 인자 하리 지닉에는 "낼아침에는 과부 집에 가가아 우리 큰머슴
▷ 그래 인제 하루 저녁에는 "내일아침에는 과부 집에 가서 우리 상머슴이

제 아ˇ완˜능´기요 꼬 우리´ 큼´머슴 여´기 왈´찌´요?" 커´먼 야ˇ단´나´고
　ãwãˇnnɜ´ŋgijo k'o uɾi´ kʰɜ´mmɜsɜm jɜ´gi wa´tč˜ijo?" kʰɜ´mɜn jaˇda´nna´go
　안 왓는기요?꼬 우리 큰머슴 여기 왓지요?" 커먼 야단나고,
▷ (여기) 안 왔습니까?라고 우리 상머슴이 여기 왔지요?"라고 하면 야단나고,

제 야ˇ단´ 하´고 나올´ 낌´니다. 지 혼´차 인자´ 아치´메 일´찌기 다른사´람
　jaˇda´n ha´go nao´l k'i´mnida. či ho´nčʰa inʝa ačʰi´mɛ i´lčíigi taɾɜnsa´ram
　야단 하고 나올 깁니다. 지 혼차 인자 아침에 일찍이 다른 사람
▷ 야단 하고 나올 것입니다. 자기 혼자 이제 아침에 일찍이 다른 사람들이

제 새ˇ메´ 물 이´로 갈 고 얼´치 대´애가´아 고´올 때 대´먼 사ˇ라´미
　sɜˇmɛ´ mul i´ɾo kal ko ɜ´lčʰi tɛˇɛga´a ko´ol t'ɛ tɛ´mɜn saˇra´mi
　샘에 물 이로 갈 고 얼치37) 대애가아 고올 때 대면, 사람이
▷ 샘터에 물 이러 갈 고 때쯤 거의 되어서 그 때가 되면, 사람들이

제 설레바´리 하´고 나´미´ 다ˇ 득´끼 대´애가´아 이실´때 "우리´ 큼´머슴 여기
　sɜllɛba´ɾi ha´go na´mi´ taˇ tɜ´kk'i tɛ´ɛga´a iɕi´lt'ɛ "uɾi´ kʰɜ´mmɜsɜm jɜ´gi
　설레발이 하고 남이 다 듣기 대애가아 잇일 때 "우리 큰머슴 여기
▷ 활동하기 시작하고 남들이 다 듣게 되어 있을 때 "우리 상머슴이 여기

---

37) 얼치 : 여기서는 '무렵'의 뜻으로 쓰임.

제 왇찌요?” “대끼 이ˊ너ˊ무 자ˊ석ˊ, 누구ˊ로 우ˊ사 시ˊ길라꼬, 이ˊ너ˊ무
wa′tč′ijo?” “tɛ′k′i i′nɜ′mu ča′sɜ′k, nu′gu′ro u′sa ɕi′gillak′o, i′nɜ′mu
왓지요?” “대끼 이넘우 자석, 누구로 우사 시길라꼬, 이넘우
▷ 왔지요?”라고 하니까 “예끼 이놈의 자식, 누구를 남우세 시키려고, 이놈의

제 자ˊ시기 어림ˊ도 엄ˊ는ˊ 말ˊ로ˊ 하ˊ고 읻짜ˊ나? 너거ˊ 큼ˊ머스미 여기 올ˊ
ča′ɕigi ɜri′mdo ɜ′mnɜ′n ma′llo′ ha′go itč′a′na? nɜgɜ′ kʰɜ′mmɜsɜmi jɜ′gi o′l
자식이 어림도 없는 말로 하고 잇잖아? 너거 큰머슴이 여기 올
▷ 자식이 어림도 없는 말을 하고 있잖아? 너희 상머슴이 여기 올

제 테ˊ기ˊ 인ˊ나?” “백째로ˊ 나ˊ아녹ˊ코 거ˊ짐ˊ말하네. 얼룩ˊ 깨까ˊ아 보내ˊ애소.
tʰɛ′gi′ i′nna?” “pɛkč′ɛro′ na′ano′kkʰo kɜ′ǰi′mmalɦane. ɜllɜ′k k′ɛk′a′a ponɛ′ɛso.
텍이 잇나?” “백째로 낳아놓고 거짓말하네. 얼룩 깨까아 보내소.
▷ 턱이 (어디) 있니?” “공연히 놓아두고 거짓말하네. 얼른 깨워서 보내 주세요.

제 일ˊ할ˊ끼이 오나치ˊ게 마ˇ는ˊ데…….” 그라고 실구마ˊ이ˇ 왇찌ˊ.
i′lɦa′lk′ii onačʰi′gɛ ma′nɜ′ndɛ…….” kɜ′rago ɕilgumãi′ wa′tč′i′.
일할 기이 온아칰에 많은데…….” 그라고 실구마니 왓지.
▷ 일할 것이 오늘아침에는 많은데…….” 그러고는 슬그머니 (돌아)왔지.

제 이ˊ튼날 아치ˊ메 또ˊ 일ˊ찌기 가가ˊ아 “우리ˊ 큼ˊ머슴 온 찌ˇ이ˇ게 여기,
i′tʰɜnnal ačʰi′mɛ t′o′ i′lč′igi kaga′a “uri′ kʰɜ′mmɜsɜm on č′ĩ′gɛ jɜ′gi,
이튼날 아침에 또 일찍이 가가아 “우리 큰머슴 온 지닉에38) 여기,
▷ 이튿날 아침에 또 일찍이 가서는 “우리 큰머슴이 오늘 저녁에 여기,

제 꼭 여기 간ˊ다ˊ꼬 내인ˊ데 여ˊ어 간ˊ다ˊ꼬 살찌ˇ기ˊ 얘ˊ기ˊ하고……
k′ok jɜ′gi ka′nda′k′o nɛi′ndɛ jɜ′ɜ ka′nda′k′o salč′ĩ′gi′ jɛ′gi′ɦago……
꼭 여기 간다꼬 내인데 여어 간다꼬 살찍이 얘기하고……
▷ 꼭 여기 간다고 내한테만 여기로 간다고 살짝 얘기하고……

---

38) ‘어제 저녁’이라고 얘기해야 할 것을 ‘오늘 저녁’이라고 잘못 표현함.

134

제 여ˊ어 왇ˊ찌ˊ요? 허허허허. 깨까ˊ아 보내ˊ 주ˊ소ˊ. 오나지ˊ게 바뿐ˊ 이ˇ리ˊ
  jɜˊɜ waˊtʃ̌iˊjo? hɜɦɜɦɜɦɜ. kʼɛkʼaˊa ponɛˊ tʃ̌uˊsoˊ. onaǰiˊgɛ papʼuˊn iˇriˊ
  여어 왔지요? 허허허허. 깨까아 보내 주소. 온아직에 바쁜 일이
▷ 여기 왔지요? 허허허허. 깨워서 보내 주세요. 오늘아침에 바쁜 일이

제 인니ˊ이더.” “저ˊ너ˊ무 자식 어자치ˊ메도 와가ˊ아 또ˊ 저ˊ카ˊ디ˇ이ˇ, 오나치ˊ게
  inniˊidɜ.” “tʃ̌ɜˊnɜˊmu tʃ̌aɕik ɜjaʧʰiˊmɛdo wagaˊa tʼoˊ tʃ̌ɜˊkʰaˊdĩ, onaʧʰiˊgɛ
  잇니더.” “저 넘우 자식 엊아침에도 와가아 또 저카디니, 온아칙에
▷ 있습니다.” “저 놈의 자식이 어제 아침에도 와서 또 저러더니, 오늘 아침에도

제 와가ˊ아 또ˊ 저ˊ럼ˊ 말ˇ로ˊ 하네ˊ. 땍ˊ찌너무 자식, 함붐ˊ마 더
  wagaˊa tʼoˊ tʃ̌ɜˊrɜˊm maˊlloˊ haˊnɛˊ. tʼɛˊkʃ̌inɜmu tʃ̌aɕik, hambuˊmma tɜ
  와가아 또 저런 말로 하네. 땍지넘우 자식, 한분만 더
▷ 와서 또 저런 말을 하네. 예끼 이놈의 자식, 한번만 더

제 그ˊ캐ˊ바ˊ라ˊ 때ˊ리쥐ˊ기 아ˊ삽뿌 끼ˇ이ˇ.” “자ˊ꾸 그래 사ˇ람ˊ 쉐ˊ기지
  kɜˊkʰɛˊbaˊraˊ tʼɛˊrijwiˊgi aˊsappʼu kʼĩ.” “tʃ̌aˊkʼu kɜˊrɛ saˇraˊm swɛˊgiǰi
  그캐바라 때리쥑이 앗아뿌 낑이.” 자꾸 그래 사람 쇡이지
▷ 그렇게 해봐라 때려죽여 앗아버릴 기니까.” 자꾸 그렇게 사람을 속이지

제 마ˇ소ˊ.” 사알 마네 “인자ˊ 애ˇ로ˊ 달가ˊ아 나ˊ안는데 오ˊ느른 틀리멉시
  maˇsoˊ.” saˊal manɛ “inǰa ɜˊroˊ talgaˊa naˊannɜnde oˊnɜrɜn tʰɜˊʎʎimɜpɕi
  마소. 사알 만에 “인자 애로 달가 낳앗는데 오늘은 틀림없이
▷ 마세요. 사흘 만에 “이제 애를 달구어 놓았는데 오늘은 틀림없이

제 따ˊ라 나올ˊ 끼ˊ라꼬 날ˇ 비ˇ짜ˊ리가ˊ아 때ˊ릴라꼬
  tʼaˊra naoˊl kʼiˊrakʼo naˇl piˇtʃ̌aˊrigaˊa tʼɛˊriʎʎakʼo
  따라 나올 끼라꼬 날 빗자리가아 때릴라꼬
▷ (그 과부가 나를) 따라 나올 것이라고 (과부가) 나를 빗자루로 때리려고

제 따ˊ라 나오는데 담 너ˊ메 너ˊ머 가가ˊ주고요 딱ˊ 수머가ˊ아 읻따ˊ가
  tʼaˊra naonɜnde tam nɜˊmɛ nɜˊmɜ kagaˊjugojo tʼaˊk sumɜgaˊa ittʼaˊga
  따라 나오는데 담 넘에 넘어 가가주고요 딱 숨어가아 잇다가
▷ 때리려고 따라 나오면 담을 넘어 (들어)가서 딱 숨어 가지고 있다가

제 대ˇ뭄′바께 나′오′거들랑, 이′불 더′퍼시′고′ 비ˇ개′
te̯muˊmbakʼɛ naˊoˊgɜdɜllaŋ, iˊbul tɜˊpʰɜeiˊgoˊ piˇgɛˊ
대문밖에 나오거들랑, 이불 덮어시고 비개
▷ (과부가) 대문밖에 나오거들랑, (방에 들어가서) 이불 덮어쓰고 베개를

제 비고′ 가마ˇ 누′버 이시′쉐이.” 허허허허 “오ˇ~야~.” “그 머′어 우리′ 지′베
pigoˊ kamaˇ nuˊbɜ ieiˊswei.” hɜɦɜɦɜɦɜ “o̯ˇjã̯ˊ.” “kɜ mɜˊɜ uriˊ čiˊbɛ
비고, 가만 눕어 잇이쉐이.” 허허허허 “오냐.” “그 머 우리 집에
▷ 베고, 가만히 누워 있으세요.” 허허허허 “오냐.” “그 뭐 우리 집의

제 큼′머′스믄 어′짠′지 요새′에는 내그리′ 여′게만 오′고, 오′고. 에이′ 참,
kʰɜˊmmɜˊsɜmɜn ɜˊčʼaˊnji joseˊɛnɜn nɛgɜriˊ jɜˊgeman oˊgo, oˊgo. ɛiˊ čʰam,
큰머슴은 어짠지 요새애는 내그리 여게만 오고, 오고. 에이 참,
▷ 상머슴은 어쩐지 요새는 계속 여기만 오고, 오고. 에이 참,

제 일ˇ 바뿡′거느 어′얄′라꼬 쯧, 얼룩′ 깨까′아 보내′이소.” “이′너′무 자석,
iˇl papʼuˊŋgɜnɜ ɜˊjaˊllakʼo čʼɜt, ɜllɜˊk kʼɛkʼaˊa poneˊiso.” “iˊnɜˊmu časɜk,
일 바쁜 거는 어얄라꼬 쯧, 얼룩 깨까아 보내이소.” “이넘우 자석,
▷ 일이 바쁜 것은 어쩌려고 쯧, 얼른 깨워서 보내세요.” “이놈의 자식,

제 오나지′게 이′너′무 자석 뿌′뜨′러가′아, 이′너′무 자석, 바아′라′, 이′너′무 자′서′가
onajiˊge iˊnɜˊmu časɜk pʼuˊtʼɜˊɾɜgaˊa, iˊnɜˊmu časɜk, paaˊɾaˊ, iˊnɜˊmu čaˊsɜˊga
온아직에 이넘우 자석 뽑들어가아, 이넘우 자석, 바라, 이넘우 자석아,
▷ 오늘 아침에 이놈의 자식을 붙잡아서, 이놈의 자식, 봐라, 이놈의 자식아,

제 여′어 와가′ 차저바아′라′, 이′너′무 자서가.” “참′말′로요?” 마 뿌′짝끼′읻따.
jɜˊɜ wagaˊ čʰajɜbaaˊɾaˊ, iˊnɜˊmu časɜga ” “čʰaˊmmaˊlloio?” ma pʼutčˊakkʼiˊittʼa.
여어 와가 찾어바라, 이넘우 자석아.” “참말로요?” 마 붙잡기읻다.
▷ 여기 와서 찾아봐라, 이놈의 자식아.” “참말로요?” 에, (과부에게) 붙잡혔다.

제 멕′살로 딱′ 짜′ 쥐ˇ고′ “차저바ˇ라′, 이′너′무 자석.” 방무′늘
mɛˊksallo tʼaˊk čʼaˊ čwiˇgoˊ “čʰajɜbaˇɾaˊ, iˊnɜˊmu časɜk.” paŋmuˊnɜl
멕살로 딱 짜 쥐고, “찾어바라, 이넘우 자석.” 방문을
▷ (과부가 곁머슴의) 멱살을 딱 짜 쥐고, “찾아봐라, 이놈의 자식.” 방문을

제 열˘고′ 이′불로 히떡′ 거들′치˘이˘. "어어′? 누′고′오? 누′고′?" 이′라˘이˘까네
　　jɜˇlgoˊ iˊbullo hitˊɜˇk kɜdɜˊlčˇĭ̃ĩ. "ɜɜˊ? nuˊgoˊo? nuˊgoˊ?" iˊr̃ãˆĩkˊanɛ

　　열고 이불로 히떡 거들치니. "어어? 누고? 누고?" 이라니까네

▷ 열고 이불을 후딱 들치니까. (상머슴이) "어어? 누구니? 누구니?" 이러니까

제 "일˘ 바뿌˘˘이˘더 얼룩′ 갑˘시′더. 만날′ 그′래가′아 여기,
　　"iˊl papˊũˆĩdɜ ɜllɜˊk kaˇpeiˊdɜ. mannaˊl kɜˊrɛgaˊa jɜˊgi,

　　"일 바뿌니더, 얼룩 갑시더. 만날 그래가아 여기,

▷ "일이 바쁩니다, 얼른 갑시다. 만날 그래 가지고 여기 (와 있으면서),

제 사˘라′믈 쉐′기고 보소′, 여′기 아인능′기요." 아이고′ 글′때는
　　saˇraˊmɜl sweˊgigo poˊsoˊ, jɜˊgi ainnɜˊŋgijo." aigoˊ kɜˊltˊɛnɜn

　　사람을 쉭이고, 보소, 여기 안 잇능기요." 아이고, 글 때는

▷ 사람을 속이고, 보소, (상머슴이) 여기 있잖아요." 아이고, 그럴 때는

제 마′아, 점머스′믈 솜모′글 꽉 작′꼬 "지˘발′, 지˘발′ 말˘ 내˘지′
　　maˊa, čɜmmɜsɜˊmɜl sommoˊgɜl kˊwak čaˊkkˊo "čiˇbaˊl, čiˇbaˊl maˊl nɛˇjiˊ

　　마아, 젼머슴을 손목을 꽉 잡고 "지발, 지발 말 내지

▷ 에, (과부가) 곁머슴의 손목을 꽉 잡고 "제발, 제발 소문을 내지

제 마′래이. 위′사로 시′기도 유˘만′부드기지 온 동˘네′ 알˘두′룩 다˘
　　maˊrɛi. wiˊsaro ɛiˊgido juˇmaˊnbudɜgiǰi on toˇŋnɛˊ aˇlduˊruk taˇ

　　마래이. 위사로 시기도 유만부득이지 온 동네 알두룩 다

▷ 마라. 남우세를 시켜도 유만부동이지 온 동네가 다 알도록

제 그′럴 수가 인′나? 그래 마 입 빠′께도 내˘지′ 마라." "요′랑대로 하′소′."
　　kɜˊrɜl suga iˊnna? kɜˊrɛ ma ip pˊaˊkˊɛdo nɛˇjiˊ maˊra." "joˊraŋdɛro haˊsoˊ."

　　그럴 수가 잇나? 그래 마 입 밖에도 내지 마라." "요랑대로 하소."

▷ 그럴 수가 있니? 그래 에, 입 밖에도 내지 마라." "생각대로 하세요."

제 한 이′틀 지′내′고 "우리′ 지′베 온너′래이." "와′요′?"
　　han iˊtʰɜl čiˊnɜˊgo "uriˊ čiˊbɛ onnɜˊrɛi." "waˊjoˊ?"

　　한 이틀 지내고 "우리 집에 온너래이." "와요?"

▷ 한 이틀 지내고 (과부가 곁머슴에게) "우리 집에 오너라." "왜요?"

제 "떡 주끼~이~ 온너′라." "떡 참 맏 졸′태′이. 우리′ 큼′머슴
　"t'ɜk čukĩĩ onnɜ´ra." "t'ɜk čʰam mat čoˇttʰɛ´i. uɾi´ kʰɜ´mmɜsɜm
　떡 주낑이 온너라." "떡 참, 맛 좋대이. 우리 큰머슴
▶ "떡을 줄게 오너라." "떡이 참, 맛 좋다. 우리 상머슴을

제 대′접′파구로 큰 양푸′네 한양피~이~ 주′소′." 인자′ 지 바′던능거
　teˇjɜ´ppʰaguɾo kʰɜn jaŋpʰuˊnɛ hanaŋpʰĩĩ čuˊsoˊ." injaˊ či paˊdɜnnɜŋgɜ
　대접하구로 큰 양푼에 한 양핀이 주소." 인자 지 받엇는 거
▶ 대접하게 큰 양푼에 한 양푼(을 따로 담아) 주소." 이제 자기가 받은 것

제 한 대지′비하′고 양푸′네 한양푸~이~ 억′꼬′ 이래가′아 와 가주고
　han teji´biɦa´go jaŋpʰuˊnɛ hanaŋpʰũĩ ɜˇkk'oˊ iɾega´a wa ka´jugo
　한 대집이 하고 양푼에 한 양푼이 얻고 이래가아 와 가주고
▶ 한 대접과 양푼에 한 양푼을 (더) 얻고 이래서 와 가지고

제 "자′가도요 마′는′드시 이거′ 잡수′우쉐이. 우리′ 큼′머슴 저
　"čaˇga´dojo maˇnɜˊndɜei igɜˊ čapsu´uswei. uɾi´ kʰɜ´mmɜsɜm čɜ
　"작아도요 많은 듯이 이거 잡수쉐이. 우리 큰머슴 저
▶ "적어도 많은 듯이 이것을 잡수세요. 우리 상머슴이 저

제 아′무′ 지′비요. 허허 그 지′베 색′시′, 천′석꾼 저 지′비 색′시′인데
　a´mu´ či´bijo. ɦɜɦɜ kɜ či´bε sɛˇkɛi´, čʰɜ´nsɜkk'un čɜ či´bi sɛˇkɛi´indɛ
　아무 집이요. 허허 그 집에 색시, 천석꾼 저 집이 색시인데
▶ 아무 집에. 허허 그 집 색시, 천석꾼 집의 색시한테

제 장′가드런는 이 장′가′ 떠′기′쉬더. 허허허허." 다′ 이레′ 갈라 미기′이 노′오~이~
　čaˇŋga´dɜɾɜnnɜn i čaˇŋgaˊ k'ɜˊgi´swidɜ ɦɜɦɜɦɜɦɜ," taˇ i´ɾeˊ ka´lla migi´i no´õĩ
　장가들엇는 이 장가 떡이쉬더. 허허허허." 다 이레 갈라 믹이 놓오니
▶ 장가든 이 장가 떡이올시다. 허허허허." 다 이렇게 갈라 먹여 놓으니까

제 이′튼날 아치′메 새′미′에 가~이~ "아이고′ 참, 새′대기 참, 잘 왇′따′꼬
　i´tʰɜnnal ačʰi´mε sɛˇmi´ε kãĩ "aigoˊ čʰam, sɛˇdɛ´gi čʰam, čal wa´tt'a´k'o
　이튿날 아침에 샘이에 가니 "아이고 참, 새댁이 참, 잘 왓다꼬,
▶ 이튿날 아침에 (과부가) 샘터에 가니까 "아이고 참, 새댁 참, 잘 왔다고,

138

제 허허허허, 실랑′ 잘 어˘덛′따꼬.” 그′래가′아 점머스′미 큼′머슴
  hɜɦɜɦɜɦɜ, ɕilla′ŋ čal ɜ˘dɜ′tt′ak′o.” kɜ′ɾɛga′a čɜmmɜsɜ′mi kʰɜ′mmɜsɜm

  허허허허, 신랑 잘 얻엇다꼬.” 그래가아 젙머슴이 큰머슴

▶ 허허허허, 신랑 잘 얻었다고.” 그래서 곁머슴이 상머슴을

제 장˘가′ 보내′애 천′석하고 그′래 잘 사˘더′란다. 지 복 인는거′능 그′래
  ča˘ŋga′ ponɛ′ɛ čʰɜ′nsɜkhago kɜ′ɾɛ čal sa˘dɜ′randa. či pok innɜŋgɜ′nɜŋ kɜ′ɾɛ

  장가 보내애 천 석하고 그래 잘 살더란다. 지 복 잇는 거는 그래

▶ 장가 보내 천 석을 하고 그래 잘 살더란다. 제 복이 있는 사람은 그래

제 점머스′믈 잘 만′내가′아 장˘가′까지 갇′서′.
  čɜmmɜsɜ′mɜl čal ma′nnɛga′a ča˘ŋga′k′aji ka′tsɜ′.

  젙머슴 잘 만내가아 장가까지 갓어.

▶ 곁머슴을 잘 만나서 장가까지 갔어.

참을 인(忍) 자 세 번

제 예ˇ저′네 참, 어′늠 부~이~ 사ˇ주′로 보~이~ 마ˇ리′야 당시′는 사′린′줴ˇ로′
jeˇjɜ′nɜ čʰam, ɜ′nɜm pũĩˇ saˇju′ro põĩ maˇri′ja taŋei′nɜn sa′ri′njwɜˇro′
예전에 참, 어는 분이 사주로 보니 말이야 당신은 살인죄로
▶ 예전에 참, 어느 분이 사주를 보니까 말이야 당신은 살인죄를

제 범ˇ해′앤는데 이거′ 면ˇ할′라 그′러먼 크~일 낟′따′꼬, 사′린′줴ˇ를
pɜˇmɸie′ɛnnɜndɛ igɜ′ mjɜˇnɸa′lla kɜ′rɜmɜn kʰɜ̃′il na′ttʼa′kʼo, sa′ri′njwɜˇrɜl
범햇는데39) 이거 면할라 그러먼 큰일 낫다꼬, 살인죄를
▶ 범할 터인데 이것을 면하려고 하면 큰일 났다고, 살인죄를

제 지′인는데 그 모′면할, 면ˇ할′ 방′버븐 엄′ 나′? 무′르~이~ 차′물′, 차′물′
čiˊinnɜndɛ kɜ moˊmjɜnɸal, mjɜˇnɸaˊl paˊŋbɜbɜn ɜˊmnaˊ? muˊrɜ̃ĩ čʰaˊmuˊl, čʰaˊmuˊl
지잇는데40) 그 모면할, 면할 방법은 없나? 물으니, 참울, 참울
▶ 짓겠는데 그 (어찌) 모면할 방법은 없겠느냐?고 물으니까, 참을

제 인′짜로 한′자 서 주′면서러 이 차′물′ 인′짜로, 자′기′ 소′느′로 새′로′
iˊnčʼaro haˊnja sɜ čuˊmjɜnsɜrɜ iˊ čʰaˊmuˊl iˊnčʼaro, čaˊgiˊ soˊnɜˊro sɛˊroˊ
인자로 한 자 서 주면서러 이 참울 인자로, 자기 손으로 새로
▶ 인(忍)자를 한 자 써 주면서 이 참을 인자를, 자기 손으로 새로

제 서갸′아 어′데든지 자′기′ 지′베 드러갸′머 비′이는데 마′중, 다ˇ 차′물′ 인′짜로
sɜgaˊa sˊdɛdɜnji čaˊgiˊ čiˊbɛ tɜrɜgaˊmɜ piˊinɜndɛ maˊjuŋ, taˇ čʰaˊmuˊl iˊnčʼaro
서가아 어데든지 자기 집에 들어가면 비이는데 마중, 다 참울 인자로
▶ 써서 어디든지 자기 집에 들어가면 보이는데 마다, 다 참을 인자를

---

39) '범할 것임'을 '범했다'고 잘못 말함.
40) 짓겠다는 것을 '지은 것'이라 잘못 말함.

140

제 부′치라. 부′치 녹′코 보′고, 보′고 차′머′라. 차′물′ 인′짜로 서가′아,
puʼčhira. puʼčhi noʼkkho poʼgo, poʼgo čhaʼmɜʼra. čhaʼmuʼl iʼnčʼaro sɜgaʼa,
붙이라. 붙이 놓고 보고, 보고 참어라. 참울 인자로 서가아,
붙여라. 붙여 놓고 보고, 또 보고 참아라. 참을 인자를 써서,

제 온′데′ 부′치 녹′코 드가′머 보′고, 나오′머 보′고 나갈′ 찌′게도 드갈′
oʼndɛʼ puʼčhi noʼkkho tɜgaʼmɜ poʼgo, naoʼmɜ poʼgo nagaʼl čʼiʼgɛdo tɜgaʼl
온 데 붙이 놓고 드가머 보고, 나오머 보고 나갈 찍에도 드갈
온 데다 붙여 놓고 들어가며 보고, 나오며 보고 나갈 적에도 들어갈

제 찌′게도 그래 하로′는 멀′리′, 칭′구 지′베 간′다고 "오′올 잘 모′놀′
čʼiʼgɛdo kɜʼrɛ haroʼnɜn mɜʼʎʎiʼ, čhiʼŋgu čiʼbɛ kaʼndaʼgo "oʼol čal moʼnoʼl
찍에도 그래 하로는 멀리, 친구 집에 간다고 "오올 잘 몬 올
적에도 그래 하루는 멀리, 친구 집에 간다고 "오늘 잘 못 (돌아)올

제 끼′이다. 자′고 오′지 시′푸′다." 칭′구 지′베 가˜이˜, 칭′구
kʼiʼida. čaʼgo oʼji ɕiʼphuʼda." čhiʼŋgu čiʼbɛ kãʼĩ, čhiʼŋgu
기이다. 자고 오지 싶우다." 친구 집에 가니, 친구
것이다. 자고 오지 싶다." 친구 집에 간다, (하고 나갔는데) (그) 친구

제 지′베 가˜이˜, 칭′구가 어′디 나′갑′뿌고 업′서′. 그 참′ 결′친′한
čiʼbɛ kãʼĩ, čhiʼŋguga ɜʼdi naʼgaʼppʼugo ɜʼpsɜʼ. kɜ čhaʼm kjɜʼlčhiʼnhan
집에 가니, 친구가 어디 나가뿌고 없어. 그 참 결친한
집에를 가니까, 친구가 어디 나가버리고 없어. 그 참 절친한

제 칭′군데, 거′어 가′머 꼭 자′고 올 작′쩌˜을˜ 간′는′데, 칭′구가 업′스˜이˜
čhiʼŋgundɛ, kɜʼɜ kaʼmɜ kʼok čaʼgo ol čaʼkčʼɜʼɜʼl kaʼnnɜʼndɛ, čhiʼŋguga ɜʼpsɜʼĩ
친군데, 거어 가먼 꼭 자고 올 작정을 갓는데, 친구가 없으니
친군데, 거기 가면 꼭 자고 올 작정으로 갔는데, 친구가 (거기) 없으니까

제 도′라왑′뿌렏찌. 그′래 지′이˜게 저물가′아 지′베 오˜이˜ 칠′파′럴쭘
toʼrawaʼppʼuɾɛtčʼi. kɜʼrɛ čĩʼĩʼge čɜmulgaʼa čiʼbɛ õʼĩ čhiʼlphaʼɾɜlčʼum
돌아 와뿌렛지. 그래 지닉에 저물가아41) 집에 오니, 칠팔얼쯤
돌아 와버렸지. 그래 저녁에 밤이 늦어서 집에 (돌아)오니까, 칠팔월쯤

제 대'앹떰 모'얘~이~지. 거'어 인자' 다'른' 보'름따린데 다'리' 환'한데, 지'비
te'ett'ɜm mo'jẽĩji. kɜ'ɜ inja ta'rɜ'n po'rɜmt'arindɛ ta'ri' hwa'nɦa'ndɛ, či'bi
대앳던 모앵이지. 거어 인자, 달은 보름달인데 달이 환한데, 집이
▷ 됐던 모양이지. 거기 이제, 달은 보름달인데 달이 환한데, 집에

제 드러가'이~ 대'무'는 머 벨, 요새'애 매'애로 대'문'도 억'꼬' 드러가 보'~이~
tɜrɜga'ĩ, te'mu'nɜn mɜ pel, josɛ'ɛ mɛ'ɛro te'mu'ndo ɜ'kk'o' tɜrɜga põ'ĩ
들어가니, 대문은 머 벨, 요새애매애로 대문도 없고 들어가 보니
▷ 들어가니, 대문은 뭐 별, 요새처럼 대문도 없고 들어가 보니까

제 어'떤' 남'자하고 자'기' 부'인'하고 머'리로 한테' 대'애고 자'능'거야,
ɜ't'ɜ'n na'mjaɦago ča'gi' pu'i'nɦago mɜ'riro hantʰɛ' te'ɛgo ča'nɜ'ŋgɜja,
어떤 남자하고 자기 부인하고 머리로 한테 대고 자는 거야,
▷ 어떤 남자하고 자기 부인이 머리를 한데다 (맞)대고 자는 거야,

제 마'아 정재'에 가가'아 칼'로' 가주고 '온 지~이~게 두'사'람 내소'네
ma'a čɜŋjɛ'ɛ kaga'a kʰa'llo' kajugo 'on čĩ'gɛ tu'sa'ram nɛso'nɛ
마아 정재에 가가아 칼로 가주고 '온 지닉에 두 사람 내 손에
▷ 에, 부엌에 가서 식칼을 가지고 '오늘 저녁에 두 사람 내 손에

제 주'거바아라' 생가글 하고 칼'로' 들고, 차'물' 인짜 차'마'라,
ču'gɜbaa'ra' sɜ'ŋga'gɜl ha'go kʰa'llo' tɜ'lgo, čʰa'mu'l i'nč'a čʰa'ma'ra,
죽어바라' 생각을 하고 칼로 들고, 참울 인자 참아라,
▷ 죽어봐라' 생각을 하고 칼을 들고, 참을 인(忍)자 참아라,

제 차'마'라 다부' 도'라서어가'아…… 자'기' 처형'이 왍'서', 처형'이
čʰa'ma'ra tabu' to'rasɜɜga'a…… ča'gi' čʰɜɦjɜ'ŋi wa'tsɜ', čʰɜɦjɜ'ŋi
참아라 다부 돌아서가아…… 자기 처형이 왔어, 처형이
▷ 참아라 다시 돌아서서…… (알고 보니) 자기 처형이 왔어, 처형이

---

41) 저물가아 : 밤에 많이 늦어서. 밤늦게.

제 와가′아, 지˘이˜게 머′리로 까′머′ 가′주구마리지, 이′레′ 둘′상˘투′라꼬 읻짜′나?
waga′a, čĩ′gɛ mɜ′riro k'a′mɜ′ ka͡jugumariji, i′rɛ′ tu′lsa˘ŋtʰu′rak'o itč'a′na?
와 가아, 지닉에 머리로 깜어 가주구 말이지, 이레 둘상투라꼬42) 잇잖아?
▶ 와 가지고, 저녁에 머리를 감아 가지고 말이지, 이레 둘상투라고 있잖아?

제 이′레′, 이′레′ 가′머가′아 그래 두˘형′제가 이′레′ 누′버 자′는′데
i′rɛ′, i′rɛ′ ka′mɜga′a kɜ′rɛ tu˘ɦjɜ′ŋjega i′rɛ′ nu′bɜ ča′nɜ′ndɛ
이레, 이레 감어가아 그래 두 형제가 이레 눕어 자는데
▶ 이레, 이레 감아서 그래 두 자매가 이렇게 누워 자는데

제 남′자 걱′꺼′든, 허허허허 그′래가′아 카를
na′mja kɜ′kk'ɜ′dɜŋ, hɜɦɜɦɜɦɜ kɜ′rɛga′a kʰarɜl
남자 걷거든, 허허허허. 그래가아 칼을
▶ (둘상투를 한 것이 겉보기로는) 남자 같거든, 허허허허. 그래서 칼을

제 나′아 녹′코, 기′치믈 하′고 들가˜이˜ 자′기′ 처혀˜이˜야.
na′a no′kkʰo, ki′čʰimɜl ha′go tɜlgã͡ĩ ča′gi′ čʰɜɦjɜ̃′ĩja.
낳아 놓고, 기침을 하고 들가니 자기 처형이야.
▶ 놓아두고, 기침을 하고 들어가니 (외간 남자가 아니라) 자기 처형(妻兄)이야.

제 그′래서 그 사′린′줴˘를 차′물′ 인짜를 서′ 가′주고 꾹 차′머′라,
kɜ′rɛsɜ kɜ sa′ri′njwɛ˘rɜl čʰa′mu′l i′nč'arɜl sɜ′ ka͡jugo k'uk čʰa′mɜ′ra,
그래서 그 살인죄를 참울 인자를 서 가주고 꾹 참어라,
▶ 그래서 그 살인죄를 (저지를 것을) 참을 인자를 써 가지고 꾹 참아라,

제 차′머′라 카′능′기′이, 그′래가′아 사′린′재˘로′ 막떠′라 카′능′기야, 허허허허.
čʰa′mɜ′ra kʰa′nɜ′ŋgi′i, kɜ′rɛga′a sa′ri′njɛ˘′ro′ makt'ɜ′ra kʰa′nɜ′ŋgija, hɜɦɜɦɜɦɜ.
참어라 카는 기이, 그래가아 살인재로 막더라 카는 기야. 허허허허.
▶ 참아라고 하는 것이, 그래서 살인죄를 막더라고 하는 거야. 허허허허.

---

42) 둘상투 : 감아서 젖은 머리를 말리느라고 정수리 부근에 상투처럼 둘둘 말아둔 머리카락.

비뚠 소문(小門) 고치는 법

제 고올′ 원′니미 고올′ 살˘로′ 각′꺼등 팔밤′ 매′늠′ 부′이′니 익꺼′등
koo′l wɜ′nnimi koo′l sa˘llo′ ka′kkɜdɜŋ pʰalba′m mɛ′nɜ′m pu′i′ni ikk′ɜ′dɜŋ
고올 원님이 고올 살로43) 갓거등, 팔밭 매는 부인이 잇거등,
▷ 고을 원님이 고을 살러 갔는데, 화전을 매는 부인이 있거든,

제 그′래, 자′테 가직′끼 득끼′일만˘침′ 대는′데 "저′기 팔밤′ 매′는′
kɜ′rɛ, ča′tʰɛ kaji′kk'i tɜkk'i′ilma˘nčʰi′m tɛnɜ′ndɛ "čɜ′gi pʰalba′m mɛ′nɜ′n
그래, 잩에 가직기 듣길 만침 대는 데 "저기 팔밭 매는
▷ 그래, 곁에 가깝게 들릴 만큼 되는 데 (가서) "저기서 화전을 매는

제 저 부′인′, 그, 그′래 삐딱카′게 안′저가′아 팔바′틀 매′머′ 그 사타′리도
čɜ pu′i′n, kɜ, kɜ′rɛ p'it'akkʰa′gɛ a′njɜga′a pʰalba′tʰɜl mɛ′mɜ′ kɜ satʰa′rido
저 부인, 그, 그래 삐딱하게 앉어가아 팔밭을 매머 그 사타리도
▷ 저 부인, 그래 삐딱하게 앉아서 화전을 매면 소문도

제 삐딱캐˘질′꺼 아′이˘냐?"꼬 카˘이˘ "아아 그거′는 온 지′이˘게 가면, 우리′
p'it'akkʰɛ˘ji′lkɜ ãi˘ɲa?"k'o kʰãi˘ "aa kɜgɜ′nɜn on čĩ˘gɛ ka′mɜn, uri′
삐딱해질거 아니냐?"꼬 카니 "아아 그거는 온 지닉에 가면, 우리
▷ 비뚤어질것이 아니냐?"고 하니까 "응 그것은 오늘 저녁에 가면, 우리

제 남′펴˘이˘ 고′를′ 처 가주고, 골′로′ 처가′아 반득′끼 곤′처 준′다꼬."
na′mpʰjã˘i˘ koːrɜ′l čʰɜ ka′jugo, ko′llo′ čʰɜga′a pandɜ′kk'i ko′nčʰɜ ču′ndak'o."
남편이 골을 처 가주고, 골로 처가아44) 반득기 곤처 준다꼬."
▷ 남편이 골을 쳐 가지고, 골을 쳐 가지고 반듯하게 고쳐 준다고."

---

43) 고을 살다 : 부임하다.
44) 골을 치다 : 여기서는 성교하다는 뜻.

제 허허허허 답'뼈'늘 그'래 하'더'라 칸'다'. 허허허허.

h₃h₃h₃h₃ ta'pp'j₃'n₃l k₃'rɛ ha'd₃'ra kʰa'nda'. h₃h₃h₃h₃.

허허허허 답변을 그래 하더라 칸다. 허허허허.

허허허허 답변을 그렇게 하더라고 한다. 허허허허.

부엉이 집

조 부에̃이̃ 지′블 만′낻따 커′능 거′는?
puɛ̃ĩ či′bɜl ma′nnettʼa kʰɜ′nɜŋ kɜ′nɜn?
부엥이 집을 만냈다 커는 거는?
▷ 부엉이 집을 만났다고 하는 것은?

제 그기′이 땅기′이 아′이̃′고, 부에̃이̃′가 새끼로 처 노′오면, 거기 부에̃이̃
kɜgi′i tʼaŋgi′i ãĩgo, puɛ̃ĩga sɛk′iro čʰɜ no′omɜn, kɜ′gi puɛ̃ĩ
그기이 딴 기이 아니고, 부엥이가 새끼로 처 놓오면, 거기 부엥이
▷ 그것이 다른 것이 아니고, 부엉이가 새끼를 쳐 놓으면, 거기 부엉이

제 새′끼로, 요′래′ 멀′끼로 꽈아′가′아 사′람′ 멀′끼로 이′레′ 꼬′오′ 가주고
sɛk′iro, jo′ɾɛ′ mɜlk′iro kʼwaa′ga′a sa′ram mɜlk′iro i′ɾɛ′ kʼo′o′ kajugo
새끼로, 요래 멀끼로 꽈가아 사람 멀끼로 이레 꼬오 가주고
▷ 새끼를, 요래 머리카락을 꼬아서 사람 머리카락을 이렇게 꼬아 가지고

제 자′갈로 미기′이 논′는′다 이′기′야. 자′갈로 미기′이 노′오먼 큼 부에̃이̃′가
ča′gallo migi′i no′nnɜ′nda i′gi′ja. ča′gallo migi′i no′omɜn kʰɜm puɛ̃ĩga
자갈로 믹이이 놓는다 이기야. 자갈로 믹이이 놓오면 큰 부엥이가
▷ 재갈을 먹여 놓는다 이거야. 재갈을 먹여 놓으면 어미 부엉이가

제 새′끼 무′그라꼬 머′어 새̆′나′ 꼬̃′이̃′나 토′끼′나 머′어든지 자′버다 조오′노′오먼
sɛk′i mu′gɜrakʼo mɜ′ɜ sɛ̆′na′ kʼõĩna tʰo′kʼi′na mɜ′ɜdɜnji ča′bɜda čoo′no′omɜn
새끼 묵으라꼬 머어 새나 꽁이나 토끼나 머어든지 잡어다 조오 놓오면
▷ 새끼들 먹으라고 뭐 새나 꿩이나 토끼나 뭐든지 잡아다 줘도

제 암 묵′꺼′등 암무′그′이̃ 그 오망거′를′ 다̆ 자′버 오′능′기야. 너구리도
am mu′kkɜ′dɜŋ ammu′gĩ kɜ o′maŋgɜ′ɾɜl tă ča′bɜ o′nɜ′ŋgija. nɜgu′rido
안 묵거등 안 묵으니, 그 오만 거를 다 잡어 오는 기야. 너구리도
▷ 안 먹거든 안 먹으니까, 오만 것을 다 잡아 오는 거야. 너구리도

제 자'버오'고, 부에'~이'~가 약'까'~이'~ 크'나'?
ča'bɜo'go, puẽ'ĩga ja'kk'ã'ĩ kʰɜ'na'?

잡어오고, 부엥이가 약간이 크나?
▷ 잡아오고, 부엉이가 얼마나 크잖니?(너구리도 잡을 만큼 몸집이 크잖니)

조 부에'~이'~ 지'비 저 절'벼'게 이'슬'꺼 아님니'까?
puẽ'ĩ či'bi čɜ čɜ'lbjɜ'gɛ i'sɜ'lkɜ animni'k'a?

부엥이 집이 저 절벽에 잇을 거 아닙니까?
▷ 부엉이 집이 저 절벽에 있을 것 아닙니까?

제 그 절'벼'게 인'는'데, 그 인자' 타'고' 내'러가가'아 줄'로' 타'고' 내'러가든지,
kɜ čɜ'lbjɜ'gɛ i'nnɜ'ndɛ, kɜ inja' tʰa'go' nɛ'rɜgaga'a ču'llo' tʰa'go' nɛ'rɜgadɜnji,

그 절벽에 잇는데, 그 인자 타고 내러가가아 줄로 타고 내러가든지,
▷ 그 절벽에 있는데, 그 이제 (줄을) 타고 내려가서 줄을 타고 내려가든지,

제 타'고' 내'러가가'아 그'래 자'갈로 미게'에 논'는'다네. 금도 다'
tʰa'go' nɛ'rɜgaga'a kɜ'rɛ ča'gallo migɛ'ɛ no'nnɜ'ndanɛ. kɜ'mdo ta'

타고 내러가가아 그래 자갈로 믹에에 놓는다네. 금도 다
▷ (무엇을) 타고 내려가서 그렇게 재갈을 먹어 놓는다네. 금(金)도 다

제 읻'따는데, 좌'아다 논'는'다는데, 그'미 바'무'로 빤짝꺼'리능기이
i'tt'anɜndɛ, čwa'ada no'nnɜ'ndanɜndɛ, kɜ'mi pa'mu'ro p'anč'akk'ɜ'rinɜŋgii

잇다는데, 좌아다 놓는다는데, 금이 밤우로 빤짝거리는 기이
▷ 있다는데, 주워다 놓는다는데, 금이 밤에는 빤짝거리는 것이

제 익꺼'등. 그기'나 머'글랑강 시'퍼가'아 좌'아다 녹'코 꽁, 머'어
ikk'ɜ'dɜŋ. kɜgi'na mɜ'gɜllaŋgaŋ ɕi'pʰɜga'a čwa'ada no'kkʰo k'oŋ, mɜ'ɜ

잇거등. 그기나 먹을랑강 싶어가아 좌아다 놓고 꽁, 머
▷ 있거든. 그것이나 (혹시) 먹으려는가 싶어서 주워다 놓고 꿩, 뭐

제 토'끼' 이기'이 널럴하'다 이기'라. 너구'리도 자'버다 녹'코, 그'래가'아 저
tʰo'k'i' igi'i nɜllɜlɦa'da igi'ra. nɜgu'rido ča'bɜda no'kkʰo, kɜ'rɛga'a čɜ

토끼 이기이 널널하다 이기라. 너구리도 잡어다 놓고, 그래가아 저
▷ 토끼 이런 것들이 널렸다 이거라. 너구리도 잡아다 놓고, 그래서 저

제 부에˜이˜ 짐 만′낸다.

puě˜ĩ čim maʹnnɛnda.

부엥이 집 만낸다.

▷ 부엉이 집을 만난다.

조 그′러먼 자꾸′ 자′갈로 물리′이 노′오먼 주′겁……

kɜʹrɜmɜn čakʹuʹ čaʹgallo muʎʎiʹi noʹomɜn čuʹgɜp……

그러면 자꾸 자갈로 물리 놓오면 죽엇……

▷ 그러면 자꾸 재갈을 물려 놓으면 죽어……

조 새′끼는 주′겁뿔꺼 아˜잉˜기요?)

sɛʹkʼinɜn čuʹgɜppʼulkʼɜ ãĩʹŋgijo?

새끼는 죽어뿔 거 아닌기요?

▷ 새끼는 죽어버릴 것 아닙니까?

제 너무′ 오′래 낟뚜′먼 죽′찌 그′양 낟뚜′먼.

nɜmuʹ oʹrɛ nattʼuʹmɜn čuʹkčʼi kɜʹjaŋ nattʼuʹmɜn.

너무 오래 낟두먼 죽지, 그양 낟두먼.

▷ 너무 오래 놓아두면 죽지, 그냥 놓아두면.

이상한 안경

제 옏ˇ나ˊ레 어ˊ는 양바ˇ˜이˜ 장ˇ가ˊ를 가ˇ노˜이˜ 색ˇ시ˊ가 실랑ˊ을 자ˊ꾸
jeˇnnaˊɾɛ ɜˊnɜn jaŋbãˇˆî čaˇŋgaˊɾɜl kaˇnõˆî sɛˇkɛiˊga ɕillaˊŋɜl čaˊkʼu

옛날에 어는 양반이 장가를 가놓오니 색시가 신랑을 자꾸
▶ 옛날에 어느 사람이 장가를 가 놓으니까 색시가 신랑을 자꾸

제 마ˇ다ˊ 그ˊ래
maˇdaˊ kɜˊɾɛ

마다 그래
▶ 싫다고 그래

조 실라ˇ˜이˜ 색ˇ시ˊ를 마ˇ다ˊ 컬ˊ찌 꺼꿀로ˊ네.
ɕillãˇˆî sɛˇkɛiˊɾɜl maˇdaˊ kʰɜˊtčˇi kʼɜkʼulloˊnɛ.

신랑이 색시를 마다 컹지 꺼꿀로네.
▶ 신랑이 색시를 싫다고 하지 거꾸로네.

제 으?
ɜ?

으?
▶ 응?

조 실라ˇ˜이˜ 색ˇ시ˊ를 마ˇ다ˊ 컬ˊ찌 꺼꿀로ˊ라요.
ɕillãˇˆî sɛˇkɛiˊɾɜl maˇdaˊ kʰɜˊtčˇi kʼɜkʼulloˊɾajo.

신랑이 색시를 마다 컹지 꺼꿀로라요.
▶ 신랑이 색시를 싫다고 하지 거꾸로네요.

제 으, 으, 꺼꿀로ˊ야. 그ˊ래 벨ˇ로ˊ 머 탐탁차ˇ˜이˜ 이ˊ기고 그 이ˊ부제 실랑ˊ
ɜ, ɜ, kʼɜkʼulloˊja. kɜˊɾɛ pɛlloˊ mɜ tʰamtʰakčʰãˇˆî iˊgigo kɜ iˊbuǰe ɕillaˊŋ

으, 으, 꺼꿀로야. 그래 벨로 머, 탐탁찮이 이기고 그 이붗에 신랑
▶ 응, 응, 거꾸로야. 그래 별로 뭐, 탐탁하지 않게 여기고 그 이웃에 (살던) 신랑

제 칭구가 놀로오머 그 방가버 하고, 그래 조와해 그 이상타. 그래
čʰiʼŋguga noʻlloʻomɜ kɜ paʼŋgaʼbɜ haʼgo, kɜʼɾɛ čoʻwaʼɦɛ kɜ iʼsaʼŋtʰa. kɜʼɾɛ
친구가 놀로오면 그 반갑어하고, 그래 좋와해 그 이상타. 그래
▷ 친구가 놀러오면 그리도 반가워하고, 그토록 좋아해 그 이상하다. 그래서

제 하루느 그 어디 칭구 지베 노다 온다 그라고 갇따가오~이~ 아주 마아
haruʼnɜ kɜ ɜdi čʰiʼŋgu čiʼbɛ noʻdaʼ onʼdaʼ kɜɾaʼgo kattʼagaõʼĩ aʼju maʼa
하루는 그 어디 친구 집에 노다가 온다 그라고 갔다가오니 아주 마아
▷ 하루는 그 어디 친구 집에 놀다가 온다고 그러고 갔다가오니까 아주 에,

제 저거꺼정 아주 다정한 머어시로, 지내고 인능거야 에라 함부레
čɜgɜkʼɜʼjɜŋ aʼju tajɜŋɦaʼn mɜʼɜɕiro, čiʼnɛʼgo innɜŋgɜʼja ɛʼraʼ haʼmbuɾɛ
저거꺼정 아주 다정한 머시로, 지내고 잇는 거야 에라 함부레
▷ 자기네끼리 아주 다정한 무엇으로, 지내고 있는 거야 에라 일찌감치

제 말살해야 대겐따. 그래 이튼날 참, 담볻찌믈 사 질머지고
maʼlsaʼlɦɛja tɛgɜʼttʼa. kɜʼɾɛ iʼtʰɜnnal čʰam, tamboʼtčʼimɜl sa čiʼlmɜjiʼgo
말살해야 대겟다. 그래 이튼날 참, 단봇짐을 사 짊어지고
▷ 그만 두어야 되겠다. 그래 이튼날 참, 단봇짐을 싸서 짊어지고

제 "참 영영 마 자기하고 내하고는 이별하자." 이콰고 에라 이
"čʰam jɜʻŋjɜʼŋ ma čagiɦaʼgo nɛɦaʼgonɜn iʼbjɜlɦaʼja." iʼkʰwaʼgo ɛʼraʼ i
"참 영영 마 자기하고 내하고는 이별하자." 이콰고 에라 이
▷ "참 영영 에, 자기와 나는 이별을 하자."고 말하고 에라 이

제 세사~아~ 사라미 낟따가 부부해로 몬하고 사라 머얼타노
sɜsãʼã saʼraʼmi naʼttʼaʼga puʼbuɦɛʼɾo moʻnɦaʼgo saʼra mɜɜttʰanoʼ
세상아 사람이 낫다가 부부해로 몬하고 살아 머얼하노
▷ 세상에 사람이 (태어) 났다가 부부해로를 하지 못하고 살아서 무엇을 하나

제 중능가이 올타. 아주 산중 꼴짜글 드갇서.
čuʼŋnɜʼŋgiʼi olʼtʰaʼ. aʼju sanjuʼŋ kʼolčʼaʼgɜl tɜʼgaʼtsɜ.
죽는 기이 옳다. 아주 산중 골짝을 드갓어.
▷ (차라리) 죽는 것이 옳다(고 생각을 하고). 아주 산중 골짜기로 들어갔어.

제 들가가ʹ아, 바ʹ이똘 우ʹ에 떡 누ʹ버가ʹ아 미ʹ테느 지ʹ앙ʹ절ʹ벼ʹ긴데, 떠ʹ러지먼
tɜlgagaʹa, paʹitʼol uʹɛ tʼɜk nuʹbɜgaʹa miʹtʰɛnɜ čiʹaʹŋjɜʹlbjɜʹgindɛ, tʼɜʹɾɜǰimɜn
들가가아, 바이돌 우에 떡 눕어가아 밑에는 지앙절벽인데, 떨어지면
▷ 들어가서, 바윗돌 위에 턱 누워서 (그) 밑은 기암절벽인데, 떨어지면

제 주ʹ글 그ʹ런 바ʹ우 우ʹ에 누ʹ버 자˘이˜까, 허˘헌ʹ 노˘이˜이˘ 오ʹ디˜이˘ "자네ʹ가
čuʹgɜl kɜʹɾɜn paʹu uʹɛ nuʹbɜ čãʹĩkʼa, hɜʹhɜʹn noʹĩʹĩ oʹdĩʹĩ "čanɛʹga
죽을 그런 바우 우에 눕어 자니까, 허헌 노인이 오디니 "자네가
▷ 죽을 그런 바위 위에서 누워 자니까, 허연 노인이 오더니 "자네가

제 우ʹ째ʹ 여ʹ거 와가ʹ아 자ʹ능ʹ가?" "예 머, 주ʹ그머 죽ʹ꼬 살˘머˜˘ 살˘고ʹ
uʹčʹɛʹ jɜʹgɜ wagaʹa čaʹnɜʹŋga?" "jɛ mɜ, čuʹgɜmɜ čuʹkkʼo saʹlmɜʹ saʹlgoʹ
우째 여거 와가아 자는가? "예 머, 죽으면 죽고 살면 살고
▷ 어찌 여기 와서 자고 있는가? "예 뭐, 죽으면 죽고 살면 살고

제 여기 자ʹ는ʹ 주˜임˜니다." 카˜이˘ "그ʹ래애야? 워ʹ이˜늘 이ʹ야글 하ʹ라." 카능ʹ기야
jɜʹgi čaʹnɜʹn čũʹĩmnida." kʰãʹĩ "kɜʹɾɛɛja? wɜ̃ʹnɜl iʹjaʹgɜl haʹra." kʰaʹnɜʹŋgija
여기 자는 중입니다." 카니 "그래야? 원인을 이약을 하라." 카는 기야
▷ 여기서 자는 중입니다."라고 하니까 "그래? 원인을 이야기하라."고 하는 거야

제 "그 사˘시ʹ른 이ʹ러ʹ이러 하ʹ고 그ʹ럳타." 이ʹ콰˜이˘ "그ʹ래애야? 그 사˘라ʹ미 다˘
"kɜ saʹɕiʹɾɜn iʹɾɜʹiɾɜ haʹgo kɜʹɾɜttʰa." iʹkʰwãʹĩ "kʹɜɾɛɛja? kɜ saʹɾami taʹ
"그 사실은 이러이러 하고 그렇다." 이콰니 "그래야? 그 사람이 다
▷ "그 사실은 이러이러 하고 그렇다."고 하니까 "그래? 그 (사실은) 사람이 다

제 사˘래ʹ미 아˘이˜다. 내가ʹ 앙ʹ겨˜을˜ 함불 줄ʹ 모ʹ냐ʹ이˜이˜까 이거ʹ를 끼고ʹ 보면
saʹɾɛmi ãʹĩda. nɛʹgaʹ aʹŋgjɜ̃ʹɜl haʹmbul čuʹl moʹɲãĩkʼa iʹgɜʹɾɜl kʼiʹgoʹ poʹmjɜn
사램이 아이다. 내가 안경을 한 불 줄 모냥이니까 이거를 끼고 보면
▷ 사람이 아니다. 내가 안경을 한 벌 줄 모양이니까 이것을 끼고 보면

제 사˘래ʹ미, 완전한ʹ 사˘래ʹ미 익ʹ꼬 사˘래ʹ미 다˘ 사˘래ʹ미 애˜이˜고 오만
saʹɾɛmi, wanjɜnhaʹn saʹɾɛmi iʹkkʼo saʹɾɛmi taʹ saʹɾɛmi ɛ̃ĩʹgo oman
사램이, 완전한 사램이 잇고 사램이 다 사램이 애니고 오만
▷ 사람이, 완전한 사람이 있고 사람이 (모두) 다 사람이 아니고 온갖

제 김스~이~ 대애 이실끼다. 장'깨'거등, 장 깨애'가'아 바아'라.” 이'카'거등
kimsɛ̃́ĩ tɛ́ɛ iɕilk'ída. čáŋk'ɛ́gɜdɜŋ, čaŋ k'ɛ́ɛ́ga'a paa'rá.” ík^ha'gɜdɜŋ
김승이 대애 잇일 끼다. 잠 깨거등, 잠 깨가아 바아라.” 이카거등
▷ 짐승이 돼 있을 것이다. 잠을 깨거든, 잠을 깨어서 보아라.”고 하거든

제 그'래 그 꾸'믈' 꾸고, 깨'가'아 머리마'테 보~이~ 아 참 앙'겨~이~ 함'불
kɜ́rɛ kɜ k'úmɜ́l k'ugo, k'ɛga'a mɜrima'tʰɛ pṍĩ a čham a'ŋgjɜ̃́ĩ ha'mbul
그래 그 꿈을 꾸고, 깨가아 머리맡에 보니 아 참, 안경이 한 불
▷ 그래 그 꿈을 꾸고, 깨어서 머리맡에 보니까 아 참, 안경이 한 벌

제 인'능'거'야 그'래서 딴'데'는 사'래'미 억'꼬' 그'래
ínnɜ́ŋgɜ́ja kɜ́rɛsɜ t'andɜ́nɜn sa'rɜ́mi ɜ́kk'o' kɜ́rɛ
잇는 거야 그래서 딴 데는 사램이 없고 그래
▷ 있는 거야 그래서 (안경을 끼고 보니까) 다른 데는 사람이 없고 그래

제 인자' 킁길'로 내'러와'가'아 앙'겨~을~ 끼'고' 보~이~ 전심' 머 김새~이~고
inja kʰɜ́ŋgiʼllo nɛ́rɜwaga'a a'ŋgjɜ̃́ɜ́l k'ígo' pṍĩ čɜnɕíʼm mɜ kimsɛ̃́ĩgo
인자 큰길로 내러와가아 안경을 끼고 보니, 전신 머 김생이고
▷ 이제 큰길로 내려와서 안경을 끼고 보니까, 모조리 뭐 짐승이고

제 어짜두구' 사'래'미 배게' 하'나' 댈'까 말'까' 하'거'등 기, 이'상'하다,
ɜč'adugu' sa'rɜ́mi pɛ́gɛ́ ha'na' tɛ́lk'a ma'lk'a' ha'gɜ́dɜŋ ki, í'sa'ɲɦada,
어짜두구 사램이 백에 하나 댈까말까 하거등 기 이상하다,
▷ 어쩌다가 사람이 백에 하나가 될까말까 하거든 그 이상하다,

제 마'아 여'업뿐따, 여'업뿌고 그래 큰 여'관' 하는지'불
ma'a jɜ́ɜ́ppʼutt'a, jɜ́ɜ́ppʼugo kɜ́rɛ kʰɜn i'ɜ́gwa'n hanɜnɟíʼbul
마아 옇어뿟다, 옇어뿌고 그래 큰 여관 하는 집울
▷ 에, (집어)넣어버렸다, 넣어버리고 그래 큰 여관을 경영하는 집을

제 그'러~이~ 도'시로 간'늠' 모'내~이~지 여'관' 하는지'베 가'가'아
kɜ́rɜ̃́ĩ to'ɕiro ka'nnɜ́m mo'ɲɛ̃́ĩji jɜ́gwa'n hanɜnɟíʼbe kaga'a
그러니 도시로 갓는 모넹이지. 여관 하는 집에 가가아
▷ 그러니까 도시로 갔던 모양이지. 여관 하는 집에 가서

제 "여′기 청, 처˜이˜나 좀 딱′꼬 그 국소′테 부′리′나 더′러 여′어주′고
　　"jɜ′gi čʰɜŋ, čʰɜ′ĩna čom t'a′kk'o kɜ kukso′tʰɛ pu′ri′na tɜ′rɜ jɜ′ɜǰu′go

　　"여기 청, 청이나 좀 닦고 그 국솥에 불이나 더러 옇어주고
　▷ "여기서 청, 청마루나 좀 닦고 그 국솥에 불이나 더러 넣어주고

제 그′래 좀 잍′짜."꼬 카˜이˜
　　kɜ′rɛ čom i′tč'a."k'o kʰã′ĩ

　　그래 좀 잇자."꼬 카니
　▷ 그렇게 좀 있게 해 달라."고 하니까

조 일˘로′ 해 주′고 이′짜 이′검′니까?
　　i′llo′ hɛ ču′go i′č'a i′gɜ′mnik'a?

　　일로 해 주고 잇자 이겁니까?
　▷ 일을 해 주고 지내자 이것입니까?

제 으, "그 이′비′나 좀 어더묵′꼬 이′짜." 이′콰˜이˜ "머 그′라′시오." 그 지′베는 곧
　　ɜ, "kɜ i′bi′na čom ɜdɜmu′kk'o i′č'a." i′kʰwã′ĩ "mɜ kɜ′ra′ɕio." kɜ či′bɜnɜn kot

　　으, "그 입이나 좀 얻어묵고 잇자." 이콰니 "머 그라시오." 그 집에는 곧
　▷ 응, "그 입이나 좀 얻어먹고 있자."고 하니까 "뭐 그러시오." 그 집에는 곧

제 소˜이˜, 소˜이˜ 모′지′래가′아 곧 화˜애˜로 치′는데…… 그래 일′로′
　　sõ′ĩ, sõ′ĩ mo′ǰi′rɛga′a kot hwã′ɛ̃ro čʰi′nɜnde…… kɜ′rɛ i′llo′

　　손이, 손이 모지래가아 곧 황애로 치는데……45) 그래 일로
　▷ 손이, 일손이 모자라서 곧 횡횡하며 급하게 설치는데…… 그래 일을

제 시기보˜이˜ 주′이′니 일′로′ 시′기고 보˜이˜ 그 머 그래 일′하고 이실′
　　ɕi′gibõ′ĩ ču′i′ni i′llo′ ɕi′gigo põ′ĩ kɜ mɜ kɜ′rɛ i′lɦa′go iɕi′l

　　시기보니 주인이 일로 시기고 보니 그 머 그래 일 하고 잇일
　▷ 시켜보니까 주인이 일을 시키고 보니까 그 뭐 그런 일이나 하고 있을

____
45) 황애(로) 치다 : 급하게 두서없이 마구 설치다. 구로 쓰이며 어원이 불명함.

제 사래미 아̌이̌거́등 "그 그를́ 좀 배́안느냐?"고 무르̌이̌ "아이고́ 마,
sa′ɾemi ãĭgɜ′dɜŋ "kɜ kɜ′ɾɜ'l čom pɛ′annɜɲa?"go mu′ɾɜ̌ĭ "aigo′ ma,
사램이 아니거등 "그 글을 좀 배앗느냐?"고 물으니 "아이고 마,
▷ 사람이 아니거든 "그 글은 좀 배웠느냐?"고 물으니까 "아이고

제 마̌ĭ̌느 몸̌ 빼́와도 쪼꿈 배́왈따." 이́라́거등. "그러면 우리́지́베
mã′ĭnɜ mo′m p′ɛ′wado č′ogum pɛ′watt′a." i′ɾa′gɜdɜŋ. "kɜ′ɾɜmjɜn uɾi′ʝi′bɛ
많이는 몬 배와도 쪼꿈 배왓다." 이라거등. "그러면 우리집에
▷ 많이는 못 배워도 조금은 배웠다."고 이러거든. "그러면 우리집에서

제 서́사질 쫌 해애́라́." 이́콰́거등. 그래 항칸́ 올́라갇찌. 그́럭쩌럭
sɜ′sajil č′om hɛɛ′ɾa′." i′kʰwa′gɜdɜŋ. kɜ′ɾɛ haŋkʰa′n o′llagatč′i. kɜ′ɾɜkč′ɜɾɜk
서사질 쫌 해라." 이콰거등. 그래 한 칸 올라갓지. 그럭저럭
▷ 서사노릇을 좀 하라."고 이러거든. 그래 한 단계를 올라갔지. 그럭저럭

제 한, 한 삼여́늘 지́낻́서 이̌리́ 바뿌́고
han, han samjɜ′nɜl či′nɛ′tsɜ i′ɾi′ pap′u′go
한, 한 삼 연을 지냈어. 일이 바뿌고
▷ 한 삼 년을 지냈어. 일이 바쁘고

조 앙́겨̌은̌ 이́접뿌고?
a′ŋgjɜ′ɜn i′ʝɜpp′ugo?
안경은 잊어뿌고?
▷ 안경은 까맣게 잊어버리고?

제 머 여́어 노́옹거는, 자기 머어́고́ 예̌전́ 보따́리 거기 여́어녹́코 이́저부리고.
mɜ jɜ′ɜ no′oŋgɜnɜn, čagi mɜɜ′go′ iɛ′ĭ′ɜ′n pot′a′ɾi kɜ′gi jɜ′ɜno′kkʰo i′ʝɜburigo.
머 엏어 놓온 거는, 자기 머고 예전 보따리, 거기 엏어놓고 잊어부리고.
▷ 뭐 넣어 놓은 것은, 자기 뭐냐 예전 보따리, 거기에다 넣어놓고 잊어버리고.

제 그́래 하루́는 나리́ 좀 쥐영한데 그́나른 손́님도 별́로́ 억́꼬́
kɜ′ɾɛ haɾu′nɜn na′ɾi′ čom čwijɜɲɦa′ndɛ kɜ′naɾɜn so′nnimdo pjɜ′llo′ ɜ′kk′o′
그래 하루는 날이 좀 쥐영한데46) 그날은 손님도 별로 없고
▷ 그래서 하루는 날이 좀 한가한데 그날은 손님도 별로 없고

154

제 쥐영한´ 나´린데 그´날 또 장´나리고 '이´런' 나´리' 앙´겨˜을˜ 끼´고'
čwijзɲɦaʹn naʹrinde kзʹnal tʼo čaʹɲnarigo 'iʹrзn naʹri' aʹɲjзʹзl kʼiʹgo'
쥐영한 날인데 그날 또 장날이고 '이런 날이 안경을 끼고
▶ 한가한 날인데 그날이 또 장날이고 '이런 날에 안경을 끼고

제 함분´ 바´얄따.' 시´퍼가´아 앙´겨˜을˜ 끼´고' 보˜이˜ 전심´만´신' 소´고'
hambuʹn paʹjaʹltʼa.' ɕiʹpʰзgaʹa aʹɲjзʹзl kʼiʹgo' põʹĩ čзnɕiʹmmaʹnɕiʹn soʹgo'
한분 바얗다.' 싫어가 안경을 끼고 보니 전신만신 소고
▶ 한번 봐야겠다.' 싶어서 안경을 끼고 보니까 전신만신에 소이고

제 대´주´고, 다´기고, 머 개´고' 머 히´야난 짐스˜이˜ 망´커˜등 점´부 다˘ 머
tɛʹjuʹgo, taʹgigo, mз kɛʹgo' mз hiʹjanan čimsзʹĩ maʹɲkʰзʹdзŋ čзʹmbu taˇ mз
대주고, 닥이고, 머 개고 머 희얀안 짐승이 많거등 전부 다 머
▶ 돼지고, 닭이고, 뭐 개고 뭐 희한한 짐승들이 많거든 전부 다 뭐

제 사˘래´미 아니´라. 그´양 벅´꼬 보´머 전신' 사래´민데 그 참 이´상´하다,
saˇrɛʹmi aniʹra. kзʹjaŋ pзʹkkʼo poʹmз čзnɕiʹn sarɛʹminde kз čʰam iʹsaʹɲɦada,
사램이 아니라. 그양 벗고 보면 전신 사램인데 그 참 이상하다,
▶ 사람이 아니라. 그냥 (안경을) 벗고 보면 모두들 사람인데 그 참 이상하다,

제 그´래 참 요새´ 요새´애 말´로' 정지' 싱´모' 아´아가 일´하고 인´는´데 보˜이˜
kзʹrɛ čʰam joseʹ joseʹɛ maʹllo' čзŋjiʹ ɕiʹɲmo' aʹaga iʹlɦaʹgo iʹnnзʹnde põʹĩ
그래 참 요새 요새애 말로 정지 식모 아아가 일하고 잇는데 보니,
▶ 그래 참 요새 요새 말로 하면, 부엌의 식모아이가 일하고 있는데 보니까,

제 그 사˘라´미야. 아˘ 대´애따. 그´래 인자' 그´날 지˘이˜게 주´이'닌데,
kз saˇraʹmija. aˇ tɛʹɛtʼa. kзʹrɛ inja kзʹnal čĩʹgɛ čuʹiʹninde,
그 사람이야. 아 대앳다. 그래 인자 그날 지녁에 주인인데,
▶ 그것이 (진짜) 사람이야. 아 됐다. 그래 이제 그날 저녁에 주인에게,

---

46) 쥐영하다 : 조용하다. 한가하다.

제 "그 자ʼ아하ʼ고 나하ʼ고 겨ʼ로ʼ늘 시ʼ기 다ʼ고ʼ." "애이 여ʼ보소,
"kɜ čaʼahaʼgo nahaʼgo kjɜʼɾoʼnɜl ɕiʼgi taʼgoʼ." "ɛi jɜʼboʼso,
"그 자하고 나하고 결온을 시기 다고." "애이 여보소,
▷ "저 아이와 나를 결혼을 시켜 달라."고 (부탁을 했어). "아니 여보시오,

제 점ʼ잔ʼ차ʻ이ʼ 그거ʼ 머 부직ʼ가ʼ아ʼ지 거ʼ틍거 그거ʼ하고 우ʼ째ʼ 겨ʼ로ʼ늘
čɜʼmjaʼnčʰãʼî kɜgɜʼ mɜ pujiʼkkããʼji kɜʼtʰɜŋgɜ kɜgɜʼhaʼgo uʼčʼɛʼ kjɜʼɾoʼnɜl
점잖찮이 그거 머 부직강아지 겉은 거 그거 하고 우째 결온을
▷ 점잖지 못하게 그거 뭐 부엌강아지 같은 것을 그것과 어찌 결혼을

제 하겠심니ʼ가 아 그ʼ런 양ʼ바ʻ이ʼ 아ʼ인ʼ데." "아 그럳찬ʼ타꼬, 내가ʼ 꼭ʼ
hagetɕimniʼga a kɜʼɾɜn jaʼŋbãʼî ãʼîndɛ." "a kɜɾɜtčʰaʼntʰak'o, nɛgaʼ k'oʼk
하겠십니가? 아 그런 양반이 아닌데." "아 그렇찮다꼬, 내가 꼭
▷ 하겠습니까? (보기에는) 그런 양반이 아닌데." "아 그렇잖다고, 내가 꼭

제 마아ʼ메ʼ 읻ʼ따 이시ʻ이ʼ 꼭ʼ 겨ʼ로ʼ늘 시ʼ기 달ʼ라ʼ."꼬 "그래애요? 그러면 그레
maaʼmɛʼ iʼtt'a iɕiʼî k'oʼk kjɜʼɾoʼnɜl ɕiʼgi taʼllaʼ."k'o "kɜʼɾɛɛjo? kɜʼɾɜmjɜn kɜʼɾɛ
마암에 잇다 잇이니 꼭 결온을 시기 달라."꼬 "그래요? 그러면 그레
▷ 마음에 있다 있으니까 꼭 결혼을 시켜 달라."고 "그래요? 그러면 그렇게

제 하ʼ지요." 그 참 오새ʼ애 말ʼ로ʼ 쉬ʼ영ʼ딸 거ʼ치 이ʼ레ʼ 거느ʼ리고 인ʼ는ʼ데,
haʼjijo." kɜ čʰam osɜʼɛ maʼlloʼ swiʼjɜʼŋt'al kɜʼčʰi iʼɾɛʼ kɜnɜʼɾigo innɜʼndɛ,
하지요." 그 참 요새애 말로 쉬영딸 겉이 이레 거느리고 잇는데,
▷ 하지요." 그 참 요새 말로 수양딸 같이 이레 거느리고 있는데,

제 그ʼ래 날ʼ로ʼ 바더가ʼ아 태길ʼ해 가주고 그래 겨ʼ론ʼ시글 올ʼ리고, 그 지ʼ비서
kɜʼɾɛ naʼlloʼ paʼdɜgaʼa tʰɜʼgilʼhɛ kajugo kɜʼɾɛ kiɜʼɾoʼnɕigɜl oʼʎʎigo, kɜ čiʼbisɜ
그래 날로 받어가아 택일해 가주고 그래 결온식을 올리고, 그 집이서
▷ 그래 날을 받아서 택일해 가지고 그래 결혼식을 올리고, 그 집에서

제 머 월ʼ급ʼ또 암박ʼ꼬 그ʼ레 이ʼ선는데 그래 지ʼ블 하나ʼ 세ʼ아가ʼ아 아ʼ주
mɜ wɜʼlgɜʼpt'o ambaʼkk'o kɜʼɾɜ iʼsɜnnɜndɛ kɜʼɾɛ čiʼbɜl hanaʼ sɜʼagaʼa aʼîu
머 월급도 안 받고 그레 잇엇는데 그래 집을 하나 세아가아 아주
▷ 뭐 월급도 안 받고 그렇게 있었는데 그래 (새) 집을 하나 세워서 아주

제 살리′믈 아주 한 살림′ 착시′리 채′리 조온′서′ 그래 나와가′아 살리′믈
saʎʎi′mɜl aʄu han saʎʎi′m čʰa′kɕi′ri čʰɜ′ri čoo′ts′ɜ′ kɜ′rɛ nawaga′a saʎʎi′mɜl
살림을, 아주 한 살림 착실이 채리 좃어. 그래 나와가아 살림을
살림을, 아주 한 살림 착실히 차려 줬어. 그래 나와서 살림을

제 살′고′ 인는′데, 하루′ 지이′게는, "온찌′이′게 내 따′러 좀 갑′시′다."
sa′lgo′ innɜ′nde, haru′ čĩ′gɛnɜn, "onč′ĩ′gɛ nɛ t′a′rɜ čom ka′pɕi′da."
살고 잇는데, 하루 지닉에는, "온 지닉에 내 따러 좀 갑시다."
살고 있는데, 하루 저녁에는, "오늘 저녁에는 나를 따라서 좀 갑시다."

제 이′라′능기야 색′시가, 그′래 따′러 가′이′까, 어′는, 아아 그, 주′인집
i′ra′nɜŋgija sɛ′kɕi′ga, kɜ′rɛ t′a′rɜ kã′ĩk′a, ɜ′nɜn, aa kɜ, ču′i′nʲip
이라는 기야 색시가, 그래 따러 가니까, 어는, 아아 그, 주인집
이러는 거야 색시가, 그래 따라 가니까, 어느, 아 그, 주인집

제 새′미′따′무레 가′디′이′마는 밤′쭝′ 대가′아 쥐영′할 때 가′디′이′ 이′레
sɛ′mi′t′a′murɜ ka′dĩ′ĩmanɜn pa′mč′uŋ tɛ′ga′a čwijɜ′pʰa′l t′ɛ ka′dĩ′ĩ i′rɜ
샘이따물에 가디니마는 밤중 대가아 쥐영할 때 가디니 이레
우물가에 가더니만 밤중이 되어서 조용할 때 가더니만 이레

제 새미따′무레, 요새′애느 새미따′무레 첨′부 다 새미′ 가′아 세메′늘 하고
sɛmit′a′murɜ, josɛ′ɜnɜ sɛmit′a′murɜ čʰɜ′mbu ta sɛmi′ ka′a sɛmɛ′nɜl ha′go
샘이따물에, 요새애는 샘이따물에 첨부 다 샘이 가 세멘을 하고
우물가에, 요새는 우물가에 전부 다 우물가에 시멘트를 바르고

제 핻′찌′마는 예′저′네는 그′양, 돌′로′ 드문드문 나′아녹′코
hɛ′tč′i′manɜn je′jɜ′nɛnɜn kɜ′jaŋ, to′llo′ tɜmundɜmun na′ano′kkʰo
햇지마는 예전에는 그양, 돌로 드문드문 낳아놓고
발랐지마는 예전에는 그냥, 돌을 드문드문 놓아두고

제 흘꾸디′이′거등, 그래 돌′로′ 이′레′ 하나′ 들′시디′이′ 흘′로 까래′비고 아아,
hɜlk′udĩ′ĩgɜdɜŋ, kɜ′rɛ to′llo′ i′rɜ′ hana′ tɜ′lɕidĩ hɜ′llo k′arɛ′bigo aa,
흘구딩이거등, 그래 돌로 이레 하나 들시디니 흘로 까래비고 아아,
흙구덩이거든, 그래 돌을 이레 하나 들추더니 흙을 할퀴고 응,

제 흘'로 까래'비고 소더배˜이˜로 하나' 들'시내˜디˜이˜마는 거게 소'늘' 옅티˜이˜
h₃llo k'arɛ'bigo sod₃bḛ'ĩro hana' t₃'lɕinɛ'dĩĩman₃n kₐ'gɛ so'nₐ'l jₐtthĩĩ
흘로 까래비고 소더뱅이로 하나 들시내디니마는 거게 손을 옇디니
▷ 흙을 할퀴어 파고서 소댕을 하나 들어내더니만 거기에 손을 넣더니

제 도'늘' 무진자˜을˜ 꺼'어내'능'기야 "그'래 이 도'는' 웬' 도˜이˜냐?"꼬
to'nₐ'l mujinjã'ₐl k'ₐ'ₐnɛ'nₐ'ŋgija "kₐ'rɛ i to'nₐ'n wɛ'n tõ'ĩna?"k'o
돈을 무진장을 꺼어내는 기야 "그래 이 돈은 웬 돈이냐?"꼬
▷ (엽전) 돈을 무진장으로 꺼내는 거야 "그래 이 돈은 웬 돈이냐?"고 하니까

제 "마'아, 웬' 도'니검 말'것' 가'주가'자."꼬 그'래 옌'날' 도'늘'
"ma'a, wɛ'n to'nigₐm ma'lgₐ'ŋ ka'juga'ja."k'o kₐ'rɛ je'nna'l to'nₐ'l
"마아, 웬 돈이건 말건 가주가자."꼬 그래 옛날 돈을
▷ "에, 웬 돈이건 말건 가져가자."고 그래 옛날 돈으로

제 멥'빵'냥 대'에 꺼'어내'가'아 지'베 와'가'아 "이'거' 그 주'인'찝 돈' 아'이˜냐?
me'pp'ɛ'ŋnaŋ tɛ'ɛ k'ₐ'ₐnɛ'ga'a či'be waga'a "i'gₐ' kₐ ju'i'nč'ip to'n ãi'na?
몇 백 냥 대 꺼어내가아 집에 와가아 "이거 그 주인집 돈 아니냐?
▷ 몇 백 냥이나 돼 꺼내서 집에 와서는 "이것은 그 주인집의 돈 아니냐?

제 그지'비 조오'야지." "그'래애요?", "그'집' 새미'가'에 이시˜이˜까 그'집' 도˜이˜
kₐji'bi čoo'ja'ji." "kₐ'rɛɛjo?", "kₐji'p sɛmi'ga'ɛ' iɕĩ'ĩk'a kₐji'p tõ'ĩ
그 집이 조야지." "그래요?", "그 집 샘이 가에 잇이니까 그 집 돈이
▷ 그 집에 줘야지." "그래요?", "그 집 우물가에 있었으니까 그 집 돈이

제 막껜'따. 내라직'……" 그'래 이'튼날 아치'메 나'리' 새'애가'아 가'가'주구
mɑldč'ₐ'tt'a. nɛraji'k……" kₐ'rɛ i'thₐnnal ač'ʰi'me na'ri' sɛ'ɛga'a kaga'jugu
맞겠다. 낼아직……" 그래 이튿날 아침에 날이 새애가아 가 가주구
▷ 맞겠다. 내일 아침…… " 그래 그 이튿날 아침에 날이 새어서 가서는

제 참 보˜이˜니 이'야글 다' 하고 틀'리'멉시 주'인'찝 도˜이˜라꼬, 그'러˜이˜
č'ʰam põ'ĩni i'ja'gₐl ta' ha'go tʰₐ'ʎʎi'mₐpɕi ču'i'nč'ip tõ'ĩrak'o, kₐ'rɜ̃ĩ
참 본인이 이약을 다 하고 틀림없이 주인집 돈이라꼬, 그러니
▷ 참 본인이 이야기를 다 하고서 (이것은) 틀림없이 주인집의 돈이라고, 그러니까

158

제 주′이˘이˘ 가′지라꼬. "아아, 우리′느 그래 해애′ 노′온 이˘리′ 업′따′." 이′콰′거등
ču͡íí kaʹjiɾakʹo. "aa, uriʹnɜ kɜʹɾɛ hɛɛʹ noʹon iˇriʹ ɜʹptʹaʹ." iʹkʰwaʹgɜdɜŋ

주인이 가지라꼬. "아아, 우리는 그래 해 놓온 일이 없다." 이콰거등.
▷ 주인이 가지라고 그래. "아, 우리는 그렇게 해 놓은 일이 없다." 이러거든.

제 예′저′네는 그 인자, 단′지′로 무′더 녹′코 무′를′ 퍼버′어가′아, 엽′쩌′는
jeˇjɜʹnɛnɜn kɜ inja, taʹnjiʹɾo muʹdɜ noʹkkʰo muʹɾɜʹl pʰɜbɜʹɜgaʹa, jɜʹpčʹɜʹnɜn

예전에는 그 인자, 단지로 묻어 놓고 물을 퍼버어가아, 엽전은
▷ 예전에는 그 인제, 단지를 묻어 놓고 물을 퍼부어서, 엽전은

제 무′레′다 여′어 노′오먼 암만′ 나′아 도′도′ 새기′ 암변˘하′고
muʹɾeʹda jɜʹɜ noʹomɜn ammaʹn naʹa toʹdoʹ sɛgiʹ ambjɜˇnhaʹgo

물에다 옇어놓오면 암만 낳아도오도 색이 안 변하고
▷ 물에다 넣어놓으면 암만 (오래) 놓아두어도 색이 변하지 않고

제 노′기′ 안 난′다′ 이′기′야
noʹgiʹ an naʹndaʹ iʹgiʹja

녹이 안 난다 이기야.
▷ 녹이 안 쓴다 이거야.

조 아아′, 그′래요?
aaʹ, kɜʹɾejo?

아아, 그래요?
▷ 아, 그래요?

제 으. "우리′가 해애′ 노′온 일˘ 아˘이˘라."꼬 "자기′ 보기′라꼬, 자기′ 하′라."꼬
з. "uriʹga hɛɛʹ noʹon iˇl ãĩʹra."kʹo "čaʹgiʹ poʹgiʹrakʹo, čaʹgiʹ haʹra."kʹo

으. "우리가 해 놓온 일 아이라."꼬 "자기 복이라꼬, 자기 하라."꼬
▷ 응. "우리가 해 놓은 일이 아니라."고 "자기네 복이라고, 자기네가 가지라."고

제 그′래 결′국′ 반˘석′ 갈′랃서. 반˘석′ 갈′러가′아
kɜʹɾɛ kjɜʹlguʹk paˇnsɜʹk kaʹllatsɜ. paˇnsɜʹk kaʹllɜgaʹa

그래 결국 반석 갈랐어. 반석 갈러가아
▷ 그래 결국 (주인집과) 반씩 갈랐어. 반씩 갈라서는

조 그 처ˇ녀´느 그거´로 우´애´ 아´랃서요?
k3 čʰ3ˇɲ3´n3 k3g3´ro u´jɛ´ a´rats3jo?

그 처녀는 그거로 우애 알앗어요?
▷ 그 처녀는 그것을 어떻게 알았어요?

제 그거´는 아아´, 그거´는 어´예´ 앙ˇ기´ 아ˇ이˜고 술 묵´꼬 천´날만날´
k3g3´n3n aa´, k3g3´n3n 3´jɛ´ aˇŋgi´ ãˇgo sul mu´kk’o čʰ3´nnalmanna´l

그거는 아아, 그거는 어예 안 기 아니고 술 묵고 천날만날
▷ 그것은 응, 그것은 어찌 안 것이 아니고 술을 먹고 매일같이

제 쥐ˇ중´하고 쥐중배˜이´가 그´래 수´를 대ˇ기´ 묵´꼬 그지´베 와갸´아 마
čwiˇjuˇɲɦago čwijuŋbɛ̃ˇĩga k3´rɛ su´r3l tɛˇgi´ mu´kk’o k3ji´bɛ waga´a ma

쥐중하고 쥐중뱅이가 그래 술을 대기 묵고, 그 집에 와가아 마
▷ 주정하는 주정뱅이가 그래 술을 많이 먹고, 그 집에 와서 에,

제 처˜에˜ 누´버 자´다가 몽말라 죽는´다꼬 과´아믈 지르´고 마리지 으,
čʰ3˜ɛ˜ nu´b3 ča´da´ga moŋma´lla čuŋn3´ndak’o kwa´am3l čir3´go mariji 3,

청에 눕어 자다가 목말라 죽는다꼬 과암을 지르고 말이지 으,
▷ 대청에 누워 자다가 목말라 죽는다고 고함을 지르고 말이지 응,

제 물 돌ˇ라꼬 목타갸´아 죽는´다 이´레 사´아´이˜ 그 어더´븐데 물 뜨´로´
mul to´lla´k’o moktʰaga´a čuŋn3´nda i´r3´ sa´ãĩ k3 3d3´b3ndɛ mul t’3´ro´

물 돌라꼬 목 타가아 죽는다 이레 샇아니 그 어덥은 데 물 뜨로
▷ 물을 달라고 목이 타서 죽는다고 이레 쌓으니까 그 어두운 데 물을 뜨러

제 갸´다가 미끄´러접뿌랟서, 미끄러지˜이˜ 이 소더방´ 꼭때´기가 바´레 걸리´읻따
ka´da´ga mik’3´r3jopp’urɛts3, mik’3´r3jĩ i sod3ba´n k’okt’3´giga pa´rɛ k3ʎʎi´itt’a

가다가 미끄러러저뿌렛어, 미끄러지니 이 소더방 꼭대기가 발에 걸리잇다
▷ 가다가 미끄러져 버렸어, 미끄러지니 이 소댕 꼭대기가 발에 걸렸다

제 이´기라. 그 처´녀´ 바´레 걸리´이 가´주고 여´거 머´어가 인´나 시´퍼 소´늘´
i´gi´ra. k3 čʰ3´n3´ pa´rɛ k3ʎʎi´i ka´jugo j3´g3 m3´3ga i´nna ɕi´pʰ3 so´n3´l

이기라. 그 처녀 바레 걸리이 가주고 여거 머어가 잇나 싶어 손을
▷ 이거라. 그 처녀의 발에 걸려 가지고 여기에 뭐가 있나 싶어서 손을

160

제 여′어보˜이˘ 도˜˘이˜ 드′럳′떠라 이′기′야. 그′래서 다부′ 무′더 나′앝서. 다부′

j3′3bõ′ĩ tõ′ĩ t3′r3′tt′3ra i′gi′ja. k3′rɛs3 tabu′ mu′d3 na′ats3. tabu′

옇어보니 돈이 들엇더라 이기야. 그래서 다부 묻어 낳앗어. 다부

▷ 넣어보니까 돈이 들었더라 이거야. 그래서 도로 묻어 놓았어. 도로

제 무′더 녹′코, 그′래 그거′로 차′잗′는데, 그사′래미, 사′래′미 다˘

mu′d3 no′kkʰo, k3′rɛ k3g3′ro čʰa′ja′nn3ndɛ, k3sa′rɛmi, sa′rɛ′mi ta˘

묻어 놓고, 그래 그거로 찾앗는데, 그 사램이, 사램이 다

▷ 묻어 놓고, 그래 그것을 찾았는데, 그 사람들이, 사람이 다

제 아니′라능기야 그′래가′아 그 참 뱅연해′로하′고 자′여′를 녹′코 그′래

ani′ran3ŋgija k3′rɛga′a k3 čʰam pɛŋj3nhɛ′roha′go ča′j3′rɛl no′kkʰo k3′rɛ

아니라는 기야 그래가아 그 참 백년해로하고 자여를 놓고, 그래

▷ 아니라는 거야 그래서 그 참 백년해로하고 자녀를 낳고, 그래

제 잘사˘더′라는 그′런 이˘야기 이′서.

čalsa˘d3′ran3n k3′r3n i˘ja′gi i′s3.

잘 살더라는 그런 이약이 잇어.

▷ 잘 살더라는 그런 이야기가 있어.

일곱 살짜리 가장

제 예ˇ저ˊ네 어ˊ는 양ˇ바ˊ는 장ˇ가ˊ를 가가ˊ아 자ˇ꼬 노ˇ오ˊ이ˇ 아ˊ들 딸ˊ 머
jɛˇjˊɜˊnɛ ɜˊnɜn jaˇŋbaˊnɜn čaˇŋgaˊɾɜl kagaˊa čaˊkʼo noˊõĩ aˊdɜl tʼaˊl mɜ
예전에 어는 양반은 장가를 가가아 자꼬 놓오니 아들 딸 머
▷ 예전에 어느 사람은 장가를 가서 자꾸 (자식을) 낳으니까 아들 딸 뭐

제 수ˇ엄ˊ시 나ˊ아지ˊ능ˊ기야. 그ˊ러ˇ이ˇ 마 한 여나ˊ암시 대ˊ앰서
suˇɜˊpɕi naˊajiˊnɜˊŋgija. kɜˊɾɜ̃ĩ ma han jɜnaˊamɕi tɛˊʦɜ
수 없이 낳아지는 기야. 그러니 마 한 여남시 대앳어.
▷ 수도 없이 낳아지는 거야. 그러니까 (자식이) 에, 한 여남은 명(씩)이나 됐어.

제 그ˊ러ˇ이ˇ 머 식ˇ꾸ˊ는 마ˊㄴˇ나마 머ˊ글꺼는 자ˇ그ˇ이ˇ까 그래 제일ˊ
kɜˊɾɜ̃ĩ mɜ ɕiˊkkʼuˊnɜn maˊnɜˊnama mɜˊgɜlkʼɜnɜn čaˇgɜ̃ĩkʼa kɜˊɾɛ čeiˊl
그러니 머 식구는 많으나마 먹을 거는 작으니까 그래 제일
▷ 그러니까 뭐 식구는 많으나마 먹을 것은 적으니까 그래 제일

제 망내ˇ이ˇ가, 일ˊ곱살 무ˊ건는데 "아부ˊ지요, 오늘버텅 어ˇ르ˊ늘 날ˇ로ˊ 주소ˊ.
maŋnɜ̃ĩga, iˊlgopsal muˊgɜnnɜnde "abuˊjijo, oˊnɜlbɜtʰɜŋ ɜˊɾɜˊnɜl naˇlloˊ čuˊsoˊ.
막냉이가, 일곱 살 묵엇는데 "아부지요, 오늘버텅 어른을 날로 주소.
▷ 막내가, 일곱 살을 먹었는데 "아버지, 오늘부터 어른을 나에게 주세요.

제 내가ˊ 어ˇ른ˊ질 해애ˊ얄시더." "에이ˊ, 니ˊ가ˊ 머 어ˇ른ˊ질로 하ˊ노ˊ?" 마리ˊ야.
nɜˊgaˊ ɜˊɾɜˊnjiil hɛɜˊiaˊlɜidɜ." "ɛiˊ, niˊgaˊ mɜ ɜˊɾɜˊnjillo haˊnoˊ?" maˊriˊja.
내가 어른질 해얄시더." "에이, 니가 머 어른질로 하노?" 말이야.
▷ 내가 어른 짓을 해야겠습니다." "에이, 네가 뭐 어른 짓을 하느냐?" 말이야.

제 "글ˊ시요, 아부ˊ지는 머 하는 이ˊ러기 이ˊ래ˊ가ˊ아 우리ˊ 형ˊ제들 다ˇ,
"kɜˊlɕijo, abuˊjinɜn mɜ hanɜn iˊɾɜgi iˊɾɛˊgaˊa uriˊ hjɜˊŋjedɜl taˇ,
"글시요, 아부지는 머 하는 이력이 이래가아 우리 형제들 다,
▷ "글쎄요, 아버지는 뭐 하는 능력이 이래서 우리 형제들 다,

제 형′제들하고 아부′지 어무˜이˜ 다 고′라′죽껟심′다.” “그′래? 그럼
hjɜ′njɛdɜlɦago abu′ji ɜmũ′ĩ ta˘ ko′ra′jukk′ɛtɕi′mda.” “kɜ′rɛ? kɜ′rɜm
형제들하고 아부지 어무니 다 곯아죽겟심다.” “그래? 그럼
▷ 형제들과 아버지 어머니가 다 곯아죽겠습니다.” “그래? 그럼

제 오′늘버텅 니′ 어′르′늘 주지.” 그′래 주˜우˜ 하나′ 달′라′꼬, 주˜우˜로 익′꼬
o′nɜlbɜtʰɜŋ ni˘ ɜ′rɜ′nɜl ču′ji.” kɜ′rɛ čũũ˘ hana′ ta˘lla′k’o, čũũ˘ro i′kk’o
오늘버텅 니 어른을 주지.” 그래 중우 하나 달라꼬, 중우로 입고
▷ 오늘부터 너에게 어른을 주지.” 그래 바지 하나를 달라고, 바지를 입고

제 “오′늘 저 그 저어′ 큼′마′시레 그 대˘감′ 지′비 갇따 오겓심′더.” “거′어
“o′nɜl čɜ kɜ čɜɜ′ kʰɜ′mma′ɕirɛ kɜ tɛ˘ga′m či′bi katt′a ogɛtɕi′mdɜ.” “kɜ′ɜ
“오늘 저 그, 저 큰마실에 그 대감 집이 갓다 오겟심더.” “거어
▷ “오늘 저 그, 저 큰마을에 그 대감 집에 갔다 오겠습니다.” “거기는

제 마아′로′? 니′가′ 거어 대˘감′ 지′베 마아′로′ 가′노′?” “아아′, 대˘감′ 지′베
maa′ro′? ni˘ga′ kɜ′ɜ tɛ˘ga′m či′bɛ maa′ro′ ka′no′?” “aa′, tɛ˘ga′m či′bɛ
마아로? 니가 거어 대감 집에 마아로 가노?” “아아, 대감 집에
▷ 무얼 하러? 네가 거기 대감 집에는 무얼 하러 가니?” “아, 대감 집에

제 내 가가′아 돈˘도′ 쫌′ 빌′리고, 양식′또 빌′리 와′야′ 대겓심′다.”
nɛ kaga′a to˘ndo′ č’o′m pi′ʎʎigo, jaŋɛi′kt’o pi′ʎʎi wa′ja′ tɛgɛtɕi′mda.”
내 가가아 돈도 쫌 빌리고, 양식도 빌리 와야 되겟심다.”
▷ 내가 가서 돈도 좀 빌리고, 양식도 빌려 와야 되겠습니다.”

제 “그′래애야?” 대˘감′ 지′베 가가′아 참 옌′날′ 정˘승′, 정˘승′ 지′비야
“kɜ′rɛɛja?” tɛ˘ga′m či′bɛ kaga′a čʰam jɛ˘nna′l čɜ˘ŋsɜ′ŋ, čɜ˘ŋsɜ′ŋ či′bija
“그래야?” 대감 집에 가가아 참 옛날 정승, 정승 집이야
▷ “그래?” 대감 집에 가서 참 옛날 정승, 정승의 집이야

제 “그 대˘감′님 지′비 게′심′니가?” “오오′ 그래, 니˘ 어딘′노?” 카˜이˜
“kɜ tɛ˘ga′mnim či′bi kɛ˘ɕi′mniga?” “oo′ kɜ′rɛ, ni˘ ɜdi′nno?” kʰã˘ĩ
“그 대감님 집이 게십니가?” “오오, 그래, 니 어딘노?” 카니
▷ “그 대감님 집에 계십니까?” “응, 그래, 너 어디에 사니?” 하고 물으니까

제 “내ˊ 저 움마시ˊ레요. 상ˊ꼬레 인ˊ는ˊ 아ˇ무ˊ낌니다.” 그ˊ래. “그ˊ래, 어ˊ얘ˊ
“nɛˊ čɜ ummaɕiˊɾejo. saˊŋkʼoɾɛ iˊnnɜˊn aˇmuˊkʼimnida.” kɜˊɾɛ. “kɜˊɾɛ, ɜˊjɛˊ
“내, 저 웃마실에요. 산골에 잇는 아무껍니다.” 그래. “그래, 어얘
▷ “나는, 저 윗마을에요. 산골에 있는 아무갭니다.”고 그래. “그래, 어떻게

제 완ˊ노ˊ?” “예, 쫌ˊ 빌ˇ 이ˊ리ˊ 이ˊ서 완ˇ는데 바ˇ아ˇ 쫌 드가ˊ야
waˊnnoˊ?” “jɛ, čʼoˊm piˇl iˇɾiˊ iˊsɜ waˊnnɜˊndɛ pʰãˇã čʼom tɜˊgaˊja
왔노?” “예, 쫌 빌 일이 잇어 왓는데 방아 쫌 드가야
▷ 왔니?” “예, 좀 뵐 일이 있어 왔는데 방에 좀 들어가야

제 대겔슴ˊ다.” “오오, 두론너ˇ라.” “그 우리ˊ지ˊ비 식꾸ˇㄴ 우리ˊ 형ˊ제가
tɛgɛtsɜˊmda.” “oo, tuɾonnɜˊɾa.” “kɜ uɾiˇjiˇbi ɕiˇkkʼuˊnɜ uɾiˇ hjɜˊɲjɛga
대겟슴다.” “오오, 둘온너라.” “그 우리 집이 식구는 우리 형제가
▷ 되겠습니다.” “오냐, 들어오너라.” “그 우리 집에 식구는 우리 형제자매가

제 누ˊ나들하고 형ˊ하ˊ고 열ˊ긴ˊ데 아부ˊ지 어무ˇ이ˇ
nuˊnadɜlɦago hjɜˊɲɦaˊgo jɜˊlgiˊndɛ abuˇji ɜmũˇĩ
누나들하고 형하고 열긴데 아부지 어무니
▷ 누나들과 형을 합해서 모두 열 명인데 아버지 어머니(까지 합해서 식구가 모두)

제 열ˊ뚜ˊ린데 그 머ˇ어 팔밭ˇ 쪼ˊ사가ˊ아 머 감자ˊ 쫌 숭구ˊ우고 서ˇ숙ˇ
jɜˊltʼuˊrindɛ kɜ mɜˇɜ pʰalbaˇt čʼoˊsagaˊa mɜ kamjaˊ čʼom suŋguˊugo sɜˇsuˇk
열둘인데 그 머 팔밭 쫏아가아 머 감자 쫌 숭구고, 서숙
▷ 열둘인데 그 화전(火田)을 일구어서 뭐 감자 좀 심고, 조를

제 쫌 가ˊ라바ˇ도ˊ 도ˇ저ˊ이 몸ˇ 묵ˊ꼬살ˇ겔ˊ심다.”
čʼom kaˊɾahaˇdoˊ toˇjɜˊi moˇm muˊkkʼosaˇlgeˊtɕimda.”
쫌 갈아바도 도저이 몬 묵고살겟심다.”
▷ 좀 갈아 봐도 도저히 못 먹고살겠습니다.”

조 서ˇ수기라 컨ˊ능ˊ기 조ˊ지요?
sɜˇsuˊgiɾa kʰɜˊnnɜˊŋgi čoˊjijo?
서숙이라 컹는 기이 조지요?
▷ 서숙이라고 하는 것이 조지요?

164

제 응, 조.

　　ɜŋ, čo.

　　응, 조.

▷ 응, 조.

조 지정´하고 조하´고는 다름니´까?

　　čijɜ´ŋɦago čoɦa´gonɜn darɜmni´k'a?

　　지정하고 조하고는 다릅니까?

▷ 기장과 조는 다릅니까?

제 틀리´이지. 천´지 차´이지. "그´래? 그럼 나´락 얼매´나?" "나´락

　　tʰɜʎʎi´iji. čʰɜ´ŋji čʰa´iji. "kɜ´ɾe? kɜ´ɾɜm na´ɾak ɜl´mɛ´na?" "na´ɾak

　　틀리지. 천지 차이지. "그래? 그럼 나락 얼매나?" "나락

▷ 틀리지. 천지 차이지. "그래? 그럼 벼는 얼마나?" "벼

제 백´섬´하고 돈˘ 뱅´냥하고만 주´소´. 멩연´, 올´개는 몽˘가´풀

　　pɛ´ksɜ´mɦago to˘n pɛ´ŋŋa´ŋɦagoman ču´so´. mɛŋjɜ´n, o´lgɜnɜn mo˘ŋga´pʰul

　　백 섬하고 돈 백 냥 하고만 주소. 멩연, 올개는 몬 갚울

▷ 백 섬과 돈 백 냥만 (빌려) 주세요. 명년, 올해는 못 갚을

제 끼´이꼬 멩여´네 각껠심´다." "돈˘ 뱅´냥은 머어한데´ 시´노´?" 카˜이˜

　　k'i´ik'o mɛŋjɜ´ne kakk'ɜtɛi´mda." "to˘n pɛ´ŋŋa´ŋɜn mɜɜɦandɛ´ ɕi´n´o?" kʰã˜ĩ

　　끼이고 멩연에 갚겟심다." "돈 백 냥은 머어한데 시노?" 카니

▷ 것이고 명년에 갚겠습니다." "돈 백 냥은 무얼 하는 데 쓰느냐?"고 하니까

제 "머, 이재˜이˜ 이´서야 이´를´ 하지요. 사´네 머, 팔바´틀 쪼´사가´아 머 감자´도

　　"mɜ, ijɜ̃ĩ i´sɜja i´ɾɜ´l ɦa´jijo. sa´nɛ mɜ, pʰalba´tʰɜl čo´saga´a mɜ kamja´do

　　"뭐, 이쟁이 잇어야 일을 하지요. 산에 머, 팔밭을 쫏아가아 머 감자도

▷ "뭐, 농기구가 있어야 일을 하지요. 산에 뭐, 화전을 일구어서 뭐 감자도

제 숭구´우고, 서´숙´또 갈˘고´ 콩´도 갈˘고´, 머 여´러 가´지 하´머

　　suŋgu´ugo, sɜ˘su´kt'o ka˘lgo´ kʰo´ŋdo ka˘lgo´, mɜ jɜ´ɾɜ ka´ji ɦa´mɜ

　　숭구고, 서숙도 갈고 콩도 갈고, 머 여러 가지 하머

▷ 심고, 조도 갈고 콩도 갈고, 뭐 여러 가지를 (재배)하면

제 시푼데, 머 호미도 사야 대고, 꿰~이~도 사야 대고 소구리도 사야
εiphúndε, mɜ hoʹmido saʹjaʹ tεʹgo, kʹwɛ̃ĩdo saʹjaʹ tεʹgo soguʹrido saʹjaʹ
싶운데, 머 호미도 사야 대고, 꽹이도 사야 대고 소구리도 사야
▶ 싶은데, 뭐 호미도 사야 되고, 괭이도 사야 되고 소쿠리도 사야

제 대고, 이레 하는데 오늘 당장 쫌 보내애 주소. 양석, 머 오늘
tεʹgo, iʹɾεʹ haʹnɜʹndε oʹnɜl taŋjaʹŋ čʹom ponεʹε juʹsoʹ. jaŋsɜʹk, mɜ oʹnɜl
대고, 이레 하는데 오늘 당장 쯤 보내 주소, 양석, 머 오늘
▶ 되고, 이레 하는데 오늘 당장 좀 보내 주세요, 양식은, 오늘

제 머글 끼이 업심다.” “응 그래? 그라지.” 그래 마다~아~ 노~죽 뻑까리
mɜʹgɜl kʹiʹi ɜʹpeiʹmda.” “ɜʹŋ kɜʹɾε? kɜraʹĵi.” kɜʹɾε madã̀ã noʹĵuʹk pʹεkkʹaʹɾi
먹을 기이 없심다.” “응, 그래? 그라지.” 그래 마당아 노죽 벳가리
▶ 먹을 것이 없습니다.” “응, 그래? 그렇게 하지.” 그래 마당에는 노적가리를

제 꽉 가리 나악꺼등, 함벡까리 가리 나안는데, 가리가주구 이레
kʹwaʹk kaʹɾi naʹakkʹɜdɜŋ, hambεkkʹaʹɾi kaʹɾi naʹannɜdε, kaʹɾigaʹĵugu iʹɾεʹ
꽉 가리 낳앗거등, 한 벳가리 가리 낳앗는데, 가리 가주구 이레
▶ 잔뜩 가려 놓았거든, 한 볏가리를 가려 놓았는데, 가려 가지고 이렇게

제 더퍼 나안는데, 벡끼고 우예 서믈 드러내라아 녹코 그 미테 꺼로
tɜʹphɜ naʹannɜdε, pεʹkkʹigo uʹjε sɜʹmɜʹl tɜʹɾɜnεɾaʹa noʹkkho kɜ miʹthε kʹɜʹɾo
덮어 낳앗는데, 벳기고 우예 섬을 들어내라 놓고 그 밑엣거로
▶ 덮어놓았는데, 벗기고 위에 있던 섬을 들어내려 놓고 그 밑엣것을

제 실리이 올리 보내 주거등 거거서 인자 다 올라가능거 보고 돈
εiλλʹi oʹλʹi poneʹ ĵuʹgɜʹdɜŋ kɜʹgɜɔ inĵaʹ taʹ oʹllaganɜŋgɜ ɲoʹgoo toʹn
실리 올리 보내 주거등 거거서 인자 다 올라가는 거 보고 돈
▶ 실어 올려 보내 주거든 거기서 이제 다 (실어) 올라가는 것을 보고 돈

제 뱅낭 바다 여어가아, 지비 와가아 “오늘버터 일 하압시다. 그런데
pεʹŋnaʹŋ paʹda jɜʹɜgaʹa, čiʹbi wagaʹa “oʹnɜlbɜthɜ iʹl ɦaʹapεida. kɜʹɾεndε
백 낭 받아 옇어가아 집이 와가아 “오늘버터 일 합시다. 그런데
▶ 백 냥을 받아 넣고 집에 와서는 “오늘부터 일들을 합시다. 그런데

166

제 일˘로ˊ 하˘는ˊ데요 해가ˊ 빠˘지ˊ두룩 일˘하ˊ고 지ˊ베 올ˊ때는 누˘구ˊ나
iˇlloˊ haˊnɜˊndɛjo hɛˊgaˊ p'aˆjiˊduɾuk iˇlɦaˊgo čiˊbɛ oˊlt'ɛnɜn nuˊguˊna
일로 하는데요 해가 빠지두룩 일하고 집에 올 때는 누구나
▷ 일을 하는데 있어서는 해가 빠지도록 일하고 집에 올 때는 누구나

제 도˘를ˊ 주˘서 오˘든ˊ지, 애, 흐˘를 지˘고 오˘든ˊ지, 머 낭ˊ글 지˘고 오˘든ˊ지
toˇɾɜˊl čuˊsɜ oˊdɜˊnji, ɛ, hɜˊɾɜl čiˊgo oˊdɜˊnji, mɜ naˊŋɜl čiˊgo oˊdɜˊnji
돌을 줏어 오든지, 애, 흘을 지고 오든지, 머 낡을 지고 오든지
▷ 돌을 주워 오든지, 아니면, 흙을 지고 오든지, 뭐 나무를 지고 오든지

제 마˘이˜ 말ˊ고ˊ 힘ˊ대로, 빙ˊ걸로 오˘는ˊ 사˘라믄 다시 가가ˊ아 지˘고,
mãˇîˊ maˊlgoˊ çimdɛˊro, piˊŋɜˊllo oˊnɜˊn saˊɾamɜn taˊɛi kagaˊa čiˊgo,
많이 말고 힘대로, 빈걸로 오는 사람은 다시 가가아 지고,
▷ 많이는 말고 힘대로, 빈손으로 오는 사람은 다시 가서 지고,

제 해애가ˊ 와ˊ야ˊ 댄˘다.”고. 그ˊ래 머 이ˇ연ˊ 도˜안˜ 모ˊ안는 도˘리ˊ 마 아ˆ주
hɛɛˊgaˊ waˊjaˊ tɛˇnda.”go. kɜˊɾɛ mɜ iˇjɜˊn dõãn moˊannɜn toˇɾiˊ ma aˆju
해가 와야 댄다.”고 그래 머 이 연 동안 모앗는 돌이 마 아주
▷ 해서 와야 된다.”고 그래 뭐 이 년 동안 모은 돌이 에, 아주

제 돌뻭까ˊ리가 크ˊ게ˊ 함벡까ˊ리야. 함벡까ˊ린데 기중ˊ 우ˊ옐 또˘리ˊ
tolp'ɜkk'aˊɾiga kʰɜˊgɛˊ hambɛkk'aˊɾija. hambɛkk'aˊɾindɛ kiju'ŋ uˊjɛt t'oˇɾiˊ
돌벳가리가 크게 한 벳가리야. 한 벳가린데 기중 우옛돌이
▷ 돌무더기가 크게 한 무더기야. 한 무더긴데 그중 (맨) 위의 돌이

제 생금짜˜˘이ˆ야 기중ˊ 우ˊ옐 또˘리ˊ 생금짜˜˘인˘데 그 본ˊ직 공ˊ구ˊ는
sɛŋɜmčˇãˊîja kiju'ŋ uˊjɛt t'oˇɾiˊ sɛŋɜmčˇãˊiˇndɛ kɜ poˊnjiˊk koˊŋguˊnɜn
생금장이야47) 기중 우옛돌이 생금장인데 그 본집 공구는
▷ 생금장이야 그중 맨 위의 돌이 생금장인데 그 본집 식구는

---

47) 생금장 : 잘라내면 자꾸 자란다는 금덩어리.

제 생금짜˝˜인˜지 아˜인˜지 그ʹ양 돌모데ʹ기만 샤ʹ아 올ʹ리는 줄 아ʹ럳찌.
sɛŋɜmčʼãʹĩ˜nǰi ãĩ˜nǰi kɜʹjaŋ tolmodeʹgiman saʹa oʹʎʎinɜn čul aʹɾɜtčʼi.
생금장인지 아닌지 그양 돌모데기만 샇아 올리는 줄 알엇지.
▷ 생금장인지 아닌지 (모르고) 그냥 돌무더기만 쌓아 올리는 줄 알았지.

조 그게ʹ 아ˇ무ʹ 누ʹ네나 암보인ʹ다 컫떼ʹ에요?
kɜgɛʹ aˇmuʹ nuʹnɛna amboiʹnda kʰɜttʼɛʹɛjo?
그게 아무 눈에나 안 보인다 컹데에요.
▷ 그것이 아무 눈에나 보이지 않는다고 하더군요.

제 그ʹ럳치, 고 그ʹ양 돌ˇ만ʹ 비ʹ이지. 여ʹ네 숙 꾸ˇ레ʹ 부억ʹ 아구ʹ리 항가ʹ지야.
kɜʹɾɜtčʰi, ko kɜʹjaŋ toˇlmaʹn piʹiji. jɜʹnɛ suk kʼuˇɾɛʹ puɜʹk aguʹɾi haŋgaʹjija.
그렇지, 고 그양 돌만 비이지. 여네 숯 굴에 부엌 아구리 한가지야.
▷ 그렇지, 고 그냥 돌로만 보이지. 마치 숯 굴의 부엌 아궁이와 마찬가지야.

제 저 저 이 머
čɜ čɜ i mɜ
저 저 이 머
▷ 저 저 이 뭐

조 이ʹ망돌.
iʹmaŋdol.
이망돌.48)
▷ 이맛돌.

제 이ʹ망돌 항가ʹ지야. 그ʹ래 그거ʹ 인자ʹ 우ʹ예 노적뻭까ʹ리 허ʹ러갸ʹ아 우ʹ예서
iʹmaŋdol haŋgaʹjija. kɜʹɾɛ kɜgɜʹ inǰaʹ uʹjɛ noǰɜkpʼɛkkʼaʹɾi hɜʹɾɜgaʹa uʹjɛsɜ
이망돌 한가지야. 그래 그거 인자 우예 노적벳가리 헐어가아 우예서
▷ 이맛돌과 마찬가지야. 그래 그것 이제 위의 노적가리를 헐어서 위의 것은

---

48) 이망돌(이맛돌) : 이맛돌에 얽힌 생금장 얘기가 따로 또 있음.

제 내라′아녹′코 미′테 꺼 주′는 그 뽀′늘 바아′가′주고, 아아 그 뽀′늘
neɾa′ano′kkʰo mi′tʰɛ kɜ ču′nɜn kɜ p'o′nɜl paa′ga′ǰugo, aa kɜ p'o′nɜl
내라놓고 밑엣거 주는 그 뽄을 바 가주고, 아아 그 뽄을
내려놓고 밑엣것을 주는 그 본을 봐 가지고, 응 그 본을

제 바안′는′데 그래 인자′ "어어′, 나′락 백′서′믈′ 암반는′다, 돈′ 뱅′냥도
paa′nnɜ′ndɛ kɜ′rɛ inǰa "ɜɜ′, na′rak pɛ′ksɜ′mɜ′l ambannɜ′nda, to′n pɛ′ŋŋa′ŋdo
밧는데 그래 인자 "어어, 나락 백 섬을 안 받는다, 돈 백 냥도
봤는데 그래 이제 "응, 벼 백 섬을 안 받는다, 돈 백 냥도

제 암반는′다." 그 대′가′미마리지 "저 돌뻭까′리 저′거′만 날′ 달′라′."
ambanɜ′nda." kɜ tɛ′ga′mimariji "čɜ tolp'ɛkk'a′ri čɜ′gɜ′man na′l ta′lla′."
안 받는다." 그 대감이 말이지 "저 돌벳가리 저거만 날 달라."
안 받는다." 그 대감이 말이지 "저 돌무더기 저것만 나를 달라."

제 이′기′야.
i′gi′ja.
이기야.
이거야.

조 와′요′? 대′감′니미 그 금떵거′리를 바안′땀′마리지요?
wa′jo′? tɛ′ga′mnimi kɜ kɜmt'ɜŋgɜ′riɜl paa′tt'a′mmariǰijo?
와요? 대감님이 그 금덩거리를 밧단 말이지요?
왜요? 대감님이 그 금덩이를 봤단 말이지요?

제 올′치′.
o′lčʰi′.
옳지.
옳지(암, 그렇지).

조 다른′ 사′라믄 모르고′?
tarɜ′n sa′ramɜn morɜgo′?
다른 사람은 모르고?
다른 사람은 모르고?

제 다른′ 사′라믄 모′리′지.
tarɜ′n sa′ramɜn mo′riĵi.

다른 사람은 모리지.
▶ 다른 사람들은 (아무도) 모르지.

조 그 아′아도 모르고요′?
kɜ a′ado morɜgojo′?

그 아아도 모르고요?
▶ 그 아이도 모르고요?

제 본′집′ 식′꾸′느 몰˘라′.
po′nĵi′p ɕi′kk′u′nɜ mo′lla′.

본집 식구는 몰라.
▶ 본집 식구는 몰라.

조 고 일′곱살짜′리도 모르고′?
ko i′lgopsalč′a′rido morɜgo′?

고 일곱 살짜리도 모르고?
▶ 고 일곱 살짜리도 모르고?

제 모′르′고.
mo′rɜ′go.

모르고.
▶ 모르고.

조 인자′ 한 아′홉살 대′액껜네요?
inĵa′ han a′ɦopsal tɛ′ɛkk′ɛnnɛjo?

인자 한 아홉 살 댓겟네요?
▶ 이제 한 아홉 살이 됐겠네요?

제 그′럳치. 그 일′곱사′리˜이˜까네, 두˘해 대′앧시˜이˜까네 아′홉살 대′앧찌.
kɜ′rɜtčʰi. kɜ i′lgopsa′rĩ′ĩkanɛ, tu˘ɦɛ tɛ′ɛtɕĩk′anɛ a′ɦop sal tɛ′ɛtč′i.

그렇지. 그 일곱 살이니까네, 두 해 대앳이니까네 아홉 살 대앳지.
▶ 그렇지. 그 (때) 일곱 살이니까, 두 해가 되었으니까 아홉 살이 됐지.

제 "그`래 웨 그 돌뻭까`리 날ˇ 달ˇ라` 그`랜는데 웨 우´옉꺼느 와
"kɜ´ɾɛ wɛ, kɜ tolp'ɛkk'a´ɾi na´l ta´lla´ kɜ´ɾɛnnɜndɛ wɛ u´jɛkk'ɜnɜ wa
"그래 왜, 그 돌벳가리 날 달라 그랫는데 왜 우엣거는, 와
▶ "그래 왜, 그 돌무더기를 나에게 달라고 했는데 왜 위의 것은, 왜

제 내라´아논느´냐?" 콰ˇ~이 "대ˇ감´님도 우´예 노ˇ적´ 뻭까`리 우´옉꺼느
nɛɾa´anonnɜ´na?" kʰwã´i "teˇga´mnimdo u´jɛ noˇjɜ´k p'ɛkk'a´ɾi u´jɛkk'ɜnɜ
내라놓느냐?" 콰니 "대감님도 우예 노적 벳가리 우엣거는
▶ 내려놓느냐?"고 하니까 "대감님도 위의 노적가리 맨 위의 것은

제 한´섬 내라´녹´코, 날 조옽´짠´슴니가? 나도 이 제일 우´에
ha´nsɜm nɛɾa´no´kkʰo, nal čoo´tč'a´nsɜmniga? na´do i čeil u´ɛ
한 섬 내라놓고, 날 좃잖습니가? 나도 이 제일 우에
▶ 한 섬을 내려놓고, 나를 주지 않았습니까? 나도 이 제일 위의 (것은),

제 욷뚜꺼~인ˇ데 나´도 이´거` 내라´아놓슴니´다." 이라´거등. '하하 저´너´미
utt'uk'ɜ´i˜ndɛ na´do i´gɜ´ nɛɾa´anotsɜmni´da." i´ɾa´gɜdɜŋ. 'hafia čɜ´nɜ´mi
욷뚜껑인데 나도 이거 내라놓습니다." 이라거등. '하하 저넘이
▶ 위뚜껑이기에 나도 이것은 내려놓습니다." 이러거든. '하하 저놈이

제 아ˇ무´래 캐애´도´ 어ˇ거~이ˇ 너리~이ˇ 저´넘´ 보´기´ 망ˇ쿠´나.' 그래서 "돌모데´기는
aˇmu´ɾe kʰɛɛ´do´ ɜˇgɜ˜´i nɜɾĩ˜´i čɜ´nɜ´m po´gi´ mɜˇŋkʰu´na.' kɜ´ɾɛsɜ "tolmodɛ´ginɜn
아무래 캐도 어건이 너리니 저넘 복이 많구나.' 그래서 "돌모데기는
▶ 아무리 해도 의견이 너르니까 저놈의 복이 많구나.' 그래서 "돌무더기는

제 피´로´ 업´땀´마리다 으. 돌뻬까`리도 피´로´ 억ˇ꼬´ 나락 백´석´또
pʰi´ɾo´ ɜ´pt'a´mmaɾida ɜ. tolp'ɛk'a´ɾido pʰi´ɾo´ ɜˇkk'o´ na´ɾak pɛ´ksɜ´kt'o
필오 없단 말이다. 으. 돌벳가리도 필오 없고 나락 백 석도
▶ 필요 없단 말이다. 응. 돌무더기도 필요 없고 벼 백 석도

제 피´로´ 억ˇ꼬´ 돔ˇ 뱅´냥도 피´로´ 업´따´마리다. 니ˇ가´ 하´여간
pʰi´ɾo´ ɜˇkk'o´ to´m pɛ´ŋna´ŋdo pʰi´ɾo´ ɜ´pt'a´maɾida. ni´ga´ ha´jɜgan
필오 억꼬 돈 백 냥도 필오 없다 말이다. 니가 하여간
▶ 필요 없고 돈 백 냥도 필요 없단 말이다. 네가 하여간

제 머리가 졸타˘ 마리야. 그 잘 사˘러라." 이˘콰고 그래가˘아 부˘자 대˘애가˘아
m₃ɾiga čo˘ttʰa˘ maɾija. kɜ čal sa˘ɾɜɾa." i˘kʰw˘ago kɜˇɾɛga˘a puˇja˘ tɛˇɛga˘a
머리가 좋다 말이야. 그 잘 살어라." 이 콰고 그래가아 부자 대애가아
▷ 머리가 좋단 말이야. 그럼 잘 살아라." 이렇게 말하고 그래서 부자가 되어서

제 잘 사˘더라는데. 그래 다부˘, 다부˘ 만˘석˘ 하더라는데. 하하하하, 그
čal sa˘dɜˇɾanɜndɛ. kɜˇɾɛ tabu˘, tabu˘ ma˘nsɜˇk hadɜɾanɜndɛ. hahahaha, kɜ
잘 사더라는데. 그래 다부, 다부 만석 하더라는데. 하하하하, 그
▷ 잘 살더라는데. 그래 도로, 도로 만석을 하더라는데. 하하하하, 그

제 머˘리가 조˘아˘야 대˘. 중˘국사람 '장구˘자' 내˘능˘거 항가˘지야.
m₃ˇɾiga čo˘a˘ja dɛˇ. ču˘ŋguksaɾam 'čaŋguˇja' nɛˇnɜˇŋgɜ haŋgaˇjija.
머리가 좋아야 대. 중국사람 '장구자' 내는 거 한가지야.
▷ 머리가 좋아야 돼. 중국사람이 '장구자'를 선출하는 것과 한가지야.

조 머어˘요˘?
mɜɜˇjoˇ?
머요?
▷ 뭐요?

제 중˘국사람 '장구˘자'.
ču˘ŋguksaɾam 'čaŋguˇja'.
중국사람 '장구자'.
▷ 중국사람 '장구자'.

조 그기˘이 무슴마˘림˘니까?
kɜgiˇi muɜɜmmaˇɾiˇmnilˇa?
그기이 무슨 말입니까?
▷ 그것이 무슨 말입니까?

제 중˘국, 이 중˘국서 나˘왈˘서, 이 얘˘기가 중국 사˘래미 이 아˘드리
ču˘ŋguk, i ču˘ŋguksɜ na˘wa˘tsɜ, i jeˇgiˇga ču˘ŋguk sa˘ɾɛˇmi i a˘dɜɾi
중국, 이 중국서 나왔어, 이 얘기가 중국 사램이 이 아들이
▷ 중국, 이게 중국에서 나왔어, 이 얘기가 중국 사람은 그 아들이

172

제 메ˇ치ˊ기ˊ나 제ˇ일ˊ 똑똑칸ˊ 애ˊ애를 장구ˊ…… 저 주ˊ이ˊ늘 내ˇ능ˊ기라.
  mɛˇčʰiˊgiˊna čɛˇiˊl tʼoktʼokkʰaˊn ɛˊɛrɜl čaŋguˊ…… čɜ čuˊiˊnɜl nɛˇnɜˊŋgira.

  몇이기나 제일 똑똑한 애애를 장구…… 저 주인을 내는 기라.
  ▣ 몇이거나 간에 제일 똑똑한 애를 장구…… 저 주인을 삼는 거라.

제 ˈ장구ˊ자ˊ. 머 이장ˊ을 어ˇ드ˊ러 가기ˊ나 머ˊ어로 어ˇ드ˊ로 가ˊ도ˊ
  ˈčaŋguˊja'. mɜ ijaˊŋɜl ɜˇdɜˊrɜ kagiˊna mɜˊɜro ɜˇdɜˊro kaˊdoˊ

  ˈ장구ˊ자'. 머 이장을 얻으러 가기나 머어로 얻으로 가도
  ▣ ˈ장구자'. 뭐 (누가) 농기구를 빌리러 가거나 무엇을 빌리러 가도

제 ˈ장구ˊ자ˊ인데 무ˊ러보ˊ라 이기라 무ˊ러보ˊ고 가ˊ주가ˊ라 이기라.
  ˈčaŋguˊja'indɛ muˊrɜboˊra igira muˊrɜboˊgo kaˊjugaˊra igira.

  ˈ장구자'인데 물어보라 이기라 물어보고 가주 가라 이기라.
  ▣ ˈ장구자'한테 물어보라 이거라 물어보고 가져가라 이거라.

제 어ˇ른ˊ도 피ˊ로ˊ 업ˇ서ˊ. ˈ장구ˊ자'.
  ɜˇrɜˊndo pʰiˊroˊ ɜˇpsɜˊ. ˈčaŋguˊja'.

  어른도 필오 없어. ˈ장구자'.
  ▣ 어른도 필요 없어. ˈ장구자'.

조 그게ˊ 인자ˊ 어ˇ르˜이˜네요?
  kɜgɛˊ injaˊ ɜˇrɜ˜i˜nɛjo?

  그게 인자 어른이네요?
  ▣ 그것이 이제 어른이네요?

제 아아, ˈ장구ˊ자'가 어ˇ르˜이˜야.
  aa, ˈčaŋguˊja'ga ɜˇrɜ˜iˊja.

  아아, ˈ장구자'가 어른이야.
  ▣ 응, ˈ장구자'가 집안의 어른이야.

자원(自願)한 며느리

제 어'는 양'바~이~ 장'가로 가가'아 아'들딸로 마~'이~ 나'앝서. 마~'이~ 나'안는데,
ɜ´nɜn ja´ŋbã´ĩ ča´ŋga´ro kaga´a a´dɜlt'allo mã´ĩ na´atsɜ. mã´ĩ na´annɜndɛ,
어는 양반이 장가로 가가아 아들딸로 많이 낳앗어. 많이 낳앗는데,
▶ 어느 사람이 장가를 가서 아들딸을 많이 낳았어. 많이 낳았는데,

제 한 열댄~ 식'꾸' 대는'데 그 인자' 크'나'들로 장'가'를 보내'애 노~'오~이~
han jɜldeˇt ɕi´kk'u´ tɜnɜ´ndɛ kɜ inja kʰɜ´na´dɜllo ča´ŋga´rɜl ponɛˊɛ nõ´õĩ
한 열댓 식구 대는데 그 인자 큰아들로 장가를 보내 놓오니
▶ 한 열댓 식구가 되는데 그 인제 큰아들을 장가를 보내 놓으니까

제 참 아까'아 말'따'나 머 일~ 가'미' 이'서야 일~'로' 하'재? 그 아까' 그, 머
čʰam ak'a´a maˇlt'a´na mɜ iˇl kaˇmi´ i´sɜja iˇllo´ haˇjɛ? kɜ ak'a´ kɜ, mɜ
참 아까 말따나 머 일감이 잇어야 일로 하재? 그 아까 그, 머
▶ 참 아까 말처럼 뭐 일감이 있어야 일을 하지? 그 아까 그, 뭐

제 '장구'자' 나'는' 거'어 그지'비느 일 참 사'네, 사'늘 팔바'틀
'čaŋgu´ja' na´nɜ´n kɜˊɜ kɜji´binɜ il čʰam sa´nɛ, sa´nɜl pʰalba´tʰɜl
'장구자' 나는 거어 그 집이느 일 참 산에, 산을 팔밭을
▶ '장구자' 나는 거기 그 집에는 일 참 산에, 산을 화전을

제 쪼'앝찌마는 이'지'베는 산'도 업'서'. 열'다'섣 식'꾸'에 그래 크'나'들
č'o´atčʼimanɜn i´či´bɜnɜn sa´ndo ɜˇpsɜ´. jɜlˇta´sɜt ɕi´kk'u´ɛ kɜˊrɛ kʰɜ´na´dɜl
쪼앚지마는 이집에는 산도 없어. 열다섯 식구에 그래 큰아들
▶ 일구었지마는 이집에는 산도 없어. 열다섯 식구에 그래 큰아들을

제 장'개'보내 노'오~이~ 마 색'시'가 머 머 나물'로 뜨'더'다가 이'레' 먹'꼬 이'레'
ča´ŋgɛ´bonɛ no´õĩ ma seˇkɛi´ga mɜ mɜ namu´llo t'ɜ´dɜdaga i´rɛ´ mɜ´kk'o i´rɛ´
장개보내 놓오니 마 색시가 머 머 나물로 뜯어다가 이레 먹고 이레
▶ 장가보내 놓으니까 에, 색시가 뭐 뭐 나물을 뜯어다가 이렇게 먹고 이렇게

제 사́러보~이~ 도́저́이 몬́살́겍꺼등 마 자기́는 자기́대로 갑́뿌랟서.
　saʹrɜbõĩ toʹjɜʹi moʹnsaʹlgɛkkʹɜdɜŋ ma čaʹgiʹnɜn čaʹgiʹdɛro kaʹppʹurɛtsɜ.
　살어보니 도저이 몬 살겟거등. 마 자기는 자기대로 가뿌렛어.
▶ 살아보니까 도저히 못 살겠거든. 에, 자기는 자기대로 가버렸어.

제 갑́뿌고, 또 긍그́이~ 그 재́추́ 장́개로 보낸́는데 이사́람도
　kappʹugo, tʹo kɜŋgõĩ kɜ čɜʹčʰuʹ čaʹŋgɜʹro ponɜʹnnɜnde isaʹramdo
　가뿌고, 또 근근이 그 재추 장개로 보냇는데 이 사람도
▶ (도망) 가버리고, 또 근근이 그 재취 장가를 보냈는데 이 사람(=여자)도

제 마́아 역시́ 사́러보~이~ 도́저́이 머 궁́고́ 머 살́수가 인능́강?
　maʹa jɜʹkeiʹ saʹrɜbõĩ toʹjɜʹi mɜ kuʹŋgoʹ mɜ saʹlsuʹga innɜʹŋgaŋ?
　마아 역시 살어보니 도저이 머 굶고 머 살 수가 잇는강?
▶ 에, 역시 살아보니까 도저히 뭐 굶고서 뭐 살 수가 있는감?

제 또 마 도망́ 갑́뿌랟따. 갑́뿌고. 시́분째 장́개́ 보낼́라 카~이~
　tʹo ma tomaʹŋ kaʹppʹuʹrɛttʹa. kaʹppʹuʹgo. eiʹbuʹnčʹɛ čaʹŋgɜʹ ponɜʹlla kʰãĩ
　또 마 도망 가뿌렛다. 가뿌고. 시 분째 장개 보닐라 카니
▶ 또 마 도망 가버렸다. 가버리고. 세 번째 장가를 보내려니까

제 도́저́이 머, 머 누가́ 딸 굴́머 주길 자리 누가́ 딸 줄́라́ 카능́가배?
　toʹjɜʹi mɜ, mɜ nuʹgaʹ tʹal kuʹlmɜ čuʹgil čaʹri nuʹgaʹ tʹal čuʹllaʹ kʰaʹnɜʹŋgabɛ?
　도저이 머, 머 누가 딸 굶어 죽일 자리 누가 딸 줄라 카는가배?
▶ 도저히 뭐, 누가 딸을 굶어 죽일 자리에다 누가 딸을 주려고 하겠어?

제 그́래 중시내́비가 중신하́로 댕기는데 그́래 한지́비 처́여가 참
　kɜʹrɛ čuŋɜinɛʹbiga čuŋɜinhaʹro tɜʹŋginɜnde kɜʹrɛ hanjiʹbi čʰɜʹjɜʹga čʰam
　그래 중신애비가 중신하로 댕기는데 그래 한 집이 처여가 참
▶ 그래 중매쟁이가 중매하러 다니는데 그래 한 집에 처녀가 참

제 조́온́ 처́연데 거́어 가가́아 말́로 하~이~ 어́른́드리 마 냉걸́랴~을~ 에
　ɜ ʹoʹn čʰɜʹjɜʹnde kɜʹɜ kagaʹa maʹlloʹ hãĩ ɜʹrɜʹndɜri ma nɜʹŋgɜʹʎãĩ nʹoʹoŋ ɜ
　좋온 처년데 거어 가가아 말로 하니 어른들이 마 냉걸량을 에
▶ 좋은 처녀가 있는데 거기 가서 말을 하니까 어른들이 에, 냉갈령을 에

제 이´사´람 에라´. 고´이한 사´랑거치 쯤. 어´데 그 저저, 밥´또´ 몸´묵´꼬
i´sa´ram ɛra´. ko´iɦan sa´raŋɡɜčʰi č´ɜt. ɜ´dɛ kɜ čɜʃɜ, pa´pt´o´ mo´mmu´kk´o
이 사람 에라. 고이한 사람겉이, 쯧. 어데 그 저저, 밥도 몬 묵고
▶ 이 사람 에라. 고이한 사람같이, 쯧. 어데 그 저저, 밥도 못 먹고

제 죽´또´ 모´ 어´더´ 묵는´ 그런 지´베다가 말´로´ 해´가´아 대나,
ču´kt´o´ mo´ ɜ´dɜ´ muŋnɜ´n kɜ´ɾɜn či´bɛdaga ma´llo´ ɦɜ´ɡa´a tɛna,
죽도 몬 얻어 묵는 그런 집에다가 말로 해가아 대나,
▶ 죽도 못 얻어 먹는 그런 집에다가 말을 해서야 되느냐,

제 가무˜´이´사 조´타´. 족´쿠´마는. 옌´나´레는 가문´ 보´고도 그거´참
kamũ´ĩsa čo´tʰa´. čo´kkʰu´manɜn. jɛ´nna´ɾɛnɜn kamu´n po´godo kɜɡɜ´čʰam
가문이사 좋다. 좋구마는. 옛날에는 가문 보고도 그거 참
▶ 가문이야 좋다. 좋건마는. 옛날에는 가문을 보고도 그것 참

조 가문´ 뜨더묵´꼬 사´능´기요?
kamu´n t´ɜdɜmu´kk´o sa´nɜ´ŋɡijo?
가문 뜯어묵고 사는기요?
▶ 가문 뜯어먹고 삽니까?

제 그´케, 시´집´ 보내´애고 장´가´ 보내´애고 핸는´데 그래 그 참
kɜ´kʰɛ, ɕi´ʃi´p ponɛ´ɛgo ča´ŋga´ ponɛ´ɛgo ɦɛnnɜ´ndɛ kɜ´ɾɛ kɜ čʰam
그케, 시집 보내고 장가 보내고 햇는데 그래 그 참
▶ 그러게, 시집 보내고 장가 보내고 했는데 그래 그 참

제 중시내´비가 삽쩍꺼´레 삽짝빠´께 인자´, 나´가´ 어´르˜´이˜´ 전´소˜´을˜´ 하고
čuŋɕinɜ´ɦiga sapč´ɜkk´ɜ´ɾɛ sapč´akp´a´k´ɛ inja, na´ga´ ɜ´ɾɜ˜´ĩ čɜ´nsõ´ɜl ɦa´go
중신애비가 삽쩍걸에 삽짝밖에 인자, 나가 어른이 전송을 하고
▶ 중매쟁이가 사립 부근에 사립밖에 이제, 나가서 어른이 전송을 하고

제 두´로´는데 그 옅´뜨´럭꺼등 처´녀´가 옅´뜩´꼬, "그
tu´ro´nɜnde kɜ jɜ´tt´ɜ´ɾɜkk´ɜdɜŋ čʰɜ´nɜ´ga jɜ´tt´ɜ´kk´o, "kɜ
둘오는데 그 엿들엇거등 처녀가 엿듣고, "그
▶ 들어오는데 (처녀가) 그것을 엿들었거든 처녀가 엿듣고는, "(아까) 그

제 손님 와 왈떵기요?" "아아 마 니 알′꺼는 아′이~다." "와′요′? 내가
so′nnim wa wa′tt′ɜŋgijo?" "aa ma nǐ ǎlk′ɜ′nɜn ãĩ′da." "wa′jo′? nɛ′ga′
손님 와 왔던기요?" "아아 마, 니 알 거는 아니다." "와요? 내가
▷ 손님이 왜 왔습디까?" "응 에, 네가 알 것은 아니다." "왜요? 내가

제 마′아 대′강′ 드′러바안′는데요. 날′ 치′우라꼬 중신하′로 왈′찌′요?"
ma′a tɛ′ga′ŋ tɜ′rɜbaa′nnɜ′ndɛjo. nǎl čʰi′urak′o čuŋɕinʰa′ro wa′tč̌i′jo?"
마아 대강 들어밧는데요. 날 치우라꼬, 중신하로 왔지요?"
▷ 에, 대강 들어봤는데요. 나를 치우라고, 중매하러 왔지요?"

제 그 머 알′고′ 무′르~이~. "그래." "날′ 거어 시′집′뽀내′애 주소′.
kɜ mɜ ǎlgo′ mu′rɜ̃ĩ. "kɜ′rɛ." "nǎl kɜ′ɜ ɕǐji′pp′onɛ′ɛ ču′so′.
그 머 알고 물으니. "그래." "날 거어 시집보내 주소.
▷ 그 뭐 알고 물으니까. "그래." "나를 거기다가 시집보내 주세요.

제 살′ 자′시~이~ 읻심′더.", "그′래애야?" 그래 인자′ 가′는′ 사′라믈 다′시 불′럳찌
sǎl ča′sĩ̌ĩ itɕi′mdɜ.", "kɜ′rɛɛja?" kɜ′rɛ inja ka′nɜ̌n sa′ramɜl ta′ɕi pǔllɜtč̌i
살 자신이 잇심더.", "그래야?" 그래 인자 가는 사람을 다시 불렀지
▷ 살아갈 자신이 있습니다.", "그래?" 그래 이제 가는 사람을 다시 불렀지

제 불′러가′아, "머′어 지′가′ 자′청′하고 시′직′까알라 칸다′." 머 허′락′,
pǔllɜga′a, "mɜ′ɜ čǐga′ ča′čʰɜ′ŋʰago ɕǐčǐkk′aalla kʰa′nda′." mɜ hɜ′ra′k,
불러가아, "머 지가 자청하고 시집갈라 칸다." 머 허락,
▷ 불러서, "뭐 자기가 자청하고 시집가려고 한다." 뭐 허락,

제 지′가′ 허′락′카는데는 머 내′가′ 할수′ 인′나. 머 말′해′애 바아′라′.
čǐga′ hɜ′ra′kʰanɜndɛnɜn mɜ nɛ′ga′ hǎlsu′ ǐnna. mɜ mǎlhɜ′ɛ paa′ra′.
지가 허락하는 데는 머 내가 할 수 잇나. 머 말해 바라.
▷ 본인이 허락하는 데는 뭐 내가 할 수 있나. 뭐 말해 봐라.

조 그′라머 재′추′도 넘′네′요.
kɜ′ramɜ čɛ̌čʰu′do nɜ̌mnɛ′jo.
그라머 재추도 넘네요.
▷ 그러면 재취도 넘네요.

제 그˘럳치. 세˘분˘째지. 그˘러니 인자´, 이쪼˘게, 이쪼´게 실랑´ 쪼´게서러
k3´r3tčʰi. sɛ˘bu´nč˘ɛji. k3´r3ni inja, ič˘o´gɛ, ič˘o´gɛ ɕilla´ŋ č˘o´gɛs3r3
그렇지. 세 분째지. 그러니 인자, 이쪽에, 이쪽에 신랑 쪽에서러
▷ 그렇지. 세 번째지. 그러니까 이제, 이쪽에, 이쪽에 신랑 쪽에서

제 중신하´로 갇시˜이˘까, 그 머 그거´는 틀리먹˘꺼˘등. 어허허허. 안댈´
čuŋɕinha´ro ka´tsĩ˘ĭk´a, k3 m3 k3g3´n3n tʰ3´ʎʎim3˘kk´3´d3ŋ. 3fi3fi3fi3. andɛ´l
중신하로 갇이니까, 그 머 그거는 틀림없거등. 어허허허. 안 댈
▷ 중매하러 갔으니까, 그 뭐 그것은 틀림없거든. 어허허허. 안 될

제 테˘기´ 업˘땀´마리라. 시˘집´ 올˘라´카는, 직˘쩝´ 머, 처˘녀´가 시˘집´
tʰɛ´gi´ 3´pt´a´mmarira. ɕi´ji´p o´lla´kʰan3n, či´kč´3´p m3, čʰ3´ɲ3´ga ɕi´ji´p
텍이 없단 말이라. 시집 올라 카는, 직접 머, 처녀가 시집
▷ 턱이 없단 말이라. 시집 오려고 하는, (처녀가) 직접 뭐, 처녀가 시집

제 올˘라´컽떠라고 이˘른´ 대´앧따마리다. 내´애리 당장´ 사˘성´
o´lla´kʰ3tt´3rago i´r3´n tɛ´ɛtt´amarida. nɛ´3ri taŋja´ŋ sa´s3´ŋ
올라 컹더라고 일은 대앳다 말이다. 내리 당장 사성
▷ 오려고 하더라고 일은 됐단 말이다. 내일 당장 사성(四星＝四柱單子)을

제 보´내자. 그˘러˜이˜ 당장´ 사˘성´, 머 그날 이˘튼날 사˘성´ 가가´아,
po´nɛ´ja. k3´r3ĩ taŋja´ŋ sa´s3´ŋ, m3 k3´nal i´tʰ3nnal sa´s3´ŋ kaga´a,
보내자. 그러니 당장 사성, 머 그날 이튿날 사성 가가아,
▷ 보내자. 그러니까 당장 사주단자를, 뭐 그날 이튿날 사주단자가 가서,

제 사˘성´ 가주 가 가주´구 ʻ날´바지´ʼ 바더 와가´아 잔˘챈´날로 급´파게
ɕa´s3´ŋ kaju ka kaju´ɢu ʻna´lha´ji´ʼ ɒa´d3 waga´a ča´nčʰɛ´nnallo k3´ppʰa´gɛ
사성 가주 가 가주구 ʻ날받이´ʼ49) 받어 와가아 잔챗날로 급하게
▷ 사주단자를 가지고 가서 ʻ날받이´ʼ를 받아 와서 잔칫날을 급하게

____

49) 날받이 : 색시집에서 결혼식 날자를 받아서 적어 주는 편지 형식의 글.

178

제 이레´ 해가´아, 그래 인자´ 장˘개´보내´앤다 카˜이˜까네 머 혹 칭´구네드리
　　i´ɾɛ´ hɛga´a kɜ´ɾɛ inȷa ča˘ŋge´bonɛ´enda kʰã˘ĩk'anɛ mɜ hok čʰi´ŋgunɛdɜɾi
　　이레 해가아, 그래 인자 장개보내앤다 카니까네 머 혹 친구네들이
▷ 이리 받아서, 그래 이제 장가보낸다고 하니까 뭐 혹 친구들에게서

제 부´조도 조´매´애 두로´고 이´레´ 해애´도´ 마´아 그´날뿌˜이˜야. 잔´챈날
　　puȷ́odo čo´mɜ´ɛ tuɾo´go i´ɾɛ´ hɛɛ´do´ ma´a kɜ´nalp'ũĩja. ča´nčʰɛ´nnal
　　부조도 조매 둘오고 이레 해도 마아 그날뿐이야. 잔챗날
▷ 부조도 좀 들어오고 이렇게 해도 에, 그날뿐이야. 잔칫날

제 그´날뿌˜이˜라. 그 마´아 행´예만, 그 참 참´물´ 떠녹´코
　　kɜ´nalp'ũĩ́ɾa. kɜ ma´a hɛ´ŋȷeman, kɜ čʰam čʰa´mmu´l t'ɜno´kkʰo
　　그날뿐이라. 그 마아 행예만, 그 참 찬물 떠놓고
▷ 그날뿐이라. 그 에, 초례만, 그 참 찬물 (한 그릇) 떠놓고

제 행´예한다 카´능´거, 그´래 우´러나´왇서. 참´물´ 떠녹´코 참
　　hɛ´ŋȷeɦanda kʰa´nɜ´ŋɜ, kɜ´ɾɛ u´ɾɜna´wa´tsɜ. čʰa´mmu´l t'ɜno´kkʰo čʰam
　　행예한다 카는 거, 그래 울어나왔어. 찬물 떠놓고 참
▷ 초례 치른다고 하는 말이, 그렇게 해서 생겨나왔어. 찬물 떠놓고 참

제 행´예하고 그이´튼날. 새빋사과´늘 인자´. 시˘직´깐 색˘시가 인자´
　　hɛ´ŋȷeɦago kɜi´tʰɜnnal. sɛbitsagwa´nɜl inȷa. ɕi˘ȷí´kk'an sɛ˘kɛí´ga inȷa
　　행예하고 그 이튿날. 새빗사관을 인자. 시집간 색시가 인자
▷ 초례를 치르고 그 이튿날. 새벽사관을50) 이제. 시집간 색시가 이제

조 해애´가´아 각´껟´찌요.
　　hɛɛ´ga´a ka´kk'ɛ´tčijo.
　　해가아 갓겟지요.
▷ (사관 볼 준비를) 해서 갔겠지요.

---

50) 새벽사관 : 시집온 새색시가 새벽에 웃어른을 뵙고 인사드리는 일.

▣ 그럳치. 안주 쫌 하고, 술 하고 갸주강거 새빋사관 디리고,
kɜ´rɜtčʰi. a´nju čom ha´go, sul ha´go kajugaŋɜ sɛbitsagwa´n ti´ri´go,

그렇지. 안주 쫌 하고, 술하고 가주간 거 새빗사관 디리고,

▷ 그렇지. 안주 좀 하고, 술하고 가져간 것으로 새벽사관을 드리고,

▣ 등 너´메 오˘초´, 오˘초´니 오˘초˘이˘ 그라면 당숙 아˘이˘가? 곡, 곡석
tɜŋ nɜ´mɛ o˘čho´, o˘čho´ni o˘čhõ´ĩ kɜ´ramɜn ta´ŋsuk ãĩ´ga? kok, ko´ksɜk

등 너메 오초, 오촌이 오촌이 그라면 당숙 아니가? 곡, 곡석

▷ 등 너머에 오촌이 오촌이란 그러면 당숙(堂叔) 아니냐? 곡, 곡식

▣ 천´서글 해애´. 천´서글 하는데 그´래 인자´, 당´수기 그´라머
čʰɜ´nsɜgɜl hɛɛ´. čʰɜ´nsɜgɜl hanɜndɛ kɜ´rɛ inja, ta´ŋsugi kɜ´ramɜ

천석을 해. 천석을 하는데 그래 인자, 당숙이 그라면

▷ 천석을 해. 천석을 하는데 그래 이제, 당숙이 그러면

▣ 시˘어´른하고 사˘총´간 아˘이˘가? 이´넘´, 하도 쪼매꿈´ 쪼매꿈´
ɕi˘ɜ´rɜnɦago sa˘čho´ŋgan ãĩ´ga? i´nɜ´m, hado čomɛk'u´m čomɛk'u´m

시어른하고 사촌간 아니가? 이넘, 하도 쪼매꿈 쪼매꿈

▷ 시어른과는 사촌간 아니냐? 이놈의 것은, 하도 조금

▣ 대´애조오 바아´야 그거 머 참, 으 소´네 부´튼 밥푸´리고 이´레´ 노˘오˘이˘
tɛ´ɛjoo paa´jaa´ kɜgɜ mɜ čʰam, ɜ so´nɛ pu´tʰɜn pappʰu´rigo i´rɛ´ nõ´õĩ

대애조 바야 그거 머 참, 으 손에 붙은 밥풀이고 이레 놓오니

▷ 조금씩 대줘 봐야 그것은 뭐 참, 응 손에 붙은 밥풀이고 이러 해 놓으니까

▣ 잔´채´해, 한다´ 케´도´ 오´지도 안해앧´서´.
ča´nčhɛ´ɦɛ, ha´nda´ kʰɛ´do´ o´jido anɦɛɛ´tsɜ´,

잔채해, 한다 캐도 오지도 안 했어.

▷ 잔치를 한다고 해도 오지도 않았어.

조 마´저요, 쪼매꿈석´ 주´능´거는 평생´ 조오도´ 소´용´ 업˘서´요.
ma´jɜjo, čomɛk'umsɜ´k ču´nɜ´ŋgɜnɜn pʰjɜŋsɛ´ŋ čoo´do´ so´jo´ŋ ɜ´psɜ´jo.

맞어요, 쪼매꿈석 주는 거는 평생 조도 소용없어요.

▷ 맞아요, 조금씩 (도와) 주는 것은 평생을 줘도 소용없어요.

제 마자. 평생´ 조오´도´ 소˘양´엄능기야.

 maʲa. pʰjɜŋsɛ´ŋ čoo´do´ so˘ja´ŋɜmnɜŋgija.

맞아. 평생 조도 소양없는 기야.

▷ 맞아. 평생을 줘도 소용없는 거야.

조 그´러니까 뭉텅´ 조오´야지, 앵그´러면 안주능´기 낟˘찌´.

kɜ´rɜnik'a muŋtʰɜ´ŋ čoo´jaʲi, ɛŋgɜ´rɜmɜn anjunɜ´ŋgi na˘tčʲi´.

그러니까 뭉텅 조야지, 앤 그러면 안 주는 기 낫지.

▷ 그러니까 (줄려면) 뭉텅 줘야지, 안 그러면 (차라리) 안 주는 것이 낫지.

제 "그 등너´메 당´수기 기˘신´다 캬´지요?" "그´래.", "어, 어´제

"kɜ tɜŋnɜ´mɛ ta´ŋsugi ki˘ɕi´nda kʰaʲijo?" "kɜ´rɛ.", "ɜ, ɜʲɛ

"그 등 너메 당숙이 기신다 카지요?" "그래.", "어, 어제

▷ "그 등 너머에 당숙이 계신다고 하지요?" "그래.", "어제는

제 아˜와˜ɕi´ɕ찌요´?" "아˜왇´찌러." "아˜와˜시´도 사과´늘 디´리´야 안대겓심니´거?

ãwã´ɕi´tčʲijo´?" "ãwa´tčʲi´rɜ." "ãwã´ɕi´do sagwa´nɜl ti´ri´ja andɛgɛtɕimni´gɜ?

안 와싯지요?" "안 왓지러." "안 와시도 사관을[51] 디리야 안 대겟십니거?

▷ 안 오셨지요?" "안 왔지." "안 오셔도 사관을 드려야 되지 않겠습니까?

제 사관´ 디´리´고 오겓심´더." 지˘가´ 갈˘라´ 카´는데, 몽´깐다 소리는

sagwa´n ti´ri´go ogɛtɕi´mdɜ." čʲi˘ga´ ka˘lla´ kʰanɜndɛ, mo´ŋk'a´nda so´rinɜn

사관 디리고 오겟심더." 지가 갈라 카는데, 몬 간다 소리는

▷ 사관을 드리고 오겠습니다." (색시) 본인이 가려고 하는데, 못 간다 소리는

제 몬˘하´지 그´래,

mo˘nɦaʲi kɜ´rɛ,

몬하지 그래,

▷ 못하지 그래,

---

51) 사관 : '새빛사관'의 준말.

조 당′수칸데까′지도 디′림′니까?
ta′ŋsukʰandɛk′aʤido ti′ri′mnik′a?

당숙한데까지도 디럽니까?

▷ 당숙한데까지도 (사관을) 드립니까?

제 그′럳치.
kɜ′rɜtčʰi.

그렇지.

▷ 그렇지(드려야지).

조 한′동˘네′도 아닌′데요?
ha′ndo˘ŋnɛ′do ani′ndɛjo?

한 동네도 아닌데요?

▷ 한 동네 살지도 아니한데요?

제 한′동˘네′ 아˘이˜라도, 그 인자′ 지′는 지 꿍′수가 익꺼′등, 그′래갸′아
ha′ndo˘ŋnɛ′ ãĩ′rado, kɜ inja′ či′nɜn či k′u′ŋsuga ikk′ɜ′dɜŋ, kɜ′rɛga′a

한 동네 아니라도, 그 인자 지는 지 꿍수가52) 잇거등, 그래가아

▷ 한 동네가 아니라도, 그 이제 저는 제 속셈이 따로 있거든, 그래서

제 술하′고 안′주하고 가′주 가가′아 사과′늘 보′고, "아짐′, 온아치′게 쫌
sulħa′go a′nʤuħago kaʤu kaga′a sagwa′nɜl po′go, "aʤi′m, onačʰi′gɛ č′om

술하고 안주하고 가주 가가아 사관을 보고, "아짐, 온 아칙에 쫌

▷ 술과 안주를 가져가서 사관을 보고, "아주버님, 오늘 아침에 좀

제 빌˘ 일˘도′ 익′꼬, 그래 왇′심′더. 그′런데, 대관′절 어′제 내갸′ 시˘집′
pi′l i′ldo′ i′lkk′o, kɜ′rɛ wa′ʨi′mdɜ kɜ′rɜndɛ, tɛgwa′nʤɜl ʒʤɛ nɛ′ga′ ɕi′ʥi′p

빌 일도 잇고, 그래 왓심더. 그런데, 대관절 어제 내가 시집

▷ 뵐 일도 있고, 그래서 왔습니다. 그런데, 대관절 어제 내가 시집을

---

52) 꿍수 : 속셈. 꿍꿍이셈.

제 완´는´데 오늘 아침´꺼´리가 업´슴´니다. 보˜이˜요, 아침´꺼´리가 엄´는´데,
wa´nnɜ´ndɛ o´nɜl ačʰi´mk'ɜ´riga ɜ´psɜ´mnida. põ´ĩjo, ačʰi´mk'ɜ´riga ɜ´mnɜ´ndɛ,

왓는데 오늘 아침꺼리가 없습니다. 보니요 아침꺼리가 없는데,
▷ 왔는데 오늘 아침거리가 없습니다. 보니까요 아침거리가 없는데,

제 양시´글 쯈 주´시´요. 우선´ 살´마리나하´고 멩´태 한´떼하´고,
jaŋɛi´gɜl čʼom ču´ɕi´jo. usɜ´n sa´lmarinaɦa´go mɛ´ŋtʰɛ ha´ndɛɦa´go,

양식을 쯈 주시요. 우선 살말이나하고 멩태 한 떼하고,
▷ 양식을 좀 주십시오. 우선 쌀말이나하고 명태 한 떼하고를,

제 보내´ 주´소´.˝고.
ponɛ´ ču´so´.˝go.

보내 주소.˝고.
▷ 보내 주세요.˝라고.

조 옌´나´레는 멩´태가 흐´낼떰 모´야˜이˜지요?
jɛ˜nna´rɜnɜn mɛ´ŋtʰɛga hɜ´nɛttʼɜm mo´jã̃ĩjijo?

옛날에는 멩태가 흔앳던 모양이지요?
▷ 옛날에는 명태가 흔했던 모양이지요?

제 그´럳치. 그래 흐´널떰 모´냐˜이˜지. 한´떼라카´머 시´무´마리 아˜이˜가?
kɜ´rɜtčʰi. kɜ´rɛ hɜ´nɜttʼɜm mo´ɲã̃ĩji. ha´ntɛrakʰa´mɜ ɕi´mu´mari ã̃ĩga?

그렇지. 그래 흔엇던 모냥이지. 한 떼라 카먼 시무 마리 아니가?
▷ 그렇지. 그래 흔했던 모양이지. 한 떼라고 하면 스무 마리 아니냐?

제 시´무´마리 한´떼라카´거´등.
ɕi´mu´mari ha´ntɛrakʰa´gɜ´dɜŋ.

시무 마리 한 떼라 카거등.
▷ 스무 마리를 한 떼라고 하거든.

조 눙까´리 빼애뭉는´ 기´어´근 나´는´데.
nuŋkʼa´ri pʼɛɛmuŋnɜ´n ki´ɜ´gɜn na´nɜ´ndɛ.

눈까리 빼묵는 기억은 나는데.
▷ (명태) 눈깔을 빼먹은 기억은 나는데.

제 허허허허,
hɜɦɜɦɜɦɜ,
허허허허,
▷ 허허허허,

조 그′랜능거 가′태′요.
kɜˊɾɛnnɜŋgɜ kaˊtʰɛˊjo.
그랬는 거 같애요.
▷ (어릴 때) 그리한 것 같아요.

제 노랑′태 그거′ 눈 빼ˇ무′구먼 고소ˇ하′다. "그′래 당장′ 일′꾼′
noraˊŋtʰɛ kɜgɜˊ nun p'ɛˇmuˊgumɜn kosoˇhaˊda. "kɜˊɾɛ taŋǰaˊŋ iˇlk'uˊn
노랑태 그거 눈 빼묵우먼 고소하다. "그래 당장 일꾼
▷ 더덕북어 그것은 눈을 빼먹으면 고소하다. "그래 당장 일꾼을

제 시′기 보내′ 주′소′."
ɕiˊgi ponɛˊ čuˊsoˊ."
시기 보내애 주소."
▷ 시켜서 보내 주세요."

조 맥′끼 노′옹거도 아ˇ인ˇ데요?
mɛˊkk'i noˊoŋgɜdo ãˇndɛjo?
맽기 놓온 거도 아닌데요?
▷ 맡겨 놓은 것도 아닌데요?

제 "그′래. 보내′애 주지." "그′런데, 또 쫌 더 조오′야 대겔심′더. 그저′
"kɜˊɾɛ. ponɛˊɛ čuˊji." "kɜˊɾɜndɛ, t'ɒ čˇɒm tɜ čooˊjaˊ tɛgɛtɕiˊmdɜ. kɜǰɜˊ
"그래. 보내애 주지." "그런데 또 쫌 더 조야 대겟심더. 그저
▷ "그래. 보내 주지." "그런데 또 좀 더 주서야 되겠습니다. 그저

제 쪼매 조오′가′아 앤대겔심′더. 나′락 백′섬′하고, 아까′아 얘′기′ 말따′나
čˇomɛ čooˊgaˊa ɛndɛgɛtɕiˊmdɜ. naˊɾak pɛˊksɜˊmɦago, ak'aˊa jɛˇgiˊ malt'aˊna
쪼매 조가아 앤 대겟심더. 나락 백 섬하고, 아까 얘기 말따나
▷ 조금 주서서는 아니 되겠습니다. 벼 백 섬과, 아까 얘기한 말마따나

제 돔ˇ 뱅낭하고, 호′미도 사′고 낱또ˇ 사′고, 머 소′랑도 사′고,
to͑m pɛ́ŋnáꞁhiago, ho′mido sa′go na′tt′o′ sa′go, mɜ so′raŋdo sa′go,
돈 백 냥하고, 호미도 사고 낫도 사고, 머 소랑도 사고,
▷ 돈 백 냥과, 호미도 사고 낫도 사고, 뭐 쇠스랑도 사고,

제 꿰ˇ̃이ˇ̃도 사′고, 이장′을 쫌 사′야 대겔심더. 내 요게 안즌자′레서
k'wẽ͑ĩdo sa′go, ija′ŋɜl č'om sa′ja′ tɛgɛtɕimdɜ. nɛ jo′gɜ anjɜnja′rɛsɜ
꽹이도 사고, 이장을 쫌 사야 대겟심더. 내 요게 앉은자레서
▷ 괭이도 사고, 농사연장을 좀 사야만 되겠습니다. 제가 요기 앉은자리에서

제 그 시′작뜰 시′작이라 카′능′거 인자′, 그 논′부′치는 사′람들 불′러가′아
kɜ ɕi′jakt'ɜl ɕi′jagira kʰa′nɜ′ŋɜ inja′, kɜ no′nbu′čʰinɜn sa′ramdɜl pu′llɜga′a
그 시작들 시작이라 카는 거 인자, 그 논 부치는 사람들 불러가아
▷ 그 소작들 소작이라고 하는 것은 이제, 그 논을 부치는 사람들을 불러서

제 당장′ 실리′이 보내′애 주′소′.” 그 머 천′석꾼 살리′메 옛′날′레 머
taŋja′ŋ ɕilli′i ponɜ′ɜ ču′so′.” kɜ mɜ čʰɜ′nsɜkk'un saʎʎi′mɛ jĕ′nna′rɛ mɜ
당장 실리이 보내 주소.” 그 머 천석꾼 살림에 옛날에 머
▷ 당장 실려서 보내 주십시오.” 그 뭐 천석꾼 살림에 옛날에 뭐

제 그 시′작뜨리 그 미′틀, 그 상ˇ저′네 상ˇ저̃이ˇ자네 그 부ˇ자′꺼
kɜ ɕi′jakt'ɜri kɜ mi′tʰɜl, kɜ sa͑ŋjɜ′nɛ sa͑ŋjŏ͑ĩjanɛ kɜ pu͑ja′k'ɜ
그 시작들이 그 밑을, 그 상전에 상전이잖에 그 부자 꺼
▷ 그 소작들이 그 밑을, 그 상전에 상전이 아니고 그 부자의 것을

제 묵ˇ꼬사ˇ는′데 와가′아 이′거′ 해 돌′라′카머̃ 그 지′베 가′먼 또 술ˇ짜̃이ˇ나
mu′kk'osa͑nɜ′ndɛ waga′a i′gɜ′ hɛ to′lla′kʰamɜ kɜ či′bɛ ka′mɜn t'o su′lč'ãina
묵고사는데 와가아 이거 해 돌라 카먼 그 집에 가먼 또 술잔이나
▷ 먹고사는데 와서 이것을 해 달라고 하면 그 집에 가면 또 술잔이나

제 어ˇ더′ 먹′찌러 그′래 나′락 백′섬′하고, “이,
ɜ͑dɜ′ mɜ′kč'irɜ kɜ′rɛ na′rak pɛ′ksɜ′mꞁiago, “i,
얻어 먹지러 그래 나락 백 섬 하고, “이,
▷ 얻어 먹지(그러니 좋다고 거들어 줄밖에) 그래 벼 백 섬과, “이것을,

제 심′년′ 내˘로′ 갑슴니′다. 심′년′ 내˘로′ 머, 꼭 갸플 자′시˜이˜
ɕi′mɲɜ′n nɛ˘ɾo′ kapsɜmni′da. ɕi′mɲɜ′n nɛ˘ɾo′ mɜ, k'ok ka′pʰɜl ča′ɕĩ˜ĩ
십 년 내로 갚습니다. 십 년 내로 머, 꼭 갚을 자신이
▷ 십 년 내로 갚겠습니다. 십 년 내로 뭐, 꼭 갚을 자신이

제 읻슴′더.˝꼬 그래′ 여′어 나′락 백′서′믈 지′베 갇따′가 갸′리 노′오˜이˜까네
itsɜ′mdɜ.˝k'o kɜ′ɾɛ jɜ′ɜ na′ɾak pɛ′ksɜ′mɜl či′bɛ katt'a′ga ka′ɾi no′õĩk'anɛ
잇슴더.˝꼬 그래 여어 나락 백 섬을 집에 갖다가 가리 놓오니까네
▷ 있습니다.˝라고 그래 여기 벼 백 섬을 집에 갖다가 가려 놓으니까

제 참, 암무′거도 배가′ 부른′데 그러˜이˜ 다˘오′라꼬, “인자′ 지′반 식′꾸′가
čʰam, ammu′gɜdo pɛ′ga′ puɾɜ′ndɛ kɜ′ɾ˜ĩ ta˘o′ɾak'o, “inǰa či′ban ɕi′kk'u′ga
참, 안 묵어도 배가 부른데 그러니 다 오라꼬, “인자 집안 식구가
▷ 참, 안 먹어도 배가 부른데 그러니 다 오라고, “이제 집안 식구가

제 아′부님도 일˘하′고 어′머′님도 일˘하′고 머 시동′생들도 다˘ 일˘하′고,
a′bunimdo i˘lɦa′go ɜ′mɜ′nimdo i˘lɦa′go mɜ ɕi′doŋsɛŋdɜldo ta˘ i˘lɦa′go,
아부님도 일하고 어머님도 일하고 머 시동생들도 다 일하고,
▷ 아버님도 일하고 어머님도 일하고 뭐 시동생들도 다 일하고,

제 다˘ 일˘하′압시더.˝고, “일˘가′미 업˘서′가아 일˘로′ 모˘태′앤는데 머′글께
ta˘ i˘lɦa′apɕidɜ.˝go, “i˘lga′mi ɜ′psɜ′ga′a i˘llo′ mo˘tʰɛ′ɛnnɜndɛ mɜ′gɜlk'ɛ
다 일합시더.˝고, “일감이 없어가아 일로 몯했는데 먹을 게
▷ 다 일합시다.˝라고, “일감이 없어서 일을 못했는데 먹을 것이

제 익껠′땅. 논′ 뱅′마′지기 익껠′땅. 사′네 가′ 풀′또′ 비′고′,
ikk'ɛ′tt'aŋ. no′n pɛ′ŋma′ǰigi ikk'ɛ′tt'aŋ. sa′nɛ ka′ pʰu′lt'o′ pi′go′,
잇겟당. 논 백 마지기53) 잇겟당. 산에 가 풀또 비고,
▷ 있겠다. 논 백 마지기가 있겠다. 산에 가서 풀도 베고,

---

53) 논 백 마지기 : 앞에서 미처 이야기를 하지 못하고 말았음.

제 거름´도 하´고 머 이, 오´늘버텅 점´부 다ˇ 하압´시´더."꼬. 그´래 한
k3ɾ3´mdo ha´go m3 i, o´n3lb3tʰ3ŋ č3´mbu taˇ haa´pɕi´d3."k'o. k3´ɾɛ han
거름도 하고 머 이, 오늘버텅 전부 다 합시더."꼬. 그래 한
거름도 하고 뭐, 오늘부터 전부 다 합시다."라고. 그래 한

제 오ˇ연´ 대˜이˜까 나´락 백´섬´ 읻´찌, 농´사 한 사ˇ연´ 식´꾸´가 한
oˇj3´n tɛ̃ĩk'a na´ɾak pɛ´ks3´m i´tči, no´ŋsa han saˇj3´n ɕi´kk'u´ga han
오 연 대니까 나락 백 섬 잇지, 농사 한 사 연 식구가 한
오 년이 되니까 벼가 백 섬 있지, 농사 한 사 년 식구가 한

제 열´다´서시 대´애도 머 한 도ˇ해´ 넹´기 묵´껙꺼´등 그´래 머´어로 이´레´
j3´lda´s3ɕi tɛ´ɛdo m3 han toˇɦɛ´ nɛ´ŋgi mukk'ɛkk'3´d3ŋ k3´ɾɛ m3´3ɾo i´ɾɛ´
열다섯이 대도 머 한 도오 해 넹기 묵겟거등 그래 머어로, 이레
열다섯 명이나 되어도 뭐 한 두어 해를 넘게 먹겠거든 그래 무엇을, 이레

제 농´사로 지´˜이˜까네 그 나´락 백´섬´ 어ˇ덛´째. 백´섬´ 억ˇ꼬´
no´ŋsaɾo čĩ´ĩk'anɛ k3 na´ɾak pɛ´ks3´m 3ˇd3´tč'ɛ. pɛ´ks3´m 3ˇkk'o´
농사로 지이니까네 그 나락 백 섬 얻엇재. 백 섬 얻고
농사를 지으니까 그 벼 백 섬을 얻었지. 백 섬을 얻고

제 돔ˇ 뱅´냥´하고, 논 뱅´마´지기하고, 그 논 뱅´마´지기˜이˜까
toˇm pɛ´ŋna´ŋɦago, non pɛ´ŋma´ǰigiɦago, k3 non pɛ´ŋma´ǰigĩĩk'a
돈 백 냥 하고, 논 백 마지기 하고, 그 논 백 마지기니까
돈 백 냥과, 논 백 마지기 하고, 그 논이 백 마지기니까

조 그 다른´ 시´자근 떠´러질꺼 아님´니까?
k3 taɾ3´n ɕi´ǰag3n t'3´ɾ3ǰilk'3 ani´mnik'a?
그 다른 시작은 떨어질 거 아닙니까?
그 다른 소작들은 떨어질 것 아닙니까?

제 놈´문´세 어ˇ더´ 왇´찌´. 어더가´아 와가´아 떠´러지지.
no´mmu´nsɛ 3ˇd3´ wa´tč'i´. 3d3ga´a waga´a t'3´ɾ3ǰiji.
논문세 얻어 왓지. 얻어가아 와가아 떨어지지.
논문서를 얻어 왔지. 얻어 가지고 와서 (다른 소작이야) 떨어지지.

제 그래 오ˇ연′ 대˜이ˇ까네 천′서기 너′머. 그′래 저 천′석 하는 오ˇ초′는
k3ʹɾɛ oˇjɜʹn tɛ̃ʹîkʹanɛ čʰɜʹnsɜgi nɜʹmɜ. kɜʹɾɛ čɜ čʰɜʹnsɜk hanɜn oˇčʰoʹnɜn

그래 오 연 대니까네 천 석이 넘어. 그래 저 천 석 하는 오촌은
▶ 그래 오 년이나 되니까 천 석이 넘어. 그래 저 천 석 하는 오촌은

제 머′어 우옌지′ 마′아, 삐등′삐등′ 살리′미 내′리갑′뿌′고 머 거′진 다ˇ 주라′압뿐서,
mɜʹɜ ujɜnjîʹ maʹa, pʹidɜʹŋpʹidɜʹŋ saʎʎiʹmi nɛʹɾigaʹppʹuʹgo mɜ kɜʹjin taˇ čuɾaʹappʹutsɜ,

머 우옌지 마아, 삐등삐등 살림이 내리가뿌고 머 거진 다 줄아뺏어,
▶ 뭐 어쩐지 에, 시들시들 살림이 내려 가버리고 뭐 거의 다 줄여버렸어,

제 다 주라′압뿐는데 그래 이지′비서 색′시가 그 오ˇ초′늘 오ˇ초′늘 참
ta čuɾaʹappʹunnɜnde kɜʹɾɛ ičiʹbisɜ sɛʹkɕiʹga kɜ oˇčʰoʹnɜl oˇčʰoʹnɜl čʰam

다 줄아뺐는데 그래 이집이서 색시가 그 오촌을 오촌을 참
▶ 다 줄여버렸는데 그래 이집에서 색시가 그 오촌을 오촌을 참

제 살리′믈 다′시 서′아 조오′서. 그′래가아 그 집′뜨리 그′래
saʎʎiʹmɜl taʹɕi sʹɜa čooʹsɜʹ. kɜʹɾɛgaa kɜ čiʹptʹɜʹɾi kɜʹɾɛ

살림을 다시 서아 좃어. 그래가아 그 집들이 그래
▶ 살림을 다시 (일으켜) 세워 줬어. 그래서 그 집들이 그래

제 참 융′기 익′께 잘ˇ 사ˇ더′란다.
čʰam juʹŋgi iʹkkʹɛ čaˇl saˇdɜʹɾanda.

참 윤기 잇게 잘 사더란다.
▶ 참 윤기(潤氣) 있게 잘 살더란다.

188

침과 약의 대결

제 옌′나′레 두˘형′제가 인는′데 하′나′느 야글′ 잘시′고′ 하′나′느 치′믈
jeˇnnaˊrε tuˇhjɜ′ŋĵega innɜ′ndε haˊnaˊnɜ jaˊgɜl čalɛiˊgoˊ haˊnaˊnɜ čʰiˊmɜl
옛날에 두 형제가 잇는데 하나는 약을 잘 시고 하나는 침을
▷ 옛날에 두 형제가 있었는데 하나는 약을 잘 쓰고 (다른) 하나는 침을

제 잘 논′는′담마리야, 잘˘ 논는′데, 그′래 인자′ 약짤′시는 사′라믄
čal noˊnnɜ′ndammarija, čaˊl nonnɜ′ndε, kɜˊrε injaˊ jaˊkčʼaˊlɛinɜn saˊramɜn
잘 놓는단 말이야, 잘 놓는데, 그래 인자 약 잘 시는 사람은
▷ 잘 놓는단 말이야, 잘 놓는데, 그래 이제 약을 잘 쓰는 사람은

제 혀˜이′고 (주위가 소란해지자 위엄 있는 목소리로) 조용˘해′!
hjˊɜˆɪgo čojoˇŋɦεˊ!
형이고 조용해!
▷ 형이고 조용해!

제 침 잘 논는′ 사′라믄 동새˜인˜데 그 서루′가 자′랑을 하′지, 자′랑을
čʰim čal nonnɜ′n saˊramɜn toŋsɜ̃ˊɪ̃ndε kɜ sɜruˊga čaˊraŋɜl haˊĵi, čaˊraŋɜl
침 잘 놓는 사람은 동생인데 그 서루가 자랑을 하지, 자랑을
▷ 침을 잘 놓는 사람은 동생인데 그 서로가 자랑을 하지, 자랑을

제 하는데, 그 인자′ 혀˜은˜ 약꾸′기고 탄′냐글 시고′, 동새˜은˜ 치′믈
hanɜndε, kɜ inja hjɜ̃ˊɜ̃n jaˊkkʼuˊgigo tʰaˊnnaˊgɜl ɛiˊgoˊ, toŋsɜ̃ˊɜ̃n čʰiˊmɜl
하는데, 그 인자 형은 약국이고 탄약을 시고, 동생은 침을
▷ 하는데, 그 이제 형은 한약국 (주인)이고 탕약을 쓰고, 동생은 침을

제 논′는′데 혀˜이˜ 자˘꾸′ 자랑해 사′아˜이˜까네 아, 형′을 골′타˜을˜ 함문′
noˊnnɜ′ndε hjɜ̃ˊɪ̃ čaˊkʼuˊ čaˊraŋɦε saˊãˆɪ̃kʼanε a, hjɜ′ŋɜl koˊltʰã̃ˊɜ̃l hammuˊn
놓는데 형이 자꾸 자랑해 샇아니까네 아, 형을 골탕을 한문
▷ 놓는데 형이 자꾸 자랑해 쌓으니까 아, 형을 골탕을 한번

[제] 미게́에, 미게́에야겓따 시́퍼. 그 인자́ 오́뉴́워레
mige´ɛ, mige´ɛjagɛtt'a ɕi´pʰɜ. kɜ inǰa o´ɲu´wɜɾɛ

믹에, 믹에야겠다 싶어. 그 인자 오뉴월에
▷ 먹여, 먹여야겠다 싶어. 그 이제 오뉴월에

[제] 시́불́ 암매́나́ 마́리́지?
ɕi´bu´l ammɛ´na´ ma´ɾiǰi?

시 불 안 매나 말이지?
▷ (논을) 세 벌을 매지 않느냐 말이지?

[조] 예.
jɛ.

예.
▷ 예.

[제] 마́ˇ이ˇ 매́는́ 사́라믄 니́불́꺼지 매́거́등
mã´ǐ mɛ´nɜ´n sa´ɾamɜn ni´bu´lk'ɜǰi mɛ´gɜ´dɜŋ

많이 매는 사람은 니 불꺼지 매거등
▷ 많이 매는 사람은 (논을) 네 벌까지 매거든

[조] 노́늘́ 니ˇ부́를 매ˇ요́?
no´nɜ´l ni´bu´ɾɜl mɛ´jo´?

논을 니 불을 매요?
▷ 논을 네 벌씩이나 매요?

[제] 그ˇ래.
kɜ´ɾɛ.

그래.
▷ 그래.

[조] 그́러머 이거́ 까래피́이가 우́야́능기요?
kɜ´ɾɜmɜ igɜ´ k'aɾɛpʰi´iga u´ǰ´anɜ ŋgijo?

그러면 이거 까랩히이가 우야는기요?
▷ 그러면 이거 (볏 잎에 팔과 얼굴이) 긁혀서 어쩝니까?

[제] 까래´……, 자´꾸 이, 두불´로느느 그´양 이´레´ 매˘도´, 시불´론버´텅은
k'arɛ´……, čaʹk'u i, tubuʹllonɜnɜ kɜʹjaŋ iʹɾɛ´ mɛ˘do´, ɕibuʹllonbɜʹtʰɜŋɜn

까래……, 자꾸 이, 두불논으는 그양 이레 매도, 시불논버텅은
► 긁……, 자꾸 이, 두벌논은 그냥 이렇게 매도, 세벌논부터는

[제] 골˘로´ 타´고´ 매´거´등. 다´석꼬랑´석, 고 내 골 타가´아 가´는´
koʹllo´ tʰaʹgo´ mɛʹgɜʹdɜŋ. taʹsɜkk'oraʹŋsɜk, ko nɛ kol tʰagaʹa kaʹnɜ´n

골로 타고 매거등. 다섯 고랑석, 고 내 골 타가아 가는
► 골을 타고 매거든. 다섯 고랑씩, 고 내가 골 타서 기어가는

[제] 항´고래˜이˘재? 야´페 두˘고라˜이˘거등
haʹŋgoɾɛ˜ʹiĵɛ? jaʹpʰɛ tu˘goɾã˜ʹĩgɜdɜŋ

한 고랭이재? 앞에 두 고랑이거등
► 한 고랑이지? 옆에 두 고랑이거든

[조] 두˘고라˜이˘지요.
tu˘goɾã˜ʹĩjijo.

두 고랑이지요.
► 두 고랑이지요.

[제] 다´석꼬랑´ 매´가´아 가´거´등, 이´레´ 하는데 그 인자´, 시불로´네 노´늘´
taʹsɜkk'oraʹŋ mɛ˘gaʹa kaʹgɜʹdɜŋ, iʹɾɛ´ hanɜnde kɜ injaʹ, ɕibulloʹnɛ noʹnɜ´l

다섯 고랑 매가아 가거등, 이레 하는데 그 인자, 시불논에 논을
► 다섯 고랑을 매면서 가거든, 이렇게 하는데 그 이제, 세벌논을 맬 때 논을

[제] 매´고´ 전섬´때 혀˜이˘ 하도´ 자´랑…… 약´ 짤 신´다´꼬……, 야´근´
mɛʹgo´ čɜnsɜʹmt'ɛ hjɜ̃˘î haʹdo´ čaʹɾaŋ…… jaʹk čaʹl ɕindaʹk'o……, jaʹgɜ´n

매고 전섬 때, 형이 하도 자랑…… 약 잘 신다꼬……, 약은
► 매고 점심 때, 형이 하도 자랑…… 약을 잘 쓴다고……, 약은

[제] 참 잘˘섣´떰 모´냬˜이˘지 혀˜이˘ 저만´침 캐 사´아˜이´까네 혀˜을˘ 골탕´을
čʰam čaʹlsɜ´tt'ɜm moʹɲɛ̃îji hjɜ̃˘î čɜmaʹnčʰim kʰɛ saʹãîk'anɛ hjɜ̃ʹɜl koʹltʰaʹŋɜl

참 잘 섰던 모녕이지 형이 저만침 캐 샇아니까네 형을 골탕을
► 참 잘 썼던 모양이지 형이 저만큼 (자랑을) 해 쌓으니까 형을 골탕을

제 함문′ 미기′바야 댈′따 시′퍼. 그 머슴′, 전′섬′ 묵′꼬 인자′
hammu′n migi′baja tɛ′lt’a ɕi′phɜ. kɜ mɜsɜ′m, čɜ̌nsɜ′m mu′kk’o inǰa
한문 믹이바야 댏다 싫어. 그 머슴, 전섬 묵고 인자
▷ 한번 먹여봐야 되겠다 싶어. 그 머슴이, 점심을 먹고 이제

제 자′는′데 가가′아 마′아 모̌̌일′라두룩
ča′nɜ′ndɛ kaga′a ma′a mõ̌i′lladuɾuk
자는 데 가가아 마아 몬 일나두룩
▷ 자는 데 가서 에, 못 일어나도록

조 치′믈 한′대 나′압뿌렏서요?
čhi′mɜl han′dɛ na′app’uɾɛtsɜjo?
침을 한 대 낳아뿌렛어요?
▷ 침을 한 대 놓아버렸어요?

제 치′믈한대 나′압뿌렏서, 한′대 나′압뿌래노′오̃이̃ 마′아 자꾸′ 자′능′기야,
čhi′mɜlɦande na′app’uɾɛtsɜ, ha′ndɛ na′app’uɾɛno′õĩ ma′a čak’u′ ča′nɜ′ŋgija,
침을 한 대 낳아뿌렛어, 한 대 낳아뿌래 놓오니 마아 자꾸 자는 기야,
▷ 침을 한 대 놓아버렸어, 한 대를 놓아버리니까 에, 자꾸 자는 거야,

조 간딴하′지요 머, 그거′사, 한′대만 노′오먼 다′대′니까.
kant’anɦa′ǰijo mɜ, kɜgɜ′sa, ha′ndɛman no′omɜn tǎdɛ′nik’a.
간딴하지요 머, 그거사, 한 대만 놓오면 다 대니까.
▷ 간단하지요 뭐, 그거야, (침을) 한 대만 놓으면 다 되니까.

제 “동성′ 보′래, 우짠지′ 딴′사′람다 일′란′는데 우리′ 일′꾼, 지′가′
“toŋɜɕɜ′ŋ po′ɾɛ, uč’anǰi′ t’a′nsa′ɾamda i′lla′nnɜnde uɾi′ i′lk’u′n, čǐga′
“동생 보래, 우짠지 딴 사람 다 일낫는데 우리 일꾼, 지가
▷ “동생 보게, 어쩐지 딴 사람은 다 (자고) 일어났는데 우리 일꾼은, 자기가

제 일′로′ 시′기야 대는′데 자꾸′ 자고 인는′데, 저′거′ 어′짜′지?”
ǐllo′ ɕi′gija tɛnɜ′nde čak’u′ ča′go innɜ′nde, čɜ′gɜ′ ɜ′č’a′ǰi?”
일로 시기야 대는데 자꾸 자고 잇는데, 저거 어짜지?”
▷ (다른 일꾼들에게) 일을 시켜야 되는데 자꾸 자고 있는데, 저걸 어쩌지?”

제 카˘이˘. "이˘역˘ 약잘ˊ시˘이˘까, 머 약 서ˊ보ˊ소 와ˊ." 허허허허.
 kʰã́ĭ. "íjɔ̆k jaʹkč̆aʹlsĩĭkʹa, mɜ jak sɜʹboʹso waʹ." hɜfɜfɜfɜ.

그때 인자 동생인데 항복을 했어 "이 사람아 봐라, 자네가 봐라 말이다.
 카니. "이녁 약 잘 시니까, 머 약 서보소 와." 허허허허.
▷ 라고 하니까. "이녁은 약을 잘 쓰니까, 약을 써보십시오 왜." 허허허허.

제 그ˊ때 인자ˊ 동생인ˊ데 항ˊ복글 해애ˊ서ˊ "이 사ˊ라마 바아ˊ라ˊ, 자네ˊ 바아ˊ라ˊ 마리다.
 kɜʹtɛ inja toŋsɛŋiʹnde haʹŋbogɜl hɛɛʹsɜ "i saʹrama paaʹraʹ, čanɛʹ paaʹraʹ marida.

 그때 인자 동생인데 항복을 했어 "이 사람아 바라, 자네 바라 말이다.
▷ 그때 이제 동생한테 항복을 했어 "이 사람아 봐라, 자네가 봐라 말이다.

제 치ˊ믈 잘 안논ˊ나?" "형ˊ은 머, 약잘ˊ 시ˊ는데 머, 치ˊ믄 머 머
 č̆ʰiʹmɜl čal annoʹnna?" "hjɜʹŋɜn mɜ, jaʹkč̆aʹl ɕiʹnɜʹnde mɜ, č̆ʰiʹmɜn mɜ mɜ

 침을 잘 안 놓나?" "형은 머, 약 잘 시는데 머, 침은 머 머
▷ (자네는) 침을 잘 놓지 않니?" "형은 뭐, 약을 잘 쓰는데 뭐, 침은 뭐, 뭐,

제 머 효ˊ꽈 잍슴니ˊ가? 약 시ˊ머ˊ 안댐니ˊ가?" "어어ˊ, 내가 안˘다ˊ.
 mɜ hjoʹkʹwa itsɜmniʹga? jaʹk ɕiʹmɜʹ andɛmniʹga?" "ɜɜʹ, nɛga aʹnndaʹ.

 머 효꽈 잇습니가? 약 시먼 안 댑니가?" "어엉어, 내가 안다,
▷ 무슨 효과가 있습니까? 약을 쓰면 되지 않습니까?" "아니, 내가 안다,

제 알˘수ˊ가 잍ˊ따. 허허 소˘자ˊ근 자네ˊ 소˘자ˊ기제?" "하, 그ˊ런줄 암ˊ니가?"
 aʹlsuʹga iʹttʹa. hɜfɜ soʹjaʹgɜn čanɛʹ soʹjaʹgijɛ?" "ha, kɜʹrɜnjul aʹmniʹga?"

 알 수가 잇다. 허허 소작은 자네 소작이제?" "하, 그런 줄 압니가?"
▷ 알 수가 있다. 허허 소작(所作)은 자네 소작이지?" "하, 그런 줄 아십니까?"

제 야근ˊ 둘ˊ러가고, 야근ˊ 이ˊ레ˊ 둘ˊ러가고 치ˊ믄 담바˜이˘야. "그러시면 예˘,
 jaʹgɜn tuʹllɜgago, jaʹgɜn iʹrɛʹ tuʹllɜgago č̆ʰiʹmɜn tambã́ija. "kɜʹrɜɕimɜn jɛ̆ʹ,

 약은 둘러가고, 약은 이레 둘러가고 침은 단방이야. "그러시면 예,
▷ 약은 둘러가고, 약은 이렇게 둘러가고 침은 단방이야. "그러시다면 예,

제 하ˊ지요." 침 한ˊ대 노˘오ˊ이˘까네 "아, 오ˊ늘 어찌ˊ 이ˊ레ˊ 곤˘하ˊ기 잗찌ˊ?"
 haʹjijo." č̆ʰim haʹndɛ noʹõĭkʹanɛ "a, oʹnɜl ɜʹč̆iʹ iʹrɛ koʹnhaʹgi č̆aʹtč̆iʹ?"

 하지요." 침 한 대 놓오니까네 "아, 오늘 어찌 이레 곤하기 잗지?"
▷ 하지요." 침을 한 대 놓으니까 "아, 오늘은 어찌 이렇게 곤하게 잤지?"

제 캄′서러 툴툴 털˘고′ 일라′~이~ 치′미, 첟째 치′믈 첟′따′ 이기라. 치′믄
kʰa′msɜɾɜ tʰultʰul tʰɜ˘lgo′ illã́ĩ čʰi′mi, čʰɜtčʼɛ čʰi′mɜl čʰɜ′ttʼa′ igiɾa. čʰi′mɜn

캄서러서 툴툴 털고 일나니 침이, 첫째 침을 첫다 이기라. 침은
▷ 하면서 툴툴 털고 일어나니 침이, 첫째 침을 쳤다 이거라. 침은

제 바로′ 직′토~이~라 이기라. 그′래 형제갸′네 투기′시미 이′서 갸′주고 서리′가
paɾo′ či′ktʰṍĩɾa igiɾa. kɜ′ɾɛ hjɜɲĕga′nɛ tʰugi′ɕimi i′sɜ ka͡ǰugo sɜɾi′ga

바로 직통이라 이기라. 그래 형제간에 투기심이 잇어 가주고 서리가
▷ 바로 직통이라 이거라. 그래 형제간에 투기심이 있어 가지고 서로가

제 내가′ 올′타′, 니˘가′ 올′타′ 그′래갸′아 그′라더라는데. 그′런 이˘야′기 이′서.
nɛ′ga′ o′ltʰa′, ni˘ga′ o′ltʰa′ kɜ′ɾɛga′a kɜ′raʤɾanɜndɛ. kɜ′ɾɜn i˘ja′gi i′sɜ.

내가 옳다, 니가 옳다 그래가아 그라더라는데. 그런 이약이 잇어.
▷ 내가 옳다, 네가 옳다 그래서 그러더라는데. 그런 이야기가 있어.

그네 탄 기생 오입

조 그´래 해애´ 보´이´소, 박순´호가
　　kɜ´ɾɛ hɛɛ´ po´i´so, paksu´nɦoga
　　그래 해 보이소, 박순호°가
▷ 그래 해 보세요, 박순호가

제 그 금˘주´로,
　　kɜ kɜ˘mǰu´ɾo,
　　그 금주°로,
▷ 그 금주로,

조 금˘주´느 기˘새~이˘고요?
　　kɜ˘mǰu´nɜ ki˘sɛ̃îgojo?
　　금주°는 기생이고요?
▷ 금주는 기생이고요?

제 기˘새~인˘데, 군데´로 으, 오´슬´ 빨가~이˘ 벡´끼녹´코
　　ki˘sɛ̃îndɛ, kundɛ´ɾo ɜ, o´sɜ´l p'ɛlgã̂î pɛ´kk'ino´kkʰo
　　기생인데, 군데로 으, 옷을 빨강이 벳기놓고
▷ 기생인데, 그네를 응, 옷을 빨가 벗겨놓고

조 어디서´?
　　ɜdisɜ´?
　　어디서?
▷ 어디서?

제 건천´서.
　　kɜnčʰɜ´nsɜ.
　　건천°서.
▷ 건천에서.

[조] 그러˜이˜까, 남´ 보´는´데 빨가´ 벅낄´수는 업´짜´나요?
k3ɾ̃ĩk'a, na´m po´n3´nde p'ɛlga´ p3kk'i´lsun3n 3´pč'a´najo?
그러니까, 남 보는데 빨가벗길 수는 없잖아요?
▷ 그러니까, 남 보는데서 빨가벗길 수는 없잖아요?

[제] 그´럳치, 밀´구 정수대˜이˜가 바아´따´ 이기´라. 밸´가´벡끼 녹´코 군데´로
k3´ɾ3tčʰi, mi´lgu č3ŋsudẽ´ĩga paa´t'a´ igi´ra. pɛ˘lga´bɛkk'i no´kkʰo kundɛ´ɾo
그렇지, 밀구° 정수댕°이가 밧다 이기라. 밸가벳기 놓고, 군데로
▷ 그렇지, 밀구 정수동이가 봤다 이거라. 발가벗겨 놓고, 그네를

[제] 태´야녹´코마리지 그´라먼 이 다리´가 버˘러´질 꺼 아˜잉˜가배
tʰɛ´jano´kkʰomaɾiji k3´ɾam3n i taɾi´ga p3˘ɾ3´ĵil k'3 ãĩŋgabɛ
태야놓고 말이지 그라먼 이 다리가 벌어질 거 아닌가배
▷ 태워놓고 말이지 그러면 이 다리가 벌어질 것이 아닌가봐

[조] 바˜에˜서요?
pã´ẽs3jo?
방에서요?
▷ 방에서요?

[제] 그´래, 바˜아˜ 실거´네다 군데´로 매´애 녹´코
k3´ɾɛ, pã´ã ɕilg3´nɛda kundɛ´ɾo mɛ´ɛ no´kkʰo
그래, 방아 실건에다 군데로 매애 놓고
▷ 그래, 방에 선반에다 그네를 매어 놓고

[조] 아아, 실거´네다 매´애 녹´코, 아아.
aa, ɕilg3´nɛda mɛ´ɛ no´kkʰo, aa.
아, 실건에다 매애 놓고, 아.
▷ 응, 선반에다 매어 놓고, 응.

[제] 그´러˜이˜ 박순´호 영˘가´든 밸가벅´꼬 이 요˜이˜ 안 일´라´거등. 그´라˜이˜ 자꼬´
k3´ɾ3ĩ paksu´nɦo j3˘ŋga´m3n pɛlgab3´kk'o i jõ´ĩ an i´lla´g3d3ŋ. k3´ɾãĩ čak'o´
그러니 박순호° 영감은 밸가벗고 이 용이54) 안 일나거등. 그라니 자꼬
▷ 그러니 박순호 영감은 발가벗고 이 남근이 안 일어나거든. 그러니까 자꾸

제 애ˇ로′ 달가′아가′아 금ˇ주′느 이 군데′로 타′고′ 읻′찌 그′래 오ˇ이′블 하′더′라

ɛˇɾoˊ talgaˊagaˊa kɜˇmjuˊnɜ i kundɛˊro tʰaˊgoˊ iˊtčˊi kɜˊɾɛ oˇiˊbɜl haˊdɜˊra

애로 달가가아 금주°는 이 군데로 타고 잇지 그래 오입을 하더라

▶ 애를 달구어서 금주는 그네를 타고 있지 그렇게 오입을 하더라

제 이기′야. 그′래 무′늘 여′러노′오˜이˜ 그라˜이˜

igiˊja. kɜˊɾɛ muˊnɜl jɜˊɾɜnoˊõĩ kɜˊɾãĩ

이기야. 그래 문을 열어놓오니 그라니

▶ 이거야. 그래 문을 열어놓고 그러니까

제 무′늘 꽉 다′답뿌고 나′왑′뿓따.

muˊnɜl kˈwak taˊdappˈugo naˊwaˊppˈuttˈa.

문을 꽉 닫아뿌고 나와뿟다.

▶ (보던 사람이) 문을 꽉 닫아버리고 나와 버렸다.

조 제대′로 활랴˜이˜네.

čedɛˊro hwaʎʎãĩnɛ.

제대로 활량이네.

▶ 제대로 한량이네.

제 활래˜이˜고 말ˇ고′.

hwaʎʎɛ̃ˊĩgo maˇlgoˊ.

환랭이고말고.

▶ 한량이고말고.

조 동ˇ깨′나 이′섣떰 모′야˜이˜지요?

toˇŋkˈɛˊna iˊsɜttˈɜm moˊjãĩjijo?

돈깨나 잇엇던 모양이지요?

▶ 돈깨나 있었던 모양이지요?

---

54) 용 : 남자의 성기.

제 도ˇ는ˊ 엄ˇ는ˊ 사ˊ라미야, 박순ˊ호 카는 영가ˊ미

to ˇnɜ´n ɜ´mnɜ´n saˊramija, paksuˊnɦo kʰanɜn jɜŋgaˊmi

돈은 없는 사람이야, 박순호° 카는 영감이

▷ 돈은 없는 사람이야, 박순호라고 하는 영감이

조 그ˊ러머 정만ˊ서 시ˊ기ˊ네요?

kɜˊrɜmɜ čɜŋmaˊnsɜ ɕiˊgiˊnejo?

그러면 정만서° 식이네요?

▷ 그러면 정만서 식이네요?

제 도ˇˇ이ˇˇ 업ˊ서ˊ도, 돔ˇ마ˊ 버ˊ얼머, 이스ˊ머 닫ˊ또ˇ이ˇ라도 이스ˊ머ˇ

tõ´ĩ´ ɜ´psɜ´do, toˇmmaˊ pɜˊɜlmɜ, isɜˊmɜ̃ taˊttˈõĩrado isɜˊmɜ̃

돈이 없어도, 돈만 벌머, 잇으면 닷 돈이라도 잇으면

▷ 돈이 없어도, 돈만 벌면, (돈만) 있으면 닷 돈이라도 (돈이) 생기면

제 마ˊ아 색ˊ시ˊ마 졸ˇ타ˊ 이기ˊ야.

maˊa sɛˊkeiˊma čoˇttʰaˊ igiˊja.

마아 색시만 좋다 이기야.

▷ 에, 색시만 좋다 이거야.

조 그ˊ래도 옌ˇ날ˊ 기생ˊ드른 돔ˇ만ˊ 바ˊ더서는 앙ˊ그ˊ랟짜나요.

kɜˊrɛdo jeˇnnaˊl kiˊsɛˊŋdɜrɜn toˇmmaˊn paˊdɜssɜnɜn aˊŋgɜˊrɛtčˈanajo.

그래도 옛날 기생들은 돈만 받어서는 안 그랫잖아요.

▷ 그래도 옛날 기생들은 돈만 받아서는 안 그랬잖아요.

제 그ˊ래도 언ˊ창 조ˇ와ˊ 카ˇ이ˇ.

kɜˊrɛdo ɜˊnčʰaŋ čoˇwaˊ kʰãĩ.

그래도 언창 좋와 카니.

▷ 그래도 워낙 좋아 하니까.

조 그거ˊ는 어ˊ딩가 마아ˊ메ˊ드는 구서ˊ기 이스ˊ니ˊ까 그럳치……

kɜgɜˊnɜn ɜˊdiŋga maaˊmɛˊdɜnɜn kusɜˊgi isɜˊniˊkˈa kɜˊrɜtčʰi……

그거는 어딘가 마암에 드는 구석이 잇으니까 그렇지……

▷ 그것은 어딘가 마음에 드는 구석이 있으니까 그렇지……

제 그'럳치.

k'ɜɾɜtč^hi.

그렇지.

그렇지.

조 돔'만' 준'다'꼬는 앙그'랟짜나요?

to˘mma'n ču'nda'k'onɜn aŋgɜ'ɾɛtč'anajo?

돈만 준다꼬는 안 그랫잖아요?

돈만 준다고 (해서)는 안 그랬잖아요?

제 앙그'럳치. 이'런' 이'야근 할끼'이 아니'야.

aŋgɜ'ɾɜtč^hi. i'ɾɜ'n i˘ja'gɜn halk'i'i ani'ja.

안 그렇지. 이런 이약은 할 끼이 아니야.

안 그렇지. 이런 이야기는 할 것이 아니야.

반딧불이 노래

제 솜빠´다글 친´다´.

somp'a´dagɜl čʰi´nda´.

손바닥을 친다.

▷ 손바닥을 친다.

조 개똥벌개˜이˜가 저´기 날´라가´머?

kɛt'oŋbɜlgě˜ĩga čɜ´gi na´llaga´mɜ?

개똥벌갱이가 저기 날라가면?

▷ 반딧불이가 저기 날아가면?

제 그´래 고 저, 숙˘끼´ 말˘로´ 담뱁´뿌리라 앙카´나

kɜ´rɛ ko čɜ, su˘kk'i´ ma˘llo´ tambɛ´pp'urira aŋkʰa´na

그래 고 저, 숙기 말로 담뱃불이라 안 카나

▷ 그래 고 저, 쉽게 말해서 (반딧불이를) 담뱃불이라고 하지 않니

조 예 예, 개똥벌개˜이˜ 커´머 알˘지´요머.

jɛ jɛ, kɛt'oŋbɜlgě˜ĩ kʰɜ´mɜ a˘lji´jomɜ.

예, 예, 개똥벌갱이 커머 알지요 머.

▷ 예, 예, 반딧불이라고 하면 알지요 뭐.

제 고기´이 인자´ 날´러가´머, 똘똘똘똘 똘똘 똘똘 이리 온너´라 똘똘

kogi´i inja na´llaga´mɜ, t'olt'olt'olt'ol t'olt'ol t'olt'ol iri onnɜ´ra t'olt'ol

고기이 인자 날러가머, 똘똘똘똘 똘똘 똘똘 이리 온너라 똘똘

▷ 고것이 이제 날아가면, 똘똘똘똘 똘똘 똘똘 이리 오너라 똘똘

조 그´라머 옴˘니´까?

kɜ´ramɜ o˘mni´k'a?

그라면 옵니까?

▷ 그러면 (사람이 부르는 쪽으로) 옵니까?

제 와′, 톡톡 치′머′ 똘똘똘똘

wa′, tʰoktʰok čʰi′mɜ′ t'olt'olt'olt'ol

와, 톡톡 치머 똘똘똘똘.

▷ 와, 톡톡 치며 똘똘똘똘.

조 그′래 그 자′바가′아느 우′야′는데요?

kɜ′rɛ kɜ ča′baga′anɜ u′ja′nɜndɛjo?

그래 그 잡아가아는 우야는데요?

▷ 그렇게 그것을 잡아서는 어쩌는데요?

제 자′바가′아느 호박꼬′테 안 연′나 고 인자′, 해가′, 고 개똥벌기˜이˜ 저

ča′baga′anɜ hobakk'o′tʰɛ an jɜ′nna ko inǰa, hɛ′ga′, ko kɛt'oŋbɜlgĩ′ĩ čɜ

잡아가아는 호박꼴에 안 엱나 고 인자, 해가, 고 개똥벌깅이 저

▷ 잡아서는 호박꽃에다 넣잖니 고 이제, 해가, 고 반딧불이가 저

제 해′빠′질때, 해′빠′질때나 도′들때나 호박꼬′치 피′거′등

hɛ′p'a′ǰilt'ɛ, hɛ′p'a′ǰilt'ɛna to′dɜlt'ɛna hobakk'o′čʰi pʰi′gɜ′dɜŋ

해 빠질 때, 해 빠질 때나 돋을 때나 호박꽃이 피거등

▷ 해 빠질 때, 해 빠질 때나 돋을 때나 호박꽃이 피거든

조 예. 예. 예.

jɛ. jɛ. jɛ.

예. 예. 예.

▷ 예. 예. 예.

제 박′꼬′튼 인자′ 해 도′들때 피′고′,

pa′kk'o′tʰɜn inǰa hɛ to′dɜlt'ɛ pʰi′go′,

박꼴은 인자 해 돋을 때 피고,

▷ 박꽃은 이제 해 돋을 때 피고,

조 박′꼬′튼 해가′ 질′때 피′고′

pa′kk'o′tʰɜn hɛ′ga′ǰi′l t'ɛ pʰi′go′

박꼴은 해가 질 때 피고

▷ 박꽃은 해가 질 때 피고

제 언˘제´! 해´독´끼 저´네, 아아´, 해´가´ 질˘때 피´능´거 맏˘따.
ɜ˘njɛ´! hɛ´do´kk'i čɜ´nɛ, aa´, hɛ´ga´ či´ltɛ pʰi´nɜ´ŋɜ ma´tt'a.

어언제! 해 돋기 전에, 아, 해가 질 때 피는 거 맞다.

▷ 아니! 해 돋기 전에, 응, 해가 질 때 피는 것이 맞다.

조 박´꼬´츤 볼살´ 삶´물때 피´고´
pa´kk'o´čʰɜn polsa´l sa´lmultɛ pʰi´go´

박꽃은 볼살 삶울 때 피고

▷ 박꽃은 보리쌀을 삶을 때 피고

제 올´치´. 올´치´.
o´lčʰi´. o´lčʰi´.

옳지, 옳지.

▷ 옳지, 옳지(그렇지).

조 호박꼬´츤 새벼´게 피´고´
hobakk'o´čʰɜn sɛbjɜ´gɛ pʰi´go´

호박꽃은 새벽에 피고

▷ 호박꽃은 새벽에 피고

제 새보´게 고고 나제´ 핀´다´꼬, 피´는´데
sɛbo´gɛ kogo najɛ´ pʰi´nda´k'o, pʰi´nɜ´ndɛ

새복에 고고 낮에 핀다꼬, 피는데

▷ 새벽에 고게 낮에 핀다고, 피는데

조 고 호박꼬´테다 자´버연는´다 마리지요?
ko hobakk'o´tʰeda ča´bɜjɜnnɜ´nda mariɨiɨo?

고 호박꼳에다 잡어옇는다 말이지요?

▷ 고 호박꽃에다 잡아넣는단 말이지요?

제 호박꼬´테다가 인자´ 그 개똥벌기~이´로 자´버여´어가´아
hobakk'o´tʰɛdaga inja kɜ kɛt'oŋbɜlgi˜íro ča´bɜjɜ´ɜga´a

호박꼳에다가 인자 그 개똥벌깅이로 잡어옇어가아

▷ 호박꽃에다가 이제 그 반딋불이를 잡아넣어서

제 머′? 그걷′또 노′래가 이′서.

  mɜ′? kɜgɜ′tt'o no′ɾega i′sɜ.

  머? 그것도 노래가 잇어.

  뭐? 그것도 노래가 있어.

조 예.

  jɛ.

  예.

  예.

제 그′런데 생′가′기 안난′다′.

  kɜ′ɾɜndɛ sɛ′ŋga′gi anna′nda′.

  그런데 생각이 안 난다.

  그런데 생각이 안 난다.

조 호박꼬′테 자′버여′어가′아요?

  hobakk'o′tʰɛ č'abɜjɜ′ɜga′ajo?

  호박끝에 잡어옇어가아요?

  호박꽃에 잡아넣어서요?

제 그′래. 자′버여′어가′아 들′고 가머 개똥벌기~이~야 불 서′라 기′리′ 어덥′따.

  kɜ′ɾɛ. č'a′bɜjɜ′ɜga′a tɜ′lgo ka′mɜ kɛt'oŋbɜlgĩ′ĩja pul sɜ′ɾa ki′ɾi′ ɜdɜ′pt'a.

  그래. 잡어옇어가아 들고 가머 개똥벌깅이야 불 서라 길이 어덥다.

  그래. 잡아넣어서 들고 가며 반딧불이야 불 켜라 길이 어둡다.

제 파짝′파짝′ 해애′라′ 아~아~ 그′래 말로′ 아~해~도′ 고 파짝꺼′리기는

  pʰač'a′kpʰač'a′k hɛɛ′ɾa′ ãã′ kɜ′ɾɛ mallo′ ãɦɛdo′ ko pʰač'akk'ɜ′ɾiginɜn

  파짝파짝 해라. 앙아 그래 말로 안 해도 고 파짝거리기는

  반짝반짝 해라. 응 그렇게 말을 하지 않아도 고 반짝거리기는

제 파짝꺼′리는데, 고′런 마~리′ 이′찌.

  pʰač'akk'ɜ′ɾinɜndɛ, ko′ɾɜn ma~ɾi′ i′č'i.

  파짝거리는데, 고런 말이 잇지.

  반짝거리는데, 고런 말이 있지.

이마를 맞대고

제 언ˇ제ˊ나 참 아ˊ부님 어ˊ무ˊ님 제ˇ사ˊ 모ˇ시ˊ로 와ˊ도ˊ 제ˇ사ˊ 모ˇ시ˊ고느
ǯnjɛ́na čʰam aˊbunim ʒ́muˊnim čɛ̌saˊ moˇɕiˊɾo waˊdoˊ čɛ̌saˊ moˇɕiˊgonʒ
언제나 참 아부님 어무님 제사 모시로 와도 제사 모시고는
▷ 언제나 참 아버님 어머님의 제사를 모시러 와도 제사를 모시고는

제 이ˊ튼날 가ˊ고 이랜ˇ는ˊ데 저ˊ네 보ˇ통ˊ 댕기로 와 가ˊ주구느 참
iˊtʰʒnnal kaˊgo iɾɛ̌nnʒ́ndɛ čʒ́nɛ poˇtʰoˊŋ tɛ́ŋgiɾo wa gaˊjugunʒ čʰam
이튼날 가고 이랬는데 전에 보통 댕기로 와 가주구는 참
▷ 그 이튼날 가고 이랬는데 전에 보통 다니러 와 가지고는 참

제 이사ˊ밀 읻때ˊ가 간ˊ일또 익ˊ꼬 그ˊ랜찌마느 요부ˊ네느 참 너거인ˊ데느
isaˊmil ittˊaˊga kaˊniltˊo iˊkkˊo kʒ́ɾɛtčˇimanʒ jobuˊnɛnʒ čʰam nʒgʒiˊndɛnʒ
이삼일 잇다가 간 일도 잇고 그랫지마는 요분에는 참 너거인데는
▷ 이삼일 있다가 간 일도 있고 그랬지마는 요번에는 참 너희에게는

제 할머ˊ니고 제ˇ사ˊ 모ˇ시ˊ로 와가ˊ아 아, 추ˊ석꺼정 쉬ˇ고ˊ 가기느
halmʒ́nigo čɛ̌saˊ moˇɕiˊɾo wagaˊa a, čʰuˊsʒkkˊʒʒŋ swiˇgoˊ kaˊginʒ
할머니고 제사 모시로 와가아 아, 추석꺼정 쉬고 가기는
▷ 할머니고 제사를 모시러 와서 아, 추석까지 쉬고 가기는

제 처ˇ미라, 처ˇ민ˊ데, 어흠, 그래서 저ˊ네도 내가ˊ 그런 이ˇ약 해앨ˇ찌ˊ마느
čʰǯmiˊɾa, čʰǯminde, ʌɦʌm, kʒ́ɾɛʒ čʒ́nedo nɛˊgaˊ kʒ́ɾʒn iˊjaˊk hɛɛˊtčˇiˊmanʒ
첨이라, 첨인데, 어흠, 그래서 전에도 내가 그런 이약 햇지마는
▷ 첨이라, 첨인데, 어흠, 그래서 전에도 내가 그런 이야기를 했지마는

제 언제ˊ나, 나도 형ˊ제가 사ˇ형ˊ젠데, 내우ˊ에 백ˊ경ˊ이 익ˊ꼬, 또 누ˊ이미
ʒnjɛ́na, naˊdo hjʒ́ŋjɛga saˇhjʒ́ŋjɛndɛ, nɛuˊɛ pɛˇkkʰjʒ́ŋi iˊkkˊo, tˊo nuˊimi
언제나, 나도 형제가 사 형젠데, 내 우에 백형이 잇고, 또 누임이
▷ 언제나, 나도 형제가 사 형젠데, 내 위에 백형(伯兄)이 있고, 또 누님이

제 게˘시´고 다˘ 도´러가싣서. 도´러가시고, 그 내형´제가
keˇɕi´go taˇ toˊrɜgaɕitsɜ. toˊrɜgaɕigo, kɜ nɛɦjɜˊnjega

게시고 다 돌어가싯어. 돌어가시고, 그 내 형제가
▷ 계시고 (형과 누님은) 다 돌아가셨어. 돌아가시고, 그 내 형제가

제 사˘형´제서러 두˘리´, 두˘리´ 여´어 생´존하고 익꺼´등 백´켱´
saˇɦjɜˊnjesɜrɜ tuˇri´, tuˇri´ jɜˊɜ sɛˊnjonɦago ikkɜˊdɜŋ pɛˊkkʰjɜˊŋ

사 형제서러 둘이, 둘이 여 생존하고 잇거등 백형
▷ 사 형제에서 둘이, 둘이 여기 생존하고 있거든 백형은

제 도´라가시고, 또 내가 다´암 그´래, 그다´암 낸´데´,
toˊragaɕigo, tˊo nɛga taˊam kɜˊrɛ, kɜdaˊam nɛˊndɛ´,

돌아가시고, 또 내가 다암 그래 그 다암 낸데,
▷ 돌아가시고, 또 내가 다음 그래 그 다음이 나인데,

제 다´암 동생´도 힘´도´ 족˘코´ 신´체도 족˘코´,
taˊam toŋsɛˊŋdo çiˊmdoˊ čoˇkkʰoˊ ɕiˊnčʰedo čoˇkkʰoˊ,

다암 동생도 힘도 좋고 신체도 좋고,
▷ 다음 동생도 힘이 좋고 신체도 좋고,

조 키´ㄴ´ 덕´수´보다 자˘가´요.
kʰiˊnɜˊ tɜˊksuˊpoda čaˇgaˊjo.

키는 덕수°보다 작아요.
▷ 키는 덕수보다 작아요.

제 키´는´ 자˘가´도 신´체가 덕´수´,
kʰiˊnɜˊn čaˇgaˊdo ɕiˊnčʰega tɜˊksuˊ,

키는 작아도 신체가 덕수°,
▷ 키는 작아도 신체가 덕수,

조 이 갸´스믄 지´금´ 덕´수´보다 크´지´요?
i kaˊsɜmɜn čiˊgɜˊm tɜˊksuˊboda kʰɜˊjiˊjo?

이 가슴은 지금 덕수°보다 크지요?
▷ 이 가슴은 지금 덕수보다 크지요?

제 어깨가 이랬따 마리야. 힘 족코 신체 조거도 아랑곧업서.
ᵊk'ɛga iˊɾɛtt'a maɾija. him čoˇkkʰoˊ ɕiˊnčʰɛ čoˇoˊŋɜdo aˊɾaŋgotɜˇpsɜˊ.
어깨가 이랬다 말이야. 힘 좋고 신체 좋온 거도 아랑곳없어.
▷ 어깨가 (벌어져서) 이랬단 말이야. 힘 좋고 신체 좋은 것도 아랑곳없어.

제 그 참 도라가신 제가 오래다. 그런데, 그웨 동새이라도
kɜ čʰam toˊɾagaɕin čega oˊɾɛda. kɜˊɾɜndɛ, kɜwɛˊ toŋsɛ̃ĩɾado
그 참 돌아가신 제가 오래다. 그런데, 그 왜 동생이라도,
▷ 그 참 돌아가신 지가 오래다(오래 됐다). 그런데, 그 왜 동생이라도,

제 내 아우라도, 내가 가가아 이레 풀 빈다마리야.
nɛ auˊɾado, nɛˊgaˊ kagaˊa iˊɾɛˇ pʰul piˊndaˊmaɾija.
내 아우라도, 내가 가가아 이레 풀 빈다 말이야.
▷ 내 아우라도, 내가 (산소에) 가서 이렇게 풀을 벤단 말이야.

제 풀 비고, 술한잔 버어 녹코 조카 아아드리 절하는데 안
pʰul piˊgoˊ, suˊlɦaˊnǰan pɜˊɜ noˊkkʰo čoˊkʰaˊ aˊadɜɾi čɜˊlɦaˊnɜndɛ an
풀 비고, 술 한 잔 버어 놓고 조카 아아들이 절하는데 안
▷ 풀을 베고, 술을 한 잔 부어 놓고 조카아이들이 절하는데 (내가) 안

제 할수 업찌 유며이 달라지머느 동새이 사라 생저네느 동새이 내인데
haˊlsu ɜˊpč'iˊ juˇmjɜ̃ĩˇ taˊllaǰimɜnɜ toŋsɛ̃ĩ saˊɾa sɛŋǰɜˊnɜnɜ toŋsɛ̃ĩ nɛiˊndɛ
할 수 없지 유명이 달라지머는 동생이 살아생전에는 동생이 내인데
▷ 할 수가 없지 유명이 달라지면 동생이 살아생전에는 동생이 나한테

제 절로 해애야 대는데 유며이 달라지머, 형제 일시인데 내 저를 한다.
čollo hɛɛˊjaˊ tɛnɜˊndɛ juˇmjɜ̃ĩˇ taˊllaǰimɜ, hjɜˊɲĩɛ iˊlɛĩˇĩndɛ nɛ čɜˊɾɜˊl handa.
절로 해야 대는데 유명이 달라지면, 형제 일신인데 내 절을 한다.
▷ 절을 해야 되는데 유명이 달라지면, 형제 일신인데 내가 절을 한다.

제 제사에느 내 앙간다 제사아느 가이, 내가 자꼬 눔물마 나고
čɛˇsaˊɛnɜ nɛ aŋgaˊndaˊ čɛˇsaˊanɜ kãˊĩ, nɛˊgaˊ čaˊk'o nuˊmmuˊlma naˊgo
제사에는 내 안 간다. 제사아는 가니, 내가 자꼬 눈물만 나고
▷ 제사에는 내가 안 간다. 제사에는 가니까, 내가 자꾸 눈물만 나고

206

제 그´래서 앙가´는´데, 그 너거´ 삼형´제 이´레´ 한테´ 모이가´아, 으´? 이´레´ 참
kɜ´ɾɛsɜ aŋga´nɜ´ndɛ, kɜ nɜgɜ´ samɦjɜ´ɲɛ i´ɾɛ´ hanthɛ´ moiga´a, ɜ´? i´ɾɛ´ ʧham
그래서 안 가는데, 그 너거 삼 형제 이레 한테 모이가아, 응? 이레 참
그래서 안 가는데, 그 너희들 삼 형제 이렇게 한데 모여서, 응? 이레 참

제 끼´조´서글 가´치´ 묵´꼬, 아까´ 내가´ 저역´ 무´굴때 이´얘´기 하잔터´나?
k'i´ʄo´sɜgɜl ka´ʧhi´ mu´kk'o, ak'a´ nɛga´ ʧɜjɜ´k mu´gultʼɛ i´jɛ´gi haʧanthɜ´na?
끼조석을 같이 묵고, 아까 내가 저녁 묵울 때 이야기 하잖더나?
끼니를 같이 먹고, 아까 내가 저녁 먹을 때 이야기하지 않더냐?

제 이´망을 맏때´애고 으. 주´글´ 무´거도 옌´나´레 하´라´버지가 그 이얘´기
i´maŋɜl mattʼɛ´ɛgo ɜ. ʧu´gɜ´l mu´gɜdo jɜ´nna´ɾɛ ha´ra´bɜʄiga kɜ ijɛ´gi
이망을 맞대고 응. 죽을 묵어도 옛날에 할아버지가 그 이얘기
이마를 맞대고 응. 죽을 먹어도 옛날에 (너희) 할아버지께서 그 이야기

제 하´싣´따꼬 주´글´ 무´거도 이´망을 맏때´애고 윅´꼬´ 이´라´먼 그기´이
ha´ɕittʼak'o ʧu´gɜ´l mu´gɜdo i´maŋɜl mattʼɛ´ɛgo wi´kk'o´ i´ra´mɜn kɜgi´i
하싯다꼬 죽을 묵어도 이망을 맞대고 윗고 이라면 그기이
하셨다고 죽을 먹어도 이마를 맞대고 웃고 이러면 그것이

제 조´타´ 카능 그´런 말´숨´, 내가´ 드른´ 때미´네, 이 귀´로´ 드른´ 따무´네
ʧo´tha´ khanɜŋ kɜ´ɾɜn ma´lsu´m, nɛga´ tɜɾɜ´n tʼɛmi´nɛ, i kwi´ɾo´ tɜɾɜ´n tʼamu´nɛ
좋다 카는 그런 말숨, 내가 들은 때민에, 이 귀로 들은 따문에
좋다고 하는 그런 말씀을, 내가 들었기 때문에, 이 귀로 들었기 때문에

제 그´런 이´야글 해앤´는´데, 내가´ 이런 이´약´ 해애도´ 너거´가 잘 드르……
kɜ´ɾɜn i´ja´gɜl hɛɛ´nnɜ´ndɛ, nɛga´ iɾɜn i´ja´k hɛɛ´do´ nɜgɜ´ga ʧal tɜɾɜ……
그런 이약을 햇는데, 내가 이런 이약 해도 너거가 잘 들으……
그런 이야기를 했는데, 내가 이런 이야기를 해도 너희가 잘 들으……

제 그거´ 잘 도´라가´까 안도´라가´까 이´무˘이´라.
kɜgɜ´ ʧal to´raga´k'a ando´raga´k'a i´muĩ´ɾa.
그거 잘 돌아가까 안 돌아가까 이문이라.
생각이 잘 돌아갈까 안 돌아갈까 의문이라.

조 아́라든니˜이˜더.

a´ɾadɜnnĭ ĭdɜ.

알아듣너더.

▷ 알아듣습니다.

제 아, 마 그거́는 너거́ 아́라서 하고 그́래 내 생저́네느 만˜냐게 너거́가

a, ma kɜgɜ´nɜn nɜgɜ´ a´ɾasɜ ha´go kɜ´ɾɛ nɛ sɛŋjɜ´nɛnɜ ma´ŋɲa´gɛ nɜgɜ´ga

아, 마 그거는 너거 알아서 하고 그래 내 생전에는 만약에 너거가

▷ 응, 에, 그것은 너희가 알아서 하고 그래 내 생전에는 만약에 너희가

제 형제가́네 이́가́ 비́일따 카́며느, 내안́테 드러서지́ 마́라́마리라.

hjɜŋjɛga´nɛ i´ga´ pi´itt'a kʰa´mjɜnɜ, nɛa´ntʰɛ tɜɾɜsɜji´ ma´ɾa´maɾiɾa.

형제간에 이가 비잇다 카며는, 내안테 들어서지 마라 말이라.

▷ 형제간에 의가 비었다고 하면, 나한테 들어서지 말란 말이라.

제 나 이́약 고마 하́고 끈́채이. 너거́가 아́러서 해́라́.

na i´ja´k koma ha´go k'ɜ´nčʰɛi. nɜgɜ´ga a´ɾɜsɜ he´ɾa´.

나 이약 고만 하고 끊재이. 너거가 알어서 해라.

▷ 내 이야기는 그만 하고 (여기서) 끊자. 너희가 알아서 해라.

광풍진사의 유언

제 광풍′진ˇ사′가 구′대′ 진ˇ사′ 마지막′ 진ˇ사′거등, 마지막′
kwaŋpʰuʹŋjiˇnsaʹga kuʹdɛʹ čiˇnsaʹ maǰimaʹk čiˇnsaʹgɜdɜŋ, maǰimaʹk
광풍진사°가55) 구 대 진사 마지막 진사거등, 마지막
▷ 광풍진사가 구(9) 대 진사의 마지막 진사거든, 마지막

제 진ˇ산′데,
čiˇnsaʹndɛ,
진산데,
▷ 진산데,

조 무징′구′대′ 진ˇ사′요?
muǰiʹŋguʹdɛʹ čiˇnsaʹjo?
무진 구 대 진사요?
▷ 무슨 구 대 진사요?

제 으?
ɜ?
으?
▷ 응?

조 무징′구′대′ 진ˇ사′요?
muǰiʹŋguʹdɛʹ čiˇnsaʹjo?
무진 구 대 진사요?
▷ 무슨 구 대 진사요?

---

55) 광풍진사 : 경주 최부잣댁의 마지막 진사의 호칭.

제 그 조˘천´ 췌 부자´, 저 시´비´대´ 만˘석´, 시´비´대ㅣ´ 만˘석´, 구´대´
kɜ čo˘čʰɜ´n čʰwɛ pu˘ja´, čɜ ɕi´bi´dɛ´ ma˘nsɜ´k, ɕi´bi´dɛ´ ma˘nsɜ´k, ku´dɛ´
그 조천°56) 최 부자, 저 십이 대 만석, 십이 대 만석, 구 대
▶ 그 교천 최 부자, 저 십이(12) 대 만석, 십이 대 만석, 구(9) 대

제 진˘사´거등, 구´ 대´ 진˘산´데, 그 광풍´진˘사´가 어, 서˘울´ 과´게하로
či˘nsa´gɜdɜŋ, ku´dɛ´ či˘nsa´ndɛ, kɜ kwaŋpʰu´ŋji˘nsa´ga ɜ, sɜ˘u´l kwa´gɛɦaro
진사거등, 구 대 진산데, 그 광풍진사°가 어, 서울° 과게하로
▶ 진사거든, 구 대 진산데, 그 광풍진사가 어, 서울로 과거보러 (올라)

제 올´때 그 어˘떤´, 옌˘나´레느마리지, 이 딤˘머´리 애도⁓은⁓ 철´리고 관´도⁓은
ol´tɛ kɜ ɜ˘tɜ´n jɜ˘nna´rɛnɜmariji, i ti˘mmɜ´ri ɛdõ˘ɜ̃n čʰɜ˘ʎʎigo kwa´ndõ˘ɜ̃n
올 때 그 어떤, 옛날에는 말이지, 이 딋머리 애동은 천리고 관동은
▶ 올 때 그 어떤, 옛날에는 말이지, 이 뒷머리 애동은 천리고 관동(冠童)은

제 말˘리´다마리지 그 옌˘날´ 문´자야.
ma˘ʎʎi´damariji kɜ jɜ˘nna´l mu´ɲjaja.
만리다57) 말이지 그 옛날 문자야.
▶ 만리다 말이지 그 옛날 문자야.

조 그기´이 무진´ 소´린데요?
kɜki´i muji´n so´rindɛjo?
그기이 무진 소린데요?
▶ 그것이 무슨 뜻인데요?

제 고 암만´ 나이 마´내도´, 그 저 머어´고´? 오새´ 말˘로´ 겨론하기 저´네느 이
ko amma´n nai ma´nɛ´do, kɜ čɜ mɜɜ´go? osɛ´ ma´llo´ kjɜronɦagi čɜ´nɜnɜ i
고 암만 나이 많애도, 그 저 머고? 오새 말로 결온하기 전에는 이
▶ 그 암만 나이가 많아도, 그 저 뭐니? 요새 말로 결혼하기 전에는 이

---

56) 조천(교천) : 경주시 교동. 교천(校川) 마을.
57) '관례를 치르고 안 치른 아이의 대접에 차이가 확실하게 다르다'는 뜻으로 보임.

제 딤ˇ머리로 머리가 다ˇ 빠ˊ지고, 참 옌ˇ날ˊ 말ˊ로ˊ 저 요새ˊ애 말ˊ또ˊ
ti˘mmɜ́riro mɜ́riga ta˘ p'aʝí̯go, čham jɛ˘nna̍ˊl ma˘llo̍ˊ čɜ josɛ́ɛ ma˘lt'o̍ˊ

딧머리로 머리가 다 빠지고, 참 옛날 말로 저 요새애 말또
뒷머리를 머리카락이 다 빠지고, 참 옛날 말로 저 요새 말도

제 그런 마ˊ리ˊ 읻ˊ찌, 쥐 꽁ˊ지만 해애도ˊ 딤ˇ머ˊ리로 땅ˊ코 이ˊ섣따꼬,
kɜ́rɜn ma̍ri̍ˊ i̍ˊtči, čwi k'o̍ɲjiman hɛɛ̍do̍ˊ ti˘mmɜ́riro t'a̍ŋkho i̍ˊsɜtt'ak'o,

그런 말이 잇지, 쥐 꽁지 만해도 딧머리로 땅코 잇엇다꼬,
그런 말이 있지, 쥐 꽁지 만해도 뒷머리를 땋고 있었다고,

제 그 어, 시ˊ보ˊ오세 아ˊ네 장ˇ개로 가ˊ도ˊ 시ˊ보ˊ세 아ˊ네느 옌날ˊ 초ˊ러ˊ비라
kɜ̍ ɜ̍, ɕi̍bo̍ˊosɛ a̍ˊnɛ ča˘ŋge̍ˊro ka̍do̍ˊ ɕi̍bo̍ˊsɛ a̍ˊnɜnɜ jenna̍ˊl čho̍ˊrɜ̍ˊbira

그 어, 십오 세 안에 장개로 가도 십오 세 안에는 옛날 초립이라
그 어, 십오 세 안에 장가를 가도 십오 세 안에는 옛날 초립이라

제 카ˊ능ˊ 기ˊ이 이ˊ섣따꼬
kha̍ˊnɜ̍ŋ ki̍ˊi i̍ˊsɜtt'ak'o

카는 기이 잇엇다꼬
고 하는 것이 있었다고

조 초ˊ립ˊ.
čho̍ˊri̍ˊp.

초립.
초립.

제 초ˊ립ˊ, 초ˊ립ˊ, 그 망ˊ건 시ˊ고, 초ˊ리ˊ블 섣ˊ따ˇ 카ˇ이ˊ 장ˇ가로 가ˊ머
čho̍ˊrɜ̍ˊp, čho̍ˊri̍ˊp, kɜ̍ ma̍ŋgɜn ɕi̍ˊgo̍ˊ, čho̍ˊri̍ˊbɜl sɜ̍ˊtt'a̍ˊ kha̍˘i̍ˊ ča˘ŋga̍ˊro ka̍ˊmɜ

초립, 초립, 그 망건 시고, 초립을 섯다 카니 장가로 가머
초립, 초립, 그 망건 쓰고, 초립을 썼다니까 장가를 가면

제 고 인자ˊ 열ˊ다ˊ앋살 아ˊ네느 초ˊ리ˊ비라카능 기ˊ이 이ˊ섣따
ko inja̍ˊ jɜ̍ˊlda̍ˊatsal a̍ˊnɜnɜ čho̍ˊri̍ˊbirakhanɜ̍ŋ ki̍ˊi i̍ˊsɜtt'a

고 인자 열다앗 살 안에는 초립이라 카는 기이 잇엇다.
고 이제 열다섯 살 안에는 (머리에 쓰는) 초립이라고 하는 것이 있었다.

[제] 그거´ 시고´ 장˘가가는데 애도˜˘은˜ 철˘리요 관도˜˘은˜ 말˘리´요,
kɜgɜ´ ɕigo´ čaˇŋga´ganɜndɛ ɛdõˇʒn čʰɜˇʎʎijo kwa´ndõˇʒn maˇʎʎi´jo,

그거 시고 장가가는데 애동은 천리요 관동은 만리요,
▷ 그것을 쓰고 장가가는데 애동은 천리요 관동은 만리요,

[제] 말˘리´라 그 인자´ 늘´근 총˘가´기마리지 그 인자´ 처˘여˜´를, 그 인자´
maˇʎʎi´ɾa kɜ inʝa nɜ´lgɜn čʰoˇŋga´gimaɾiʝi kɜ inʝa čʰɜˇjɜ´ɾɜl, kɜ inʝa

만리라 그 인자 늙은 총각이 말이지 그 인자 처녀를, 그 인자
▷ 만리라 그 이제 늙은 총각이 말이지 그 이제 처녀를, 그 이제

[제] 광풍´진사가 진˘사´하로 올´러올´때, 처˘여´를 낭´게다가
kwaŋpʰu´ŋʝinsaga čiˇnsa´ɦaro o´llɜo´lt'ɛ, čʰɜˇjɜ´ɾɜl na´ŋgɛdaga

광풍진사°가 진사하로 올러올 때, 처여를 낡에다가
▷ 광풍진사가 과거시험을 보러 (서울°로) 올라올 때, 처녀를 나무에다가

[제] 이´레´ 서´아녹´코 바를´ 가´아 무까´아녹´코 수트´를 나´앝뚜고 카´를´
i´ɾɛ´ sɜ´anokkʰo pa´ɾɜl ka´a muk'a´ano´kkʰo sutʰɜ´ɾɜl na´att'u´go kʰa´ɾɜl

이레 서아놓고 바를 가아 묶아놓고 수트를 나앟두고 칼을
▷ 이렇게 세워놓고 밧줄을 가지고 묶어놓고 숫돌을 놓아두고 칼을

[제] 슬슬 갈´고´ 인능´ 기´라. 광풍´진˘사´가 댈´때,
sɜlsɜl ka´lgo´ innɜ´ŋ ki´ra. kwaŋpʰu´ŋʝiˇnsa´ga tɛ´lt'ɛ,

슬슬 갈고 잇는 기라. 광풍진사°가 댈 때,
▷ 슬슬 갈고 있는 거라. 광풍진사가 될 때,

[조] 아´직 진˘사´ 대´기 저´님니까, 진˘사 댄´ 훔˘니´까?
a´ʝik čiˇnsɑ´ tɛ´gi čɜ´nimnik'a, čiˇnsa tɛ´n huˇmni´k'a?

아직 진사 대기 전입니까, 진사 댄 홉니까?
▷ 아직 진사가 되기 전입니까, 진사가 된 후입니까?

[제] 올´로˘능 기´리´라.
o´lloˇnɜŋ ki´ri´ra.

올로오는 길이라.
▷ (과거 보러 서울°로) 올라오는 길이라.

조 그′러니까 진ˇ사′ 대기 저′니구나요?
k3′r3nik'a čiˇnsa′ tɛ′gi č3′nigunajo?

그러니까 진사 대기 전이구나요?
▷ 그러니까 진사가 되기 전이군요?

제 그′럳치. 올′로오′는, 여′어 중청′두 와서 중청′두 와가′아, 카를′
k3′r3tčhi. o′lloo′n3n, j3′3 čuŋčh3′ŋdu was3 čuŋčh3′ŋdu waga′a, kha′r3′l

그렇지. 올로오는, 여기 중청두° 와서, 중청두° 와가아, 칼을
▷ 그렇지. (서울로) 올라오는, 여기 충청도 와서, 충청도에 와서, 칼을

제 갈고 이시ˇ˜이ˇ, 그 광풍′진ˇ사′가 무럳서 "총ˇ각′, 그 저 처ˇ여′로
kalgo i′sĩˇĩ, k3 kwaŋphu′ŋjiˇnsa′ga mu′r3ts3 "čho′ŋga′k, k3 č3 čh3′jˇ3′ro

갈고 잇이니, 그 광풍진사°가 물엇어 "총각, 그 저 처여로
▷ 갈고 있으니까, 그 광풍진사가 물었어 "총각, 그 저 처녀를

제 낭게 뿌뜨′러 매′애…… 저, 바′를′ 가′아 매′애 녹키′는 와
na′ŋgɛ p'ut'3′r3 mɛ′ɛ…… č3, ba′r3′l ka′a mɛ′ɛ nokkhi′n3n wa

낡에 뿥들어 매애…… 저, 바를 가아 매애 놓기는 와
▷ 나무에 붙들어 매…… 저, 밧줄을 가지고 매어 놓기는 왜

제 매′애나′앋스머 수ˇ거′늘 가′아 누′늘′ 처매기′느 와′ 처매′애나′앋스머
mɛ′ɛna′ats3m3 su′ˇg3′n3l ka′a nu′n3′l čh3mɛgi′n3 wa′ čh3mɛ′ɛna′ats3m3

매애낳앗으며 수건을 가아 눈을 처매기는 와 처매애낳앗으며
▷ 매어놓았으며 수건을 가지고 눈을 가리기는 왜 가려놓았으며

제 카′른′ 웨 가느′냐?"꼬, 무′르˜이ˇ까네 그 총ˇ가기 이 누˜˜이˜
kha′r3′n wɛ ka′n3′ɲa?"k'o, mu′r3ĩk'anɛ k3 čho′ŋga′gi i nũĩ

칼은 왜 가느냐?"꼬 물으니까네 그 총각이 이 눈이
▷ 칼은 왜 가느냐?"고 물으니까 그 총각이 이 눈이

제 굴래′굴래′ 카′먼서러 "바아′하˜이˜까네, 과′게하로 가′는′
kullɛ′gullɛ′ kha′m3ns3r3 "paa′ɦãĩk'anɛ, kwa′gɛɦaro ka′n3′n

굴래굴래 카먼서러58) "바아하니까네, 과게하로 가는
▷ 굴래굴래하면서 "보아하니까, 과거보러 가는

제 양˚방˚거˚튼데 반다˚시 과˚게하로 가는 양˚바ˇ인ˇ데 남 하˚는˚
jaˇŋbaˇŋgɜˊtʰɜndɛ pandaˊɕi kwaˊgɛɦaro kanɜn jaˇŋbãˊĩndɛ nam haˊnɜˊn
양반 겉은데 반다시 과게하로 가는 양반인데 남 하는
▷ 양반 같은데 틀림없이 과거보러 가는 양반인데 남이 하는

제 이˚러글 웨˚ 문ˇ느˚냐꼬 자기˚ 갈 길˚마˚ 가라.” 이기˚거˚등 그 소˚리로
iˊrɜgɜl weˊ muˇnnɜˊŋakˈo čaˊgiˊ kal kiˊlmaˊ kaˊra.” igiˊgɜˊdɜŋ kɜ soˊriro
이력을 왜 묻느냐꼬 자기 갈 길만 가라.” 이기거등 그 소리로
▷ 내력을 두고 왜 묻느냐고 자기가 갈 길이나 가라.” 이것이거든 그 소리를

제 득˚꼬 그 답˚뼈˚늘 몸ˇ무˚럳서. 몸ˇ묵˚꼬, 이˚상˚하다
tɜˊkkˈo kɜ taˊppˈjɜˊnɜl moˇmmuˊrɜtsɜ. moˇmmuˊkkˈo, iˇsaˊɲɦada
들고 그 답변을 몬 물엇어. 몬 묵고 이상하다
▷ 듣고 다음 질문을 하지 못했어. 못 묻고 이상하다

제 시푸거˚등, 그 여기서 대ˇ문˚ 박쭈˚움, 인자˚ 이˚삼˚ 사˚월, 저 절˚호˚로
ɕipʰugɜˊdɜŋ, kɜ jɜˊgisɜ tɛˇmuˊn pakčˈuˊum, inǰa iˇsaˊm saˇwɜl, čɜ čɜˊlɦoˊro
싫우거등, 그 여기서 대문 밖쭘, 인자 이삼사 월, 저 절호로
▷ 싫거든, 여기서 대문 밖쯤, 이제 이삼사(2, 3, 4) 월, 저 절후로

제 말˚하˚머 이˚삼˚ 사˚월쯤 대˚액꺼등 나무˚ 그느˚리 익˚꼬 그 인자˚
maˇlɦaˊmɜ iˇsaˊm saˇwɜlčˇum tɛˊɛkkˈɜdɜŋ namuˊ kɜnɜˊri iˊkkˈo kɜ inǰaˊ
말하먼 이삼사 월쯤 대앳거등 나무 그늘이 잇고 그 인자
▷ 말하면 이삼사 월쯤 됐거든 나무 그늘이 있고 그 이제

제 옏ˇ나˚레느 그 종ˇ이˚ 다ˇ 익꺼˚등 그 말쩡˚매 들˚고
jeˇnnaˊrɜnɜ kɜ čoˇŋiˊ taˇ ikkˈɜˊdɜŋ kɜ malčˇɜˊnmɛ tɜˊlgo
옛날에는 그 종이 다 잇거등 그 말쩡매 들고
▷ 옛날에는 (상전이 데리고 다니는) 그 종이 다 있었거든 그 말고삐를 들고

---

58) 굴래굴래하다 : 눈을 사납게 이리 저리 굴리다.

214

제 가는ʼ “말ʼ 서ʼ아라마리지, 여ʼ어 그느ʼ레 좀 쉬ʼ이갸ʼ아 갸자마리지.”

ka′nɜ′n “ma′l sɜ′aramariji, jɜ′ɜ kɜnɜ′rɛ čom swi′iga′a ka′jamariji.”

가는 “말 서아라 말이지, 여어 그늘에 좀 쉬이가아 가자 말이지.”

가는 “말을 세워라 말이지, 여기 그늘에서 좀 쉬었다가 가자 말이지.”

제 (방안에 있던 아기가 마구 우니까) ‘조오ʼ라ʼ, 조오ʼ라ʼ. 머ʼ어가 비ˇ트ʼ러젇따ʼ 저사ʼ람

‘čoo′ra′, čoo′ra′. mɜ′ɜga pǐtʰɜ′rɜ̌jɜtt′a′ čɜsa′ram

‘조라, 조라. 머가 비틀어젓다.’ 저 사람

‘줘라, 줘라. 뭐가 비뚤어졌나보다.’ 저 사람이

제 하ʼ는ʼ 행ʼ동을 보ʼ고 가ʼ자. 이ʼ라~이ˇ까, 이 잘

ha′nɜ′n he′ŋdoŋɜl po′go ka′ja. i′rã̃ĩk′a, i čal

하는 행동을 보고 가자. 이라니까, 이 잘

하는 행동을 보고 가자.(어쩌는지 보고 가자) 이러니까, 이 (애기를) 잘

제 드ʼ러라마리다. 그래 인자ʼ, 그느ʼ레 쉼ˇ서러 가마ˇ 보~이ˇ까, 그디ˇ에ʼ

tɜ′rɜramarida. kɜ′rɛ inja, kɜnɜ′rɛ swǐmsɜ′rɜ kamǎ põ̃ĩk′a, kɜdǐje′

들어라 말이다. 그래 인자, 그늘에 쉬임서러 가마 보니까, 그 디에

들으란 말이다. 그래 이제, 그늘에서 쉬면서 가만히 보니까, 그 뒤에

제 인자ʼ 초ʼ럽ʼ째~이ˇ가 하ʼ나ʼ 오ʼ거ʼ등 초ʼ럽째~이ˇ. 고 초ʼ러ʼ비라 캬ʼ능ʼ기이

inja čʰo′rɜ′pč̌ɜ̃ĩga ha′na′ o′gɜ′dɜŋ čʰo′rɜ′pč̌ɜ̃ĩ, ko čʰo′rɜ′bira kʰanɜŋgii

인자 초럽쟁이가 하나 오거등 초럽쟁이. 고 초럽이라 카는 기이

이제 초립둥이가 하나 오거든 초립둥이. 그 초립이라고 하는 것이

제 요고ʼ 매ʼ애로, 요래ʼ 인자ʼ 요 갇 초ʼ롭ʼ 갇ʼ우에, 네ˇ모지ʼ기 요래 해앤ʼ는ʼ데

jo′go′ me′ɛro, jo′rɛ′ inja jo kat čʰo′ro′p ka′tu′ɛ, nɛ̌moči′gi jorɛ hee′nnɜ′ndɛ

요고매애로, 요래 인자 요 갓 초롭 갓 우에, 네모지기 요래 햇는데

요것처럼, 요렇게 이제 요 갓 초립 갓 위에, 네모지게 요렇게 했는데

제 새ˇ파ʼ랑ʼ거 하ʼ고, 뿔ʼ궁깅강ʼ? 뿔ʼ궁기 맏ʼ찌, 요래 하ʼ고 고

sɛ̌pʰa′ra′ŋɜ ha′go, p′u′lguŋgiŋga′ŋ? p′u′lguŋgi ma′tč̌i, jorɛ ha′go ko

새파란 거하고, 뿕운 긴강, 뿕운 기 맞지, 요래 하고 고

새파란 것이랑, 붉은 것인가, 붉은 것이 맞지, 요렇게 하고 그

[제] 끄′늘′ 매′애가′아, 요 깍′찌에 다라매′애따 다라매′앤는데, 초′럽′째̃′이̃′가
k′ɜ′nɜ′l mɛ′ɛga′a, jo k′a′kč′iɛ tarame′ɛt′a tarame′ɛnnɜndɛ, čʰo′rɜ′pč′ɛ̃iga
끈을 매애가아, 요 깍지에 달아매앳다 달아매앳는데, 초럽쟁이가
▷ 끈을 매어서, 요 깍지에 달아맸다 달아맸는데, 초립둥이가

[제] 마′상′을 해애′가′아 오거′등 마′상′, 말로 타′고′ 그 인자′ 말쩡′매
mǎ′sa′ŋɜl hɛɛ′ga′a o′gɜ′dɜŋ mǎ′sa′, ma′llo tʰa′go′ kɜ inǰa malč′ɜ′ŋmɛ
마상을59) 해가아 오거등 마상, 말로 타고 그 인자 말쩡매
▷ 마상(馬上)을 해서 오거든 마상, 말을 타고 그 이제 말고삐(잡는)

[제] 고 인자′ 종̌′을′ 데′엘고 오′먼서러 여′네 아까′ 처̌′녀′ 무까′아녹′코 칼′
ko inǰa čǒ′ŋɜ′l tɛ′ɛlgo o′mɜnsɜrɜ jɜ′nɛ ak′a′ čʰɜ′ɲɜ′ muk′a′ano′kkʰo kʰa′l
고 인자 종을 델고 오먼서러 여네, 아까 처녀 묶아놓고 칼
▷ 그 이제 종을 데리고 오면서 또, 아까 처녀를 묶어놓고 칼

[제] 갈고′ 하능 거기 오′디̃′이̃′마느 "총̌′각′, 그 웨 저 저 처̌′녀′느 웨
ka′lgo′ hanɜŋ kɜ′gi o′dĩ′imǎnɜ "čʰǒ′ŋga′k, kɜ we čɜ čɜ čʰɜ̌′ɲɜ′nɜ wɛ
갈고 하는 거기 오디니마는 "총각, 그 왜 저 저 처녀는 왜
▷ 갈고 하는 거기에 오더니마는 "총각, 그 왜 저 처녀는 왜

[제] 낭′게다가 무까′아녹′코 으? 누′는′ 와′ 처매′앤스머 카′른′ 웨
na′ŋgɛdaga muk′a′ano′kkʰo ɜ? nu′nɜ′n wa′ čʰɜmɛ′ɛtsɜmɜ kʰa′rɜ′n wɛ
낡에다가 묶아놓고 으? 눈은 와 처매앳으머 칼은 왜
▷ 나무에다가 묶어놓고 응? 눈은 왜 가렸으며 칼은 왜

[제] 가′느′냐?"고 이′라̃′이̃′까네, 역′시′ 그 광풍′진′사′인데 하는 이′러글
ka′nɜ′ɲa?"go i′rǎ′ik′anɜ, jɜ′kɕi′ kɜ kwaŋpʰu′ɲǰǐ′nsa′indɛ hanɜn i′rɜgɜl
가느냐?"고 이라니까네, 역시 그 광풍진사°인데 하는 이력을
▷ 가느냐?"고 이러니까, 역시 그 광풍진사한테 하던 말을

---

59) 마상(을) 하다 : 말을 타고 가다. 말 위에 올라타다.

제 그대′로 하거′등. "나 알˘고′ 가′머 시푸′다." 그′래 그 인자′ 총˘가′기
k3dɛ′ro ha′gɜ′dɜŋ. "na a˘lgo′ ka′mɜ ɕiphu′da." kɜ′ɾɛ kɜ inja čho˘ŋga′gi
그대로 하거등. "나 알고 가머 싶우다." 그래 그 인자 총각이
▷ 그대로 하거든. "내가 알고 가면 싶다." 그래 그 이제 총각이

제 하′늠′ 마˘리′, "이 처˘녀′, 여′서˜은˜ 내 동새˜이˜야, 내 동새˜인˜데, 겨′론′,
ha′nɜ′m ma˘ɾi′, "i čhɜ˘ɲɜ′, jɜ′sɜ̃′ɜ̃n nɛ toŋsɜ̃′ĩja, nɛ toŋsɜ̃′ĩndɛ, kjɜ′ro′n,
하는 말이, "이 처녀, 여성은 내 동생이야, 내 동생인데, 결온,
▷ 하는 말이, "이 처녀, 여성은 내 (여)동생이야, 내 (여)동생인데, 결혼,

제 요새′ 말˘로′ 그 봉채′ 다˘ 바˘더녹′코 실′랑′ 댈 사′라미 주′겁뿥따."
josɛ′ ma˘llo′ kɜ pončhɜ′ ta˘ pa′dɜno′kkho ɕilla′ŋ tɛl sa′rami ču′gɜpp'utt'a."
요새 말로 그 봉채 다 받어놓고 신랑 댈 사람이 죽어뺐다."
▷ 요새 말로 그 봉치를 다 받아놓고서 신랑 될 사람이 죽어버렸다."

제 이기′야. 엔˘나′레느 그 인자′ 봉채′만 다˘바˘드머 그대˘로′ 늘릉′기′야.
igi′ja. ɛ̃′nna′ɾɜnɜ kɜ inja pončhɜ′man ta˘ba′dɜmɜ kɜtɜ′ro′ nɜllɜ′ŋgi′ja.
이기야. 엣날에는 그 인자 봉채만 다 받으면 그대로 늙는 기야.
▷ 이거야. 옛날에는 그 이제 봉치만 다 받으면 그대로 늙는 거야.

제 처′녀′라도. "행′에느 아˜ 해앹′찌′마는 그대′로 늘′거지˜이˜ 저′거′로 어′짜′노
čhɜ′ɲɜ′rado. "hɜ′ɲjɜnɜ ã hɛɛ′tčhi′manɜn kɜdɜ′ro nɜ′lgɜjĩĩ čɜ′gɜ′ro ɜ′čha′no
처녀라도. "행예는 안 햇지마는 그대로 늙어지니 저거로 어짜노
▷ 처녀라도. "초례는 안 치렀지마는 그대로 늙어지니 저것을 어찌하느냐

제 시′퍼′서, 아′버님도 글′로 걱˘쩌˜′을˜ 해애′서′ 병˘이′ 노시′미 대′애가′아
ɕi′phɜ′sɜ, a′bɜnimdo kɜ′llo kɜ˘kčɜ̃′lɜ̃l hɛɛ′sɜ′ pjɜ˘ŋi′ noɕi′mi tɛ′ɛga′a
싶어서, 아버님도 글로 걱정을 해서 병이 노심이 대애가아
▷ 싶어서, 아버님도 그로 인해 걱정을 해서 병이 노심이 돼서

제 노′짐뼁˘이′ 걸리′이가′아 세˘상을 도′라가′식′꼬 또 어′머′니도 그′로서
no′jimp'jɜ̃˘ɲi′ kɜʎʎi′iga′a sɛ˘sa′ŋɜl to′raga′ɕikk'o t'o ɜ′mɜ′nido kɜ′rosɜ
노짐병이60) 걸리이가아 세상을 돌아가싯고 또 어머니도 그로서
▷ 신경쇠약에 걸려서 세상을 돌아가셨고 또 어머니도 그로써

제 도′라가′싣′따. 도′라가′시′고, 내 역′시도 저 여′동′생 때무′네 내 역′시
　　to′raga′ɕitt′a. to′raga′ɕi′go, nɛ jɜ′kɛido čɜ jɜ′do′ŋsɛŋ t′ɛmu′nɛ nɛ jɜ′kɛi
　　돌아가싯다. 돌아가시고, 내 역시도 저 여동생 때문에, 내 역시
▶ 돌아가셨다. 돌아가시고, 나 역시도 저 여동생 때문에, 내 역시

제 죽껟′따.″마리지. “사′라′믈 하나 만′내 가주고 내 동생′을마리지,
　　čukk′ɛtt′a.″mariji. “sa′ra′mɜl hana ma′nnɛ ka′jugo nɛ toŋsɜ′ŋɜlmariji,
　　죽겟다.″ 말이지. “사람을 하나 만내 가주고 내 동생을 말이지,
▶ 죽겠다.″는 말이지. “사람을 하나 만나 가지고 내 동생을 말이지,

제 마′타 줄 사′라미 이시′먼 내′가′ 만′사′ 해′겨′린데, 마′틀
　　ma′tʰa čul sa′rami iɕi′mɜn nɛ′ga′ ma′nsa′ hɜ′gjɜ′rindɛ, ma′tʰɜl
　　맡아 줄 사람이 잇이면 내가 만사 해결인데, 맡을
▶ 맡아 줄 사람이 있으면 내가 만사 형통인데, 맡을

제 사′라미 업′서′가′아 내′ 동생′을 쥐′기나? 내′ 동생′을 마′타가′아 가′는′
　　sa′rami ɜ′psɜ′ga′a nɛ′ toŋsɜ′ŋɜl čwi′gina? nɛ′ toŋsɜ′ŋɜl ma′tʰaga′a ka′nɜ′n
　　사람이 없어가아 내 동생을 쥑이나? 내 동생을 맡아가아 가는 .
▶ 사람이 없어서 내 동생을 죽이느냐? 내 동생을 맡아서 가는

제 사′라미 인′나? 그래서 여기 안′자가′아, 안′자서 이′런′ 참 행′동을
　　sa′rami i′nna? kɜ′rɛsɜ jɜ′gi a′njaga′a, a′njasɜ i′rɜ′n čham hɛ′ŋdoŋɜl
　　사람이 잇나? 그래서 여기 앉아가아, 앉아서 이런 참 행동을
▶ 사람이 있나? 그래서 여기 앉아서, 앉아서 이런 참 행동을

제 함′니′다.″ 이′라~이~까, 그 초′럽′째~이~가마리지, “그′래? 나′는 장′가′를
　　ha′mni′da.″ i′ra~ik′a, kɜ čʰo′rɜ′pč̃ɛ~ĩga mariji, “kɜ′rɛ? na′nɜn ča′ŋga′rɜl
　　합니다.″ 이라니까, 그 초럽쟁이가 말이지, “그래? 나는 장가를
▶ 합니다.″ 이러니까, 그 초립둥이가 말이지, “그래? 나는 장가를

---

60) 노짐병 : 신경쇠약.

제 갇찌′마는 한남′자가 열사′라믈 안 데′리 ̌이 ̌ 그 평생′을 내
ka′tč̌i′manɜn hanna′mǰaga jɜlsa′ɾamɜl an tɛ′ɾïï kɜ pʰjɜŋsɛ′ŋɜl nɛ

갓지마는 한 남자가 열 사람을 안 데리니61) 그 평생을 내

▷ 갔지마는 한 남자가 열 여자를 거느릴 수 있지 않느냐 그 평생을 내가

제 마′터 주꾸′마, 그사′람 주′글 따 ̌아 ̌꺼정. 내′가′ 먼저′ 주′글찌
ma′tʰɜ čuk′u′ma, kɜsa′ɾam ču′gɜl t′ã′ãk′ɜjɜŋ. nɛ′ga′ mɜnǰ′ ču′gɜlč′i

맡어 주꾸마, 그 사람 죽을 땅아꺼정. 내가 먼저 죽을지

▷ 맡아 줄게, 그 사람이 죽을 때까지. 내가 먼저 죽을지

제 그사′람, 저사′라미 먼저′ 주′글찌 평상′을 내가′ 마′타 주께′에,
kɜsa′ɾam, č̌ɜsa′ɾami mɜnč̌ɜ′ ču′gɜlč′i pʰjɜŋsa′ŋɜl nɛ′ga′ ma′tʰa čuk′ɛ′ɛ,

그 사람, 저 사람이 먼저 죽을지 평상을 내가 맡아 주께에,

▷ 저 사람, 저 사람이 먼저 죽을지 (모르지만) 평생을 내가 맡아 줄게,

제 그′러머 어 ̌떡 ̌켄노?” 그래서 인자′, 그 남매가 ̌이 ̌ 대고 내가 마′탇따
kɜ′ɾɜmɜ ɜ ̌t′ɜ′kkʰɜnno?” kɜ′ɾɛsɜ inǰa, kɜ nammɜg′ãï tɛ′go nɛga ma′tʰatt′a

그러머 어떻겟노?” 그래서 인자, 그 남매간이 대고 내가 맡앗다

▷ 그러면 어떻겠나?” 그래서 이제, 그들은 남매간이 되고 내가 맡았단

제 마′리′야. 그′러 ̌이 ̌ 자 ̌옹 ̌급′쩨하고 광풍′진 ̌사′는 “역시 진 ̌사′다.
ma′ɾi′ja. kɜ′ɾɜï čãõŋɜ′pč′ɛhago kwaŋpʰu′ŋǰi ̌nsa′nɜn “jɜkɛi či ̌nsa′da.

말이야. 그러니 장온급제하고 광풍진사ᵒ는 “역시 진사다.

▷ 말이야. 그러니 (과거에) 장원급제하고 광풍진사는 “역시 진사다,

제 사 ̌라′믄 용 ̌기′가 이′서야 대′애.” 아′나′? 니′도 용 ̌기′가
sa ̌ɾa′mɜn jo ̌ŋgi′ga i′sɜja tɛ′ɛ.” a ̌na′? ni′do jo ̌ŋgi′ga

사람은 용기가 잇어야 대애.” 아나? 니도 용기가

▷ 사람은 용기가 있어야 돼.” 알겠느냐? (손자를 향하여) 너도 용기가

---

61) 문맥상 말을 반대로 표현한 것으로 보임.

제 이ˇ서야 대ˇ애. 용ˇ기가 이ˇ서야 대ˇ통ˊ영도 할ˊ수 익ˊ꼬 옌ˊ나ˊ레느
i´s3ja te´ɛ. jo´ŋgi´ga i´s3ja te´tʰo´ŋj3ŋdo ha´lsu i´kk'o je´nna´rɛn3
잇어야 대애. 용기가 잇어야 대통영도 할 수 잇고 옛날에는
▷ 있어야 돼. 용기가 있어야 대통령도 할 수 있고 옛날에는

제 잉ˇ그ˊ미지마느 옌ˇ나ˊ레 잉ˇ금ˊ할 때느, 으? 역, 역ˊ쩌ˊ게 마아ˊ믈ˊ 무ˊ거야
i´ŋg3´miĵiman3 je´nna´rɛ i´ŋg3´mɦal t'ɛn3, 3? j3k, j3´kč'3´ge maa´m3´l mu´g3ja
임금이지마는 옛날에 임금할 때는, 으? 역, 역적에 마암을 묵어야
▷ 임금이지마는 옛날에 임금을 할 때는, 응? 역, 역적의 마음을 먹어야

제 잉ˇ그ˊ미 대ˇ애찌마느 요새ˊ애느 대ˇ통ˊ영…… 내가ˊ 나ˊ면 대ˇ통ˊ여ˇ을ˇ
i´ŋg3´mi te´ɛč'iman3 jose´ɛn3 te´tʰo´ŋj3ŋ…… nɛga´ na´mj3n te´tʰo´ŋĵ3´l
임금이 대앳지마는 요새는 대통영…… 내가 나면 대통영을
▷ 임금이 됐지마는 요새는 대통령…… 내가 잘나면 대통령을

제 하는데, 웨? 나ˊ미ˊ 대ˇ통ˊ영 시ˊ기 준ˊ다ˊ마리야. 그 용ˇ감ˊ해애야 대ˇ애.
han3nde, we? na´mi´ te´tʰo´ŋj3ŋ ɕi´gi ču´nda´marija. k3 jo´ŋga´mɦɛɛja te´ɛ.
하는데, 왜? 남이 대통영 시기 준다 말이야. 그 용감해야 대.
▷ 하는데, 왜? 남이 대통령을 시켜 준단 말이야. 그 용감해야 돼.

제 아ˊ란나? 오오, 고만ˊ침 하ˊ자. 이ˊ약 다ˇ 핸ˊ서ˊ. 우리집ˊ, 우리ˊ 김ˊ해
a´ranna? oo, koma´nčʰim ha´ĵa. i´jak´ ta´ hɛ´ts3´. uriji´p, uri´ ki´mɦɛ
알앗나? 오오, 고만침 하자. 이약 다 햇어. 우리 집, 우리 김해°
▷ 알았나? 오오, 고만큼 하자. 이야기 다 했어. 우리 집, 우리 김해

제 깅가ˊ도 대ˇ통ˊ영 나와야 응, 수로왕ˊ 대ˇ통ˊ여ˇ이ˇ…… 다ˊ암 대ˇ통ˊ영은
kinga´do te´tʰo´ŋj3ŋ nawaja 3ŋ, surowa´ŋ te´tʰo´ŋĵ3´i…… ta´am te´tʰo´ŋj3ŋ3n
김가도 대통영 나와야 응, 수로왕° 대통영이…… 다암 대통영은
▷ 김가도 대통령 나와야 응, 수로왕 대통령이…… 다음 대통령은

제 니ˊ가ˊ…… 우리ˊ 가족끼리 이시ˇ이ˇ까네 이ˊ얘기라 해애ˊ야 댄ˊ다 마ˇ리ˊ라.
ni´ga´…… uri´ kaĵokk'iri isĩ´ĩk'anɛ i´je´gira hɛɛja´ te´nda ma´ri´ra.
니가…… 우리 가족끼리 잇이니까네 이얘기라 해야 댄다 말이라.
▷ 네가…… 우리 가족끼리만 있으니까 하는 이야기야 해야 된단 말이야.

220

제 그ˇ런 용ˇ기ˊ가 이ˊ서야대.

  k3ˊr3n joˇŋgiˊga iˊs3jadɛ.

  그런 용기가 잇어야 대.

▷ 그런 용기가 있어야 돼.

조 그ˇ러ˇ이ˇ까 그 지ˊ베는 그ˊ럼 그 양ˇ바ˇ이ˇ 구ˊ대ˊ 진ˇ사ˊ하고

  k3ˊrȝĩkʼa k3 čiˊbɛn3n k3ˊr3m k3 jaˇŋbãˊĩ kuˊdɛˊ čiˇnsaˊɦago

  그러니까 그 집에는 그럼 그 양반이 구 대 진사하고

▷ 그러니까 그 집에는 그럼 그 양반이 구 대 진사를 하고

조 그 다ˊ아메는 진ˇ사ˊ는 억ˇ꼬ˊ……．

  k3 taˊamɛn3n čiˇnsaˊn3n 3ˇkkˇo……

  그 다암에는 진사는 없고……．

▷ 그 다음에는 진사가 없고……．

제 업ˇ섣ˊ찌.

  3ˇps3ˊtčˇi.

  없엇지.

▷ 없었지.

조 만ˇ서ˊ근 게ˇ속ˊ 하ˊ고 그ˊ랙꾸만뇨?

  maˇns3ˊg3n kɛˇsoˊk haˊgo k3ˊrɛkkʼumaŋno?

  만석은 계속 하고 그랫구만요?

▷ 만석은 계속 하고 그랬구먼요?

제 그ˊ럳치. 그 그 광풍ˊ진ˇ사ˊ 산ˊ소 디ˊ릴ˊ 찌게 그 저 머어ˊ고ˊ,

  k3ˊr3tčʰi. k3 k3 kwaŋpʰuˊŋjiˇnsaˊ saˊnso tiˊɾiˊl čiˊgɛ k3 čȝ mȝȝˊgoˊ,

  그렇지. 그 그 광풍진사° 산소 디릴 찍에 그 저 머고,

▷ 그렇지. 그 그 광풍진사의 산소를 드릴 적에 그 뭐냐,

제 상두ˊ해 갈ˊ때, 내ˊ가ˊ 아ˇ는ˊ데

  saŋduˊɦɛ kaˊltʼɛ, nɛˊgaˊ aˇnȝˊndɛ

  상두해 갈 때, 내가 아는데

▷ 상여를 운상해 갈 때, 내가 아는데

조 아, 얼마 안대′액꾸마는뇨, 그′러머̃? 그′러면 구′대′ 진̌사′할 동′아네
  aˇ, ɜlma anˊdɛˊɛkkʼumanɜɲɲo, kɜˊrɜmɜ̃? kɜˊrɜmɜn kuˊdɛˊ čiˇnsaˊhal toˊɲanɛ

  아, 얼마 안 댓구마는요, 그러면? 그러면 구 대 진사할 동안에
조 응, 얼마 안 됐구면요, 그러면? 그러면 구 대 진사를 할 동안에

조 중가′네느 진̌사′ 모̌′타′고 만석′해앤′는′ 사′람도 이′석꾸마는뇨?
  čuŋgaˊnɛnɜ čiˇnsaˊ moˇtʰaˊgo mansɜˊkhɛɛˊnnɜˊn saˊramdo iˊsɜkkʼumanɜɲɲo?

  중간에는 진사 몯하고 만석햇는 사람도 잇엇구마는요?
조 중간에는 진사를 못하고 만석한 사람도 있었구면요?

제 으?
  ɜ?

  으?
조 응?

조 진̌사′ 몯̌′탠′는 사′라미 이스′니까
  čiˇnsaˊ moˇttʰɛˊnnɜn saˊrami issɜˊnikʼa

  진사 몯햇는 사람이 잇으니까
조 진사를 못한 사람이 있으니까

조 시′비′이대 만′서′글 하고 구′대′ 진̌사′를 해앧′찌′
  ɕiˊbiˊidɛ maˊnsɜˊgɜl hago kuˊdɛˊ čiˇnsaˊrɜl hɛɛˊtčiˊ

  십이 대 만석을 하고 구 대 진사를 햇지
조 십이 대 만석을 하면서 (그 기간에) 구 대 진사밖에 못했지

제 그′래. 그′래 그′런데 그 광풍′진̌사′가 도′라가시가′아 그 장̌′예′
  kɜˊrɛ. kɜˊrɛ kɜˊrondɛ kɜ kwaŋpʰuˊɲǐˇnsaˊga toˊragaɕigaˊa kɜ čaˇnjɛˊ

  그래. 그래 그런데 그 광풍진사°가 돌아가시가아 그 장예
조 그래. 그래 그런데 그 광풍진사가 돌아가셔서 그 장례를

제 지낼때, 요새′ 와 여……
  činɛltʼɛ, josɛˊ wa jɜ……

  지낼 때, 요새 와 여……
조 지닐 때, 요새 왜 여……

조 멛́살́때쭘 대능́기요?

me̍tsa̍lt̕ɛč̕um tɛnɜ́ŋgijo?

몇 살 때쭘 대는기요?

▷ (그때 제보자가) 몇 살 때쯤 됩니까?

제 그기́이 한 열댇̌살́ 대́애실끼야.

kɜgi̍i han jɜldɜ̌tsa̍l tɛ́ɛɕilk̕ija.

그 기이 한 열댓 살 대앳일 끼야.

▷ 그것이 한 열댓 살 됐을 거야.

조 그́러̌이̌까 육́심́년, 오̌심́ 멘́년́

kɜ́rɜ̌ĩk̕a ju̍kei̍mɲɜn, o̍ɕi̍m mɛ́ɲɲɜ́n

그러니까 육십 년, 오십 몇 년

▷ 그러니까 육십 년, 오십 몇 년 전

제 그 저 새̍드́레 그 우리́ 노́늘́ 그́리 발́꼬́ 갇따́마리야.

kɜ čɜ sɛ́dɜ́rɛ kɜ uri̍ no̍nɜ̍l kɜ́ri pa̍lk̕o̍ ka̍tt̕a̍marija.

그 저 새들°에62) 그 우리 논을 그리 밟고 갓다 말이야.

▷ 그 저 새들에 (있는) 그 우리 논을 그리 밟고 (지나) 갔단 말이야.

조 어딘́ 데요́? 묘̌가́ 어디́ 인는́데요?

ɜdi̍n tɛjo̍? mjo̍ga̍ ɜdi̍ innɜ́ndɛjo?

어딘 데요? 묘가 어디 잇는데요?

▷ 어딘 데요? 묘가 어디 있는데요?

제 저 감나무́꼴 카는데, 당숙́꼴 너́메.

čɜ kamnamu̍k̕ol kʰanɜndɛ, taŋsu̍kk̕ol nɜ́mɛ.

저 감나무꼴°63) 카는 데, 당숯골°64) 너메.

▷ 저 감나무골이라고 하는 데, 단숯골 너머에.

---

62) 새들 : 건천읍 용명리에 있는 들의 이름.
63) 감나무골 : 건천읍 용명리에 있는 땅 이름.
64) 단숯골 : 건천읍 용명리의 마을 이름.

조 단숙꼴 너메 감나무꼴
tansúkk'ol nɜ́mɛ kamnamúk'ol

단숯골° 너메 감나무꼴°
▷ 단숯골 너머에 감나무골

제 으.

3.

으.
▷ 응.

조 그머 군시배~이~ 목까서요?
kɜ́mɜ kúnɕibẽĩ mŏkk'áʃʒo?

그머 군시뱅이°65) 못 가서요?
▷ 그러면 군시뱅이 못 가서요?

제 아니, 아니, 군시배~이~ 아니야.
aní, aní, kúnɕibẽĩ aníja.

아니, 아니, 군시뱅이° 아니야.
▷ 아니, 아니, 군시뱅이 쪽이 아니야.

조 그러먼 단숙꼬리라~이~요?
kɜ́rɜmɜn tansúkk'oriɾãĩjo?

그러먼 단숯골°이라니요?
▷ 그러면 단숯골이라니요?

제 단숙꼬레서 이짜글, 동쪼글 간다 카~이~
tansúkk'orɜsɜ iȟa'gɔl, toŋȟŏ'gɔl kanda khãĩ

단숯꼴°에서 이짝을, 동쪽을 간다 카니
▷ 단숯꼴에서 이쪽으로, 동쪽으로 간다니까

---

65) 군시뱅이 : 건천읍 용명리에 있는 지명.

224

조 동쪼′그로 가′머느 탑꼴′ 쪼′그로요?

topčʼoʹgɜɾo kaʹmɜnɜ tʰapkʼoʹl čʼoʹgɜɾojo?

동쪽으로 가머는 탑골°66) 쪽으로요?

▶ 동쪽으로 가면 탑골 쪽으로요?

제 아아, 올′치′. 단숙′꼴 디˘로′ 가갸′아.

aa, olʹčʰiʹ. tansuʹkkʼol tiˇɾoʹ kagaʹa.

아아, 옳지. 단숯골° 디로 가가아.

▶ 응, 옳지(그렇지). 단숯골 뒤로 (너머) 가서.

조 지′금′도 그 묘˘가′ 익낀′네요?

čiʹgɜʹmdo kɜ mjoˇgaʹ ikkʼɛʹnnɛjo?

지금도 그 묘가 잇겟네요?

▶ 지금도 그 묘가 있겠네요?

제 익′꼬말˘고′.

iʹkkʼomaˇlgoʹ.

잇고말고.

▶ 있고말고.

조 나′는 생′갸′기 전년′ 안나는데

naʹnɜn sɛʹŋgaʹgi čɜnɲɜʹn annanɜndɛ

나는 생갹이 전년 안 나는데

▶ 나는 생각이 전혀 안 나는데

제 아아′, 비′서기 인는······

aaʹ, piʹsɜgi innɜn······

아아, 비석이 잇는······

▶ 응, 비석이 있는······

---

66) 탑골 : 건천읍 용명리에 있는 마을 이름.

조 경ˇ주ʹ 췌ʹ부자네 묘ˇ가ʹ 거
kjɜˇɲjuʹ čʰwɛʹbuǰanɛ mjoˇgaʹ kɜ
경주° 최 부자네 묘가 거
▶ 경주 최 부자네 묘가 거

제 광풍ʹ진ˇ사ʹ
kwaŋpʰuʹɲjiˇnsaʹ
광풍진사°
▶ 광풍진사

조 광풍ʹ진ˇ사ʹ 묘ˇ가ʹ 읻ʹ따 마림니까?
kwaŋpʰuʹɲjiˇnsaʹ mjoˇgaʹ iʹttʼa marimnikʼa?
광풍진사° 묘가 잇다 말입니까?
▶ 광풍진사의 묘가 있단 말입니까?

제 읻ʹ찌.
iʹtč̌i.
잇지.
▶ 있지.

조 그ʹ래서 광풍ʹ진ˇ사ʹ가……
kɜʹrɛsɜ kwaŋpʰuʹɲjiˇnsaʹga……
그래서 광풍진사°가……
▶ 그래서 광풍진사가……

제 마지막ʹ 진ˇ사ʹ야
maǰimaʹk čiˇnsaʹja
마지막 진사야
▶ (교천 최 부잣집의) 마지막 진사야

조 마지막ʹ 진ˇ산ʹ데, 그 양ˇ바ʹ네 유어ˇ이ˇ 머어ʹ냐 하ʹ며는
maǰimaʹk čiˇnsaʹndɛ, kɜ jaˇŋbaʹnɛ juǰ̌ĩ mɜɜʹɲaʹ haʹmjɜnɜn
마지막 진산데, 그 양반에 유언이 머냐 하며는
▶ 마지막 진산데, 그 양반의 유언이 뭐냐 하면

226

조 "용ˇ감ˊ 해애ˊ야ˊ대", '용ˇ감ˊ 해애ˊ야ˊ대.' 그뿌˜이˜야.
ʻjoˇŋgaˊm hɛɛˊjaˊdɛ', ʻjoˇŋgaˊm hɛɛˊjaˊdɛ.' kɜpʻũˊĩja.

'용ˇ감해야 대', '용ˇ감해야 대.' 그뿐이야.
▷ '용ˇ감해야 돼', '용ˇ감해야 돼.' 그뿐이야.

제 으, 광풍ˊ진ˇ사ˊ가 그런 용ˊ기가 업ˊ섣ˊ따 이기ˊ야.
ɜ, kwaŋpʰuˊŋjiˇnsaˊga kɜˊrɜn joˇŋgiˊga ɜˊpsɜˊttʻa igiˊja.

으, 광풍진사°가 그런 용기가 없엇다 이기야.
▷ 응, 광풍진사가 그런 용기가 없었다 이거야.

조 용ˇ감ˊ 해애ˊ야ˊ대, 그 용ˇ기가 엄ˊ는ˊ 사라미니까 사ˊ라ˊ미 중능ˊ거ˊ를
joˇŋgaˊm hɛɛˊjaˊdɛ, kɜ joˇŋgiˊga ɜˊmnɜˊn saˊraminikʻa saˇraˊmi čuŋnɜˊŋgɜˊrɜl

용감해야 대, 그 용기가 없는 사람이니까 사람이 죽는 거를
▷ 용감해야 돼, 그 용기가 없는 사람이니까 사람이 죽는 것을

조 보ˊ고 그ˊ냥, "와ˊ 그ˊ러노?"꼬 함번ˊ 무ˊ러마 보ˊ고 갇ˊ따ˊ 이기ˊ이ˊ야.
poˊgo kɜˊɲaŋ "waˊ kɜˊrɜno?"kʻo hambɜˊn muˊrɜma poˊgo kaˊttʻaˊ igiˊija.

보고 그냥, "와 그러노?"꼬 한번 물어만 보고 갓다 이기야.
▷ 보고 그냥, "왜 그러하나?"고 (겨우) 한번 물어만 보고 갔다 이거야.

조 비ˇ 적끅ˊ쩌기다, 소ˊ극쩌기지. 적끅ˊ쩌그로……
piˇ čɜkkʻɜˊkčʻɜgida, soˊgɜkčʻɜgiji. čɜkkʻɜˊkčʻɜgɜro……

비적극적이다, 소극적이지. 적극적으로……
▷ 비적극적(非積極的)이다, 소극적이지. 적극적으로……

제 초ˊ럽ˊ도˜이ˇ가 그사ˊ람 주ˊ글때꺼정 내가ˊ 마ˊ타……
čʰoˊrɜˊpdõĩga kɜsaˊram čuˊgɜltʻɜkʻɜˊjɜŋ nɛˊgaˊ maˊtʰa……

초립동이가 그 사람 죽을 때꺼정 내가 맡아……
▷ 초립둥이가 그 사람 죽을 때까지 내가 맡아……

조 중능ˊ거ˊ를 살려 줄ˊ수 이ˊ선는데 자기ˊ는 그걸ˊ. 그러니까
čuŋnɜˊŋgɜˊrɜl saˊʎʎɜ čuˊlsu iˊsɜnnɜnde čaˊgiˊnɜn kɜgɜˊl. kɜˊrɜnikʻa

죽는 거를 살려 줄 수 잇엇는데 자기는 그걸. 그러니까
▷ 죽는 것을 살려 줄 수 있었는데 자기는 그걸. 그러니까

조 소ˇ시ˊ쩌기지. 저기 소ˇ가ˊ, 소ˇ가ˊ 보는 정도 거ˇ트먼 소ˇ시ˊ쩌기지.
so ˇɕiˊčʒgiji. čʒgi so ˇgaˊ, so ˇgaˊ ponʒn čʒŋdo kʒˊtʰʒmʒn so ˇɕiˊčʒgiji.

소싯적이지. 저기 소가, 소가 보는 정도 겉으면 소싯적이지.

▷ 소싯적이지. 저기 소가(小家), 소가 보는 정도 같으면 소싯적이지.

조 한 수ˊ무ˊ살 이전ˊ 나ˊ이ˊ에 가마ˊ 보니까 이건 온ˇ전ˇ창커ˊ등 그ˊ런데,
han su ˊmu ˊsal ijʒˊn na ˊi ˊɛ kama ˊ po ˊnik'a igʒn o ˇnjʒ ˊnčʰaŋkʰʒ ˊdʒŋ kʒˊrʒndɛ,

한 수무 살 이전 나이에 가마 보니까 이건 온전찮거등 그런데,

▷ 한 스무 살 이전 나이에 가만히 보니까 이건 온전치 않거든 그런데,

조 열다ˊ섯살배ˇ기가 문ˇ제ˊ를 해ˇ결ˊ하고 간담ˇ마리야 그러ˇ이ˇ까
jʒldaˊsʒtsalbɛ ˊgiga mu ˇjɛ ˊrʒl hɛ ˇgjʒ ˊlɦago ka ˊnda ˊmmarija kʒˊrʒ ̃ĩk'a

열다섯 살배기가 문제를 해결하고 간단 말이야, 그러니까

▷ 열다섯 살배기가 문제를 해결하고 간단 말이야, 그러니까

제 주ˊ굴 때꺼ˇ정 내ˊ가ˊ 채ˊ기ˊ믈
ču ˊgul t'ɛk'ʒ ̃jʒŋ nɛ ˊgaˊ č̃ʰɛ ˊgi ˊmʒl

죽을 때꺼정 내가 책임을

▷ 죽을 때까지 내가 책임을

조 근ˊ데 그게ˇ요, 그게ˊ 문ˇ제ˊ가 이ˊ서요. 제, 제 생가ˊ기 이슴니ˊ다. 뭐어ˊ냐ˊ
kʒˊndɛ kʒgɛ ˊjo, kʒgɛ ˊ mu ˇjɛ ˊga i ˊsʒjo. čɛ, čɛ sɛ ˊŋga ˊgi issmni ˊda. mwʒʒ ˊɲa ˊ

근데 그게요, 그게 문제가 잇어요. 제, 제 생각이 잇습니다. 뭐냐

▷ 그런데 그것이요, 그것이 문제가 있어요. 제 생각이 있습니다. 뭐냐

조 하ˊ머는 그지ˊ베 그ˊ러니까 십ˊ때ˇ, 시보ˇ대ˊ 저ˊ네, 이 처어ˇ메ˊ 그 멈니까ˊ
ha ˊmʒnʒn kʒji ˊbɛ kʒˊrʒnik'a ɕipt'ɛ, ɕibo ˇdɛ ˊ čʒ ˊnɛ, i čʰʒʒ ˊmɛ ˊ kʒ mʒmnik'a ˊ

하머는 그 집에 그러니까 십 대, 십오 대 전에, 이 처음에 그 멈니까?

▷ 하면 그 집에 그러니까 십 대, 십오 대 전에, 이 처음에 그 뭡니까?

조 개ˇ, 다리ˊ 세ˇ개ˊ 인능 개ˇ 그 해앤ˊ는ˇ 그 어ˇ르ˊ니 또 유어ˊ늘 남기ˊ잉거라요.
kɛ ˇ, tari ˊ sɛ ˇgɛ ˊ innʒŋ kɛ ˇ kʒ hɛɛ ˊnnʒ ˊn kʒ ʒ ˊrʒ ˊni t'o juʒ ˊnʒl namgi ˊiŋgʒrajo.

개, 다리 세 개 잇는 개 그 햇는67) 그 어른이 또 유언을 남긴 거라요.

▷ 개, 다리가 세 개 있는 개 그 한 그 어른이 또 유언을 남긴 것이에요.

228

조 뭐어라꼬′ 유어′늘 남긴′느냐 하′며는
mwɜɜɾɜk'o′ juɜ′nɜl namgi′nnɜɲa ha′mjɜnɜn

뭐라꼬 유언을 남깃느냐 하며는
▶ 뭐라고 유언을 남겼느냐 하면

제 구′대′ 진′사′, 저 저 언′제′기′나 진′사′, 진′사′만 해애′라′
ku′dɛ′ či′nsa′, čɜ čɜ ɜ′njɛ′gi′na či′nsa′, či′nsa′man hɛɛ′ɾa′

구 대 진사, 저, 저 언제기나 진사, 진사만 해라
▶ 구 대 진사, 저, 저 언제거나 진사, 진사만 해라

조 진′사′보다 더 하′먼 안댄′다 이거라 그라′고 만′석′ 더 하′먼
či′nsa′boda tɜ ha′mɜn andɛ′nda igɜɾa kɜɾa′go ma′nsɜ′k tɜ ha′mɜn

진사보다 더 하면 안 댄다 이거라 그라고 만석 더 하면
▶ 진사보다 더 하면 안 된다 이거라 그러고 만석 더 하면

조 안댄′다꼬 땅마′거 나′악꺼등요.
andɛ′ndak'o t'aŋma′gɜ na′akk'ɜdɜŋjo.

안 댄다꼬 딱 막어 낳앗거등요.
▶ 안 된다고 딱 막아 놓았거든요.

제 만′서′글 채우······ 만′서′글 하는데도 등게 한′서믈 여′어가′아
ma′nsɜ′gɜl čʰɛ′u······ ma′nsɜ′gɜl hanɜndɛdo tɜ′ŋgɛ ha′nsɜmɜl jɜ′ɜga′a

만석을 채우······ 만석을 하는데도 등게 한 섬을 엿어가아
▶ 만석을 채워······ 만석을 하는데도 왕겨 한 섬을 넣어서

제 만′서′글 해앨′따′
ma′nsɜ′gɜl hɛɛ′tt'a′

만석을 했다
▶ 만석을 했다

---

67) 경주 최 부자 댁에 개와 관련한 다른 전설이 있음.

조 그러니까 그 미´테 사´람드른 심´만´석 할´수 인는´넘도
k3´r3nik'a k3 mi´tʰɛ sa´ramd3r3n ɕi´mma´ns3k ha´lsu inn3´nn3mdo

그러니까 그 밑에 사람들은 십만 석 할 수 잇는 넘도

▷ 그러니까 그 밑의 사람들은 십만 석 할 수 있는 놈도

조 이슬´꺼´고 그´러치. 뱅´만´석 할……
is3´lk'3´go k3´r3čʰi. pɛ´ŋma´ns3k hal……

잇을 거고 그렇지. 백만 석 할……

▷ 있을 것이고 그렇지. 백만 석 할……

조 정˘승´할수 인는´넘도 이´슬꺼 아임니´까?
č3˘ŋs3´ŋɦalsu inn3´nn3mdo i´s3lk'3 aimni´k'a?

정승 할 수 잇는 넘도 잇을 거 아임니까?

▷ 정승을 할 수 있는 놈도 있을 것 아닙니까?

제 그´럳치.
k3´r3tčʰi.

그렇지.

▷ 그렇지.

조 그거´로 마´거 노´오니까, 이´거´뜨리 점´부 매´기´ 빠´접뿌랟따마림니다.
k3g3´ro ma´g3 no´onik'a, i´g3´t'3ri č3´mbu mɛ´gi´ p'a´ǰ3pp'uɾɛtt'amarimnida.

그거로 막어 놓오니까, 이것들이 전부 맥이 빠저뿌렏다 말입니다.

▷ 그것을 막아 놓으니까, 이것들이 전부 맥이 빠져버렸단 말입니다.

조 그´래서 용˘기´가 업´서´징 거´에요.
k3´rɛɜɜ jo˘ŋgi´ga 3´poˇǰiŋ k3´jɛjo.

그래서 용기가 없어진 거에요.

▷ 그래서 용기가 없어진 거예요.

제 그´래 올´치´.
k3´rɛ o´lčʰi´.

그래 옳지.

▷ 그래 옳지.

조 나′느 나′느 경˘상′ 감사′도 할′ 수 인는′데 어˘르˜이˜ 모˘˜하′라 캐애′노˜이˜
na′nɜ na′nɜ kjɜ˘ŋsa′ŋ kamsa′do ha′lsu innɜ′ndɛ ɜ˘ɾɜ̃′ĩ mõ˘ɦa′ra kʰɛ′nõ̃ĩ
나는, 나는 경상° 감사도 할 수 잇는데 어른이 몬하라고 캐놓오니
▷ 나는, 나는 경상 감사도 할 수 있는데 어른이 못하라고 해놓으니까

조 고고바′께 몯˘탣′따마림니다. 히′믄′ 지금′ 막 뻗치′이갸′아
kogoba′k'ɛ mo˘ttʰɛ′tt'amaɾimnida. çi′mɜn čigɜm mak p'ɜtčʰi′iga′a
고고밖에 몯했다 말입니다. 힘은 지금 막 뻗치가아
▷ 고것밖에 못했단 말입니다. 힘은 지금 막 뻗쳐서

조 장˘산′데 모˘˜하′라 캐애′노˜이˜ 그기′이 오구′라드′런늠 부분도 이′서요.
ča˘ŋsa′ndɛ mõ˘ɦa′ra kʰɛɛ′nõ̃ĩ kɜgi′i ogu′radɜ′rɜnnɜm pu′bundo i′sɜjo.
장산데 몬하라고 캐놓오니 그기이 오구라들엇는 부분도 잇어요.
▷ 장산데 못하라고 해놓으니까 그것이 오그라든 부분도 있어요.

제 그′런데 그 광풍′진˘사′가 주굴 임종시′에 그 이′야글 하더′란다.
kɜ′rɛndɛ kɜ kwaŋpʰu′ŋǰi˘nsa′ga ču′gul imǰoŋei′ɛ kɜ i′ja′gɜl ha′dɜ′randa.
그런데 그 광풍진사°가 죽울 임종시에 그 이약을 하더란다.
▷ 그런데 그 광풍진사가 죽을 임종시에 그 이야기를 하더란다.

제 사˘라′믄 용′기가 이′서야 대는′데 그만˘한′ 용′기가 업′석′꼬, 또
sa˘ra′mɜn jo′ŋgi′ga i′sɜja tɛnɜ′ndɛ kɜma˘nɦia′n jo′ŋgi′ga ɜ′psɜ′kk'o, t'o
사람은 용기가 잇어야 대는데 그만한 용기가 없엇고, 또
▷ 사람은 용기가 있어야 되는데 그만한 용기가 없었고, 또

제 새˘운˜때 새˘운˜때 진˘사′바꿈 하지마′라카는
sɜ̃ũ′nt'ɛ sɜũ′nt'ɛ či˘nsa′bak'um haǰima′rakʰanɜn
생운 때 생운때 진사바꿈 하지 마라 카는
▷ 생원(生員) 때 생원 때 진사밖에 하지 말라고 하는

제 유어′늘 한 따미′네
juɜ′nɜl han t'ami′nɛ
유언을 한 따민에
▷ 유언을 한 때문에

조 기양 나아도스머 경주 부윤늘 하든지
ki´jaŋ na´ados3m3 kj3˘ŋju´ pu˘ju´n3l ha´d3´nji

기양 낳아돗으면 경주° 부윤을 하든지
▶ 그냥 놓아두었으면 경주 부윤을 하든지

조 경상 감사를 하든지 무진수가 낱따꼬요.
kj3˘ŋsa´ŋ kamsa´r3l ha´d3´nji mu˘jinsuga na´tt’a´k’ojo.

경상° 감사를 하든지 무진 수가 낫다꼬요.
▶ 경상 감사를 하든지 무슨 수가 났다고요.

제 정상 감사 카는 그 이약 아나?
č3˘ŋsa´ŋ kamsa´ kʰan3n k3 i˘ja´k a˘na´?

경상° 감사 카는 그 이약 아나?
▶ 경상 감사라고 하는 그 이야기를 아니?

조 머 매양 매양 컨능거?
m3 mɛ´jaŋ mɛ´jaŋ kʰ3´nn3´ŋg3?

머 매양 매양 컹는 거?
▶ 머 매양 매양 하는 것(말입니까)?

제 으.

3.

으.
▶ 응.

조 그런 얘기 드럳슴니다.
k3´r3n je˘gi´ to´rotoomnida.

그런 얘기 들엇습니다.
▶ 그런 얘기를 들었습니다.

손가락 이름

조 가마˘아˜ 게˘서´ 보´이´소.

kamãã´ kɛ˘sɜ´ po´i´so.

가마아 게서 보이소.

▷ 가만히 계서 보십시오.

제 그 날˘ 키 작˘꼬´, 머 자꾸´ 눌라´아녹코 말하거등 "송까´락

kɜ na´l kʰi čaˇkk'o´, mɜ čak'u´ nulla´anokkʰo malɦagɜdɜŋ "soŋk'a´rak

그 날 키 작고, 뭐 자꾸 눌라놓고 말하거등 "손가락

▷ 그 나를 키가 작다고, (남들이) 뭐 자꾸 눌러놓고 말하거든 "손가락

제 이´름 다˘ 아˘나´?" 내가´ 묵˘꺼´등 무´르머

 i´rɜm taˇ aˇna´?" nɛ´ga´ muˇkk'ɜ´dɜŋ mu´rɜmɜ

이름 다 아나?" 내가 묻거등 물으면

▷ 이름을 다 아느냐?" 하고 내가 묻거든 물으면

조 아´아´, 그´런 사´람한´테.

aa´, kɜ´rɜn sa´ramɦa´ntʰɛ.

아아, 그런 사람한테.

▷ 응, 그런 (얕잡아 보는) 사람한테.

제 으, "이´름 다˘ 아˘나´?" 카´먼 "모린다´." 이거´거등

ɜ, "i´rɜm taˇ aˇna´?" kʰa´mɜn "morinda´." igɜ´gɜ´dɜŋ

응, "이름 다 아나?" 카먼, "모린다." 이거거등

▷ 응, "(손가락) 이름을 다 아느냐?"고 하면, "모른다." 이것이거든

조 그 머, 그거´또 모´리´능기 와´ 까부´노?

kɜ mɜ, kɜgɜ´t'o mo´ri´nɜŋgi wa´ k'abu´no?

그 머, 그것도 모리는 기 와 까부노?

▷ 그 뭐, 그것도 모르는 것이 왜 까부느냐?

제 으 까부´노? "요 내 가리´치 주´까?" 이´레 묵ˇ꺼´등 무´를 때,
   ɜ k'abu´no? "jo nɛ kari´čʰi ču´k'a?" i´ɾɛ´ muˇkk'ɜ´dɜŋ mu´ɾɜl t'ɛ,

   응 까부노? "요 내 가리치 주까?" 이레 묻거등 물을 때,
▷ 응 까부니? "요 (것을) 내가 가르쳐 줄까?" 이렇게 묻거든 물을 때,

제 송까´락 여´기는 두ˇ마´디뿌˜이˜라마리다.
   soŋk'a´ɾak jɜ´ginɜn tuˇma´dip'ũ´ĩ´ɾamarida.

   손가락 여기는 두 마디뿐이라 말이다.
▷ (엄지) 손가락 여기는 두 마디뿐이란 말이다.

제 이거´는 다ˇ 세ˇ마´디식 인는´데, 앵그´래?
   ikɜ´nɜn taˇ sɜˇma´diɕik innɜ´ndɛ, ɛŋgɜ´ɾɛ?

   이거는 다 세 마디식 잇는데, 앤 그래?
▷ 이것은 다 세 마디씩 있는데, 안 그래?

조 그´러네요.
   kɜ´ɾɜnɛjo.

   그러네요.
▷ 그러하네요.

제 그´럳체? 요고´는 키´가 자ˇ가´도 이거 굴ˇ구˜이˜ 엄지송까´라기라
   kɜ´ɾɜtčʰɛ? jo´go´nɜn kʰiga´ čaˇga´do igɜ kuˇlgũ´ĩ ɜmjisoŋk'a´ɾagira

   그렇제? 요고는 키가 작아도 이거 굵우니 엄지손가락이라
▷ 그렇지? 요거는 키가 작아도 이것이 굵으니까 (이름이) 엄지손가락이란

제 마´리´다. 제일 작ˇ따´마리다. 엄지, 여´어 장ˇ지´, 키´다리,
   ma´ri´da. čeil čaˇkt'a´marida. ɜ´mji, jɜ´ɜ čaˇŋji´, kʰi´da´ri,

   말이다. 제일 작다 말이다. 엄지, 여어 장지, 키다리,
▷ 말이다. (키는) 제일 작단 말이다. 엄지, 여기 장지, 키다리,

제 셑ˇ째´ 키´다리, 논ˇ달´,
   sɛˇtčʼɛ´ kʰi´da´ri, noˇnda´l,

   셋째 키다리, 논달,
▷ 셋째 키다리, 논달,

234

조 이거′ 와 노˘능′기요? 일˘로′하는……

　ig3′ wa no˘n3′ŋgijo? i˘llo′ɦian3n……

　이거 와 노는기요? 일로 하는……

▷ 이것이 왜 놉니까? 일을 하는……

제 무명′지 송까′라기라.

　mumj3′ŋ̃ji soŋk'a′ɾagiɾa.

　무명지 손가락이라.

▷ 무명지 손가락이라.

조 그˘래도 소˘풀′ 빌′때′는 이′게′ 탁 이′레′ 앙 거′머 연능′기요?

　k3′ɾedo so˘pʰu′l pi′lt'ɛ′n3n i′ge′ tʰak i′ɾɛ′ aŋ k3′m3 j3nn3′ŋgijo?

　그래도 소풀 빌 때는 이게 탁 이레 안 거머 옇는기요?

▷ 그래도 쇠꼴을 벨 때는 이것이 탁 이렇게 그러넣지 않습니까?

제 거′머역키′느…… 이거′ 무명′지 송까′락, 이′름 업′서′

　k3′m3j3kkʰi′n3 …… ig3′ mumj3′ŋ̃ji soŋk'a′ɾak, i′ɾ3m 3′ps3′

　거머 옇기는…… 이거 무명지 손가락, 이름 없어

▷ 그러넣기는……(하지) 이거는 무명지 손가락, 이름이 없어

제 이거′ 논˘다~̃이˘. 이거′도 실′떼′ 이′서 귀′ 휘′비는. 귀휘비′개.

　ig3′ no˘ndã̃ĩ. ig3′do ɕi′lt'ɛ′ i′s3 kwi′ hwi′bin3n. kwiɦiwibi′gɛ.

　이거 논다니. 이거도 실 데 잇어 귀 휘비는. 귀휘비개.

▷ 이것은(새끼손까락은) 논다니. 이것도 쓸 데 있어 귀 후비는. 귀이개.

조 하하하하.

　haɦaɦaɦa.

　하하하하.

▷ 하하하하.

제 귀휘비′개. 이′거′도 어′디 가가′아 이′약할 만′해.

　kwiɦiwibi′gɛ. i′g3′do 3′di kaga′a i˘ja′kʰal ma′nɦɛ.

　귀휘비개. 이거도 어디 가가아 이약할 만해.

▷ 귀이개. 이것도 어디 가서 이야기할 만해.

하늘 알고 땅 알고

제 다 아ʹ럳따컫능거 아ˇ제ʹ?
ta aʹɾɜttʼakʰɜnnɜŋgɜ aˇjɛʹ?
다 알엇다 컹는 거 알제?
▷ 다 알았다고 하는 것 알지?

조 몰ˇ라ʹ요.
moˇllaʹjo.
몰라요.
▷ 몰라요.

제 몰ˇ라ʹ? 그러머 그 이ˇ약 해ˇ 주까? 다ˇ 이ˇ얘기 함ʹ니다. 조용하ʹ기
moˇllaʹ? kɜʹɾɜmɜ kɜ iˇjaʹk heˇ čuʹkʼa? taˇ iˇjɛʹgi haʹmniˇda. čojoŋhaʹgi
몰라? 그러면 그 이약 해 주까? 다 이애기합니다. 조용하게
▷ 몰라? 그러면 그 이야기를 해 줄까? 다 이야기합니다. 조용하게

제 드ʹ러라. 허허. 옌ˇ나ʹ레 이ˇ 정ˇ승ʹ이 아ʹ들또딸또, 아ʹ들또딸또 업ˇ섣ʹ서.
tɜʹɾɜra. hɜɦɜ. jeˇnnaʹɾɛ iˇ čɜˇŋsɜʹŋi aʹdɜltʼotʼaltʼo, aʹdɜltʼotʼaltʼo ɜˇpsɜʹtsɜ.
들어라. 허허. 옛날에 이 정승이 아들또 딸또, 아들또 딸도 없엇어.
▷ 들어라. 허허. 옛날에 이 정승이 아들도 딸도, 아들도 딸도 없었어.

제 그ˇ래ʹ애서 인자ʹ 자ʹ기ʹ, 옌ˇ나ʹ레도 그 참 항ˇ갑ʹ잔채라 카ʹ머
kɜˇɾɛʹɛsɜ inja čaʹgiʹ, jeˇnnaʹɾɛdo kɜ čʰam haˇŋgaʹpčʰančʰɛra kʰaʹmɜ
그래서 인자 자기, 옛날에도 그 참 한갑잔채라 카면
▷ 그래서 이제 자기, 옛날에도 그 참 환갑잔치라고 하면

제 옌ˇ나ʹ레는 참 드ʹ무ʹ럭꼬 요 중여ʹ네도 아주 드ʹ무런는데
jeˇnnaʹɾɜnɜn čʰam tɜʹmuʹɾɜkkʼo jo čuŋjɜʹnedo aʹju tɜʹmuʹɾɜnnɜndɛ
옛날에는 참 드물엇고 요 중년에도 아주 드물엇는데
▷ 옛날에는 참 드물었고 요 중년에도 아주 드물었는데

조 드ˊ물ˊ다ˇ이ˇ요? 뭐ˇ가ˊ 드ˊ무ˊ러요?

t3ˊmuˊldãĩjo? mw3ˇgaˊ t3ˊmuˊr3jo?

드물다니요? 뭐가 드물어요?

▷ 드물다니요? 뭐가 드물어요?

제 항ˇ갑ˊ 지내ˊ고 세ˊ상ˊ 베리는 어ˊ르ˇ이ˇ 드ˊ무ˊ런는데, 그 이ˊ정ˊ승이 자기ˊ

haˇŋgaˊp čiˊnɛˊgo sɛˊsaˊŋ pɛˊrinɜn ɜˊrɜˇĩ t3ˊmuˊr3nn3ndɛ, k3 iˇjˊɜˊŋs3ŋi čaˊgiˊ

한갑 지내고 세상 베리는 어른이 드물엇는데, 그, 이 정승이 자기

▷ 환갑을 지내고 세상 버리는 어른이 드물었는데, 그, 이 정승이 자기

제 항ˇ갑ˊ때 동ˊ본 동ˊ서ˇ이ˇ면, 동ˊ본 동ˊ성 동파ˊ면 양ˇ자ˇ로

haˇŋgaˊptˊɛ toˊŋbon toˊŋsɜ̃ĩmɜn, toˊŋbon toˊŋsɜŋ toŋpʰaˊmɜn jaˇŋǰaˊro

한갑 때 동본 동성이면, 동본 동성 동파면 양자로

▷ 환갑 때 동성동본이면, 동성동본 동파(同派)면 양자로

제 세ˊ운다카는 밤포ˊ로, 항ˇ가ˊ베 옌ˇ날ˊ 광ˇ고ˇ로

sɛˊundakʰanɜn pampʰoˊro, haˇŋgaˊɜ jɛˇnnaˊl kwaˇŋgoˊro

세운다 카는 반포로, 한갑에 옛날 광고로

▷ 들인다고 하는 반포를, 환갑에 옛날 광고를

조 자ˊ시ˊ기 업ˇ섵ˇ떵가 보ˊ지요?

čaˊɕiˊgi ɜˇpsɜˊttˊɜŋga poˊǰijo?

자식이 없엇던가 보지요?

▷ 자식이 없었던 모양이지요?

제 그ˊ럳치, 광ˇ고ˇ로 인자ˊ 조선ˊ 팔ˇ또ˊ에 다ˇ 서ˊ 부ˇ치가ˊ아 이ˊ레ˊ 인자ˊ

k3ˊr3tčʰi, kwaˇŋgoˊro injaˊ čosɜˊn pʰaˊltˊoˊɛ taˇ sɜˊ puˇčʰigaˊa iˊrɛˊ injaˊ

그렇지, 광고로 인자 조선° 팔도에 다 서 붙이가아 이레 인자

▷ 그렇지, 광고를 이제 조선 팔도에 다 써 붙여서 이레 이제

제 돌ˊ리노오ˇ이ˇ, 그 아 참ˊ 우리ˊ 사ˇ는ˊ 경ˇ주ˊ 거ˊ트머느 저 우ˇ중ˊ골,

toˊ££inoõĩ, k3 a čʰaˊm uriˊ saˊnɜˊn kjɜˇŋǰuˊ k3ˊtʰ3m3n3 č3 uˇǰuˇŋgol,

돌리놓오니, 그 아 참 우리 사는 경주° 겉으머는 저 우중골°,68)

▷ 돌려놓으니까, 그 참 우리가 사는 경주 같으면 저 우중골(같은),

제 첩첩 산주˜이´거등 그런 상´꼬레 숟 꾸´버가´아 팔´고´ 나무´ 해애´다´

čʰɜpčʰɜp sanǰũʼígɜdɜŋ kɜʼrɜn saʼŋkʼorɛ sut kʼuʼbɜgaʼa pʰaʼlgoʼ namuʼ hɛɛʼdaʼ

첩첩 산중이거등 그런 산골에 숯 꿈어가아 팔고 나무 해다

▷ 첩첩 산중이거든 그런 산골에서 숯을 구워서 팔고 땔나무를 해다

제 팔´고´ 그´래가´아 묵´꼬사´는´ 그런 상´꼬레인는 아´드리 참

pʰaʼlgoʼ kɜʼrɛgaʼa muʼkkʼosaʼnɜʼn kɜʼrɜn saʼŋkʼorɛinnɜn aʼdɜri čʰam

팔고 그래가아 묵고사는 그런 산골에 잇는 아들이 참

▷ 팔고 그렇게 해서 (근근이) 먹고사는 그런 산골에 있는 (사람의) 아들이 참

제 참 산정´기를 타´고´낟서 그´런차먼 팔´또´ 광´고´로

čʰam sanǰɜʼŋgirɜl tʰaʼgoʼnatsɜ kɜʼrɜtčʰamɜn pʰaʼltʼoʼ kwaˇŋgoʼro

참 산 정기를 타고 낟어 그렇자면, 팔도 광고로

▷ 참 산 정기를 타고 났어 그렇게 하자면, 팔도에 광고를

제 돌´리나´앝시˜이´까네 알´꺼´느 사´실´ 아˜잉˜가배. 그 상´꼬레 이´서도

toʼʎʎinaʼatsĩkʼanɛ aˇlkʼɜnɜ saʼɛiʼl ãˇŋgabɛ. kɜ saʼŋkʼorɛ iʼsɜdo

돌리낳앗이니까네 알 거는 사실 아닌가배. 그 산골에 잇어도

▷ 돌려놓았으니까 알아질 것은 사실이잖아. 그 산골에 있어도 (인근에는)

제 큼마시´리 익꺼´등 그 놀ˇ로´, 참 내´러오˜이´까네 그 아´이가 열´살´

kʰɜm maɛiʼri ikkʼɜʼdɜŋ kɜ noʼlloʼ, čʰam nɛʼrɜõˇĩkʼanɛ kɜ aʼiga jɜʼlsaʼl

큰 마실이 잇거등 그 놀로, 참 내러오니까네 그 아이가 열 살

▷ 큰 마을이 있거든 거기 놀러, 참 내려오니까 그 아이가 열 살을

제 머´걷떵강? 그런데 머, 옫´이´블걷또 업´꼬´ 먹´꼬 사´능´거도 마´아

mɜʼgɜttʼɜŋgaŋ? kɜʼrɜndɛ mɜ, otʼiʼbɜlgɜttʼo ɜˇpkʼoʼ mɜʼkkʼo saˇnɜʼŋgɜdo maʼa

먹엇덩강? 그런데 머, 옫 입을 것도 없고 먹고 사는 거도 마아

▷ 먹었다던가? 그런데 뭐, 옷 입을 것도 없고 먹고 사는 것도 에,

---

68) 우중골 : 건천읍 송선리의 마을 이름.

238

제 감자′ 이거′ 머 좀 살′마먹′꼬 이′레 사˘는′ 헹피˜인˜데, 그 큰′동′네
kamĵaˊ igɜˊ mɜ čom saˊlmamɜˊkko iˊɾɛˊ saˇnɜˊn hɛŋpʰĩndɛ, kɜ kʰɜˊndoˊŋnɛ
감자 이거 머 좀 삶아먹고 이레 사는 헹편인데, 그 큰 동네
감자 이것이나 뭐 좀 삶아먹고 이렇게 사는 형편인데, 그 큰 동네에

제 오˜˘이˜까네 그 이ˇ정′승이 어 항˘가′빈데 큰 소′로′ 작′꼬, 살′로′ 멛′섬′
õĩkˊanɛ kɜ iˇĵɜˊŋsɜni ɜ haˇŋgaˊbindɛ kʰɜn soˊroˊ čaˊkko, saˊlloˊ mɛˊtsɜˊm
오니까네 그 이 정승이 어 한갑인데 큰 소로 잡고, 살로 몇 섬
오니까 그 이 정승이 환갑인데 큰 소를 잡고, 쌀을 몇 섬씩이나

제 떠′글′ 하′고 큰 잔′채′로 한′다′ 카˘는데 동′본 동′서˜이˜며느
tˊɜˊgɜˊl haˊgo kʰɜn čaˊnčʰɛˊro haˊndaˊ kʰaˊnɜˊndɛ toˊŋbon toˊŋsɜĩmĵɜnɜ
떡을 하고 큰 잔채로 한다 카는데 동본 동성이며는
떡을 하고 큰 잔치를 한다고 하는데 동성동본이면

제 마′아 어′떤′ 사′라′미기나, 그 정˘승′ 대′감′님 누′네 드′는′ 사′라′므로 양˘자′로
maˊa ɜˇtˊɜˊn saˊraˊmigina, kɜ čɜˇŋsɜˊŋ teˊgaˊmnim nuˊnɛ tɜˊnɜˊn saˊraˊmɜro jaˇnĵaˊro
마아 어떤 사람이기나, 그 정승 대감님 눈에 드는 사람으로 양자로
에, 어떤 사람이거나, 그 정승 대감님 눈에 드는 사람을 양자로

제 할′라′ 칸′다′꼬 그′런 참 광˘고′로 부′치 나′안는데 그′나른
haˇllaˊ kʰaˊndaˊkˊo kɜˊrɜn čʰam kwaˇŋgoˊro puˊčʰi naˊannɜndɛ kɜˊnarɜn
할라 칸다꼬. 그런 참, 광고로 붙이 낳앗는데 그 날은
삼으려 한다고. 그런 참, 광고를 붙어 놓았는데 그 날은

제 가′머 마′아, 아′아기나 어′르˜이˜기나 소˘고′기, 떡 머′어, 밥 오망거
kaˊmɜ maˊa, aˊagina ɜˇrɜˇĩgina soˇgoˊgi, tˊɜk mɜˊɜ, pap omaŋgɜ
가면, 마아 아아기나 어른이기나 소고기, 떡 머, 밥 오만 거
가면, 에, 아이거나 어른이거나 쇠고기, 떡 뭐, 밥 오만 것을

제 다′묵′꼬 참 조′타′ 이′거′거등. 그′러˜이˜ 이 아′이가 그 마시′레
taˊmuˊkˊo čʰam čoˊtʰaˊ iˊgɜˊgɜdɜŋ. kɜˊrɜĩ i aˊiga kɜ maɕiˊɾɛ
다 묵고 참 좋다 이거거등. 그러니 이 아이가 그 마실에
다 먹고 참 좋다 이것이거든. 그러니까 이 아이가 그 마을에

제 가가´아 쥐영´! 그거´또 하지´마´고 올´치´. 올´치´.
kaga´a čwijɜ´ŋ! kɜgɜ´t'o haji´ma´go o´lčhi´. o´lčhi´.

가가아 쥐영! 그것도 하지 마고 옳지. 옳지.

▷ 가서(부산한 아기에게 주의를 주며) 조용히! 그것도 하지 말고 옳지. 옳지.

제 그´래 한날, 참 그´날 참 이´정´승 그 항´감´나린데 글´때 열´살´
kɜ´rɛ ha´nnal, čham kɜ´nal čham i´jɜ´ŋsɜŋ kɜ ha´ŋga´mnarindɛ kɜ´lt'ɛ jɜ´lsa´l

그래 한 날, 참 그날 참 이 정승 그 한갑날인데 글 때 열 살

▷ 그래 한 날, 참 그날 참 이 정승의 그 환갑날인데 그럴 때 열 살

제 무´군 아´아가 만´날´ 밸가벅´꼬 사˘능´기라. 이´불거도 억˘꼬´, 머
mu´gun a´aga ma´nna´l pɛlgabɜ´kk'o sa˘nɜ´ŋgira. i´bulɜdo ɜ´kk'o´, mɜ

묵운 아아가 만날 밸가벗고 사는 기라. 입울 거도 없고, 머

▷ 먹은 아이가 만날 발가벗고 사는 거라. 입을 것도 없고, 뭐

제 먹´또´ 억˘꼬´ 붇´또´ 억˘꼬´ 하˜이´까네. 그 와 옹˘기´그륵 깨´애징거
mɜ´kt'o´ ɜ´kk'o´ pu´tt'o´ ɜ´kk'o´ hã˜ĩk'anɛ. kɜ wa o˘ŋgi´gɜrɜk k'ɛ´ɛjiŋgɜ

먹도 없고 붓도 없고 하니까네. 그 와 옹기 그륵 깨진 거

▷ 먹도 없고 붓도 없고 하니까. 그 왜 옹기 그릇 깨진 것

제 그거´로 커다´넌´ 인자´, 옹˘기´ 뚜껑´ 깨´애징거로 가주 오´디˜이´마는
kɜgɜ´ro khɜda˘nɜ´n inja, o˘ŋgi´ t'uk'ɜ´ŋ k'ɛ´ɛjiŋgɜro kaju o´dĩ˜ĩmanɜn

그거로 커닿언 인자, 옹기 뚜껑 깨진 거로 가주 오디니마는

▷ 그것을 커다란 이제, 옹기 뚜껑 깨진 것을 가지고 오더니마는

제 수껑´을 커다´넝´거로 가주 오´능´기라 수껑´을 대´애고 가´능´기야
suk'ɜ´ŋɜl khɜda˘nɜ´ŋgɜro kaju o´nɜ´ŋgira suk'ɜ´ŋɜl tɛ´ɛgo ka´nɜ´ŋgija

수껑을 커닿언 거로 가주 오는 기라 수껑을 대고 가는 기야

▷ 숯덩이를 커다란 것을 가지고 오는 거야 숯덩이를 대고 가는 거야

제 그´래 저가부´지가, 저가부´지하고 저거´ 어무´니하고 보˜이´까네 그
kɜ´rɛ čɜgabu´jiga, čɜgabu´jihago čɜgɜ´ ɜmu´nihago põ´ĩk'anɛ kɜ

그래 적아부지가, 적아부지 하고 저거 어무니 하고 보니까네 그

▷ 그래 자기 아버지가, 자기 아버지와 자기 어머니가 보니까 그

240

제 이ˇ상ʼ하거등. "니ˇ 수껑ʼ 그거ʼ느 웨 그 비대˜이ˇ다 갈ʼ고ʼ
i˅saʼŋɦagɜdɜŋ. "ni˅ sukʼɜʼŋ kɜgɜʼnɜ wɛ kɜ pidɜ̃˜ida kaʼlgoʼ
이상하거등. "니 수껑 그거느 왜 그 비댕이다 갈고
(하는 행동이) 이상하거든. "너 숯 그것은 왜 그 이징가미에다[69] 갈고

제 인나?" 카˜이˜ "허 참 우리ʼ 고오ʼ레ʼ 그 이ˇ 정ʼ승 그 대ˇ감ʼ니미 오ʼ늘
iʼnna?" kʰã˅i˜ "hɜ čʰam uriʼ kooʼɾɛʼ kɜ i˅ čɜʼŋsɜŋ kɜ tɛ˅gaʼmnimi oʼnɜl
잇나?" 카니 "허 참 우리 고올에 그 이 정승 그 대감님이 오늘
있느냐?"고 하니까 "허 참 우리 고을에 그 이 정승

제 항ˇ갑ʼ잔채라 카ˇ는ʼ데 큰ʼ소ʼ 작ʼ꼬", 옌ˇ날ʼ 큰ʼ소ʼ······
ha˅ŋgaʼpjančʰɛra kʰaʼnɜʼndɛ kʰɜʼnsoʼ čaʼkkʼo", jɜ̃˅nnaʼl kʰɜʼnsoʼ······
한갑잔채라 카는데 큰 소 잡고", 옛날 큰 소······
환갑잔치라고 하는데 큰 소를 잡고", 옛날 큰 소······

제 옌ˇ나ʼ리나 지ˇ꾸ʼ미나 큰ʼ소ʼ 잠능ʼ기ʼ이 그 큰 잔ˇ채거등.
jɜ̃˅nnaʼrina či˅kʼuʼmina kʰɜʼnsoʼ čamnɜʼŋgiʼi kɜ kʰɜn čaʼnčʰɛʼgɜdɜŋ.
옛날이나 지꿈이나 큰 소 잡는 기이 그 큰 잔채거등.
옛날이나 지금이나 큰 소를 잡는 것이 그 큰 잔치거든.

제 "큰ʼ소ʼ 작ʼ꼬 떡 머ʼ어 얼매나 마˜˜이˜하고 그 동ʼ본 동ʼ성 대는
"kʰɜʼnsoʼ čaʼkkʼo tʼɜk mɜʼɜ ɜlmɛʼna mã˜ĩ˜ɦago kɜ toʼŋbon toʼŋsɜŋ tɛnɜn
"큰 소 잡고 떡 머 얼매나 많이 하고 그 동본 동성 대는
"큰 소를 잡고 떡을 뭐 얼마나 많이 하고 그 동성동본 되는

제 사ʼ라믄 그 대ˇ감ʼ 어ˇ르˜이˜ 에 양ˇ재ʼ로 들루ʼ울라 카ˇ는ʼ데 나ʼ는 머 아ʼ무ʼ
saʼramɜn kɜ tɛ˅gaʼm ɜ˅ɾɜ̃˜ɛ jaʼŋjɛʼro tɜlluʼulla kʰaʼnɜʼndɛ naʼnɜn mɜ aʼmuʼ
사람은 그 대감 어른이 에 양재로 들루울라 카는데 나는 머 아무
사람은 그 대감 어른이 에 양자를 들이려고 하는데 나는 뭐 아무

---

69) 이ˇ징가미 : 깨어진 질그릇 조각.

제 머 머 전시′네 이′불끼′이 이′서야지요 만날′ 밸′가벅′꼬 사′란는데 다른′

m3 m3 čɜnɕi′nɛ i′bulk′i′i i′sɜjaĭijo manna′l pɛ̆lga′bɜ′kk′o sa′rannɜndɛ tarɜ′n

머 머 전신에 입울 끼이 잇어야지요 만날 밸가벗고 살앗는데 다른

▶ 뭐 도무지 입을 것이 있어야지요 언제나 발가벗고 살았는데 다른

제 사′람드른 다̆ 머 머 이′복 익′꼬 가는′데 온′니′븐 형′새̆이̆라도

sa′ramdɜrɜn tă m3 m3 i′bok i′kk′o ka′nɜ′ndɛ on′ni′bɜn hjɜ′ŋsɛ̆ĭrado

사람들은 다 머 머 이복 입고 가는데 옷 입은 형생이라도

▶ 사람들은 다 뭐 의복을 입고 가는데 옷을 입은 형상이라도

제 기′리′야 안대겔′심′니′가?" 마′아 수껑′을 가라 가′주구 온′니′븐

ki′ri′ja andɛgeˈtɕi′mni′ga?" ma′a suk′ɜ′ŋɜl kara ka′jugu o′nni′bɜn

기리야 안 대겟십니가?" 마아 숯겅을 갈아 가주고 옷 입은

▶ 그려야 되지 않겠습니까?" 에, 숯을 갈아 가지고 옷 입은

제 형′상을 인자′ 거′믄′ 칠′로′하능기야 그 참 이̆ 정승′ 그 대′가′믄

hjɜ′ŋsaŋɜl inja k3̆′m3′n čʰi′llo′ɦansŋgija k3 čʰam ĭ č3′ŋs3ŋ k3 tɛ̆ga′mɜn

형상을 인자 검은 칠로 하는 기야 그 참 이 정승, 그 대감은

▶ 형상처럼 검은 칠을 하는 거야 그 참 이 정승, 그 대감은

제 온̆조̃일̆ 일가 동′본 동′서̃이̆먼 머 새′이′보글 해가′아 익′꼬오는

o′njõ̆ĭl ilga to′ŋbon to′ŋsɜĩmɜn m3 sɛ′i′bogɜl hɛga′a i′kk′oonɜn

온종일 일가 동본 동성이먼 머 새 이복을 해가아 입고

▶ 온종일 일가 동성동본이면 뭐 새 의복을 해서 입고

제 사′람도 익′꼬

sa′ramdo i′kk′o

오는 사람도 잇고

▶ 오는 사람도 있고

조 베레 벨′사′람 다̆ 오겔′찌요.

pɛrɛ pɛ′lsa′ram tă oge′tčijo.

벨에 벨 사람 다 오겟지요.

▶ 별의 별 사람이 다 오겠지요.

242

제 그ˇ럳치. 입떤ˊ 이ˊ보기라도 식ˊ꺼갸ˊ아 깨끅ˊ게 해갸ˊ아 이ˊ레ˇ 오ˊ는ˊ사람
　　kɜˊɾɜtčʰi. iptʼɜˊn iˊbogirado ɕiˊkkʼɜgaˊa kʼɛkʼɜˊkkʼɛ hɛgaˊa iˊɾɛˊ oˊnɜˊnsaram

그렇지. 입던 이복이라도 싥어가아 깨끗게 해가아 이레 오는 사람

▷ 그렇지. 입던 의복이라도 씻어서 깨끗하게 해서 이렇게 오는 사람도

제 다ˇ 인는ˊ데 그 대ˇ감ˊ니믄 온ˇ조ˇˇ일ˇ 바ˊ아도ˊ 마ˊ아ˊ메ˊ 드ˊ는ˊ 아ˊ이가
　　taˇ innɜˊndɛ kɜ tɛˇgaˊmnimɜn oˇnjõˊîl paaˊdoˊ maaˊmɛˊ tɜˊnɜˊn aˊiga

다 잇는데 그 대감님은 온종일 바도 마암에 드는 아이가

▷ 다 있는데 그 대감님은 온종일 (살펴)봐도 마음에 드는 아이가

제 억ˇ꺼ˊ등 마ˊ아, 마ˊ아 양ˇ자ˊ기나 머ˊ어기나 나ˊ는 일펭성ˊ 마ˊ아 영
　　ɜˇkkʼɜˊdɜŋ maˊa, maˊa jaˇŋjaˊgina mɜˊɜgina naˊnɜn ilpʰɛˊŋsɜˊŋ maˊa jɜŋ

없거등 마아, 마아 양자기나 머기나 나는 일펭성 마아 영

▷ 없거든 에, 양자거나 뭐거나 나는 일평생 에, 영

제 디ˇ는ˊ 망는ˊ다 생가ˊ글 하ˊ고. 그러ˇ이ˇ 멀ˇ기ˊ
　　tiˇnɜˊn maŋnɜˊnda sɛˊŋgaˊgɜl haˊgo. kɜˊɾɜˇî mɜˇlgiˊ

디는 막는다.70) 생각을 하고. 그러니 멀기

▷ 뒤는 막는다. 생각을 하고. 그러니 (열 살 먹은 소년은 집이) 멀리

제 이시ˇˇ이ˇ까네 지 따ˇ아네는 거ˊ러온ˊ다ˊ꼬 오ˊ능ˊ기 지억때ˊ 인자ˊ 해ˊ너ˊ머갈
　　isîˊikʼanɛ či tʼaˊanɛnɜn kɜˊɾɜoˊndaˊkʼo oˊnɜˊŋgi čiɜktʼɛˊ inja hɛˊnɜˊmɜgal

잇이니까네 지 딴에는 걸어온다꼬 오는 기 지녁 때 인자 해 넘어갈

▷ 있으니까 제 딴에는 걸어온다고 오는 것이 저녁 때 이제 해가 넘어갈

제 임새ˊ에
　　imsɜˊɛ

임시에

▷ 임시에

---

70) 뒤는 막는다 : 혈손이 끊어진다.

조 빨ˇ가′벅′꼬?

　p'ɛˇlga′bɜ′kk'o?

　빨가벗고?

▷ 발가벗고?

제 밸ˇ가′버′서도 먹′칠′로 해액′꺼′등 옫′이′븐 형′상을 그릳′찌 그 요새

　pɛˇlga′bɜ′sɜdo mɜˇkᶜʰi′llo hɛɛˇkk'ɜ′dɜŋ o′ti′bɜn hjɜˇŋsaŋɜl kɜ′ri′tᶜˇi kɜ josɛˇ

　밸가벗어도 먹칠로 했거등 옷 입은 형상을 그렷지 그 요새

▷ 발가벗어도 먹칠을 했거든 옷 입은 형상을 그렸지 그 요새

제 말ˇ로′ 하′먼 화ˇ상′이지 그′넘 기′상′을 보ˇˇ이ˇ까네, 가′아 참 대′액꺼등

　maˇllo′ ha′mɜn hwaˇsa′ɲiji kɜ′nɜm ki′sa′ŋɜl poˇˇik'anɛ, ka′a čˇam tɛ′ɛkk'ɜdɜŋ

　말로 하면 화상이지71) 그넘 기상을 보니까네, 가아 참 대앳거등

▷ 말로 하면 화상이지 그놈의 기상을 보니까, 그 애가 참 됐거든

제 기′사ˇ이ˇ 대′액꺼등. "그 니ˇ 성ˇ이′ 머어′고′?" 무′르ˇ이ˇ 동′본 동′서ˇ이ˇ야.

　ki′sãˇĩˇ tɛ′ɛkk'ɜdɜŋ. "kɜ niˇ sɜ′ɲi′ mɜɜ′go′?" mu′r̃ĩ to′ŋbon to′ŋsɜ̃ĩja.

　기상이 대앳거등. "그 니 성이 머고?" 물으니 동본 동성이야.

▷ 기상이 됐거든. "그 네 성이 뭐니?" 하고 물으니까 동성동본이야.

제 그 파′보도 무′르ˇ이ˇ 동파′고. 그 머어 촌ˇ수′는 머, 그 이′야′근

　kɜ pʰa′bodo mu′r̃ĩ toŋpʰa′go. kɜ mɜ′ɜ čʰo′nsu′nɜn mɜ, kɜ iˇja′gɜn

　그 파보도 물으니 동파고. 그 머 촌수는 머, 그 이약은

▷ 그 파보(派譜)도 물으니까 동파(同派)이고. 그 뭐 촌수는, 그 이야기는

제 몬ˇ뜨′럭꼬 "그 니ˇ 모′메 와 그 황ˇ칠′로 웨 핻찌′?" 카ˇˇ이ˇ

　moˇntᵊ′rɜkk'o "kɜ niˇ mo′mɛ wa kɜ hwaˇɲčʰi′llo wɜ hɛtᶜˇi′?" kʰãˇĩ

　몬 들엇고 "그 니 몸에 와 그 황칠로72) 왜 햇지?" 카니

▷ 못 들었고 "그 네 몸에 왜 그 환칠을 왜 했지?"라고 하니까

---

71) 화상이지 : 페인팅이지.

72) 황칠 : 아무렇게나 마구 그린 그림. 또는 그렇게 칠한 것.

244

제 “허허, 우리지'비요 저어 위'에 아'주 산위'에 이심'더. 머 온
“hɜɦɜ, uriji'bijo čɜɜ wi'ɛ a'ĵu sanwi'ɛ iɕi'mdɜ. mɜ ot
“허허, 우리 집이요 저 위에 아주 산 위에 잇심더. 머 온
“허허, 우리 집이요 저 위에 아주 산 위에 있습니다. 뭐 옷을

제 해애'이'불라 카~이', 온 해애' 이'불끼'이 인능'기요? 숙 꾸'버 가주고
hɛɛ'i'bulla kʰa'i, ot hɛɛ' i'bulk'i'i innɜ'ŋgijo? suk k'u'bɜ ka'ĵugo
해 입울라 카니, 온 해 입울 기이 잇는기요? 숯 꿉어 가주고
해 입으려니까, 옷을 해 입을 것이 (뭐가) 있습니까? 숯을 구워 가지고

제 저 시'자~아' 갇따'아 팔고 나무' 해애'다' 팔고 그'리 묵'꼬살'고'
čɜ ɕi'ĵã'ã katt'a'a pʰalgo namu' hɛɛ'da' pʰalgo kɜ'ri mu'kk'osa'lgo'
저 시장아 갖다 팔고 나무 해다 팔고 그리 묵고살고
저 시장에 갖다 팔고 땔나무 해다 팔고 그렇게 먹고살고

제 이라는'데 머 온'이'불꺼 업'서'가'아 다른' 사'라믄 다' 온'닉'꼬
iranɜ'ndɛ mɜ o'ni'bulk'ɜ ɜ'psɜ'ga'a tarɜ'n sa'ramɜn ta' o'nni'kk'o
이라는데 뭐 옷 입울 거 없어가아 다른 사람은 다 옷 입고
이러는데 뭐 옷 입을 것이 없어서 다른 사람들은 다 옷을 입고

제 댕기'는데 내 머 부'랄도 다' 비'이지요. 허허허허. 그래도 온'니'븐
tɛ'ŋginɜnde nɛ mɜ pu'raldo ta' pi'ijijo. hɜɦɜɦɜɦɜ. kɜ'rɛdo o'nni'bɜn
댕기는데 내 머 불알도 다 비이지요. 허허허허. 그래도 옷 입은
다니는데 나는 뭐 불알도 다 보이지요. 허허허허. 그래도 옷을 입은

제 형'새~이'라도 해애'야 안 대겔'심'니가? 그래 수껑'을 가라' 가주고 이'레'
hjɜ'ŋsɜĩrado hɛɛ'ja' an tɛgɜ'tɕi'm'ni'ga? kɜ'rɛ suk'ɜ'ŋɜl ka'ra' ka'ĵugo i'rɛ'
형생이라도 해야 안 대겟십니가? 그래 숯경을 갈아 가주고 이레
형상이라도 해야만 되지 않겠습니까? 그래 숯을 갈아 가지고 이렇게

제 온'니'븐 형'상을……” “그래 대'앧따. 저 아'들 오'늘 양'자' 함'니다.”
o'nni'bɜn hjɜ'ŋsaŋɜl……” “kɜ'rɛ tɛ'ɛtt'a. čɜ a'dɜl o'nɜl ja'ŋĵa' ha'mni'da.”
옷 입은 형상을……” “그래 대앳다. 저 아들, 오늘 양자 합니다.”
옷 입은 형상을……” “그래 됐다. 저 아이를, 오늘 양자로 삼습니다.”

제 공포′로 다˘ 해액′꺼′등, 공포′로 다˘′하′고 그 인자′, 참 뜨시′기
konpʰoˊro taˇ hɛɛˊkkˈɜˊdɜŋ, konpʰoˊro taˇɦaˊgo kɜ inˇja, čʰam tˈɜɛiˊgi
공포로 다 했거등, 공포로 다 하고 그 인자, 참 뜨시기
▷ 공표를 다 했거든, 공표를 다 하고 그 이제, 참 따뜻하게

제 가매소′테 물 덕까′아가′아 옌˘날′ 가매소′치 제일′ 크˘거′등 물
kamɛsoˊtʰɛ mul tɜkkˈaˊagaˊa jɜˇnnaˊl kamɛsoˊčʰi čeiˊl kʰɜˊgɜˊdɜŋ mul
가매솥에 물 덖아가아 옛날 가매솥이 제일 크거등 물
▷ 가마솥에다 물을 데워서 옛날에는 가마솥이 제일 크거든 물을

제 덕까′아가′아 모˘욕′ 시′키라마리야. 모˘욕′ 시′키고, 멩지′ 바˘저구′리
tɜkkˈaˊagaˊa moˇjoˊk ɕiˊkʰiramarija. moˇjoˊk ɕiˊkʰigo, mɛnjiˊ paˇjɜguˊri
덖아가아 모욕 시키라 말이야. 모욕 시키고, 멩지 바아저구리
▷ 데워서 목욕을 시키란 말이야. 목욕을 시키고, 명주 바지저고리를

제 입피′이라마리라 입피′이가′아, 내′애세˘′아노′오~이~ 활′따′란 기′남′자거등
ippʰiˊiramarira ippʰiˊigaˊa, nɛˊɛsɜˊanoˊõĩ hwaˊltˈaˊran kiˊnaˊmjagɜdɜŋ
입히라 말이라. 입히가아, 내세아놓오니 활달한 기남자거등.
▷ 입히란 말이라. 입혀서, 내세워놓으니까 활달한 귀남자(貴男子)거든.

제 그래 독′사′장 안차′아 녹′코 그′를′ 갈치~이~ 화′늘천 따˘지′,
kɜˊrɛ toˊksaˇjaŋ ančʰaˊa noˊkkʰo kɜˊrɜˊl kalčʰĩ hwaˊnɜlčʰɜn tˈaˇjiˊ,
그래 독사장 앉차 놓고 글을 갈치니 화늘 천 따 지,
▷ 그래 가정교사를 앉혀 놓고 글을 가르치니 하늘 천 따 지,

제 화′늘천 따˘′지′, 오′늘 가리′치도 화′늘천 따˘′지′ 내′일 가리′치도
hwaˊnɜlčʰɜn tˈaˇjiˊ, oˊnɜl kariˊčʰido hwaˊnɜlčʰɜn tˈaˇjiˊ nɛˊil kariˊčʰido
화늘 천 따 지, 오늘 가리치도 화늘 천 따 지 내일 가리치도
▷ 하늘 천 따 지, 오늘 가르쳐도 하늘 천 따 지 내일 가르쳐도

제 화′늘천 따˘′지′ 일′령′ 가리′치도 화′늘천 따˘′지′ 이′영′ 가리′치도
hwaˊnɜlčʰɜn tˈaˇjiˊ iˊʎʎɜˊŋ kariˊčʰido hwaˊnɜlčʰɜn tˈaˇjiˊ iˊjɜˊŋ kariˊčʰido
화늘 천 따 지 일 년 가리치도 화늘 천 따 지 이 연 가리치도
▷ 하늘 천 따 지 일 년을 가르쳐도 하늘 천 따 지 이 년을 가르쳐도

246

제 화′늘천 따˘지′ 땅′거는 암망′ 갈˘치′도 피로 업˘따′ 이기라
hwa′nɜlčʰɜn t'a˘ji′ t'a′ŋgɜnɜn amma′ŋ ka˘lčʰi′do pʰiɾo ɜ˘pt'a′ igiɾa

화늘 천 따 지 딴 거는 암만 갈치도 필오 없다 이기라
▷ 하늘 천 따 지 다른 것은 아무리 가르쳐도 필요 없다는 거라

제 만날′ 화′늘천 따˘지′ 이거뿌˜이′야 삼여′늘, 만˘ 삼여′늘
manna′l hwa′nɜlčʰɜn t'a˘ji′ igɜp'ũ′ija samjɜ′nɜl, ma˘n samjɜ′nɜl

만날 화늘 천 따 지 이거뿐이야 삼 연을, 만 삼 연을
▷ 만날 하늘 천 따 지 이것뿐이야 삼 년을, 만 삼 년을

제 화′늘천 따˘ 지′바께 안 일′러 그 머, 화′늘천 따˘지′만 이리′고
hwa′nɜlčʰɜn t'a˘ ji′bak'ɛ an i′llɜ kɜ mɜ, hwa′nɜlčʰɜn t'a˘ji′man iɾi′go

화늘 천 따 지밖에 안 일러 그 머, 화늘 천 따 지만 이리고
▷ 하늘 천 따 지밖에 안 읽어 그 뭐, 하늘 천 따 지만 읽고

제 만날′ 골˘무′게 가가′아 놀˘고′ 그 대′가′미, 이′정′승 대′가′미 암만′
manna′l ko˘lmu′gɛ kaga′a no˘lgo′ kɜ tɛ˘ga′mi, i˘čɜ′ŋsɜŋ tɛ˘ga′mi amma′n

만날 골묵에 가가아 놀고 그 대감이, 이 정승 대감이 암만
▷ 만날 골목에 가서 놀고 그 대감이, 이 정승 대감이 암만

제 생각′캐바아′도′, 저 머′리가 비상하′지 시푸′고 관상′도 볼′쭐 아′럳서.
sɜ′ŋga′kkʰɛbaa′do′, čɜ mɜ′ɾiga pisaŋʰa′ji ɕipʰu′go kwa′nsa′ŋdo po′lč'u′l a′ɾɜtsɜ.

생각해바도, 저 머리가 비상하지 싶우고 관상도 볼 줄 알얻어.
▷ 생각해봐도, 저 머리가 비상하지 싶고 (이 정승이) 관상도 볼 줄 알았어.

조 그′럭켄찌요.
kɜ′ɾɜkkʰɛtč'ijo.

그렇겟지요.
▷ 그렇겠지요.

제 으, 저′기′이 머 참 요새′ 말로′ 바˘봉′강?
ɜ, čɜ′gi′i mɜ čʰam josɛ′ mallo′ pa˘bo′ŋgaŋ?

으, 저기이 머 참 요새 말로 바본강?
▷ 응, 저것이 뭐 참 요새 말로 바보인가?

조 축′낑′강?

čuʹkkʼiʹŋgaŋ?

축긴강?73)

▷ 축귀인가?

제 축′낑′강? 이기 인는′데 삼연또˜안˜ 갈치′이 바아′도′, 처엄′매′에는

čʰuʹkkʼiʹŋgaŋ? igi innɜʹndɛ samjɜntʼõʹãn kalčʰiʹi paaʹdoʹ, čʰɜɜʹmmɛʹɛnɜn

축긴강? 이기 잇는데 삼 연 동안 갈치이 바도, 첫매에는

▷ 축귀인가? (그렇게) 생각하고 있었는데 삼 년 동안을 가르쳐 봐도, 처음에는

제 머′리가 터′질′랑가 시′퍼가′아 갈친′는데 만날′ 화′늘천

mɜʹriga tʰɜʹjiʹllaŋga ɕiʹpʰɜgaʹa kalčʰiʹnnɜndɛ mannaʹl hwaʹnɜlčʰɜn

머리가74) 터질랑가 싫어가아 갈칫는데 만날 화늘 천

▷ 머리가 트일까 싶어서 가르쳤는데 만날 하늘 천

제 따˘지′바께 모′린′다 이기′라. 땅′거′는 마 모린다′ 카′고, 자′꾸 손

tʼaˇjiʹbakɛ moʹriʹnda igiʹra. tʼaŋgɜʹnɜn ma morindaʹ kʰaʹgo, čaʹkʼu son

따 지밖에 모린다 이기라. 딴 거는 마 모린다 카고, 자꾸 손

▷ 따 지밖에 모른다 이거라. 다른 것은 모른다 하고, 자꾸 손을

제 내′애적˘꼬′ 그래 인자′ 종˘을′ 시′기가′아, "야˘ 어′버다 저거′ 지′베 갇따′아

nɛʹej3ˇkkʼoʹ k3ʹɾɛ inja čoˇŋ3ʹl ɕiʹgigaʹa, "jaˇ 3ʹb3da č3g3ʹ čiʹbɛ kattʼaʹa

내젓고 그래 인자 종을 시기가아, "야 업어다 저거 집에 갖다

▷ 내젓고 그래 이제 종을 시켜서, "애를 업어다 자기 집에 갖다

제 조오′라′ 마리다." 그′래 인자′ 종˘이′, 억′꼬 가′먼서러

čooʹraʹ maɾida." k3ʹɾɛ inja čoˇniʹ, 3ʹkkʼo kaʹm3ns3ɾ3

조라 말이다." 그래 인자 종이, 업고 가먼서러

▷ 줘라 말이다." 그래 이제 종이, 업고 가면서

---

73) 축귀 : 멍청이인가.
74) 머리 : 물리. 즉 사물에 대한 이해나 판단의 힘.

248

제 “아이′고′ 참 도런′님 참.” 중갸′네 가 쉬˘다′가마리지, 으?

“ai′go′ čʰam torɜ′nnim čʰam.” čuŋga′nɛ ka swi˘da′gamariǰi, ɜ?

“아이고 참 도런님 참.” 중간에 가, 쉬다가 말이지, 으?

▷“아이고 참 도런님 참.” 중간에 가서, 쉬다가 말이지, 응?

제 “도런′님 참 내가′ 생각캐애′도′ 원′통코 분˘함′니다.”“허

“torɜ′nnim čʰam nɛ′ga′ sɛŋgakkʰɛ′do′ wɜ′ntʰoŋkʰo pu˘nɦa′mnida.”“hɜ

“도런님 참 내가 생각해도 원통코 분합니다.”“허

▷“도런님 참 내가 생각해도 원통하고 분합니다.”“허

제 참, 머어′가′ 원′통코 분˘하′노?마리지.”“그 어′째′서 도런′니미

čʰam, mɜɜ′ga′ wɜ′ntʰoŋkʰo pu˘nɦa′no?mariǰi.”“kɜ ɜ′čʰɛ′sɜ torɜ′nnimi

참, 머가 원통코 분하노? 말이지.”“그 어째서 도런님이

▷참, 뭐가 원통하고 분하냐? 말이지.”“그 어째서 도런님이

제 삼연또˜안˜ 화′늘 천 따˘ 지′배′꾸 모름니갸′?”“허 참, 머

samjɜntʼõ′ãn hwa′nɜl čʰɜn tʼa˘ či′bɛkʼu morɜmniga′?”“hɜ čʰam, mɜ

삼 연 동안 화늘 천 따 지밲우 모릅니가?”“허 참, 머

▷삼 년 동안 하늘 천 따 지밖에 모릅니까?”“허 참, 뭐

제 화′늘 알˘고′ 땅′아′렅스먼 대′앹찌, 으? 자′꼬 더 알′먼′ 머어하노′?”

hwa′nɜl a˘lgo′ tʼa′ɲa′rɜtsɜmɜn tɛ′ɛtči, ɜ? čʼakʼo tɜ a˘lmɜ′n mɜɜhano′?”

화늘 알고 땅 알엇으면 대앳지,75) 응? 자꼬 더 알면 머하노?”

▷하늘 알고 땅을 알았으면 됐지, 응? 자꾸 더 알면 뭐하니?”

제 이기야. 으. 천′상 일˘ 다˘

igija. ɜ. čʰɜ′nsaŋ il˘ ta˘

이기야. 응. 천상 일 다

▷이거야. 응. 천상 일 다

---

75) 대앳지 : 그것으로 족하지.

조 자기′는 물′리가 터′젇′따는 얘기.
ča′gi′nɜn mu′ʎʎiga tʰɜ′ǰɜ′ttʼanɜn jɛgi.

자기는 물리가 터젓다는 얘기.
▷ 자기는 (모든) 물리가 터졌다는 얘기.

제 그럳치. 화′늘천 따′지′ 삼년또′˜안′ 일′거가′아 천′상 이′를′ 다′
kɜ′rɜtčʰi. hwa′nɜltčʰɜn tʼa′ǰi′ samɜntʼõ′ãn i′lgɜga′a čʰɜ′nsaŋ i′rɜ′l ta′

그렇지. 화늘 천 따 지 삼 년 동안 읽어가아, 천상 일을 다
▷ 그렇지. 하늘 천 따 지를 삼 년 동안 읽어서, 천상(天上)의 일을 다

제 알′고′ 지′상′ 이′를′ 다′ 아럳스먼 그마′˜이′지 더 배′야 머어하노′ 이기야. 으?”
a′lgo′ či′sa′ŋ i′rɜ′l ta′ a′rɜtsɜmɜn kɜmã′ĩji tɜ pɛ′ja mɜɜɦano′ igija. ɜ?”

알고 지상 일을 다 알엇으면 그만이지 더 배야 머하노 이기야. 으?”
▷ 알고 지상의 일을 다 알았으면 그만이지 더 배워서 무얼 하느냐 이거야. 응?”

제 대′가′미 보내′애 녹′코 생각캐애′도′ 암망′ 캐애′도′ 원′통하거등.
tɛ′ga′mi pone′ɜ no′kkʰo sɛŋgakkʰɛɜ′do′ amma′ŋ kʰɛɜ′do′ wɜ′ntʰoŋɦagɜdɜŋ.

대감이 보내 놓고 생각해도 암만 캐도 원통하거등.
▷ 대감이 보내 놓고 생각해도 아무리해도 원통하거든.

제 그 인자′ 억′꼬 간 종′인데 무럳서. “그 갸′다가 아′무′ 말또′ 하는′
kɜ inja′ ɜ′kkʼo kan čo′ŋi′ndɛ mu′rɜtsɜ. “kɜ ka′da′ga a′mu′ malt′o′ ha′nɜ′n

그 인자 업고 간 종인데 물엇어. “그 가다가 아무 말도 하는
▷ 그 이제 업고 간 종한테 물었어. “그 가다가 아무 말도 하는

제 마′리′ 업′떠′나?” “예, 대′감′님 말′숨′하′시′˜이′ 그럳치요 하도′ 나도
ma′ri′ ɜ′ptʼɜ′na?” “jɛ, tɛ′ga′mnim ma′lsu′mɦa′sĩi′ kɜ′rɜtčʰijo ha′do′ na′do

말이 없더나?” “예, 대감님 말숨하시니 그렇지요 하도 나도
▷ 말이 없더냐?” “예, 대감님께서 말씀하시니까 그렇지요 너무나 나도

제 원′통해애가′아요, ‘아이고′ 도련′님 참 나도 원′통코
wɜ′ntʰoŋɦɛɜga′ajo, ‘aigo′ torɜ′nnim čʰam na′do wɜ′ntʰoŋkʰo

원통해가아요, ‘아이고 도련님 참 나도 원통코
▷ 원통해서, ‘아이고 도련님 참 나도 원통하고

제 원′통함니다. 그 어′째′서 삼년또˘˜안˘ 화′늘천 따˘지바′꿈
w₃ntʰoɲɦamnida. k₃ ₃′čʼɛ′s₃ samɲ₃ntʼõ̃n hwa′n₃lčʰ₃n tʼǎjiba′kʼum
원통합니다. 그 어째서 삼 년 동안 화늘 천 따 지밖움
▷ 원통합니다. 그 어째서 삼 년 동안 하늘 천 따 지밖에

제 몬˘ 이름니′거?′ 카˘이′까네 ‘허허 참 내, 화′늘, 천′상 일˘ 알˘고′
mǒn ir₃mni′g₃?′ kʰã̌ǐkʼane ‘h₃ɦ₃ čʰam nɛ, hwa′n₃l, čʰ₃′nsaŋ ǐl a′lgo′
몬 이릅니거?′ 카이까네 ‘허허 참 내, 화늘, 천상 일 알고
▷ 못 읽습니까?′ 라고 하니까 ‘허허 참 내, 하늘, 천상의 일을 알고

제 땅 일˘ 알˘고′, 아랃스먼 그 다˘ 배′앝찌 머머 더 알˘머′ 머어′ 하′능기요?′
tʼaŋ ǐl a′lgo′, a′rats₃m₃n k₃ tǎ pɛ′atči m₃m₃ t₃ ǎlm₃′ m₃₃′ ha′n₃ŋgijo?′
땅 일 알고, 알앗으면 그 다 배앗지 머머 더 알면 머하는기요?′
▷ 땅의 일을 알고, 알았으면 그 다 배웠지 뭐 더 알면 무엇을 합니까?′

제 캅′띠′다.”“어 그래? 대′앹서! 다시 가 델′꼬 오′라.”마리라. 그′래가아,
kʰa′ptʼi′da.”“₃ k₃′rɛ? tɛ′ɛts₃! ta′ɕi ka tɛ′lkʼo o′ra.”marira. k₃′rɛgaa,
캅디다.”“응. 그래? 대앳어! 다시 가 델꼬 오라.” 말이라. 그래가아,
▷ 라고 합디다.”“응. 그래? 됐어! 다시 가서 데리고 오라.” 말이다. 그래서,

제 참 그 정˘승′이 참 아′프로 이′레′ 참 장˘소′늘 세′아가′아 그 그 크기′
čʰam k₃ č₃̌ŋs₃′ɲi čʰam a′pʰ₃ro i′rɛ′ čʰam čǎŋso′n₃l sɛ′aga′a k₃ k₃ kʰ₃′gi′
참 그 정승이 참 앞으로 이레 참 장손을 세아가아 그 그 크기
▷ 참 그 정승이 참 앞으로 이렇게 참 장손(長孫)을 세워서 그 크게

제 대′앹따 카는 아′플 나라로 다스′리고 그′랟따컨능 그 이′야기 이′서.
tɛ′ɛttʼa kʰan₃n a′pʰ₃l na′raro tas₃′rigo k₃′rɛtʼakʰ₃nn₃ŋ k₃ ǐja′gi i′s₃.
댓다 카는 앞을 나라로 다스리고 그랫다 컹능 그 이약이 잇어.
▷ 됐다고 하는 앞으로 나라를 다스리고 그랬다고 하는 그 이야기가 있어.

제 자′꾸 일′거도 자′꾸 마˘이˜ 배′아도 소′양 업˘따′ 이기′라 화′늘천
ča′kʼu ǐlg₃do ča′kʼu mã̌ǐ pɛ′ado so′jaŋ ₃̌ptʼa′ igi′ra hwa′n₃lčʰ₃n
자꾸 읽어도 자꾸 많이 배아도 소양없다 이기라 화늘 천
▷ 자꾸 읽어도 자꾸 많이 배워도 소용없다 이거라 하늘 천

제 따˘지′만 일′거도 물′리만 터′지′면 천′상 일˘ 알′고′ 지상′ 일˘ 다˘
t'aˇjíman ílgɜdo muʼʎʎiman tʰɜˇjímɜn čʰɜ́nsaŋ iˇl aˇlgoʼ čisaʼŋ iˇl taˇ

따˘ 지만 읽어도 물리만 터지면 천상 일 알고 지상 일 다

> 따 지만 읽어도 물리만 터지면 천상의 일을 알고 지상의 일을 다

제 안˘다′꼬. 그 이˘야기 이˘서.
aˇnda′k'o. kɜ iˇja′gi iˇsɜ.

안다꼬. 그 이약이 잇어.

> 안다고. 그런 이야기가 있어.

다황 마찌 활라

제 중´궁말 아˘이˘˘고 세˘마´디 뿌´˘이´˘라.

ču´ŋguŋmal ãĩ´go sɛ˘ma´di p'ũ´ĩ´ɾa.

중국말° 아니고 세 마디뿐이라.

▷ 중국말이 아니고 세 마디뿐이라.

조 누´가´요?

nu´ga´jo?

누가요?

▷ 누가요?

제 사´동 어˘른´, 사´동떠게 아˘나´? 사´동떠게느 알˘꺼´로?

sa´doŋ ɜ˘ɾɜ´n, sa´doŋt'ɜgɛ a˘na´? sa´doŋt'ɜgɛnɜ a˘lk'ɜ´ɾo?

사동° 어른, 사동떡°에 아나? 사동떡°에는 알 거로?

▷ 사동 어른, 사동댁 영감을 아니? 사동댁 영감은 (자네가) 알 걸?

조 태무´˘이˘ 저가부´지요?

tʰɛmũ´ĩ čɜgabu´jijo?

태문이° 적아부지요?

▷ 태문이 그 사람의 아버지 말씀이에요?

제 으, 으, 그´어른 저 택´꾸´가 저 사, 사´동떠게거등

ɜ, ɜ kɜ´ɜɾɜn čɜ tʰɛ´kk'u´ga čɜ sa, sa´doŋt'ɜgɛgɜdɜŋ

으, 으, 그 어른 저 택구가 저 사, 사동떡°에거등

▷ 응, 응, 그 어른의 저 택호가 저 사, 사동댁이거든

조 예, 예.

jɛ, jɛ.

예, 예.

▷ 예, 예.

[제] “상ˊ궁말 하ˊ까?” 캐애ˊ 녹ˊ콜랑 다른사ˊ라미 “하ˊ소ˊ.” 이ˊ카ˊ먼

“saˊŋguŋmal haˊkʼa?” kʰɛɛˊ noˊkkʰollaŋ tarɜnsaˊrami “haˊsoˊ.” iˊkʰaˊmɜn

“삼국 말 하까?” 캐 놓골랑 다른 사람이 “하소.” 이카먼

▷ “삼국(三國) 말을 할까?” 해 놓고서 다른 사람이 “하소.” 이러면

[제] “다왕ˊ 마ˊ찌 활ˇ라ˊ.” 허허허허. ‘다와˜은˜ 조섬ˊ마리고, 활ˇ라ˊ는

“tawaˊŋ maˊčʼi hwaˇllaˊ.” hɜɦɜɦɜɦɜ. ‘tawã˜ɜn čosɜˊmmaˊrigo, hwaˇllaˊnɜn

“다왕, 마찌, 활라.” 허허허허. ‘다왕’은 조선말°이고, ‘활라’는

▷ “다황, 마치, 활라.” 허허허허. ‘다황’은 (성냥의) 조선말이고, ‘활라’는

[제] 중ˊ궁마리고 ‘마ˊ찌’는 일ˊ붐ˊ말,

čuˊŋguŋmarigo ‘maˊčʼiˊnɜn iˊlbuˊmmal,

중국말°이고 ‘마찌76)’는 일분말°,

▷ 중국말이고 ‘마치’는 (성냥의) 일본말,

[조] 그ˊ런데 ‘활ˇ라ˊ’가 중ˊ궁마레 이ˇ하ˊ면 모ˊ른ˊ다 커떤ˊ데?

kɜˊrɜndɛ ‘hwaˇllaˊga čuˊŋguŋmarɛ iˇɦaˊmɜn moˊrɜˊnda kʰɜtˊɜˊndɛ?

그런데 ‘활라77)’가 중국말°에78) 이하면 모른다 컹던데?

▷ 그런데 ‘활라’가 중국말에 의하면 모른다고 하던데?

[제] 그ˊ어ˊ른ˊ 말ˇ수ˊ믄, 다황은 조섬ˊ마리고 ‘활ˇ라ˊ’는

kɜˊɜˊrɜˊn maˇlˊsuˊmɜn, taɦwaˊŋɜn čosɜˊmmarigo ‘hwaˇllaˊnɜn

그 어른 말숨은 ‘다황’은 조선말°이고 ‘활라’는

▷ 그 어른의 말씀은 ‘다황’은 조선말이고 ‘활라’는

[제] 중ˊ궁마리고, ‘마ˊ찌’는 일붐ˊ마리라 이기ˊ라. 허허허허.

čuˊŋguŋmarigo, ‘maˊčʼinɜn ilbuˊmmarira igiˊra. hɜɦɜɦɜɦɜ.

중국말°이고, ‘마찌’는 일분말°이라, 이기라. 허허허허.

▷ 중국말이고, ‘마치’는 일본말이라, 이거라. 허허허허.

---

76) 마찌 : ‘마찌’는 ‘성냥’을 뜻하는 영어 match(마치)를 차용한 것임.

77) 활라 : ‘성냥’에 대한 중국말은 ‘훠차이(火柴)’임.

78) 중국말 : 중국 사람.

잔소리 속담

[조] 깬′낱거튼 잔소′리로 담배′시거치 한′다′?

k'ɛ′nnat gɜtʰɜn čanso′riro tambe′ɛigɜčʰi ha′nda′?

깻낱79)겉은 잔소리로 담배시겥이 한다?

[▷] 깻낱 같은 잔소리를 담배씨같이 한다?

[제] "이′약또 좀 구만하′먼 족′켁′꾸마느 깬′낱거튼 잔소′리로

"i′ja′kt'o čom kumanɦa′mɜn čo′kkʰɛ′kk'umanɜ k'ɛ′nnatgɜtʰɜn čanso′riro

"이약도 좀 구만하면 좋겟구마는 깻낱 겉은 잔소리로

[▷] "이야기도 좀 그만하면 좋겠건마는 깨알 같은 잔소리를

[제] 담배′시거치 자′꼬 하′고 인′네." 대′앤서? 으 고 고 저 떼에′ 나′아라.

tambe′ɛigɜčʰi ča′k'o ha′go i′nnɛ." tɛ′ɛtsɜ? ɜ ko ko čɜ t'ɛɛ′ na′ara.

담배시겥이 자꼬 하고 잇네." 대앳어? 으 고 고 저 떼에 낳아라.

[▷] 담배씨같이 자꾸 하고 있네." 됐어? 응 고 고 저 떼어 놓아라.

---

79) 깻낱 : 깨알.

소대성 내기 잠

제 소대˘신′ 내˘기′ 잠, 잠′만′ 잔′다′ 카′든˘지.
　　sodɛ˘ɕi′n nɛ˘gi′ čam, ča′mma′n ča′nda′ kʰa′dɜ′nǰi.
　　소대신°80) 내기 잠, 잠만 잔다 카든지.
▷ 소대성(蘇大成)의 내기 잠, 잠만 잔다고 하든지.

조 소대˘시˜이˜라 컨′는′ 사′라미 무신′ 대˘시˜인˜데요?
　　sodɛ˘ɕĩˉɪ̃ra kʰɜ′nnɜ′n sa′rami muɕi′n tɛ˘ɕĩˉĩndɛjo?
　　소대신°이라 컹는 사람이 무신 대신인데요?81)
▷ 소대성이라고 하는 사람이 무슨 대신(大臣)인데요?

제 대˘시˜이˜든동 머 모리′, 모리지′. 그 그′를′ 아˘는′ 사′라믄 머′어가 머
　　tɛ˘ɕĩˉĩdɜndoŋ mɜ mori′, moriǰi′. kɜ kɜ′rɜ′l a˘nɜ′n sa′ramɜn mɜ′ɜga mɜ
　　대신이든동 머 모리, 모리지. 그 글을 아는 사람은 머가 머
▷ 대신인지 뭔지 모르지. 글을 아는 사람은 뭐가 뭐

제 그′렁기′이 익껟′찌. 소대˘신′ 내˘기′ 잠′ 잔′다′꼬.
　　kɜ′rɜŋgi′i ikk′ɛ′tǰ′i. sodɛ˘ɕin nɛ˘gi′ ča′m ča′nda′k′o.
　　그런 기이 잇겟지. 소대신° 내기 잠 잔다꼬.
▷ 그런 것이 있겠지. 소대성이 내기 잠을 잔다고.

조 자′믈′, 자′믈′ 그′러면 내˘기′, 내′기′로 해애′서′ 자′믈′ 잗′떰′ 모′야˘이˜지요?
　　ča′mɜ′l, ča′mɜ′l kɜ′rɜmɜn nɛ˘gi′, nɛ˘gi′ro hɛɛ′sɜ′ ča′mɜ′l ča′tt′ɜ′m mo′jãɪ̃jijo?
　　잠을, 잠을 그러면 내기, 내기로 해서 잠을 잣던 모양이지요?
▷ 잠을, 그러면 내기, 내기를 해서 잠을 잤던 모양이지요?

---

80) 소대성 : 소대성전의 주인공으로 몇 년간씩 내리 잠만 잤다는 인물.
81) 소대성을 소대신이라니까, 벼슬자리의 무슨 대신(大臣)인 줄 알고 한 질문임.

제 으. 내기로 해가아. 가령 마 하리, 하리 종일로 잔다

3, nɛˇgiˊro hɛgaˊa. kaˇrjɜˊŋ ma hariˊ, hariˊ čoˊɲillo čanda

으. 내기로 해가아. 가령 마 하리, 하리 종일로 잔다

▷ 응. 내기를 해서. 가령 에, 하루 종일을 잔다

조 닷새를 자든지 여르를 자든지 그런 시기라야 내기가 돼지.

taˊtsɛrɜl čaˊdɜˊnǰi jɜˊrɜrɜl čaˊdɜˊnǰi kɜˊrɜn ɕigirajaˊ nɛˇgiˊga twɛˊǰi.

닷새를 자든지 열을을 자든지 그런 식이라야 내기가 되지.

▷ 닷새를 자든지 열흘을 자든지 그런 식이라야 내기가 되지.

조 하리야 누가 몯 짜요?

hariˊja nuˊgaˊ moˇt čˊaˊjo?

하리야 누가 몯 자요?

▷ 하루야 누가 못 잡니까?

제 그럳치마는 안 일라고 내 잘수가 인능강?

kɜˊrɜtčʰimanɜn an illaˊgo nɛˇ čaˊlsuga innɜˊŋgaŋ?

그렇지마는 안 일나고 내 잘 수가 잇는강?

▷ 그렇지마는 안 일어나고 계속 잘 수가 있는가?

조 자는 처카고 가마아 누버가아 읻찌요.

čaˊnɜˊn čʰɜkʰaˊgo kamaˊa nuˊbɜgaˊa iˊtčˇijo.

자는 척하고 가마아 눕어가아 잇지요.

▷ 자는 척하고 가만히 누워서 있지요.

제 허허허허.

hɜɦɜɦɜɦɜ.

허허허허.

▷ 허허허허.

주사암 돼지 굴

[제] 으, 그 대ˇ주´가 구ˇ레´ 거´어 이´섰서. 거´어 인자´, 그 구ˇ레´ 저 머어´고´
  ɜ, kɜ tɛˇjuˊga kuˇɾɛˊ kɜˊɜ iˊsɜtsɜ. kɜˊɜ injaˊ, kɜ kuˇɾɛˊ čɜ mɜɜˊgoˊ
  으, 그 대주가 굴에 거어 잇엇어. 거어 인자, 그 굴에 저 머고
  ▷ 응, 그 돼지가 굴에 거기 있었어. 거기 이제, 그 굴에 저 뭐냐

[제] 실라´ 그 공ˇ주´, 공ˇ주´인데 인자´
  ɕillaˊ kɜ koˇɲjuˊ, koˇɲjuˊindɛ injaˊ
  신라° 그 공주, 공주인데 인자
  ▷ 신라 그 공주, 공주한테 이제

[조] 대ˇ주´가 실라´ 공ˇ주´한테 가가´주고.
  tɛˇjuˊga ɕillaˊ koˇɲjuˊhantʰɛ kagaˊjugo.
  대주가 신라° 공주한테 가 가주고.
  ▷ 돼지가 신라 공주한테 가 가지고.

[제] 으, 공ˇ주´로 억´꼬 갔´서´ 대ˇ주´가,
  ɜ, koˇɲjuˊro ɜˊkkˈo kaˊtsɜˊ tɛˇjuˊga,
  으, 공주로 업고 갓어 대주가,
  ▷ 응, 공주를 업고 갔어 돼지가,

[조] 버ˇ미´ 아니´고 대ˇ주´예요?
  pɜˇmiˊ aniˊgo tɛˇjuˊjɛjo?
  범이 아니고 대주예요?
  ▷ 범이 아니고 돼지예요?

[제] 아ˇ, 대ˇ주´, 그 저 췌´시로 대ˇ지´라 이´콰´거등. 췌´시는 머,
  aˇ, tɛˇjuˊ, kɜ čɜ čʰwɛˊɕiro tɛˇjiˊra iˊkʰwaˊgɜdɜŋ. čʰwɛˊɕinɜn mɜ,
  아아, 대주, 그 저 최시로 대지라 이콰거등. 최시는 머,
  ▷ 응, 돼지, 그 저 최씨를 (별명을 붙여) 돼지라고 하거든. 최씨는 뭐,

제 시ˇ조ˊ가 대ˇ지ˊ 아ˇ이˜가, 대ˇ지ˊ 아ˇ이˜가 캐삭커ˊ등 위시ˊ개로.

ɕiˇjoˊga teˇjiˊ ãĩˊga, teˇjiˊ ãĩˊga kʰɛsakkʰɜˊdɜŋ wiɕiˊgɛro.

시조가 대지 아니가, 대지 아니가, 캐샇거등 위시개로.

▷ 시조가 돼지 아니냐, 돼지 아니냐고, 해 쌓거든 우스개로.

조 경ˇ주ˊ 췌ˊ시가?

kjɜˇŋjuˊ čʰweˊɕiga?

경주° 최시가?

▷ 경주 최씨가?

제 아아, 그ˊ래 냉재˜에˜는 대ˇ지ˊ가 머ˊ어로 둥ˇ가ˊ블 해액ˊ껄ˊ래 왇ˊ따ˊ 갇ˊ따ˊ

aa, kɜˊɾɛ nɛŋjě˜ɜ̃nɜn teˇjiˊga mɜˊɾo tuˊŋgaˊbɜl hɛɛˊkk'ɜˊlle waˊtt'aˊ gaˊtt'aˊ

아아, 그래 냉재에는 대지가 머로 둔갑을 햇걸래 왓다 갓다

▷ 응, 그래 나중에는 돼지가 무엇으로 둔갑을 했기에 (궁중으로) 왔다 갔다

제 해액ˊ껜ˊ찌. 그ˊ래 인자ˊ 멩지ˊ시ˇ레ˊ다가 바늘로 뀌ˇ이가ˊ아

hɛɛˊkk'ɛˊtč'i. kɜˊɾɛ inja mɛŋjiˊɕiˇɾɛˊdaga paˊnɜllo k'wiˊigaˊa

햇겟지. 그래 인자 멩지실에다가 바늘로 뀌이가아

▷ 했겠지. 그래 이제 명주실에다가 바늘을 꿰어서

조 공ˇ주ˊ가요?

koˇŋjuˊgajo?

공주가요?

▷ 공주가요?

제 그ˊ래, 멩지ˊ시ˇ레ˊ다가 바늘로 뀌ˇ이 가주고 그래 그 머어ˊ고ˊ, 옌ˊ날ˊ 그

kɜˊɾɛ, mɛŋjiˊɕiˇɾɛˊdaga paˊnɜllo k'wiˊi kaˊjugo kɜˊɾɛ kɜ mɜɜˊgoˊ, jeˇnnaˊl kɜ

그래, 멩지실에다가 바늘로 뀌이 가주고 그래 그 머고, 옛날 그

▷ 그래, 명주실에다가 바늘을 꿰어 가지고 그래 그 뭐니, 옛날 그

제 도ˇ복ˊ 도ˇ복ˊ 자라ˊ게다가 꼬ˇ벅꺼등, 멩지ˊ시ˇ리ˊ, 멩지ˊ시ˇ레ˊ

toˇbokˊ toˇbokˊ čaraˊgɛdaga k'oˇbɜkk'ɜdɜŋ, mɛŋjiˊɕiˇriˊ, mɛŋjiˊɕiˇɾɛˊ

도복 도복 자락에다가 꼽엇거등, 멩지실이, 멩지실에

▷ 도포 도포 자락에다가 꽂았거든, 명주실이, 명주실에

조 대ˇ지ˊ, 대ˇ지ˊ가 총ˇ가ˊ그로 환생ˊ을 해가ˊ아
　　tɛˇǰiˊ, tɛˇǰiˊga čʰoˇŋgaˊgɜɾo hwansɛˊŋɜl hɛgaˊa

　　대지, 대지가 총각으로 환생을 해가아
▷ 돼지, 돼지가 총각으로 환생을 해서

조 공ˇ주ˊ한데로 인자ˊ 들락ˊ꺼ˊ린다마리지요?
　　koˇŋǰuˊɦandɜɾo inǰa tɜllaˊkkˇɜˊɾindamariǰijo?

　　공주한데로 인자 들락거린다 말이지요?
▷ 공주한테 이제 들락거린단 말이지요?

제 올ˊ치ˊ. 그ˊ래서 인자ˊ 멩지ˊ실ˇ로ˊ 따ˊ러가˜이ˇ까네 그구ˇ레ˊ
　　oˊlčʰiˊ. kɜˊɾɛsɜ inǰa mɛŋǰiˊɕiˇlloˊ tʼaˊɾɜgã˜ĩkʼanɛ kɜguˇɾɛˊ

　　옳지. 그래서 인자 멩지실로 따라가니까네 그 굴에
▷ 그렇지. 그래서 이제 명주실을 따라가니까 그 굴에

조 주사ˊ아므로 갇ˊ따ˊ 이ˊ거ˊ지요?
　　čusaˊamɜɾo kaˊttʼaˊ iˊgɜˊǰijo?

　　주사암°으로82) 갔다 이거지요?
▷ 주사암으로 갔다 이거지요?

제 주사ˊ암 구ˇ레ˊ
　　čusaˊam kuˇɾɛˊ

　　주사암° 굴에
▷ 주사암 (뒤에 있는) 굴에

---

82) 주사암(朱砂庵) : 경주시 서면 오봉산에 있는 암자 이름.

[부록] 경주지역어와 표준어 대역

찾아보기

경주지역어	표준어 대역
못굴을 빼려다가 조 물료? 무슨 물료? 제 정만서°가, 머어시 인자, 사람들이 말이야, 못 둑에 잔뜩 깔리이가아 서가아 잇단 말이야. 정만서°가 가다가, "저기 머 하는냥?" 그러니까, "지끔 모내기 하고, 저거 참, 저 못자리 하고, 해야 대는데, 굴 이거로 몬 빼 가주고, 모도 저레 잇다."꼬 조 굴로 몬 빼? 제 "으, 굴 그거로 몬 빼다니? 개아들 겉은 놈들이." 그러니까 "하따, 대앳다." 싶어, 마아 모지이 가주고 잘 대접해 가주고, 막 "갑시더." 커머 "굴이 어딧노?", "저 못 속에." 커니 이렇게 보디니, "아이구, 물이 이치리 잇는데 어예 빼는기요? 빠저 죽우라꼬? 드가 가주고?" 하하하하, 허허허허. 조 술만 얻어묵고, 굴은 안 빼 주고, 하하하하. 동 굴 빼 돌라 카니까네, 그양 굴만 빼 주면 대는강? 제 그래 굴 빼애 돌라 카니까네 물이 가뜩 차 가지고 그양, 조 물 잇는 굴로 빼야지, 물 없는 굴로…… 동 나는 죽으라꼬? 제 허허허허, 물 잇는 굴은 몬 뺀다. 술만 실컨 얻어 묵엇다. 동 내 그래, 정만세°는 내 그래……. **논 가운데 바위 치우기** 제 또 한군데 가도고 하니까 농부가 논을 갈고	**못굴을 빼려다가** 조 물이라니요? 무슨 물 말씀이에요? 제 정만서가, 거시기 이제, 사람들이 말이야, 못 둑에 잔뜩 깔려서 서있던 말이야. 정만서가 가다가, "저기서 무얼 하느냐?"고 그러니까, "지금 모내기를 하고, 저것 참, 저 못자리를 하고, 해야 되는데, 못굴 이걸 못 빼 가지고, 모두 저렇게들 있다."고 조 못굴을 못 빼다니? 제 "응, 못굴 그것을 (하나) 못 빼다니? 개아들 같은 놈들이." 그러니까 "아따, 됐다." 싶어, 에, (다들) 모여서 (정만서를) 잘 대접해서, 막 "갑시다."고 하며 "못굴이 어디에 있느냐?", "저 못 속에."라고 하니까 이렇게 (살펴)보더니(만), "아이구, 물이 이처럼 (꽉 차) 있는데 어째 뺍니까? 빠저 죽으라고? (못에) 들어가서?" 하하하하, 허허허허. 조 술만 얻어먹고, 못굴은 안 빼 주고, 하하하하. 동 못의 굴을 빼 달라고 하니까, 그냥 (물 없는) 못굴만 빼 주면 되는가? 제 그래 못굴을 빼 달라고 하니까 (못에) 물이 가득 차 가지고 그냥, 조 물이 있는 못의 굴을 빼야지, 물 없는 못굴을…… 동 나는 죽으라고? 제 허허허허, 물이 있는 못굴은 (못 속에 잠수해서) 못 뺀다. 술만 실컷 얻어 먹었다. 동 늘 그래, 정만서는 늘 그래……. **논 가운데 바위 치우기** 제 (정만서°가) 또 한군데를 가다가 하니까 농부

잇다 말이야. 방긋돌이 떡, 논 복판에 하나 백이이가아 잇는데, 이넘이 뭐냐 하면, 소로 가주고 "일로로" 커머 이쪽으로 갓다가, "워띠 워띠" 커머 저쪽으로 갓다가 하며, 그 돌을 통귀하는 데, 홀쩡질 하는 데, 애로 묵거등. "여보, 여보 그거 와 앤 조오내뿌고 그거, 그 그 돌, 그거 집어 내뿌라. 모 한 포기라도 더 꼽울 긴데, 어예 그레 어리숙게 그 짓을 하고 잇냐?" 커니까. 어찌 이레 보니까, 참 저기이, 빼빼장군이라 커디니, 정만서°가 힘 깨나 잇는갑다 싶우거든. "저 무겁서서 어떻게 들어냅니까?" 이라니까네 "야 이 사람, 그 거 내 들어 내애주지." 캐. "하이 그렇습니 까? 마 좀 저 그거……" 참 가주 왓는 거 인 자 실컨 묵엇다. "그래 어떻게 들어내는기 요?" "소이까리 풀어라."꼬 인자, 소이까리, 그 홀쩡, 그 저 밧줄 그거

동 소 봇줄이다.

제 그래, "그거 좀 풀어라."고, "풀어가아 이거 돌을 묶우우라." 이카거등. 묶우우니 인자 짐 빠를 이레 해 가주골랑 돌에 이레에 지댄다 인자, 짐빠를 저 걸고 "자 디에 좀 들어라." 꼬 지는 힘도 안 주고 들어라 컨다 말이야. 그 힘에 들리일 텍이 잇나 말이야.

조 하하하하.

제 "야 이눔 자석아, 니 들도 몬하는 거로 내 보 고 저내라 커면……,

동 니 들도 몬하는 거로 내가 우애 지노?"

제 허허허허, 하하하하.

동 묵기는 실컨 묵엇다.

조 본데 그 사람이 빼빼장군인갚요?

제 어디. 그거 머 이바구 하두구 하니 그렇지 빼 빼장군은 무신.

조 몸도 작고 머, 얽고 곰보고 머, 그 저 코빵맹 이 소리로 하고 그랬다면서요?

동 내 코빵맹이 소리로 햇다데에.

가 논을 갈고 있단 말이야. 바윗돌이 턱, 논 복판에 하나 박혀 있는데, 이놈이 뭐냐 하면, 소를 가지고 "이리로" 하면 이쪽으로 갔다가, "저리로 저리로" 하면 저쪽으로 갔다가 하며, 그 돌을 통과하는 데 (있어서), 쟁기질을 하 는 데, 애를 먹거든. "여보, 여보 그걸 왜 주 워내 버리지 않고, 그 돌, 그것을 집어 내버 려라. 모를 한 포기라도 더 꽂을 것인데, 어 찌 그렇게도 어리석게 그 짓을 하고 있느 냐?"고 하니까. 어찌 이렇게 보니까, 참 저게, 말라깽이장군이라고 하더니, 정만서가 힘깨 나 있는가 보다 싶거든. "저 무거워서 어떻 게 들어냅니까?" 이러니까 "야 이 사람, 그거 내가 들어 내주지."라고 해. "하 그렇습니까? 그러면 좀 저 그걸……" 곁두리를 가져 온 것을 이제 실컷 먹었다. "그래 어떻게 들어 냅니까?" "쇠고삐를 풀어라."고 인제, 쇠고삐, 그 쟁기, 그 저 밧줄 그것

동 소 봇줄이다.

제 그래, "그것을 좀 풀라."고, "풀어서 이 (바윗) 돌을 묶으라."고 하거든. 묶으니까 짐바를 이 렇게 해 가지고서 돌에 이렇게 기댄다 인제, 짐바를 돌에다가 걸고서 "자 뒤에서 좀 (돌 을) 들라."고 자기는 전혀 힘도 안 주고 들라 고 한단 말이야. 그 힘에 들릴 턱이 있느냐 말이야.

조 하하하하.

제 "야 이놈 자식아, 네가 들지도 못하는 것을 (감히) 나를 보고 져내라고 하면……,

동 네가 들지도 못하는 것을 내가 감히 어떻게 지느냐?"

제 허허허허, 하하하하.

동 먹기는 실컷 먹었다.

조 본디 그 사람(정만서°)이 말라깽이장군인가 요?

제 아니. 그거 뭐 이야기를 하다가 하니까 그렇 지 말라깽이장군은 무슨.

조 (정만서°는) 몸도 작고 뭐, 얽고 곰보고 뭐, 그 저 코맹맹이 소리를 하고 그랬다면서요?

동 늘 코맹맹이 소리를 했다고 하더군.

이와 기생과 빨래

제 한분은 말이야, 옷에 이가 많이 잇고, 머어시 한 데, 술집, 기생집에 가가, 가 가주고, "야, 나 저 빨래 쫌 저 해 두가. 너 빨래할 찍에, 같이 쫌 해 두가." "하 이, 어제 그저께 햇는데 언제 머 할 여개 없니다." 큿는 기라. "그래?" 이넘이, 허허, 저 도분이 나가아, 굴다리 밑에 찾어 가가주고, 애애들이 이를 잡고 있거든. 애애들 인자 거지들 저거 얻어묵고는 와가주구 인자 양지쪽에 앉어가아, 옷을 벗어가아 인자 이 잡는데, 붓을 가주 가 가주고 붓뚜깝을 요레 내며, "야, 요고, 이 잡어가아 요기 옇어 돌라."꼬 허허허허. 소빅이 잡어 옇어 주거등. 떡, 한 통 다 차니까, 또 하나 더 뽑어가아, 옛날 선비들은 필낭이라꼬 말이야, 요새애 애애들 말로는, 참 필통은, 이거 저 뚜껑 해 가주고 이레 잇지마는 주미니, 지닪언 주머니로 이레 집어 가주고, 뚜껑 이레 떡 덮어 가주고, 이 차고 댕깃거등. 그래 가아 필낭아 인자 집어옇었다. 그래 기생집에 가 가주고, "어어 칩어라." 커메 그래 기생집에 갓거등. 언제든지 저저 겨을에 칩울 직에는, 저저 아릿 자리에, 요 하나 정도 머, 저 차단이불 하나는 인자 깔어 놓거등.

조 무슨 이불요?

제 차단이불.

조 차단이불요?

제 으, 저저 아주 두텁운 이불 말고, 보통 열, 엷운 거 인자, 그래 척 앉어 가주고, 뚜껑을 들시 놓오니, 구들이 따따하니까네, 저거가 기이 나올밖에는. 솰솰 기이 나오거등, 그라고는 구마아, 와뿌렛거등. 그 이튿날 아침에 딱 가니까 그 기생 연이 이불 홑청하고 머 이불이라 큿는 이불은 전부 다 깔쥐이뜯어 가주고 인자 솥에다 삶거등. 그놈에 이는 그 마 잡울라 커먼 한정 없고 말이야, 참 양잿물 옇어 가주고, 저 재 재 잿물을 옇어 가주고 옛

이와 기생과 빨래

제 (정만서가) 한번은 말이야, 옷에 이가 많이 있고, 그런 데, 술집, 기생집에 가서, 가 가지고, "애, 내 (옷의) 빨래를 좀 해 다오. 네 빨래할 적에, (내 옷도) 같이 좀 해 다오." "하 이, 어제 그저께 (빨래를) 했는데 언제 뭐 (또) 할 틈이 없습니다."고 하는 거라. "그래?" 정만서가, 허허, 화가 나서, 굴다리 밑에 찾아 가지고, (거지) 애들이 이를 잡고 있거든. 애들 인자 거지들이 저희끼리 얻어먹고는 와가지고는 인제 양지쪽에 앉아서, 옷을 벗어서 인제 이를 잡는데, 붓을 가져 가 가지고 붓두껍을 요렇게 내밀며, "애, 요기, 이를 잡아서, 요기에 넣어 달라."고 하니까 허허허허. (거지들이 이를) 소복이 잡아 넣어 주거든. 떡, 한 통이 다 차니까, 또 하나 더 뽑아서, 옛날 선비들은 필낭(筆囊)이라고 말이야, 요새 애들 말로, 참 필통은, 이거 저 뚜껑을 해 가지고 이렇게 있지마는 주머니, 기다란 주머니를 이렇게 기워 가지고, 뚜껑을 이렇게 떡 덮어 가지고, 이렇게 차고 다녔거든. 그래서 필낭에다 인제 집어넣었다. 그래 (그) 기생집에 (도로) 가 가지고, "어어 추워라."고 하며 그래 기생집에 갔거든. 언제든지 저저 겨울에 추울 적에는, 저저 아랫목에, 요 하나 정도 뭐, 저 차렵이불 하나는 깔아 놓거든.

조 무슨 이불이라고요?

제 차렵이불.

조 차렵이불이라 말씀이지요?

제 응, 저저 아주 두터운 이불 말고, 보통 얇은 것 인제, 그래 척 앉아 가지고, 붓두껍을 열어 놓으니까, 방구들이 따뜻하니까, 그놈들이 (이들이) 기어 나올 수밖에. 솰솰 기어 나오거든, (정만서가) 그러고는 고만, 와버렸거든. 그 이튿날 아침에 딱 가니까 그 기생 년이 이불 홑청과 뭐 이불이라고 하는 이불은 전부 다 (마구) 쥐어뜯어 가지고 (이를 죽이

날에는 잿물 캐 갖고 인자 저 깍대기 겉은
거 머 맵운 거로 깍대기 재가 제일 맵다네.
태왓는 그거로 갖다가 인자 재를 시리에 머
어시 해 놓고 물 떠 버어가아, 고, 노란 물
인자 우러나는 그거 까아 인자 빨래를 참 했
지. 비누가 어디 잇는데? 그거 까아 하지. 참
옛날에는 비누가 어디 잇엇나? 그래가아 인
자 좋다꼬, 하는 짐에 "자, 너거 빨래하는 짐
에 내 옷도 같이 쫌 쉬어 돌라."꼬 빨래하는
짐이니까, "인자는 내 빨래도 해 조야 대겟
다."

조 빨래하는 짐에 인자 빨래로 해 조야 되겟네
요.
제 그래 공짜뱅이로 빨래하고, 허허허허허허허.

병풍 치고 큰일 보고

제 이넘우 시장에 갓거등, 정만서°가 시장아 가
니까, 뒤가 매럽단 말이야. 가마아 보니, 적
당한 장소가 찾으니까, 안 보이거등. 저어 보
니까 펭풍 장사가, 장사가 잇거등. 마아, 그
리로 보고 뛴단 말이야. "여보, 여보, 여보,
나 쫌 살리 주소." 커머…… "왜 그러시오?"
"이붗에 나하고 원수진 넘이 칼 가주고 날
찌릴라꼬 뒤따러 온다."꼬. "우야더큼 날 좀
살리 주이소"꼬 그래가아 마아 펭풍 뒤
로…… 수박이 이레, 피이 놓고 잇고, 그 다
암에 기안 세이 놓은 거도 잇고, 했는데, 저
디예 숨우라꼬, 숨카아 좃거등. 그래 거어서
지 볼일 다 보고 간 디예, 머언 냄새가 모락
모락 나거등. 보니까, 정만서°가 똥 누고 갓
는 기라. 하하 허허 하하 하하.

동 하여간, 하여간 수단은 좋와, 정만세°가.
제 그 내쟁에 그 사람을 만내밧던들, 이눔 자식
커메, 멕살 검쥐고 사우자꼬 컹는 사람 없거
등. 우습다 말이라, 우습고 머. 저거는 본래

기 위해) 솥에다 삶거든. 그놈의 이는 (한 마
리씩) 잡으려고 하면 한정 없고 말이야, 참
양잿물을 넣어 가지고, 저 재 재 잿물을 넣어
가지고 옛날에는 잿물이라고 해 가지고 이제
저 콩깍지 같은 것 뭐 매운 것을 콩깍지 (태
운) 재가 제일 맵다네. 태운 그것을 갖다가
이제 재를 시루에 거시기 해 놓고 물을 떠
부어서, 고, 노란 물이 이제 우러나는 (잿물)
그걸 가지고 인제 빨래를 참 했지. 비누가
(그 시절에) 어디 있는데? (잿물) 그걸 가지고
하지. 참 옛날에는 비누가 어디 있었나? 그래
서 이제 좋다고, (빨래) 하는 김에 "자, 너희
들 빨래하는 김에 내 옷도 같이 좀 씻어 달
라."고 빨래하는 김이니까, "이제는 (도리 없
이) 내 빨래도 해 줘야 되겠다."

조 빨래하는 김에 이제는 (정만서의) 빨래를 해
줘야 되겠네요.
제 그래 공짜로 빨래하고, 허허허허허허허.

병풍 치고 큰일 보고

제 이놈의 시장엘 갔거든, 정만서가 시장에 가
니까, (갑자기) 뒤가 마렵단 말이야. 가만히
보니까, 적당한 장소가 찾으니까, 안 보이거
든. 저기를 보니까 병풍 장수가 (하나) 있거
든. 에, 거기를 보고 뛴단 말이야. "여보, 여
보, 여보, 나 좀 살려 주시오."라며…… "왜
그러시오?" "(우리) 이웃에 나하고 원수진 놈
이 칼을 가지고 나를 찌르려고 뒤따라 온다."
고. "어쩌든지 나를 좀 살려 주시오."라고 그
래서 에, 병풍 뒤로…… 수북하게 이렇게,
(병풍을) 펴놓은 것도 있고, 그 다음에 그냥
세워 놓은 것도 있고, 했는데, 저 뒤에 (가서)
숨으라고, 숨겨 줬거든. 그래 거기서 제 볼일
을 다 보고 간 뒤에, (보니까) 무슨 냄새가 모
락모락 나거든. 보니까, 정만서가 (병풍 뒤에
서) 똥을 누고 간 거라. 하하 허허 하하 하하.

동 하여간, 하여간 수단은 좋아, 정만서가.
제 그 나중에 그 사람을 만났을지라도, 이놈의
자식 그러면서, 멱살을 거머쥐고 싸우자고

저런 사람이라꼬 처내뿌린 거지.

조 글은 쫌 배왓던 사람인강요?

제 글은 배왓는데, 그기 머냐 하면, 참 김립이 김삿갓처럼 그 머야, 무슨 곡절이 잇어가아 베슬은 몰하고, 그렇기 마 낭인이 대애 가주고 이레 사나 저레 사나, 내 한 펭성 내대로 살다가 죽는다 카고 마. 참.

조 그래가아 백수건달이 대애뿌……

제 마, 어디든지 가 가주고 공짜비기라. 하하하 하.

조 건천° 사람이라면서요?

제 그런 말도 잇고, 고 우애 머 모랑° 잇는 사람 도 잇고.

조 모랑°이라 컹는 사람도 잇고 건천°이라 컹는 사람도 잇는데……

동 거시기라, 머고, 자곤°이라, 어어, 고지말° 고 지말° 고지말°이 맞어, 고지말°이 맞어.

맞돈 낸 돼지

제 또 한 분은 야, 술집에 가가주고, "주모, 주 모, 술 한 잔 다고." 이카이까네, "선다님, 또 외상 잡수울라꼬요?" 그래. "외상이라꼬 안 주나? 안 주면 안 먹지." 떡 앉아 잇으니까네, 주모가 물 길로 가 가거등. 물, 참, 물동오로 이고, 밖으로 나가거등, 나간 디예, 대주 새 깽이들이 막, 꼬두밥, 술밥을 널어낳앗는데, 와 가주고 주저주저 줏어 묵거등. 정만서°가 잇다가 요래, 요래 끎어 모앗어, 소복이 모데 기 지야 좃다 말이다.

동 묵기 좋오라꼬,

제 또 모데기로 지아 주고, 또 저짜아도 모데기 로 지아 주고. 이연들 거 마 이지 저저 하나 석 줏어 묵디니 마 퍽퍽 퍽퍽 집어좃디니마 는 한 맷방식이 참 섞어 먹어 살디니마는 거 진 다 먹어 조젓단 말이야. 물을 한 동오 이 고 오니까, 정만서°가 대주 새깽이인데, 대주 인데 멧밥 믹이고 잇거등. "아이구 얄궂에라, 저 대지 쫌 안 홑어 주고, 아아, 일부러 저

할 사람이 없거든. 우습단 말이야, 우습고 뭐. 저 사람은 본래 저런 사람이라고 내버려둔 것이지.

조 (정만서°가) 글은 좀 배웠던 사람인지요?

제 글은 배웠는데, 그게 뭐냐 하면, 참 김립(金 쏬)이 김삿갓처럼 그 뭐냐, 무슨 곡절이 있어 서 벼슬은 못하고, 그렇게 에, 낭인(浪人)이 되어 가지고 이렇게 사나 저렇게 사나, 내 한 평생 나대로 살다가 죽는다고 하고 에. 참.

조 그래서 백수건달이 되어버렸……

제 에, 어디든지 가 가지고는 공짜라. 하하하하.

조 (정만서°가) 건천 사람이라면서요?

제 그런 말도 있고, 그 어찌 뭐 모량(毛良)이라는 사람도 있고.

조 모량이라고 하는 사람도 있고 건천이라고 하 는 사람도 있는데……

동 뭐더라, 뭐냐, 작원이라, 아니, 고지마을 고지 마을 고지마을이 맞아, 고지마을이 맞아.

맞돈 낸 돼지

제 또 한번은 말이야, (정만서°가) 술집에 가가 지고, "주모, 주모, 술 한 잔 다오." 이렇게 말하니까, "선달님, 또 외상으로 잡수시려고 요?" 그래. "외상이라고 안 주니? 안 주면 안 먹지." 턱 앉아 있으니까, 주모가 물을 길러 나가거든. 물, 참, 물동이를 이고, 밖으로 나 가거든, 나간 후에, 돼지 새끼들이 마구, 고 두밥, 지에밥을 널어놓았는데, 와 가지고 주 섬주섬 주워 먹거든. (그걸 본) 정만서가 있 다가 요렇게, 요렇게 끌어 모았어, 소복이 무 더기를 지어 줬단 말이다.

동 먹기 좋으라고,

제 또 무더기를 지어 주고, 또 저쪽에도 무더기 를 지어 주고. 이놈의 것을 에, 이것 저것 하 나씩 주워 먹더니 에, 퍽퍽 퍽퍽 집어쳤더니 만 한 맷방석의 것을 참 섞어 먹어 쌓더니만 거의 다 먹어 조졌단 말이야. (주모가) 물을 한 동이 이고 오니까, 정만서가 돼지 새끼들 에게, 돼지한테 지에밥을 먹이고 있거든. "아

끌어 모아가며 대지로 저 멧밥을 믹이고 잇
다.”고 “허허, 그거 참, 대주는 맞돈 준 줄 알
엇지, 내가.” 허허허허, 허허허허.

조 외상이 아니고. 허허허허.

제 지는 오니까 외상이라 커니까 술로 안 주는
데, 대주는 맞돈 좃으니까 술밥을 묵는 거 겉
에가아 그랫다.”꼬.

동 자꼬 어긋나게 카니라꼬, 내 남인데 밉상이
나 대애고 공술 얻어 묵고, 그러니.

제 그래 “나중에는 그라지 마소.” 그라면서 주모
가 술을 한 잔 주더란.

조 술로 안 줄 수가 없네요.

제 허허허허, 허허허허. 대주는 맞돈 주나? 이
말이야. 허허허허허허.

천(天)은 원(圓), 지(地)는 방(方)

조 해는 언제 어디로 돌어가고 달은 언제 어디
로 돌어가는 거로 다 알잖습니까?

제 그거 만들 찍에도, 천은 원이에요, 지는 방이
라 캣다 말이라.

조 아, 그렇게 주장하는 사람이 잇엇고 일식 월
식을 계산할 수 잇는 사람은 그걸 알앗조. 달
하고 해가 돌어가는 길을 알앗조.

제 그 먼저 사람이, 여 조선° 사람이 갈 겉으면
지리, 그거 참 저 백정이 머, 쫠어빠젓는 거
가주고 만들엇는 거 아니가. 붙이 가주구 해
낳앗는 거 잇는데…… 근데, 그 전에는 전부
지동설이 없엇거등. 해가 떠 가주고 서쪽에
빠지고 하늘은 둥글고, 땅은 인자 모낫거든.

동 하늘은 둥글고 땅은 모낫고?

제 으, 지는 방이거등. 천은 원이에요. 하늘이 이
와 같이 말이야, 양산처럼 이렇기 둥글기 이
레 대가아 잇고, 땅 끝 하고 하늘 끝 하고 여
어느 맞대가 잇다 이거거등, 이레 대니, 근데
이거 암만 가도 멀어서 끝꺼정 몬 간다.

이고 얄궂어라, 저 돼지를 좀 쫓아 주지 않
고, 아아, 일부러 저 끌어 모아가며 돼지에게
저 지에밥을 먹이고 있다.”고 “허허, 그것 참,
돼지는 맞돈을 (미리) 준 줄 알았지, 내가.”
허허허허, 허허허허.

조 외상이 아니고. 허허허허.

제 자기는 와서 외상이라고 하니까 술을 안 주
는데, 돼지는 맞돈을 주었으니까 지에밥을
먹는 것 같아서 그랬다.”고.

동 자꾸 어긋나게 (행세) 하느라고, 항상 남에게
밉상이나 부리고 공술을 얻어 먹고, 그러니.

제 그래 “나중에는 그러지 마시오.” 그러면서 주
모가 술을 한 잔 주더란.

조 술을 안 줄 수가 없네요.

제 허허허허, 허허허허. 돼지는 맞돈을 주느냐?
이 말이야. 허허허허허허.

천(天)은 원(圓), 지(地)는 방(方)

조 해는 언제 어디로 돌아가고 달은 언제 어디
로 돌아가는 것을 다 알지 않습니까?

제 그것을 만들 적에도, 천(天)은 원(圓)이에요,
지(地)는 방(方)이라고 했다는 말이라.

조 응, 그렇게 주장하는 사람이 있었고 일식과
월식을 계산할 수 있는 사람은 그걸 알았지
요. 달과 해가 돌아가는 길을 알았지요.

제 그 먼저 사람이, (일제시대) 여기 조선 사
람이 갈 것 같으면 지리, 그것 참 저 백정이
뭐, 절어빠진 것을 가지고 만든 것 아니냐.
붙여 가지고 해 놓은 것이 있는데…… 그런
데, 그 전에는 전혀 지동설이 없었거든. 해가
떠 가지고 서쪽에 빠지고 하늘은 둥글고, 땅
은 모났거든.

동 하늘은 둥글고 땅은 모났고?

제 응, 지는 방이거든. 천은 원이에요. 하늘이
이와 같이 말이야, 양산처럼 이렇게 둥글게
이레 되어 있고, 땅 끝과 하늘 끝이 여기는
맞대어 있다 이것이거든, 이렇게 되니, 그
런데 이것은 암만 가도 멀어서 끝까지 못
간다.

월반하는 학교 공부	월반하는 학교 공부
제 이 곱하기 이는, 해 놓고 밑에 사라꼬 여게 딱 적엇거등. 그 다암에는 삼 꼽하기 삼은 요 밑에 구라꼬 딱 서놓고, 그 다암에, 구 나누기 삼은 또 이레 섯는데 요넘하고, 요넘하고 요레 하며 요기이 대고, 요고 요레 하면, 요기이 대고, 하아 이런 거구나. 고오 딴 것도, 고고 예제 보고 같이 서 가주고, 해 보니까 맞거등.	제 이 곱하기 이는(2×2＝), 해 놓고 밑에다 사라고 여기 딱 적었거든. 그 다음에는 삼 곱하기 삼은(3×3＝) 요 밑에다 구라고 딱 써놓고, 그 다음에, 구 나누기 삼은 또 이렇게 썼는데 요놈하고, 요놈하고 요렇게 하면 요것이 되고, 요것을 요렇게 하면, 요것이 되고, 아하 이런 것이구나. 거기 딴 것들도, 그것 예제를 보고 같이 써 가지고, 해 보니까 맞거든.
조 국민학교 이학연 때요?	조 초등학교 이학년 때요?
제 으, 그 다암에 이학연 책 마 다 들어내애 놓고 삼학연 책 달라드럿더구마는 그러니까, 그거도 해보니 대는 거라. 그담 사학염버터 인자, 글때 소수 소수라 커는 거는 인자 한 개에 모지래애는 반 개짜리로 갖다가 이분지…… 참, 영쩜 오라꼬 치고, 그 다암에 영쩜 사, 아하 그럼 인자 그림도 여어 도표가 잇거등 □궁처럼 이레 해 놓고, 요만춤 이레 해가아 요 새카만이 칠하거등. 요고는 사분지 일, 이기이 이렇고, 이거는 이렇고 말이야. 해 보니 댄다 말이야. 그 다암에 사학연 책 띠고, 오학연 책 또 잇거등 또 육학연책 잇고, 다 대지 머. 그래가주고, 그기이 어떻게 대본 저거 문제 서 놓고 인자 풀어보라 커니 "그거 저, 하면 대지 머어요." "니 어예 아 노?" 카니, "해 보니 대데에요." "니는 마 그 거 해라." 그래 선생들은 갈치이다가 모르면 이넘우 자석, 아무꺼시한테 가 가아 이학연 에 가 가아 배우고 온너라. 하하하하.	제 응, 그 다음에 이학년 책 에, 다 들어내 놓고 (공부해서 떼 내놓고) 삼학년 책에 달려들었구면 그러니까, 그것도 해보니 되는 거라. 그 다음 사학년부터 이제, 그때 소수 소수라고 하는 것은 이제 한 개에 모자라는 반 개짜리를 갖다가 이분지…… 참, 영점 오(0.5)라고 치고, 그 다음에 영점 사, 아하 그럼 이제 그림도 여기 도표가 있거든 □궁처럼 이렇게 해 놓고, 요만큼 이렇게 해서 요 새카맣게 칠하거든. 요것은 사분의 일(四分의 一), 이것이 이렇고, 이것은 이렇고 말이야. 해 보니까 된다 말이야. 그 다음에 사학년 책을 떼고, 오학년 책이 또 있거든 또 육학년 책이 있고, 다 되지 뭐. 그래서, 그것이 어떻게 단번에 저것, 문제를 써 놓고 이제 풀어보라고 하니 "그것이야 저, 하면 되지 뭐요." "네가 (그것을) 어떻게 아느냐?"고 하니까, "해 보니까 되더군요." "너는 에, 그것을 해라." 그래 선생들은 (다른 학생들을) 가르치다가 모르면 (학생이 잘 못 알아들으면) 이놈의 자식, 아무개한데 가서 이학년에 가서 배우고 오너라. 하하하하.
김삿갓의 즉흥 시	김삿갓의 즉흥 시
제 너 이자하고, 해 연자하고, 열 십자하고, 아홉 구자하고, 나 영자하고, 연령이라고 하는 나 영자하고, 이에 내자하고, 일찍 조자하고, 빠를 조자 말이야, 조조니 머어 저	제 너 이(你)자와, 해 년(年)자와, 열 십(十)자와, 아홉 꾸(九)자와, 나이 영(齡)자와, 연령이라고 하는 나이 영(齡)자와, 이에 내(乃)자와, 일찍 조(早)자와, 빠를 조자 말이야, 조조(早朝)

조 예, 예.

제 할 때, 그 다암에 알 지자하고, 그 다암에 비
파 실자하고, 그 다암에 비파 금자하고, 이런
글로 서 가주구 내애 놓오니까 마아, 기생이
라 컹는 연이 펄펄 띠면서, "응? 천지에 무지
렝이 겉은 넘이. 으?"

조 욕을 하는기요?

동 누가? 정만세가?

제 어어, 김삿갓.

동 아아, 김삿갓.

제 김삿갓이 삿갓을 턱 놓고는

동 이쪽을, 이쪽으로 좀 내다 앉어라.

제 어엉어, 덥어, 덥어, 삿갓을 뜰 밑에 턱 벗어
놓고는 방아 드갓지. 들어선단 말이야. 그런
데 이, 열아홉 살 묵은 기생이 참, 꺼문고로
뜯고 잇다가 하니까 시루고 잇다가 하니까,
손님이라 커머 하나 둘왓거등. 둘왓는데, 보
니까 머 저, 천지에 무지렝이 겉은 넘이 들왓
단 말이야. "여기는 선비들이 오시는 곳이지,
시골 저 무식한 사람이 오시는 데가 아닙니
다." "무식한지 안 한지 어예 아는양?" "그러
면 나보고 말이야 글 지을 줄 아는기요?" 그
러니 "지이라 커먼, 한문 지, 지어 보지." 이
기라. "나보고 글 한문 지어 보소." 이카거든.
"그래야?" 지보고말이야, 지로 보고 지를 두
고 글을 하나 지이라 컹는데, "나이 및 살인
공?" "열아홉 살입니더." 커니까, "응, 그래?"
그라머 당장, "이년 십구영에 내 좆이 실근"

조 잘 안 들리니더.

제 "이년 십구영에 내 좆이 실금." 커거등. 아까
그거, 글짜 앤 잇나?

조 예, 예.

제 "아니, 마, 그기 글이냐?"꼬, 말이야. "욕이지,
이런 넘우 무지렝이 영감쟁이."라꼬 딱 돌어
서거등. "그러지 말고, 지필묵을 가주구 오
라. 이기이 우애 욕이냐 말이야." 지필묵까지
가주오라? 같잖시럽거등. 저기이 머 글시 실
줄 아는가 싶어가아 종이하고 참, 먹하고 베
루하고 붓하고 갖다주니까, 시기로 멩필로

니 뭐 저

조 예, 예.

제 할 때, 그 다음에 알 지(知)자와, 그 다음에
비파 슬(瑟)자와, 그 다음에 비파 금(琴)자, 이
런 글을 써 가지고 내 놓으니까 에, 기생이라
고 하는 년이 펄펄 뛰면서, "응? 천지에 무지
렁이 같은 놈이. 응?"

조 욕을 하는 것입니까?

동 누가? 정만서가?

제 아니, 김삿갓.

동 응, 김삿갓.

제 김삿갓이 삿갓을 턱 (벗어) 놓고는

동 이쪽으로, 이쪽으로 좀 내다 앉아라.

제 아니, 더워, 더워, 삿갓을 뜰 밑에다 턱 벗어
놓고는 방에 들어갔지. (방으로) 들어선단 말
이야. 그런데 이, 열아홉 살 먹은 기생이 참,
거문고를 뜯고 있다가, 어, (거문고를) 퉁기고
있다가, 어, 손님이라고 하면서 하나가 들어
왔거든. 들어왔는데, 보니까 뭐 저, 천지에
무지렁이 같은 놈이 들어왔단 말이야. "여기
는 선비들이나 오시는 곳이지, 시골의 저 무
식한 사람이 오시는 데가 아닙니다." "무식
한지 않은지 (네가) 어찌 아느냐?" "그러면
나한테 말이야 글을 지을 줄 압니까?" 그러
니까 "지으라고 하면, 한번 지어 보지." 이것
이라. "나한테 글을 한번 지어 보세요." 이러
거든. "그래?" 자기한테 말이야, 자기를 보고
자기를 두고 (기생이 자기를 주제로 해서) 글
을 하나 지어 보라고 하는데, "나이가 몇 살
인고?" "열아홉 살입니다."고 하니까, "응, 그
래?" 그러면 당장, "이년 씹구멍에 내 좆이
슬근"

조 잘 안 들립니다.

제 "이년 씹구멍에 내 좆이 슬금."이라고 하거
든. 아까 그 말한 그것, 글자가 있지 않니?

조 예, 예.

제 "아니, 에, 그것이 무슨 글이냐?"고, 말이야.
"욕이지, 이런 놈의 무지렁이 같은 영감쟁
이."라고 딱 돌아서거든. "그러지 말고, 지필

말이야, 척 거머쥐더니, 너 이자, "너이 나이
말이야, 열아홉에, 이에 일찍이 꺼문고와 비
파를 알앗더라." 글자로 서 놓고 보니 □□
거등. "아이고 몰라 배어서 죄송합니다." 커
면서 마아 주안상을 채리가아, "안방을 드갑
시다." 커머, 주안상을 마아 디리 채리다가
그래 대접을 하더란다.

정만서의 헛죽음

제 정만세°가 헛죽음을 죽엇는데 그 친구들이
와가아, 그래, 초상 치라꼬 부주도 하고, 이
레 삻아 놓오니, 아 참, 평풍으로 이레 가라
아 놓고,

조 말숨하시이소, 하십시오.

제 그래 머 친구들이 와가아 인자아, 곡을 하고,
그래 장예에 보태애 시라꼬 부줏돈을 내애
놓고 간 다암에, 그래 돈이 제북 많이 왔어
많이 왔는데 그래 인자, 정만세°가 죽엇다가
깻다 카니까네 또 친구들이, "그래, 저승 가
니 어떻더노?" "죽움이 초죽움이라 놓오니,
머 머어 어예 대앤동 모리겟다." 답변을 그
레 햇어.

범이의 죽음

제 큰아들 이름이 범°인데, 아들이 죽엇…… 누
가 거짓말로, 참 거짓말로 햇던 모넹이지
"친구, 너거 아들 야아, 범°이가 죽웃단다."
카니까네 "범°이 죽어? 범°이 죽엇으면 어디
포수가 총을 숫는공? 그넘 포수 참, 일자 포

묵을 가지고 오라. 이것이 어째서 욕이냐 말
이야." 지필묵까지 가져오라?고 하니까 같잖
거든. 저것이 뭐 (참으로) 글씨를 쓸 줄 아는
가 싶어서 종이와 참, 먹과 벼루와 붓을 가져
다주니까, (글을) 쓰기를 명필처럼 말이야,
(붓을) 척 거머쥐더니, 너 이자부터, "너의 나
이가 말이야, 열아홉에, 이에 일찍이 거문고
와 비파를 알았더라."(你年十九齡 乃早知瑟琴)
글자를 써 놓고 보니까 □□거든. "아이고
몰라 뵈어서 죄송합니다."라고 하면서 에, 주
안상을 차려서, "안방으로 들어갑시다."라고
하며, 주안상을 에, 들입다 차려다가 그렇게
대접을 하더란다.

정만서의 헛죽음

제 정만서(鄭萬瑞)가 거짓 죽음을 죽었는데 그
친구들이 와서, 그래, 초상을 치라고 부조(扶
助)도 하고, 이렇게 말을 하니까, 아, 참 (그런
것이 아니라 얘기가 잘못 흘렀다), 병풍으로
이렇게 (죽은 사람을) 가려서 놓고,

조 말씀하십시오, (말씀을 계속) 하십시오.

제 그래 뭐 (정만서°의) 친구들이 와서 이제, (빈
소에) 곡을 하고, 그래 장례에 보태어 쓰라고
부조 돈을 내 놓고 간 다음에, 그래 (부조) 돈
이 제법 많이 (들어)왔어 (돈이) 많이 (들어)
왔는데 그래서 이제, (이튿날) 정만서°가 죽
었다가 (다시) 깨어났다고 하니까 또 (그) 친
구들이, "그래 저승에 가보니까 (저승이) 어
떠하더냐?"(하고 물으니까) "(나도) 처음으로
죽어본 것이라서, 뭐가 어떻게 되었는지 모
르겠다." (라고 정만서°가) 답변을, 그렇게 했
어.

범이의 죽음

제 (정만서°) 큰아들의 이름이 '범'인데, 아들이
죽었…… 누가 거짓말을, 참 거짓말을 했던
모양이지 "친구, 네 아들 말이야, 범이가 죽
었단다."고 하니까 "범이 죽어? 범이 죽었으
면 어디에 사는 포수가 총을 쐈는가? 그놈의

수구나. 범을 잡앗는 거 보니.” 카더란다.

강만 없으면 건너가 요절을

제 (정만세°는) 장 나 댕기고 일 년에 함문 오까 말까 한데 집에 오니, 집은 다 석어 내랎아 가아 저 귀세 세까리가 나발로 불고 벡에는 청 농황농 기린듯고,

조 나발 부는 기이 먼데요?

제 집이 다 석어뿌렛이니 세까리가 이레 나왔다 말이다. 그래 인자, 비가 쇄 가주고, 방구둘 이레 도구로 처 낳앗는데, 그래 인자, 이녁 할마니느 저쪽에, 도구 저쪽에 눕고 자기는 이쪽에 눕어가아 “아이고, 여보소, 도대체, 종종 자주 쫌 집에 와 보지러 집이 다 석어 저가아 물이 쉐가아 이기이 멈니까?” 카니 “그넘으 강이, 그 강이 갈리이 가주고 몬 건 네 가가아 그렇지, 강만 안 걸리잇으면, 건네 가가아 마아 단찰에 때리 쥑이 뿟이면.” 카 더란다. 천장아서 비가 쇠면 방아서 바가치 로 낳아놓고 빗물로 받고 햇다는데 정말로 그랫는지 애닌지, 봉이 김선달°이가 대동강 물 팔어묵엇다 컹는 기이나 뭐, 같애. 머언가 자꾸 어긋난 짓만 내 햇지 정만쉐°가.

코 베는 정만서

제 또 머가 잇니이라, 그 다암에.

조 코, 코

제 코?

조 예.

제 정만세°가 “내가 코 비낑이, 코 비낑이.” 카 니, 친구가 잇다가 “정말로 코 비지러? 몬 비

포수가 참으로, 일등짜리 포수로구나. (무섭 다는) 범을 잡은 것을 보니까.”라고 하더란 다.

강만 없으면 건너가 요절을

제 (정만서는) 항상 나돌아 다니고 (집에는) 일 년에 한 번쯤 올까말까 한데 집에 (돌아) 와 보니까, 지붕은 다 썩어 가지고 내려앉아서 저 (지붕) 귀퉁이의 서까래가 나팔을 불고 벽 에는 청룡황룡을 그린 듯하고,

조 나팔 부는 것이 무엇인데요?

제 지붕이 다 썩어버렸으니까 서까래가 이렇게 (밖으로) 나왔다는 말이다. 그래 이제, (지붕 에서) 비가 새어 가지고, 방구들에다가 이렇 게 도구(導溝)를 쳐 놓았는데, 그래 이제, 이 녁(자기) 할멈은 저쪽에, 도구 저쪽에 눕고 자기는 이쪽에 누워서 (있는데 할멈이 말하 기를) “아이고, 여보시오, 도대체, 종종 자주 좀 집에 와 볼 것이지 지붕이 다 썩어져서 (지붕에서) 물이 새어서 이것이 뭡니까?”라고 (강짜를) 하니까 “그놈의 강이, 그 강(江)이 (둘 사이를) 가로막고 있기 때문에 못 건너가 서 그렇지, 강만 안 걸렸으면(가로놓여 있지 않았다면), 건너가서 에, 단번에 때려 죽여 버렸으면 (좋으련만).”이라고 하더란다. 천장 에서 비가 새면 방에다 바가지를 놓아두고 (천장에서 떨어지는) 빗물을 받곤 했다는데 참으로 (정만서°네 집에서) 그랬는지 아닌지 (모르지만), 봉이 김선달이가 대동강 물을 팔 아먹었다고 하는 것이나 뭐, 같아. 뭔가 자꾸 어긋난 짓만 계속 했지 정만서라는 사람이.

코 베는 정만서

제 (정만서° 얘기가) 또 뭐가 있을까? 그 다음에.

조 코, 코 애기가 있잖습니까

제 코 애기 말이냐?

조 예.

제 정만서가 “내가 코를 벨게, 코를 벨게.”라고 하니까, (그 정만서°의) 친구가 있다가 “(자네

먼……, 몬 비먼 니가 대택을 내고, 친구 니
가.” 아니, 아니, 잘 몬 햇다. 친구가 하는 말
이 “코 니가 몬 비며는 니가 대택을 내고, 코
로 니가 비먼 내가 대택을 내꺼마.” 그레 인
자 위시개로 하면서, 그래, “도매하고 칼하고
가아 온너라. 코 내 비낑이.” 말로 하골랑, 도
매하고 칼하고 가주 오니까네 코로 핑 풀어
가주고 도매 우에 엏어 놓고, 칼로 가아 탁
처가주고, 허허허허 이레 놓고, “코 빗잖아.”
카니, “코 비라 카니까네 와, 코, 푸럯는 코로
비노?” 콰니, “이게 코, 코가 안 맞나.” 말이
지. “으? 이거느 코 집 아니가? 말이다.” 하하
하하. “코 들엇는 코집 아니가?” 카더란다.
허허허허.

공짜로 잣을……

제 잣시? 시장에 가 가주고 잣 파는 데 잣시를
물으면서러, “여보, 이거 머어요?” 카니, “자
시요/잣시요.” 한 개 조오 묵고, “이거 머어
요?” “자시요/잣시요.” 그래 앉어가아 마아,
시추렇기 많이 좌아 묵엇어. 많이 묵골랑 일
어서니까네, “잣시 값 내고 가시요.” 카니,
“내그리 물으니까 자시라 캐애놓골랑, 그래
머, 돈을 달라? 돈을 달라 캣으면 내가 아,
함버레 안 먹엇지.” 카고. 그래 인자 갓전에
가가주고, 갓을 하나 떡 이레 써보고 써보는
척하고, 이레 머레 엏어 가주고 “이거 머어
요?” “가시요/갓이요.” “이거 머어요?” “가시
요/갓이요.” 그래가아 마아 빨끈 졸아매가아
가니까네 “갓값 내고 가시요.” “자꾸 가라,
가라 캐 놓골랑, 두 분이나 가라 캐 놓고, 가
는데 왜 또 갓 값 돌라 카느냐?”꼬 그래 갓,
공 갓 얻어 시고 그랫다더라.

가) 정말로 코를 벨 것이지? 못 베면……, 못
베면 네가 크게 한턱을 내고, 친구인 네가.”
아니, 아니, (얘기를 내가) 잘 못 했다. (정만
서°의) 친구가 하는 말이 “코를 네가 못 베면
(정만서°) 네가 크게 한턱을 내고, (정만서°
너 자신의) 코를 네가 베면 (친구인) 내가 (정
만서°에게) 크게 한턱을 낼게.” 그렇게 이제
우스갯소리를 하면서, 그래, “도마와 칼을 가
지고 오너라. (내) 코를 내가 벨게.”라고 말을
하고서, 도마와 칼을 가져오니까 코를 팽 풀
어 가지고 도마 위에다 엏어 놓고서, 칼을 가
지고 (풀어 놓은 코를) 탁 쳐서, 허허허허 이
렇게 해 놓고, “(자) 코를 베었잖아.”라고 하
니까, “코를 베라고 하니까 왜, 코, 풀어놓은
코를 베느냐?”고 하니까, “이것이 코, 코가
맞지 않느냐?” 말이지, “응? (얼굴 복판에 있
는) 이것은 ‘코의 집’이잖느냐? 말이다.” 하하
하하. “코가 들어있는 콧집이잖느냐?”고 하
더란다. 허허허허.

공짜로 잣을……

제 잣씨 (얘기 말이냐)? (정만서°가)시장에 가 가
지고 잣을 파는 데 (가서) 잣씨를 (들고 장사
꾼에게) 물으면서, “여보, 이것이 뭐요?”라고
하니까, “자시오/잣씨요.” 한 개를 주워 먹고,
“이것이 뭐요?” (하고 물으니까) “자시오/잣
씨요.” 그래 앉아서 에, 한참동안(아무 소리
않고 잣을) 많이 주워 먹었어. 많이 먹고서
일어서니까, “잣씨 값을 내고 가시오.”라고
하니, “(내가) 계속 자꾸 물으니까, (그때는)
‘자시라’고 해 놓고서, 그래 뭐, (이제 와서)
돈을 달라? (미리 나한테) 돈을 달라고 했으
면 내가 아, 함부로 안 먹었지.”라 하고. 그래
이제는 ‘갓전’에 가서, 갓을 하나 떡 이렇게
(머리에) 써보고 써보는 척하고, 이렇게 (자
기) 머리에 엏어 가지고, (손으로 갓을 가리
키며) “이것이 뭐요?” “가시오/갓이오.” “이
것이 뭐요?” “가시오/갓이오.” 그래서 에, (갓
끈을) 발끈 졸라매고서 가니까 “(손님) 갓 값

을 내고 가시오.” “(아까는 나보고) 자꾸 가
라, 가라고 해 놓고서, 두 번이나 (나를 보고)
가라고 해 놓고서, 가는데 왜 또, 갓 값을 달
라고 하느냐?”라고 그렇게 갓을, 공으로 갓
을 얻어 쓰고 그랬다고 하더라.

돼지 불알 술안주

돼지 불알 술안주

조 배고푸머

제 응?

조 배고푸면 와, 돼지 잡는 데

제 아아, 대지 잡는 데, 인자 주점에 가 가주고
대지 잡는 데 가가주고 “대주 불알 그거, 날
주세요.” 먹어 놓고 “여보 대주 불알 값 내시
오.” “암대주 잡운 텍 대애소. 내가 시장애
가주고 그 불알 그거 묵구접어 가주고 달라
캣는데, 마아, 암대애주 잡운 텍 대애라고.”
꼬 허허허, 그라더라는데.

조 배고프면

제 응?

조 정만서°가 배고프면 왜, 돼지 잡는 데

제 아, 돼지 잡는 데, 인제 (정만서°가) 주점에
가 가지고 돼지 잡는 데를 가서 “돼지 불알
그것을, 나를 주세요” 먹어 놓고 나니까 “(정
만서°에게) 여보 돼지 불알 값을 내시오.”
“(불알이 없는) 암돼지를 잡은 셈 치시오. 내
가 시장해 가지고 그 불알 그것이 먹고 싶어
가지고 달라고 했는데, 에, 암돼지를 잡은 셈
치라.”고 허허허, (정만서°가) 그렇게 하더라
는데.

거문고와 방앗공이

거문고와 방앗공이

제 기생집이 가가아 우리 집에 살림도 잇고 우
리집에 좋온 거문고가 잇는데, 참 좋다꼬, 그
래 그 기생이 그 거문고 그거 얻을라꼬 허허
“어야든지 요분에 갓다 집에 갓다 올 때는
그 거문고 날 갖다 주소.”꼬 “갖다 주고말고.
그 내인데는 벨 필오가 없어.” 그라골랑 그
래 인자 집이 온다꼬 와가아 방앗고로, 방앗
고 알제?

조 예.

제 나무 방앗고로 불에다 꺼스라 가주고 그래
똘똘 말아 사 가주고, 허허허 가주 가가아
“요분에 집에 가시더니 거문고 가주 왔십니
거?” “가주 왓지러, 풀어 주까?” 카니 “풀어
주세요.” 그래가아 풀어 가주고 허허허, 이레
들받으니까네 “여보세요, 이거 방앗고 아닙
니가?” 카니 “방앗고가 아니고, 꺼문 고 아니
가 말이다. 허허허허. 그레 기생을 울리이더
란다.

제 (정만서°가) 기생집에 가서 (말하기를) 우리
집에는 살림도 (적잖게) 있고 우리집에는 좋
은 거문고가 (하나) 있는데, 참 좋다고, 그래
그 기생이 그 거문고 그것을 얻으려고 허허
“어쩌든지 요번에 (집에) 갔다가 집에 갔다가
(돌아) 올 때는 그 거문고를 나에게 갖다 주
세요.”라고 (하니까) “갖다 주고말고. 그것이
나에게는 별 필요가 없어.” 그렇게 하고서는
그래 이제 (자기) 집에 온다고 와서는 방앗공
이를, (자네는) 밤앗공이를 알지?

조 예.

제 나무로 만든 방앗공이를 불에다 그을려 가지
고 그래 (천으로) 똘똘 말아서는 (잘) 싸 가지
고, 허허허 가지고 가서 (기생이 묻기를) “요
번에 집에 가시더니 거문고를 가지고 왔습니
까?” “가지고 왔지, 풀어 (보여) 줄까?”라고
하니까 “풀어 주세요” 그래서 (싼 것을) 풀
어 가지고 허허허, 이렇게 들여놓아 주니까

“여보세요, 이것은 방앗공이가 아닙니까?”라
고 하니까 “방앗공이가 아니고, ‘꺼뭉고’잖느
냐? 말이다. 허허허허. 그렇게 (그) 기생을 울
리더란다.

목화 따는 색시와 뽀뽀

제 친구들이, 그저 이야기하게 녹음하나?

조 예.

제 친구들이, 저 목화 따는, 처녀가 아니고 색시
라 걸더라. 저 색시 입맞추고 오면…… 아니?
“입 맞추고 오며는 우리가 친구들 우리가 대
택을 내고 니가 몬 맞추먼 니가 대택을 내
고.” 콰니, “마추고 오지러.” 그래 가가아, 목
화 따는 데 가가아 “아이고, 내 눈에 여어 까
시가 드가가요 까시가 들엇는데, 이 까시
좀 내애 주시요.” 허허, 그래 인자, 눈을 이레
그라자면 이레, 마지 이레 안 보는가배 마주
보고, 눈 이레 둘릴 찍에 마아 귀로, 두 귀로
검쥐고 입을 쫑 맞차아뿟지. 그래가아 친구
들이 대택을 내애 만날 그래 공빵이 댕기메
얻어묵엇단다.

달을 삼킨 벙어리

제 기생이 마암에 잔뜩 들어. 하릿밤 델꼬 자모
싶운 생객이 나는데, 거어 인자아, 기생집에
가가아 메칠 이레 머무르고, 묵고 잇다가, 그
래 하루 아침에는 밥을 먹으라 캐도 입울 안
띠고, 머로 물어도 입을 당최 안 띠는 기라.
버버리 노릇으로. 말 몬 한다꼬. 기생이 하릿
밤 델구 자구 싶은 생각이 나가주고, 그레 버
버리 짓을 하는데, 입울 안 띠고, 무즌 말하
먼 손마 내애 흔들고, 그 기생이, “그 왜 그
라느냐?”꼬 “전에는 버버리가 아닌데 “왜 버
버리냐?”고, 그을 때는, 이레 손을 가르치면

목화 따는 색시와 뽀뽀

제 (정만서º의) 친구들이, (녹음하지 말고) 그냥
이야기할게 녹음하니?

조 예.

제 친구들이, 저 목화 따는, (상대방이) 처녀가
아니고 색시라고 하더라. (자네가) 저 색시와
입을 맞추고 오면…… 아니? “입을 맞추고
오면 우리가 친구들인 우리가 (자네한테) 크
게 한턱을 내고 네가 (저 색시와 입을) 못 맞
추면 네가 크게 한턱을 내고.”라고 하니까,
“(내가 가서 입을) 맞추고 오지.” 그래 가서,
(색시가) 목화를 따는 데 (눈을 감고) 가서는
“아이고, 내 눈에 여기 가시가 들어가서요
가시가 들었는데, 이 가시를 좀 내어 주시
오.” 허허, 그래 이제, 눈을 이렇게 그렇게 하
자면 이레, (색시와 서로) 이렇게 마주 보게
되잖아 마주 보고, 눈을 이렇게 돌릴 적에
에, 귀를, (정만서가 색시의) 두 귀를 거머쥐
고 입을 쪽 맞추어버렸지. 그래서 친구들이
(정만서에게) 크게 한턱을 내어 만날 그렇게
다니면서 공짜로 얻어먹었단다.

달을 삼킨 벙어리

제 (어느) 기생이 (정만서의) 맘에 잔뜩 들어. 하
룻밤을 데리고 잤으면 싶은 생각이 나는데,
거기 이제, 기생집에 가서 며칠을 이렇게 머
무르며, 묵고 있다가, 그래 하루 아침에는 밥
을 먹으라고 해도 입을 떼지 않고, 무엇을 물
어도 (정만서가) 입을 당최 안 떼는 거라. 벙
어리 노릇으로. 말을 못 한다고. (정만서º가)
기생을 하룻밤 데리고 자고 싶은 생각이 나
가지고, 그렇게 벙어리 짓을 하는데, (도무지)
입을 떼지 않고, 무슨 말을 (걸기만) 하면 손
만 내어 흔들고, 그 기생이, “그 왜 그러느

서 말이야, 하늘에 달이 이레, 밤에 자는데 꿈에, 입에 숙, 우리 집에 가야 댄다꼬, 손질로 하거등, 그래 마아, 기생이 꽉 뿝잡고 마아, 큰자석 놓는다꼬, 그레 뿝잡고, 거게 인자, 자고, 메칠 잘 묵고, 허허 그래 그 기생이 그래 정만세°인데 깝짝 속아가아, 허허허허. 몸을 뺏기고, 잘 믹이주고 그라더라 카는 그 이얘기가 잇어.

돌림 따귀

조 돌림 귀때기 맞는 거도 정만센°기요?

제 그래.

조 거어느 어예 댄 텍인기요?

제 돌림 귀때기 맞는 거? 남 주점에서 모도, 친구들이 모지 않어가아, 술로 서리 "니 묵어라, 내 묵어라." 카고, 돌림차레로 이레 돌아가거등. 그래 마아 드가가 마아, 목은 마럽고, 시장하지러, 술로 마아 대애고, 마아 양손에 들고 마아 이레, 마세뿌렛다. 예전에는 남, 좌석에 드가가아 마암대로 술, 좌석에 드가지도 몬하고, 몬 마시는 기야. "이 양반이 무진, 이런 양반이 잇노? 남우 좌석에 와가아, 으? 술잔 버어 놓은 거, 서리 곤하고 하는데, 왜 묵는냐?"고. 마아 귀때기로 들구 때리 주니까데, 짤에 사람 귀때기로, 딱 때리 주고, 또 돌아가면서…… 그 맞은 사람이 또 짤에 사람을 또 들고치니까네, 그래 인자, 내중에는 물엇어. "여보세요, 나무 좌석에 둘와서 왜 술은, 왜 마시고, 으? 자기가 맞엇으면 가마 잇지, 왜 또 돌아가며 때리는냐?"고. "아아, 돌림 귀때긴 줄 알고 안 때릿나." 그래, 그 성명을 물으니, 정만쇠°라꼬 하니, "하아 그러면 그렇지!" 카고, 물팍을 치더라 카는 그런 얘기가 잇어.

나?"고, "전에는 벙어리가 아닌데 "왜 벙어리가 되었느냐?"고, 그럴 때는, (정만서°가) 이렇게 손으로 가리키면서(손짓을 하면서), 하늘에 달이 이렇게, 밤에 자는데 꿈에, 입에 쑥(들어갔으니), 우리 집에 가야 된다고, 손짓을 하거든, 그래 에, 기생이 (정만서를) 꽉 붙잡고 에, (장차 크게 성공할) 큰자식을 낳을 거라고, (혼자 생각하고) 그렇게 붙잡고 (그러니까), 거기서 이제, 자고, 며칠(동안) 잘 먹고, 허허 그래 그 기생이 그래 정만서한테 깜빡 속아 가지고, 허허허허. 몸을 뺏기고, 잘 먹여주고 그러더라고 하는 이야기가 있어.

돌림 따귀

조 돌림 따귀를 맞는 것도 정만서입니까?

제 그래.

조 그것은 어찌 된 것입니까?

제 돌림 따귀 맞는 것? 남의 주점에서 모두들, 친구들이 모여 앉아서, 술을 서로 "너 먹어라, 내 먹어라." 하고, 돌림차례로 이렇게 돌아가거든. 그래 에, (그 술좌석에) 들어가서 에, 목은 마렵고, 시장하지, 술을 에, 대고, 에, 양손에 들고 에, 이렇게, 마셔버렸다. 예전에는 남의, 좌석에 들어가서 맘대로 술을, 좌석에 들어가지도 못하고, 못 마시는 거야. "이 양반이 무슨, 이런 양반이 (다) 있나? 남의 좌석에 (들어)와서, 응? 술잔 부어 놓은 것을, 서로 권하고 하는데, 왜 (남의 술을) 먹느냐?"고. 에, 따귀를 들고 때려 주니까, (정만서°가) 옆 사람 따귀를, 딱 때려 주고, 또 돌아가면서…… 그 맞은 사람이 또 곁에 있던 사람을 또 들고치니까, 그래 이제, 나중에는 물었어. "여보세요, 남의 좌석에 들어와서 왜 술은, 왜 마시고, 응? 자기가 (따귀를) 맞았으면 가만히 있(을 일이)지, 왜 또 돌아가며 (따귀를) 때리느냐?"고 "아, 돌림 따귀인 줄 알고 때렸잖느냐." 그래서, (당신은 누구냐고) 그 성명을 물으니까, 정만서라고 하니까, "하아 그러면 그렇지!"라 하고, 무릎을 치더라는

벽화 속의 청룡황룡

조 청뇽황뇽이라 컹는 거는 머 벡에는 청뇽황뇽이 길리잇고 머 컹데에요.

제 그래, 청뇽황뇽 길리인 거는, 그래 인자, 여네 그것도, 기생집에 가 그래앳어. 아까 그거 방앗고 와, 그 거문고 거기서 나왓어. 우리 집에는 가면, 벡에 청뇽황뇽이 기린 듯고, 방아서 천장을 치받어보면 빌이 시퍼렇고, 그래 우리집에 거문고도 잇고 참 좋온데, 우리집 귀경하로 한문 오너라." 카니 참 그 기생이, 깝빡 속아 가주고, 그 집 귀경을 가주까네, 청뇽황뇽은컹이는 집에 물이, 짚 썩엇는 그 물이 말이지, 배룸박에 묻어가아, 요새매애로 도배나 햇나 말이야. 흑에 이레 묻어가아, 참 이레 굽우굽우로 처 가주고 청뇽황뇽 기린 듯고, 그래가아 청뇽황뇽 기린 듯다고. 이레 천장을 치받어보니, 빌이 참 비이고, 그렇더라 카는, 그래가아 자꾸 거짓말마 햇어. 내 댕기메.

떡보리 도둑

조 떡보리 훔처 묵운 거도 정만센°기요?

제 으?

조 떡보리 방깐에

제 그래.

조 떡보리 훔처 먹은 거도 정만센°기요?

제 으? 훔치 묵잖에 뺏아 묵엇지,

조 아아로 엏어놓고 컹는 거

제 아아로 업고, 떡보리로 찍으니까네, "아이고 부인 참, 그 알라아로 업고 그래, 떡보리 찍으면 약간이나 된기요? 알라아로 내 안고 쫌 실어 엏어 주……" 그 옛날에 알라 업고, 어, 빗자리 끈탕아다가, 저저, 아아, 빗자리, 여어 자레에다가, 대꼬쟁이 꼽아가아, 이레가아

벽화 속의 청룡황룡

조 청룡황룡이라고 하는 것은 뭐 벽에는 청룡황룡이 그려져 있고 뭐 어떻다고 하더군요.

제 그래, 청룡황룡이 그려진 것은, 그래 이제, 빨리 그것도, 기생집에 가서 그랬어. 아까 그거 방앗공이 왜 (있지 않았니), 그 거문고 (얘기) 거기에서 (파생돼) 나왔어. 우리 집에를 가면, 벽에는 청룡황룡을 그린 듯하고, 방에서 천장을 쳐다보면 (하늘에는) 별이 시퍼렇고, 그래 우리집에는 거문고도 있고 참 좋은데, 우리집을 구경하러 한번 오너라."고 하니까 참 그 기생이, (정만서°에게) 깜빡 속아 가지고, 그 집 구경을 가니까, 청룡황룡은커녕 집에 물이, 짚이 썩은 그 (썩은새) 물이 말이지, 바람벽에 (흘러내려 가지고) 묻어서, (그때 무슨) 요새처럼 도배나 (제대로) 했느냐 말이야. (바람벽의 맨) 흙에 이렇게 묻어서, 참 이렇게 굽이굽이를 쳐 가지고 청룡황룡을 그린 듯하고, 그래서 청룡황룡을 그린 듯하다고. 이렇게 천장을 쳐다보니까, 별이 참 보이고, 그렇더라고 하는, 그래서 자꾸 거짓말만 했어. 늘 (나돌아) 다니며.

떡보리 도둑

조 떡보리를 훔쳐 먹은 것도 정만서입니까?

제 응?

조 떡보리 방앗간에

제 그래.

조 떡보리를 훔쳐 먹은 것도 정만서입니까?

제 응? 훔쳐 먹지 않고 뺏어 먹었지,

조 (방아확에다) 아이를 넣어놓고 하는 것

제 (어떤 부인이) 아이를 업고서, (디딜방앗간에서) 떡보리를 찧으니까, "아이고 부인 참, 그 아기를 업고서 그렇게, 떡보리를 찧으면 얼마나 됩니까? 아기를 내가 안고서 쫌 쓸어 넣어 주……" 그 옛날에 아기를 업고, 어, 빗자루 끝에다가, 저저, 응, 빗자루의, 여기 자

조 길게.

제 그래, 방아가 잘 안 올러오면, 또 방아 머레에다가 이레 줄로 매애가아 땡김서러, 방아 잘 올라오라꼬, 알라아 업고. "그 된데, 알라 아로 내 안고 실어 옇어 주낑이." 그래 마아 다 찍어저 가주고, 인자 한 덩거리가 대거등. 댈 때, 그래 마아 떡 붙어 오리니까네 말이지. 방앗고 말이다. 그 한 덩거리 대애가아 떡 붙어 올러오니까네, 마아 아아로 호박에다 옇어뿌고, 그래가 마아, 떡보리는 홀떡 벳기가아 도망가뿌렛다. 저거 떡뽀리 찍엇는 거 가주가는 거 뺏을라 카니 아아 칭구겟고, 부득이 어쩔 수 없어가아, 떡보리만 뺏기뿌고, 마아 뺏아 가주 가가아 머어뿌렛어.

조 그거로 공구는 방법은 없어요? 이쪽에서는? 찡는 사람은?

제 공구는 방법이 잇기는 잇지. 잇어도 그거로 딱 잡두룩 준비 안 해 놓오면 안 대지, 고 인자 이기이 방아가랭이면 말이지, 이레 눌류우먼…… 이레 디디면 이레 끄떡 들리이잖아?

조 예.

제 들리이는데 여기 인자 탱개가 잇으면, 그래 이레 디디고 여어 갖다 이레 고우는 기라.

조 그래 천장에다가.

제 그래 천장아다가. 그래 하는 기야.

담배와 무는 상극

제 예전에 누가 아주 중병에 걸리이 가주고, 그래 누가 말하기로, 아아, 이원인데 가니까네

루에다가, 대꼬챙이를 꽂어서, 이렇게 해서

조 길게.

제 그래, (디딜)방아가 (무거워서) 잘 안 올라오면, 또 방아 머리에다가 이렇게 줄을 매어서 당기면서, (디딜)방아가 잘 올라오라고, (무거운) 아기를 (등에) 업고. "그 (방아 찧기가) 힘든데, 아기를 내가 (아기를) 안고 (튀어나온 낟알을 안으로) 쓸어 넣어 줄게." 그래 에, 다 찧어져 가지고, 이제 (찧어진 떡보리가) 한 덩어리가 되거든. 될 때, 그래 에, 떡 붙어 오르니까 말이지. 방앗공이에 (떡 붙어 오르니까) 말이다. (떡보리 찧은 것이) 그 한 덩어리가 되어서 떡 붙어 올라오니까, 에, 아이를 (방아) 확에다 집어 넣어버리고, 그래서 에, 떡보리는 (방앗공이에서) 홀떡 벗겨서 도망가버렸다. 저것 떡보리 찧은 것을 (정만서가) 가져가는 것을 빼앗으려고 하니까 (확 속에 든) 아이를 (방앗공이로) 치겠고, 부득이 어쩔 수가 없어서, 떡보리만 뺏겨버리고, (정만서는) 에, (떡보리를) 빼앗아 가져 가서 먹어버렸어.

조 (방앗공이) 그것을 괴는 방법은 없어요? 이쪽에서는? (방아를) 찧는 사람은?

제 (방앗공이를) 괴는 방법이 있기는 있지. 있어도 그것을 딱 (손에) 잡도록 준비를 해 놓지 않으면 안 되지, 고 이제, 이것이 방아가랑이라면 말이지, 이렇게 눌리면……(손짓을 하며) 이렇게 (방앗가랑이를) 디디면 이렇게 끄덕 들리잖아?

조 예.

제 들리는데, 여기 이제 탕개가 있으면, 그래 이렇게 (방앗가랑이를) 디디고 여기 갖다 이렇게 괴는 거라.

조 그렇게 천장에다가.

제 그래 천장에다가. 그렇게 하는 거야.

담배와 무는 상극

제 예전에 누가 아주 중병에 걸려 가지고, 그래 누가 말하기를, 아, 의원한테 가니까 그렇게

콴다 카덩강? "그 병으는 담배로 많이 풍고, 이망에 담배 댓진이 꽉 올라가아 잇는 그 사람을 잡아서, 약에 씨면은 낫는다." 카니. 그래 인자 주인이, 그 옛날 돈으로, 옛날에는 천 냥을…… 천 냥 빚 지면 목숨울 들받엇다 하데에. 그래 저, 천 냥을 주고, 그, 이 사람은 마, 내 참 담배 마아, 밥 묵는, 밥 묵고 잠자는 시간이나 담배 안 푸우까 마, 내애 담배로 입에 물고 잇고, 마아, 그양 생담배도 집어묵고 하는데, 그래 돈을 천 냥을 주고, 사왔어. 사 와가아, 그래 옛날 돈을, 닷 냥을 주면서러, "오늘 시장에 가가아, 니 묵구 싶운 거, 원대로 머든지 사묵고 온너라." 그 돈을, 닷 냥을 가주고, 시장아 가니, 천제에 묵고 싶운 기이 없어. 그 무시전에 가니까네, 무시가 아주 커닳은 기, 한 개 잇는데, 그거로 옛날 돈으로 한 냥을 주고 사 가주고, 마 그기 이 어띠 묵구 싶운지 마, 다 뿌사아 묵어뿟어. 다 뿌사아 묵어뿌리 놓오니, 이망아 여어 마아, 담배 댓진 끼인 기이, 홀딱 다 삭아저뿌레가아. 그래가아, 집이 가니까네, "오늘 시장아 가가아 머 사 묵엇노?" 물으니. "그마, 아무것도 벨로 묵구 싶운 기이 없고, 무시전에 가가아는 무시가 아주 큰 기이 잇는데, 그거로 사 묵엇심더." "그래애야?" 그거 돈 천 냥은 받어가아 서뿌렛째. 머, 그 사람을 잡아 씰라 카니 댓진 다 빠저뿟는데, 몬 잡아 시고, 그래가아 양편이 다 잘 대더란다. 그 병든 사람도 나앗고, 허허허허, 댓진 낀 사람도 댓진이 삭 빠저뿟고. 그래가아, 그 이애기 그렇더마는……

말한다고 하던가? "그 병은 담배를 많이 피우고, 이마에 담배 댓진이 꽉 올라 있는 그런 사람을 잡아서, 약으로 쓰면 낫는다."라고 하니. 그래 이제 주인이, 그 옛날 돈으로, 옛날에는 천 냥을…… 천 냥의 빚을 지면 목숨을 들여놓았다고. 그래 저, 천 냥을 주고, 그, 이 사람은 에, 늘 참 담배를 에, 밥 먹는, 밥을 먹고 잠자는 시간이나 담배를 피우지 않을까 에, 늘 담배를 입에 물고 있고, 에, 그냥 생담배도 집어먹고 하는데, 그래 돈을 천 냥을 주고, 사 왔어. 사 와서, 그래 옛날 돈을, 닷 냥을 주면서, "오늘 시장에 가서, 네가 먹고 싶은 것을, 원대로 뭐든지 사먹고 오너라." 그 돈을, 닷 냥을 가지고, 시장에 가니까, 천지에 도무지 먹고 싶은 것이 없어. 그 무전에 가니까, 무가 아주 커다란 것이, 한 개 있는데, 그것을 옛날 돈으로 한 냥을 주고 사 가지고, 에, 그것이 어떻게나 먹고 싶은지 에, 다 부셔 먹어버렸어. 다 부셔 먹어버려 놓으니까, 이마에 여기 에, 담배 댓진이 끼었던 것이, 홀딱 다 삭아져버려서. 그래서, 집에 (돌아) 가니까, "오늘 시장에 가서 무엇을 사 먹었나?"고 물으니까. "그 마, 아무것도 별로 먹고 싶은 것이 없고, 무전에 가서는 무가 아주 큰 것이 있는데, 그것을 사 먹었습니다." "그래?" 그 돈 천 냥은 받아서 써버렸지. 뭐, 그 사람을 잡아 (약에) 쓰려고 하니까 댓진은 다 빠져버렸는데, 못 잡아 쓰고, 그래서 양편이 다 잘 되더란다. 그 병든 사람도 나았고, 허허허허, 댓진 낀 사람도 댓진이 싹 빠져버리고. 그래서, 그 이야기가 그렇더구먼……

정만서의 동성연애

제 그래 마아, 저 정만세° 이얘기부터 해야 되잖아.

조 정만세°가

제 정만세°가 그 인자, 부동° 어른으로 옛날 그 미동동무 말이지, 그래, 잇이면서러,

조 암동무다 말이지요?

정만서의 동성연애

제 그래 에, 저 정만서 이야기부터 해야 되잖아.

조 정만서가

제 정만서가 그 이제, 부동 어른을 옛날 그 미동 동무 말이지, 그래, 있으면서,

조 암동무란 말이지요?

제 그래, 암동무, 암동무인데, 그래 "나는 뒷날

제 그래, 암동무, 암동문데, 그래 "나는 일후에, 내가 죽더라도 말이지, 벌추로 니가 해 두가. 니가 해 두가." 부동떡°인데, 아들네들은 말가 머, 동서 다, 동서남방으로 마아, 다 흩에 뿌고,

조 그먼 나이 차이가 잇엇습니까?

제 나이 차이 잇지.

조 얼마나?

제 그 마, 한 십여 살, 한 십오 세, 차이가 잇지. 미동동미라 카먼, 고 인자 아주 사랑하게 이기거등. 밤우로 인자 한테 이레 데엑고 자고 그 인자, 옷도 해 주고, 옛날에. 댕기도 사 딜이 주고. 옛날에 덧머리 땋앗거등.

조 총각 때?

제 그러머, 총각 때.

조 저 부동댁°이가 총각 때?

제 그래.

조 예.

제 그 인자, 정만세°도 총각 때지. 장가가기 전에.

조 네, 예 그래서요?

제 그래가아 인자, 그 정만세°가 세상 베리가아, 그 너메 고오, 군시뱅이° 거기 내 벌추로 해 좃거등.

조 누가?

제 부동떡°어가.

조 그 아주 정이 들엇구마는?

제 그렇지.

조 아하.

제 그거 싸암하는 거 보먼 마아, 기가 찬대이. 머자……

조 장개가고 다 그랫는 디예 죽엇을 거 아닝기요?

제 그렇지.

조 정만세°가 몇 살쭘 죽엇는지 모르고요?

제 그거느 모르지.

조 근데, 그 재수°는 또 짚신을 와 삼어요?

제 으, 아까 저 얘기버터 하고. 그래 인자, "내가 죽거등 벌추 니 해두가 말이다. 아아들은 다

에, 내가 죽더라도 말이지, 벌초를 네가 해 다오. 네가 해 다오." 부동댁에게 (말했어), (정만서°의) 아들네들은 모두 뭐, 동서로 다, 동서남북으로 그만, 다 흩어져버리고,

조 그러면 (정만서와 부동영감은) 나이 차이가 있었습니까?

제 나이 차이가 있지.

조 얼마나?

제 그 에, 한 십여 살, 한 십오 세, 차이가 있지. 미동동무(동성연애의 상대)라고 하면, 고 이제 아주 사랑하게 여기거든. 밤에는 인제 한데 이렇게 데리고 자고 그 이제, 옷도 해 주고, 옛날에. (총각의) 댕기도 사서 들여 주고. 옛날에는 (총각도) 뒷머리를 땋았거든.

조 총각 때?

제 그럼, 총각 때.

조 저 부동댁이 총각 때?

제 그래.

조 예.

제 그 이제, 정만서도 총각 때지. 장가가기 전에.

조 네, 예, 그래서요?

제 그래서 이제, 그 정만서가 세상 버려서, 그 너머에 고기, 군시뱅이 거기 (정만서°의 묘에) 늘 벌초를 해 주었거든.

조 누가?

제 부동댁(영감)이가.

조 그 아주 정이 들었구먼?

제 그렇지.

조 아하.

제 그거 (저희끼리 시샘을 해서) 싸움하는 것을 보면, 에, 기가 찬다. 여자……

조 장가가고 다 그런 뒤에 죽었을 것 아닙니까?

제 그렇지.

조 정만서가 몇 살쯤에 죽었는지 모르고요?

제 그것은 모르지.

조 그런데, 그 재수는 또 짚신을 왜 삼아요?

제 응, 아까 저 얘기부터 (먼저) 하고 (나서). 그래 이제, "내가 죽거든 벌초는 (부동) 네가 해 다오 말이다. (정만서°의) 아이들은 다 뭐, 여

머, 여거 없고, 동서남비알, 동서사방을 다 흩엣뿌고 없으니, "해 두가." 그래가아 냉쟁에 인자, 그 정만세° 아들이, 묘 찾을 때, 정만세° 아들이 저거 어른, 인자 정만세° 묘로 찾을 찍에, 박 부동떡°에 거어 인자, 가가아 물어 가주고, 그래 묘로 찾아가아. 그래 셍모로 했잖아.

조 그머 어느 면에서 묘 섯는 거도 부동떡°에가 섯는지도 모르겟네?

제 그거는 잘 모르지.

조 근데 그 터가, 그 머 멫 푼 주고 살 수 잇는 터가 아닐 텐데요? 터가 좋잖아요.

제 어수 좋지는 안 하단다.

조 그래요?

제 아, 어수 좋지는 안 하단다.

조 음.

제 그래가아.

조 그러머 와 하필 밀구° 와가아 죽노? 죽을 때 우얘 죽엇는지 몰라요?

제 죽울 때 어예 죽엇는지 그거는 몰라.

조 숟가락 들고 머, 허허허 쿵다가 죽어뿌렛다 쿵던데?

제 그랫다 쿵덩강? 머어 우옛다 쿵덩강? 묘로 거어 갖다 섯어. 거어 갖다 섯는데,

조 그러니까 건천° 사람은 틀림없죠? 그러니까 거게다가 섯지, 묘를 서도.

제 그래 거기 갖다 섯는데, 그래 내, 벌추해 주고 그래, 내쟁에 정만세° 아들이 장차 가주고 말이지, 인자

조 정만서° 아들이 대구°서 잘 살앗다면서요?

제 기생 모개비로 살앗단다.

조 아아.

제 옛날 소리, 소리 갈치 주고, 아주 일류로 머시 햇어. 그 정만세° 아들이 인자, 그 정만세°, 그러면, 어른 아니가, 산소에 셩모 갈 때는 언제나 꽈자 한 짐바석 사가아 짊어지고 밀구° 동네 와가아 아아들 다 노나주고, "우리 갓에 가가아 솔 끊지 마래이." 이 쾌고, "솔낡을 기리지 마래이." 그 문종°이라 쿵는

기 없고, 동서남북을, 동서사방으로 다 흩어져버리고 없으니, "(벌초를) 해 다오." 그래서 나중에 (가서) 이제, 그 정만서의 아들이, (아버지의) 묘를 찾을 때, 정만서 아들이 자기 어른인, 이제 정만서의 묘를 찾을 적에, 박 부동댁(영감)에게 거기 이제, 가서 물어 가지고, 그래 묘를 찾아서. 그렇게 성묘를 했잖아.

조 그러면 어느 면에서는 묘를 쓴 것도 부동댁이 썼는지도 모르겠네?

제 그것은 잘 모르지.

조 그런데 그 터가, 그 뭐 몇 푼을 주고 살 수 있는 터가 아닐 텐데요? 터가 좋잖아요.

제 별로 좋지는 않단다.

조 그래요?

제 응, 아주 좋지는 않단다.

조 음.

제 그래서.

조 그러면 왜 하필 밀구에 와서 죽나? 죽을 때 어떻게 죽었는지 몰라요?

제 죽을 때 어떻게 죽었는지 그것은 몰라.

조 숟가락을 들고 뭐, 허허허 하다가 죽어버렸다고 하던데?

제 그랬다고 하던가? 뭐 어쨌다고 하던가? 묘를 거기 갖다 썼어. 거기 갖다 썼는데,

조 그러니까 (정만서가°) 건천 사람임에는 틀림없지요? 그러니까 거기에다가 썼지, 묘를 써도.

제 그래 거기 갖다 썼는데, 그래 늘, 벌초해 주고 그래, 나중에 정만서의 아들이 장성해 가지고 말이지, 이제

조 정만서의 아들이 대구에서 잘 살았다면서요?

제 기생 모가비로 살았단다.

조 그렇군요.

제 (어린 기생에게) 옛날 소리, 소리를 가르쳐 주고, 아주 일류로 무언가 했어. 그 정만서의 아들이 이제, 그 정만서, 그러면, (자기의) 어른 아니냐, 산소에 성묘 갈 때는 언제나 과자 한 짐씩을 사서는 짊어지고 밀구 동네에 와서는 아이들(에게) 다 나눠주고, "우리 갓에

사람은 안죽꺼정 그 산 보고, 비석 세우고, 망두석 세우고, 좌판 놓고 다 해낳앗거등.

도래솔 베고 국비 장학생으로

조 그런데요 그 인자, 재수°라 커는 사람은, 머 아까 신 삼는다 컹는 거는 머언기요?

제 아아, 재수°, 그 인자, 그때 왜정 때 아니가? 영감은 만날 댕기며 술 묵고, 머 머, 한 푼 생기면 두 푼에치 묵고, 만날 외상술 묵고,

조 누가?

제 부동떡°에가. 그래.

조 그 닮엇네. 정만세°하고 닮엇네.

제 그렇지. 만날 댕기며 술 묵고, 이레, 댕기며 놀고, 그 머 월사금 줄 돈이 없다 말이다. 학교 드가기는 드갓는데,

조 예.

제 재수°가. 그래 나무 해다가 인자 말랴아가아 팔고, 글 때는 생나무도 삿거등. 누구든지 사고 이랫는데. 마아 나무 팔어가아, 인자 월사 금 주고, 책 사 시고, 연필 사 시고, 지 손을 신 삼아 신고, 그래 밀구° 서시네 도래솔에 가 가주고, 정월 초하릿날 솔낡을 막 비이뺏 다, 말이다. 버디기로 막……

조 그 와 그라노? 하필 도래솔로 비노?

제 다른 사람은 다 정월 초하릿날 제사 지내고, 좋다고 말이지 으, 세배하로 댕기고, 이레 샇 는데, 지도 얼룩 해다 놓고, 세배하로 간다꼬, 마아 올러가가아 도래솔로 마아 해뿌렛어. 멀리 안 가고, 그날은 아무도 산에 안 가거 등. 그래 서 시네들이 묘오 올라가 보니까네, 정월 초하릿날 나무해가아 오는 거는 박재 수°, 재수°밖에 없거등. 올라가보니 솔버디기 로 막 처뿌렛는 기야. 그래 재수° 집에 가보 니 낡을 해 낳앗거등. 그래가아, 고발로 햇다 말이다. 산림게에, 고발로 해 놓오니. "그러 니, 니가 햇나?" 카니, "내가 햇슴더." "왜 햇

가서 소나무를 끊지 말아라." 이렇게 말하고, "소나무를 자르지 마라." 그 문종이라고 하 는 사람은 아직까지 그 (묘가 있는) 산을 돌 보고, 비석을 세우고, 망주석을 세우고, 상석 좌판을 놓고 (석물을) 다 해놓았거든.

도래솔 베고 국비 장학생으로

조 그런데요 그 인제, 재수라고 하는 사람은, 뭐 아까 짚신을 삼는다고 하는 것은 뭡니까?

제 아, 재수, 그 이제, 그때가 일제강점기(日帝强 占期) 때 아니냐? (부동)영감은 만날 다니며 술만 먹고, 뭐 뭐, 한 푼이 생기면 두 푼어치 를 먹고, 만날 외상술이나 먹고,

조 누가?

제 부동댁(영감)이. 그래.

조 그 닮았네. 정만서와 (성질이) 닮았네.

제 그렇지. 만날 다니며 술이나 먹고, 이렇게, 다 니며 놀기나 하고, 그 뭐 월사금을 줄 돈이 없단 말이다. (초등) 학교에 들어가기는 들어 갔는데,

조 예.

제 재수가. 그래 (땔)나무를 해다가 이제 말려서 팔고, 그럴 때는 생나무도 사는 사람이 있었 거든. 누구든지 사고 이랬는데. 에, 나무를 팔아서, 이제 월사금을 주고, 책을 사 쓰고, 연필을 사 쓰고, 제 손으로 (짚)신을 삼아서 신고, 그래 밀구 서씨네 도래솔에 가 가지고, 정월 초하룻날 소나무를 막 베어버렸단, 말 이다. 다복솔을 막……

조 그 왜 그러나? 하필 (남의) 도래솔을 베나?

제 다른 사람들은 다 정월 초하룻날 제사를 지 내고, 좋다고 말이지 응, 세배하러 다니고, 이렇게 해 쌓는데, 저도 얼른 (땔나무를) 해 다 놓고, 세배하러 간다고, 에, (산에) 올라가 서 도래솔을 에, 해버렸어. 멀리 가지 않고, 그날은 아무도 산에 가지 않거든. 그래 서 씨 네들이 묘에 올라가 보니까, 정월 초하룻날 나무해서 오는 것은 박재수, 재수밖에 없거 든. (산에) 올라가보니까 다복솔을 막 쳐버린

노 말이다?” “그 머, 우리집에 귀차하지러요,
월사금 줄 돈도 없고. 그래서 월사금 주고,
책 사 시고, 연필 사 시고, 그랄라꼬, 마아 그
거 낡을 했습니더.” 그 인자, 솔모 사다 숨가
아 조라 말이다. 그 솔모도 인자, 산림게에서
내애 보내애 조가아, 숨가 주고, 그래 모범
학생이라꼬, 그래 일분°을 보내앳잖아. 그래
인자 군에 알고, 도에 알고, 그래가아 일분°
을, 무료로 일분° 보내애가아, 그래 돈 벌이
가아, 집이 돈을 부치 놓오니, 이 영감, 부동°
영감이 말이다. 그 인자, 돈 부칫는 그거로
가주고, 아화° 장아 갓거등. 자리 하나 가주
고, 봄이라 말이야, 인자 좁쌀 한 말 사가아,
놓고, 남는 돈을 진탕 먹엇어여,

조 허허허.
제 진탕 묵고, 좁쌀 자리로 둘러미고, 삐딱자딱
　오니, 그 머, 좁쌀 한 말, 첨에는 무겁지마는
　머 건드렁하니, 췟는데 머 무겁운지 개갑운
　지 아나? 그러니 자리가 뚧어젓던 모양이라.
　좁쌀이 작으니까네, 많이 뚧어젓이면 촬 다
　나와뱃일 낀데, 쫄쫄쫄 흘러 놓오니, 집에 오
　니까네 한 대나 남엇더란. 그 그 그래,
조 새 좋온 일 시켯네.
제 새 좋온 일이잖에, 짊에 다 흘럿지.
조 짊에 흘럿이니까네 새가 주우 묵울 거 애닝
　기요?
제 조오 묵기는 조오 묵지. 그래 저 머고, 저 새
　마실°에, 아, 상봉°이, 이상뱅°이, 이상뱅°이
　모친이 부동떡° 딸이거등……

호랑이 잡은 황소

제 요새는 저 소 말고 산에 나무하로도 안 가고,

풀 비로도 안 가는데 사월 달에 풀로 비거등

조 그 풀로, 저 거름할 풀이죠?

제 논에, 논에 거름할 풀 풀로 비로 사월 달에 갓는데 그러니, 이 풀 비로 가는 일꾼이 남우 집 사는 사람인데 큰 황소로 말고 가가아 그 놀기도 좋와하고 일도 잘하던 모냉이지 그 이삼사 월 진진 해고 이삼사월 짜린, 짜린 밤이라 카는데 밤새두룩 옛날 짓구땡이, 아까 짓구땡이 얘기 안 잇엇나. 짓구땡이 하고 풀 비로 가놓이 자부럽단 말이다. 산에 가가아 시운한 그늘 밑에 눕엇으니 잠이 약간이나 잘 오나? 어쨋건 마 한숨 실컨 자고 나니 해가 마 다 빠져 가주골랑 마아, 풀로 마아, 그래 풀 비는 사람이 머, 그 머 좋온 기고 나뿐 기고 잇나? 까시캉 모지리 마 들이 비가아 그 풀까쟁이 좋온 거는 겉을 내고 나뿐 거는 속을 옇고 이래가아 한 바리 건주 다 빗는데 마아, 해가 실…… 범이, 마아 산에서 웅…… 내려오니, 투구리고, 그 범이 소리로 하거등 어흥 쾌니, 소가 마 범을 보고 마아 딱 투구리고, 그래가아 소로 인자 그 예전에는 소 여 이망에 함박쇠 카는 기이 잇다. 마, 말 와, 함박쇠 붙이가아 댕깃다. 그거 하고 그거 인자 줄방울, 줄방울 하고, 그 눈면 망생이 워낭 소리 듣고 따러간다 안 카나? 워낭.

조 예.

제 철걱 철걱, 걸음 걸으면 철걱철걱 소리가 나는 그거 달고, 이레가아 전부 다 벳기뿌고, 마아 알소로 낳아놓고, 저 범이 소인데 달라드니 말이야 마아 범하고 소하고 막 사우는 거아 사우는데, "잘한다, 잘한다." 처엄에는 소인데 따러댕기메 "잘한다." 카니 이넘 소가 마아 사람을 사타리 새에 옇는 거야, 지 다리 새에 그래서, 사람을 안 밟더라네. 사람은 안 밟아.

조 말은 사람을 안 밟는답니다. 절때로 안 밟는답니다.

제 소도 안 밟아, 지 알고는 안 밟아 모르고 밟앗으면 밟앗지. 그래 "잘한다, 잘한다." 카니,

않고, 풀 베러도 가지 않는데 사월 달에는 (거름 할) 풀을 베거든

조 그 풀은, 저 거름할 풀이지요?

제 (벼)논에, 논에 거름할 풀 풀을 베러 사월 달에 (아주 깊은 산에) 갔는데 그러니, 이 풀을 베러 가는 일꾼이 남의 집을 사는 (머슴 사는) 사람인데 큰 황소를 몰고 가서 그 놀기도 좋아하고 일도 잘하던 모양이지 그 이삼사(2, 3, 4) 월 긴긴 해고 이삼사월 짧은 밤이라고 하는데 밤새도록 옛날 짓고땡, 아까 짓고땡 얘기가 있지 않았니. (잠을 자지 않고) 짓고땡하고 풀을 베러 갔으니까 졸린단 말이다. 산에 가서 시원한 그늘 밑에 누웠으니까 잠이 오죽이나 잘 오니? 어쨌건 에, 한숨 실컷 자고 나니까 해가 에, 다 빠져 가지고서 에, 풀을 에, 그렇게 (시간에 쫓기면서) 풀을 베는 사람이 뭐, 좋은 것이고 나쁜 것이고 (가릴 틈이 어디) 있니? 가시랑 모조리 에, 들입다 베어서는 그 풀 가지가 좋은 것은 겉으로 (나오게) 내고 나쁜 것은 속으로 넣고 이래서 한 바리를 거의 다 베었는데 에, 해가 슬…… (넘어가니) 범이, 에, 산에서 웅(하고)…… 내려오니, 투그리고, 그 범이 소리를 지르거든 (범이) 어흥 하니까, 소가 범을 보고 에, 딱 투그리고, 그래서 소를 이제 그 예전에는 소의 여기 이마에 함박쇠라고 하는 것이 있었다. 마, 말에도 왜, '함박쇠'를 붙여서 다녔다. 그것과 그것 인제 줄방울, 줄방울 따위를, 그 눈먼 망아지가 워낭 소리를 듣고 따라간다고 하지 않니? 워낭 (말이야).

조 예.

제 철걱 철걱, 걸음을 걸으면 철걱철걱 소리가 나는 그것을 달고, 이렇게 해서 (달았던 함박쇠나 줄방울 따위를) 전부 다 벗겨버리고, 에, 알소를 놓아두고, 저 범이 소한테 달려드니까 말이야 에, 범과 소가 막 (서로) 싸우는 거야 싸우는데, "잘한다, 잘한다." 처음에는 소한테 따라다니면서 "잘한다."고 하니까 이놈의 소가 에, 사람을 (소의) 사타구니 사이에

냉재는 마아 저 범이 마아 원청 싱하게 설치
니 큰, 참 큰 범이야. 오새애 말로 머 참 사
자던 모냉이지 그 머, 냉쟁에는 머, 소인데
응원하다가 마 겁이 나가주고 마 방구 새에
가 숨어가아 잇다가…… 마아 범이 소 뿔로
언칫어, 언치니 땅아 마, 범이 사답지마는 고
양이가 얼매나 사답노? 땅아 떨어질 여개 없
이 자꾸 받는 기야, 공 받듯이 공궁으로 딜이
받어 제끼는데 아이구, 소가 죽든지 범이 죽
든지 마아 글 때는 마 소 죽지 싶어가아 도
망 왔어, 도망을 와가아 필긴 저넘 소가 집이
오기는 올 끼라. 그래 결국 저 황소가 범을
공궁으로 받어가아 공을 받어 가주고, 쥑이
놓고 오민서러 벡락겉이 과암을 지리고 말이
지 웨 카고 황소 울음소리 여간하나? 울어
놓고는 그 또 띵강 올리는 기 잇대이 "응아
아이우우우 응아아." 캐샇아면서 띵강 올리
는 기이 잇는데 그래 그 소 우는 소리로 듣
고 주인이, 옛날에 저 독 말이다, 큰 저 머고,
옹기 독 머 살 시무 말 드가니이, 머 열 말
드가니이, 그것도 말 수가 잇다. 그런 독 안
에 드가가아, 소, 소두뱅이로 디비시가아 솥
꼭대기 꽉 거머쥐고 '필경 날 찾을 끼이라.'
싶어가아 거머쥐고 잇이니, 소가 집에 와가
주고 온 집안을 도다가, 독 잩에 와가아 사람
냄새가 나니, 막 독을 막 뿔로 가아 떠받고
사람을 죽이뺏다 컹데에 그런 일이 잇어.

범한테 빼앗은 처녀

제 눌라젓나? 예전에 어는 노인이 부자간에 사

다 넣는 거야, 제 다리 새에 그렇게 해서도,
사람을 밟지 않더라네. 사람은 안 밟아.

조 말은 사람을 안 밟는답니다. 절대로 안 밟는
답니다.

제 소도 안 밟아, 제가 알고는 (사람을) 안 밟아
모르고 밟았으면 밟았지. 그래 "잘한다, 잘한
다."고 하니까, 나중에는 에, 저 범이 에, 워
낙 성하게 설치니까 큰, 참 큰 범이야. 요새
말로 뭐 참 사자 (같았던) 모양이지 그 뭐, 나
중에는 뭐, 소한테 응원하다가 에, 겁이 나가
지고 마 바위 사이에 가서 숨어 있다가……
에, 범이 소 뿔에 얹혔어, 얹히니까 땅에다
에, 범이 재빠르지마는 고양이가 얼마나 재
빠르니? (고양이가 쥐를 놀리듯이) 땅에 떨어
질 틈 없이 자꾸 받는 거야, 공 받듯이 공중
으로 들이받아 젖히는데 아이고, 소가 죽든
지 범이 죽든지 그럴 때는 에, 소가 죽지 싶
어서 도망 왔어, (집으로) 도망을 와서는 필
경 저놈의 소가 집에 (돌아)오기는 올 것이라
(싶었어). 그래 결국 저 황소가 범을 공중으
로 받아서 공을 받아 가지고, 죽여 놓고 오면
서 벽력같이 고함을 지르고 말이지 웨에 하
고 황소 울음소리가 여간하니? 울어 놓고는
그 또 띵강 올리는 것이 있다 "응아 아이우
우우 응아아."라고 하면서 띵강 올리는 것이
있는데 그래 그 소가 우는 소리를 듣고서 주
인이, 옛날에 저 독 말이다, 큰 저 뭐나, 옹기
독 뭐 쌀 스무 말이 들어가느니, 뭐 열 말이
들어가느니, 그것도 (양을 헤아리는) 말 수가
있다. 그런 독 안에 들어가서, 소, 소댕을 뒤
집어서 소댕꼭지를 꽉 거머쥐고 '필경 나를
찾을 것이라.' 싶어서 거머쥐고 있으니까, 소
가 집에 와 가지고 온 집안을 돌다가, 독 곁
에 와서는 사람 냄새가 나니까, 막 독을 막
뿔을 가지고 떠받고 사람을 죽여 버렸다고
하더군 그런 일이 있어.

범한테 빼앗은 처녀

제 (녹음기의 녹음 단추가) 눌러졌니? 예전에 어

는데 그 영감은 호불애비고 아들은 안지 미성전인데 예전에는 낢을 해다가 아, 시장아 팔어가아 그 생활하는 집이 많앳거등…… 그 솔나무 삭따리 하로 갓는데 비가 안 오고 안개가 끼이가아 그양 이실이 죽죽죽죽 그 삭따리 그거는 바짝 마린날보다가 이실 오는 그런 날이 낫거등 안 뿌사지고, 그거 하로 가가아 마 안개가 꽉 끼이 놓오니 해가 지는동, 머 어짜는동 모르고 둘이 부자간에, 인자 한 짐석 해가아 짊어지고 내려오니, 그래가아 컹커무리하니 마아 해가 저뿌레놓오니 어덥 어질 거 아닌가배? 컹커무리한데, 머가 어디서 여자 소리가 나거등, 하하하하. 그 한 문 듣고, 두 분 듣고 그래 인자, 총각 아부지가 "야야 얼륵 가자, 얼륵 가자." "와요?" "저거야, 처녀 윗음소리 겉다." "그래요? 어디서요?" "저기 야, 저쪽이 저기 야." 들기는 쪽을 항해가아 가리치지, 가리치니 "그 마 아부지 여어 밑에 잇으소, 내 한문 가보고요" 그래 인자 지 낫하고 적아부지 낫하고, 낫을 두 가락 쥐고 올러가, 올라가니 이 범이 처녀로 업어다 놓고 말이라 참 고양이 쥐 놀리듯이, 대애고 놀리는 기야 이레 놀리니, 깝짝 자물시니꺼네 도랑을 가거등, 도랑을 가디마는 꽁지에다가 이넘 물로 문치가아 와가아 낯에다가 촉촉, 몸에 촉촉 치니. 그 자무실 때는 땀을 좔 흘릴 거 아닌가배. 촉촉 치니, 그 인자 정신이 오니까네 또 간지래는 기야, 대애고 간지래니까네 또 하하하하 윗으니
조 응, 간지래애가아 웃기는구나.
제 이, 간지래기어 잇기는 기야, 자꾸 간지래니까네, 그 고양이 쥐 놀리듯이 말이지 자꾸 간지래 놓오니, 윗이니까네 그래 또 실컫 윗골랑, 또 깝짝 자물수리니까네 또 물 문치로 가거등, 그 동시에 처녀를 이레 안고, 지가 처녀 밑에 등더리 밑에 딱 눕어가아, 양쪽에 낫을 딱 쥐고 그래 저넘 범이 말이지 또 꽁지에 물로 문치가 와가아 어 인자 얼굴에다가 치고, 하하하하 윗일 찍에 마아 낫 두 가락을

느 노인이 부자간에 사는데 그 영감은 홀아비고 아들은 아직 미혼인데 예전에는 땔나무를 해다가 아, 시장에 (갖다) 팔아 가지고 그 생활하는 집이 많았거든…… 그 소나무 삭정이를 꺾으러 갔는데 비가 안 오고 안개가 끼어서 그냥 이슬이 죽죽죽죽 삭정이 그것은 바짝 마른날보다는 이슬이 내리는 그런 날이 (꺾기가) 낫거든 안 부수어지고, 그것을 꺾으러 가서 에, 안개가 꽉 끼어 놓으니까 해가 지는지, 뭐 어쩌는지 모르고 둘이 부자간에, 이제 (삭정이를) 한 짐씩 해서 짊어지고 내려오니, 그래서 컴컴하게 에, 해가 저버렸으니 어두워질 것이 아닌가봐? 컴컴한데, 뭐가 어디서 여자 소리가 나거든, 하하하하. 그 한 번 듣고, 두 번 듣고 그래 이제, 총각의 아버지가 "애야 얼른 가자, 얼른 가자." "왜요?" "저것이 말이야, (어떤) 처녀의 웃음소리 같다." "그래요? 어디서요?" "저기 말이야, 저쪽 저기 말이야." 들리는 쪽을 향해서 가리키지, 가리키니까 "그 마 아버지는 여기 이 (산) 밑에 있으소, 제가 한번 가보고요." 그래 이제 자기의 낫과 자기 아버지의 낫을, 낫 두 가락을 쥐고 올라가, 올라가니까 이 범이 처녀를 업어다 놓고 말이야 참 고양이가 쥐를 놀리듯이, 자꾸 놀리는 거야 이레 놀리니, 깜짝 까무러치니까 (범이) 도랑으로 가거든, 도랑엘 가더니만 꼬리에다가 이놈의 물을 묻혀 와서는 낯에다가 촉촉, 몸에다가 촉촉 치니까. 그 기절할 때는 땀을 좔 흘릴 것 아닌가봐. 촉촉 치니까, 그 이제 정신이 드니까 또 간질이는 거야, 자꾸 간질이니까 또 하하하하 웃으니
조 응, 간질이어서 웃기는구나.
제 아, 간질이어서 웃기는 거야. 자꾸 간질이니까, 그 고양이가 쥐를 놀리듯이 말이지 자꾸 간질여 놓으니, 웃으니까 그래 또 실컷 웃고는, 또 깜짝 까무러치니까 또 (꼬리에다) 물을 묻히러 가거든, 그와 동시에 처녀를 이렇게 안고, 자기가 처녀 밑에 등짝 밑에 딱 누

갖다가 범 마 뱃앞구리로 막 찔러가아 확 땡기뿌렛어. 땡기뿌레 놓오니, 저넘 범이 마아 죽어뿔서. 죽어가아 범 잡앗제, 그래 인자 처녀는 뭐 자물수릿는데, 업고 내려와가아. 그 적아부지는, 먼저 낡을 짊어지고 집이 왓는데 그래 집이 와 가주고 참, 찬물로 낄리가아 백구탕을 그거 백구탕이라 칸다. 찬물 낄린 거로. 백구탕을 낄리가아 입에다 디루고 이라니 살앗어, 살앗는데. 그래 주소로 물으니, 옛날 참 서울° 장원 안에 어느 정승어 딸이라, 요새 요새애 말로 국캐이원 딸이라. 그래 인자 편지로 만지장성으로 서 가주고 이 편지 갖다 전하라꼬 편지로 이레 전하니 딸은 호식(虎食)을 해 간 줄은 반다시 알거등 머 무슨 얘긴지 몷따. 그래가아 참 그 편지로 전하니 "우리 딸은 호수, 호석해 가주고, 범이 물어갓는데 그 살 리가 만무하다." 카니 그래 인자 이야기를 전부 다 햇어. "내가 산에 나무 해가아, 나는 나무꾼이라꼬 나무꾼인데, 산에 나무 해가아 오다가 웃음소리가 나건데 가보니, 범이 이리이리 하고 그런 짓을 하기 때민에, 그래서 처녀를 내 배 우에다가 눕기 놓고 낫을 가아 쫏아가아 잡앗다." 말이지 "그래야?" 그래가아 그 사람이 정승 사우 대고 그래가아 또 마느래인데……

워서, 양쪽에 낫을 딱 쥐고 그래 저놈의 범이 말이지 또 꼬리에 물을 묻혀 와서는 어 이제 얼굴에다가 (물을) 치고, 하하하하 웃을 적에 에, 낫 두 가락을 갖다가 범의 옆구리를 막 찔러서 확 당겨버렸어. 당겨버려 놓으니까, 저놈의 범이 에, 죽어버렸어. (범이) 죽어서 범을 잡았지, 그래 이제 처녀는 뭐 기절했는데, 업고 내려와서. 그 자기 아버지는, 먼저 나무를 짊어지고 집에 왔는데 그래 집에 와 가지고 참, 찬물을 끓여서 백비탕(白沸湯)을 그걸 백비탕이라고 한다. 찬물 끓인 것을. 백비탕을 끓여서 입에다 드리우고 이러니까 살았어, 살았는데. 그래서 주소를 물으니까, 옛날 참 서울 장안에 어느 정승의 딸이라, 요새 요새 말로 국회의원 딸이라. 그래 인제 편지를 만리장성으로 써 가지고 이 편지를 갖다 전하라고 편지를 이레 전하니까 (정승 집에서는) 딸이 틀림없이 호식을 해 간 줄로 알고 있었거든 뭐 무슨 얘긴지 모르겠다. 그래서 참 그 편지를 전하니까 "우리 딸은 호식해 가지고, 범이 물어갔는데 그 살았을 리가 만무하다."고 하니까 그래 이제 이야기를 전부 다 했어. "내가 산에 나무를 해서 (먹고사는), 나는 나무꾼이라고 (나는) 나무꾼인데, 산에서 나무를 해 오다가 웃음소리가 나기에 가보니까, 범이 이러이러 하고 그런 짓을 하기 때문에, 그래서 처녀를 내 배 위에다가 눕혀 놓고 낫을 가지고 쪼아서 잡았다."고 말이지 "그렇단 말이지?" 그래서 그 사람이 정승의 사위가 되고 그래서 또 마누라한테……

산도라지

제 산돌개 꽃봉오리로 따 가주고 산 개미로 꽃봉오리 안에 잡아 옇어가아 고 요래 우에 딱 오바아 쥐고 "돌개끝에, 꽃이야 빨갛기 불 서라." 카면 돌개끝 겉으로 자꼬 손을 가아 이레 시담으면 빨개진다 카니.

조 돌개끝아 불 서라, 돌개끝아 불 서라.

제 그래 빨개진다니 카니.

산도라지

제 산도라지 꽃봉오리를 따 가지고 산 개미를 꽃봉오리 안에 잡아 넣어서 고 요래 위를 딱 오므려서 쥐고 "도라지꽃아 빨갛게 불 켜라." 고 하면서 도라지꽃의 겉을 자꾸 손을 가지고 이렇게 쓰다듬으면 빨개진다니까.

조 도라지꽃아 불 켜라, 도라지꽃아 불 켜라.

제 그래 빨개진다니까.

조 빨개지는 거는 맞는데 그때 노래를 머라 컹는강? 해서요.	조 빨개지는 것은 맞는데 그때 노래를 뭐라고 하는가? 해서요.
제 노래 그뿐이지 머,	제 노래 그뿐이지 뭐,
조 돌개끝아 불 서라.	조 도라지꽃아 불 켜라.

부라질(아기 어르는) 노래

제 불매 불매 불매야 이 불매가 어디 불맹공? 경상도° 도불매 펜수는 어디 펜순공? 경상도° 도펜수 쇠는 어디 쉰공? 전라도° 좌룡쇠 불어라 디디라 푸르락 뚝딱, 푸르락 뚝딱 푸르락 뚝딱, 푸르락 뚝딱 푸르락 뚝딱, 푸르락 뚝딱.

꾀 많은 곁머슴

제 예전에 어건 너른 젆머슴이 "큰머슴 장개 안 가고 싶운기요?" "야, 장개야 가구 접지마는 돈이 잇어야." "아 그, 우리 이붗 그거 저 천석꾼 과부 안 잇는기요." "애기넘 애라, 그런 소리 하지 마라, 하늘캉 땅캉인데 거거 어디 말이 안 댄다."

조 천석꾼네 집이 딸이 잇는데요?

제 아니, 과부가, 과부. "내 장개가두룩 해 주께에요." "그래. 음." "내 말만 꼭 들으쉐이. 내 시기는 대로만 하쉐이." "으, 그래 하지." 그래 인자 하리 지닉에는 "낼아침에는 과부 집에 가가아 우리 큰머슴 안 왔는기요?꼬 우리 큰머슴 여기 왔지요?" 커먼 야단나고, 야단하고 나올 깁니다. 지 혼차 인자 아침에 일찍이 다른 사람 샘에 물 이로 갈 고 얼치 대애가아 고올 때 대면, 사람이 설레발이 하고 남이 디 들기 대에가아 잇인 때 "우리 큰머슴 여기 왔지요?" "대끼 이넘우 자석, 누구로 우사 시길라꼬, 이넘우 자식이 어림도 없는 말로 하고 잇잖아? 너거 큰머슴이 여기 올 텍이 잇나?" "백째로 낳아놓고 거짓말하네. 얼룩 깨까아 보내소 일할 기이 온아칙에 많은데……." 그라고 실구마니 왔지. 이튿날 아침에 또 일찍이 가가아 "우리 큰머슴 온 지닉에 여기, 꼭 여기 간다꼬 내인데 여어 간다꼬 | 제 예전에 의견이 너른 곁머슴이 (상머슴에게) "상머슴은 장가를 가고 싶지 않습니까?" "얘야, 장가야 가고 싶지마는 돈이 있어야지." "아 그, 우리 이웃에 그거 저 천석꾼 과부가 (하나) 있잖아요." "예끼 이놈 애라, 그런 소리 하지 마라, 하늘과 땅 사인데 거기 어디 말이 안 된다."

조 천석꾼네 집에 딸이 있는데요?

제 아니, 과부가, 과부. "내가 (당신이) 장가가도록 해 줄게요." "그래. 음." "내 말만 꼭 들으십시오. 내가 시키는 대로만 하십시오." "응, 그렇게 하지." 그래 인제 하루 저녁에는 "내 일아침에는 과부 집에 가서 우리 상머슴이 (여기) 안 왔습니까?라고 우리 상머슴이 여기 왔지요?"라고 하면 야단나고, 야단 하고 나올 것입니다. 자기 혼자 이제 아침에 일찍이 다른 사람들이 샘터에 물 이러 갈 고 때쯤 거의 되어서 그 때가 되면, 사람들이 활동하기 시작하고 남들이 다 듣게 되어 있을 때 "우리 상머슴이 여기 왔지요?"라고 하니까 "예끼 이놈의 자식, 누구를 남우세 시키려고, 이놈의 자식이 어림도 없는 말을 하고 있잖아? 너희 상머슴이 여기 올 턱이 (어디) 있나?" "공연히 놓아두고 거짓말하네. 얼른 깨워서 보내 주세요. 일할 것이 오늘아침에는 많은

살짝이 얘기하고…… 여어 왔지요? 허허허
허. 깨까아 보내 주소. 온아직에 바쁜 일이
잇니더.” “저 넘우 자식 엊아침에도 와가아
또 저카더니, 온아칙에 와가아 또 저런 말로
하네. 땍지넘우 자식, 한분만 더 그캐바라 때
리쥑이 앗아뿌 낑이.” 자꾸 그래 사람 쇡이
지 마소. 사알 만에 “인자 애로 달가 낳앗는
데 오늘은 틀림없이 따라 나올 끼라꼬 날 빗
자리가아 때릴라꼬 따라 나오는데 담 넘에
넘어 가가주고요 딱 숨어가아 잇다가 대문밖
에 나오거들랑, 이불 덮어시고 비개 비고, 가
만 눕어 잇이쉐이.” 허허허허 “오냐.” “그 머
우리 집에 큰머슴은 어짠지 요새애는 내그리
여게만 오고, 오고. 에이 참, 일 바쁜 거는 어
얄라꼬 쯧, 얼릉 깨까아 보내이소.” “이넘우
자석, 온아직에 이넘우 자석 뿔들어가아, 이
넘우 자석, 바라, 이넘우 자석아, 여어 와가
찾어바라, 이넘우 자석아.” “참말로요?” 마
붙잡기잇다. 멕살로 딱 짜 쥐고, “찾어바라,
이넘우 자석.” 방문을 열고 이불로 히떡 거
들치니. “어어? 누고? 누고?” 이라니까네 “일
바뿌니더, 얼릉 갑시더. 만날 그래가아 여기,
사람을 쇡이고, 보소, 여기 안 잇능기요.” 아
이고, 글 때는 마아, 젙머슴을 손목을 꽉 잡
고 “지발, 지발 말 내지 마래이. 위사로 시기
도 유만부득이지 온 동네 알두룩 다 그럴 수
가 잇나? 그래 마 입 밖에도 내지 마라.” “요
랑대로 하소.” 한 이틀 지내고 “우리 집에 온
너래이.” “와요?” “떡 주낑이 온너라.” “떡
참, 맛 좋대이. 우리 큰머슴 대접하구로 큰
양푼에 한 양핀이 주소.” 인자 지 받엇는 거
한 대집이 하고 양푼에 한 양푼이 얻고 이래
가아 와 가주고 “작아도요 많은 듯이 이거
잡수쉐이. 우리 큰머슴 저 아무 집이요. 허허
그 집에 색시, 천석꾼 저 집이 색시인데 장가
들엇는 이 장가 떡이쉬더. 허허허허.” 다 이
레 갈라 믹이 놓오니 이틑날 아침에 샘이에
가니 “아이고 참, 새댁이 참, 잘 왓다꼬, 허허
허허, 신랑 잘 얻엇다꼬.” 그래가아 젙머슴이

데…….” 그러고는 슬그머니 (돌아)왔지. 이
튿날 아침에 또 일찍이 가서는 “우리 큰머슴
이 오늘 저녁에 여기, 꼭 여기 간다고 내한테
만 여기로 간다고 살짝 얘기하고…… 여기
왔지요? 허허허허. 깨워서 보내 주세요. 오늘
아침에 바쁜 일이 있습니다.” “저 놈의 자식
이 어제 아침에도 와서 또 저러더니, 오늘 아
침에도 와서 또 저런 말을 하네. 예끼 이놈의
자식, 한번만 더 그렇게 해봐라 때려죽여 앗
아버릴 기니까.” 자꾸 그렇게 사람을 속이지
마세요. 사흘 만에 “이제 애를 달구어 놓았
는데 오늘은 틀림없이 (그 과부가 나를) 따라
나올 것이라고 (과부가) 나를 빗자루로 때리
려고 때리려고 따라 나오면 담을 넘어 (들어)
가서 딱 숨어 가지고 있다가 (과부가) 대문밖
에 나오거들랑, (방에 들어가서) 이불 덮어쓰
고 베개를 베고, 가만히 누워 있으세요.” 허
허허허 “오냐.” “그 뭐 우리 집의 상머슴은
어쩐지 요새는 계속 여기만 오고, 오고. 에이
참, 일이 바쁜 것은 어쩌려고 쯧, 얼른 깨워
서 보내세요.” “이놈의 자식, 오늘 아침에 이
놈의 자식을 붙잡아서, 이놈의 자식, 봐라,
이놈의 자식아, 여기 와서 찾아봐라, 이놈의
자식아.” “참말로요?” 에, (과부에게) 붙잡혔
다. (과부가 곁머슴의) 멱살을 딱 짜 쥐고,
“찾아봐라, 이놈의 자식.” 방문을 열고 이불
을 후딱 들치니까. (상머슴이) “어어? 누구니?
누구니?” 이러니까 “일이 바쁩니다, 얼른 갑
시다. 만날 그래 가지고 여기 (와 있으면서),
사람을 속이고, 보소, (상머슴이) 여기 있잖아
요.” 아이고, 그럴 때는 에, (과부가) 곁머슴
의 손목을 꽉 잡고 “제발, 제발 소문을 내지
마라. 남우세를 시켜도 유만부동이지 온 동
네가 다 알도록 그럴 수가 있니? 그래 에, 입
밖에도 내지 마라.” “생각대로 하세요.” 한
이틀 지내고 (과부가 곁머슴에게) “우리 집에
오너라.” “왜요?” “떡을 줄게 오너라.” “떡이
참, 맛 좋다. 우리 상머슴을 대접하게 큰 양
푼에 한 양푼(을 따로 담아) 주소.” 이제 자기

큰머슴 장가 보내애 천 석하고 그래 잘 살더란다. 지 복 잇는 거는 그래 곁머슴 잘 만내 가아 장가까지 갓어.

가 받은 것 한 대접과 양푼에 한 양푼을 (더) 얻고 이래서 와 가지고 "적어도 많은 듯이 이것을 잡수세요. 우리 상머슴이 저 아무 집에. 허허 그 집 색시, 천석꾼 집의 색시한테 장가든 이 장가 떡이올시다. 허허허허." 다 이렇게 갈라 먹여 놓으니까 이튿날 아침에 (과부가) 샘터에 가니까 "아이고 참, 새댁 참, 잘 왔다고, 허허허허, 신랑 잘 얻었다고." 그래서 곁머슴이 상머슴을 장가 보내 천 석을 하고 그래 잘 살더란다. 제 복이 있는 사람은 그래 곁머슴을 잘 만나서 장가까지 갔어.

참을 인(忍) 자 세 번

제 예전에 참, 어는 분이 사주로 보니 말이야 당신은 살인죄로 범햇는데 이거 면할라 그러면 큰일 낫다꼬, 살인죄를 지잇는데 그 모면할, 면할 방법은 없나? 물으니, 참울, 참울 인자로 한 자 서 주면서러 이 참울 인자로, 자기 손으로 새로 서가아 어데든지 자기 집에 들어가면 비이는데 마중, 다 참울 인자로 붙이라. 붙이 놓고 보고, 보고 참어라. 참울 인자로 서가아, 온 데 붙이 놓고 드가머 보고, 나오머 보고 나갈 찍에도 드갈 찍에도 그래 하로는 멀리, 친구 집에 간다고 "오올 잘 몬 올 기이다. 자고 오지 싶우다." 친구 집에 가니, 친구 집에 가니, 친구가 어디 나가뿌고 없어. 그 참 결친한 친군데, 거어 가면 꼭 자고 올 작정을 갓는데, 친구가 없으니 돌아 와뿌렛지. 그래 지닉에 저물가아 집에 오니, 칠팔얼 쭘 대앳던 모양이지. 거어 인자, 달은 보름달인데 닥이 환한데, 집이 들어가니, 대문은 머 벨, 요새애매애로 대문도 없고 들어가 보니 어떤 남자하고 자기 부인하고 머리로 한테 대고 자는 거야, 마아 정재에 가가아 칼로 가 주고 '온 지닉에 두 사람 내 손에 죽어바라' 생각을 하고 칼로 들고, 참울 인자 참아라, 참아라 다부 돌아서가아…… 자기 처형이 왓어, 처형이 와 가아, 지닉에 머리로 깜어 가 주구 말이지, 이레 둘상투라꼬 잇잖아? 이레,

참을 인(忍) 자 세 번

제 예전에 참, 어느 분이 사주를 보니까 말이야 당신은 살인죄를 범할 터인데 이것을 면하려고 하면 큰일 났다고, 살인죄를 짓겠는데 그 (어찌) 모면할 방법은 없겠느냐?고 물으니까, 참을 인(忍)자를 한 자 써 주면서 이 참을 인자를, 자기 손으로 새로 써서 어디든지 자기 집에 들어가면 보이는데 마다, 다 참을 인자를 붙여라. 붙여 놓고 보고, 또 보고 참아라. 참을 인자를 써서, 온 데다 붙여 놓고 들어가며 보고, 나오며 보고 나갈 적에도 들어갈 적에도 그래 하루는 멀리, 친구 집에 간다고 "오늘 잘 못 (돌아)올 것이다. 자고 오지 싶다." 친구 집에 간다, (하고 나갔는데) (그) 친구 집에를 가니까, 친구가 어디 나가버리고 없어. 그 참 절친한 친군데, 거기 가면 꼭 자고 올 작정으로 갔는데, 친구가 (거기) 없으니까 돌아 와버렸지. 그래 저녁에 밤이 늦어서 집에 (돌아)오니까, 칠팔월쯤 됐던 모양이지. 거기 이제, 달은 보름달인데 달이 환한데, 집에 들어가니, 대문은 뭐 별, 요새처럼 대문도 없고 들어가 보니까 어떤 남자하고 자기 부인이 머리를 한데다 (맞)대고 자는 거야, 에, 부엌에 가서 식칼을 가지고 '오늘 저녁에 두 사람 내 손에 죽어봐라' 생각을 하고 칼을 들고, 참을 인(忍)자 참아라, 참아라 다시 돌아서서…… (알고 보니) 자기 처형이 왔어,

이레 감어가아 그래 두 형제가 이래 눕어 자
는데 남자 겉거등, 허허허허. 그래가아 칼을
낳아 놓고, 기침을 하고 들가니 자기 처형이
야. 그래서 그 살인죄를 참울 인자를 서 가주
고 꾹 참어라, 참어라 카는 기이, 그래가아
살인재로 막더라 카는 기야. 허허허허.

비뚠 소문(小門) 고치는 법

제 고올 원님이 고올 살로 갓거등, 팥밭 매는 부
인이 잇거등, 그래, 쩥에 가직기 들길 만침
대는 데 "저기 팥밭 매는 저 부인, 그, 그래
삐딱하게 앉어가아 팥밭을 매머 그 사타리도
삐딱해질거 아니냐?"꼬 카니 "아아 그거는
온 지닉에 가면, 우리 남편이 골을 처 가주
고, 골로 처가아 반득기 곤처 준다꼬." 허허
허허 답변을 그래 하더라 칸다. 허허허허.

부엉이 집

조 부엥이 집을 만냈다 커는 거는?
제 그기이 딴 기이 아니고, 부엥이가 새끼로 처
놓오면, 거기 부엥이 새끼로, 요래 멀끼로 꽈
가아 사람 멀끼로 이래 꼬오 가주고 자갈로
믹이이 놓는다 이기야. 자갈로 믹이이 놓오
면 큰 부엥이가 새끼 묵으라꼬 머어 새나 꽁
이나 토끼나 머어든지 잡어다 조오 놓오면
안 묵거등 안 묵으니, 그 오만 거를 다 잡어
오는 기야. 너구리도 잡어오고, 부엥이가 약
간이 크나?
조 부엥이 집이 저 절벽에 잇을 거 아닙니까?
제 그 절벽에 잇는데, 그 인자 타고 내러가가아
줄로 타고 내러가든지, 타고 내러가가아 그
래 자갈로 믹에에 놓는다네. 금도 다 잇다는
데, 좌아다 놓는다는데, 금이 밤우로 빤짝거
리는 기이 잇거등. 그기나 먹을랑강 싶어가

아 좌아다 놓고 꽁, 머 토끼 이기이 널널하다 이기라. 너구리도 잡어다 놓고, 그래가아 저 부엥이 집 만낸다.

조 그러면 자꾸 자갈로 물리 놓오면 죽엇…… 새끼는 죽어뿔 거 아닌기요?

제 너무 오래 낟두면 죽지, 그양 낟두면.

이상한 안경

제 옛날에 어는 양반이 장가를 가놓오니 색시가 신랑을 자꾸 마다 그래

조 신랑이 색시를 마다 컹지 꺼꿀로네.

제 으?

조 신랑이 색시를 마다 컹지 꺼꿀로라요.

제 으, 으, 꺼꿀로야. 그래 벨로 머, 탐탁찮이 이기고 그 이붗에 신랑 친구가 놀로오면 그 반 갑어하고, 그래 좋와해 그 이상타. 그래 하루 는 그 어디 친구 집에 노다가 온다 그라고 갓다가오니 아주 마아 저거꺼정 아주 다정한 머시로, 지내고 잇는 거야 에라 함부레 말살 해야 대겟다. 그래 이튿날 참, 단봇짐을 사 짊어지고 “참 영영 마 자기하고 내하고는 이 별하자.” 이콰고 에라 이 세상아 사람이 낫 다가 부부해로 몬하고 살아 머얼하노 죽는 기이 옳다. 아주 산중 골짝을 드갓어. 들가가 아, 바이돌 우에 떡 눕어가아 밑에는 지앙절 벽인데, 떨어지면 죽을 그런 바우 우에 눕어 자니까, 허헌 노인이 오디니 “자네가 우째 여거 와가아 자는가?” “예 머, 죽으면 죽고 삭면 살고 여기 자는 중입니다.” 카니 “그래 야? 원인을 이약을 하라.” 카는 기야 “그 사 실은 이러이러 하고 그렇다.” 이콰니 “그래 야? 그 사람이 다 사람이 아니다. 내가 안경 을 한 불 줄 모냥이니까 이거를 끼고 보면 사람이, 완전한 사람이 잇고 사람이 다 사램 이 애니고 오만 김승이 대애 잇일 끼다. 잠 깨거등, 잠 깨가아 바아라.” 이카거등 그래 그 꿈을 꾸고, 깨가아 머리맡에 보니 아 참,

밤에는 빤짝거리는 것이 있거든. 그것이나 (혹시) 먹으려는가 싶어서 주워다 놓고 꿩, 뭐 토끼 이런 것들이 널렸다 이거라. 너구리 도 잡아다 놓고, 그래서 저 부엉이 집을 만난 다.

조 그러면 자꾸 재갈을 물려 놓으면 죽어…… 새끼는 죽어버릴 것 아닙니까?

제 너무 오래 놓아두면 죽지, 그냥 놓아두면.

이상한 안경

제 옛날에 어느 사람이 장가를 가 놓으니까 색 시가 신랑을 자꾸 싫다고 그래

조 신랑이 색시를 싫다고 하지 거꾸로네.

제 응?

조 신랑이 색시를 싫다고 하지 거꾸로네요.

제 응, 응, 거꾸로야. 그래 별로 뭐, 탐탁하지 않 게 여기고 그 이웃에 (살던) 신랑 친구가 놀 러오면 그리도 반가워하고, 그토록 좋아해 그 이상하다. 그래서 하루는 그 어디 친구 집 에 놀다가 온다고 그러고 갔다가오니까 아주 에, 자기네끼리 아주 다정한 무엇으로, 지내 고 있는 거야 에라 일찌감치 그만 두어야 되 겠다. 그래 이튿날 참, 단봇짐을 싸서 짊어지 고 “참 영영 에, 자기와 나는 이별을 하자.” 고 말하고 에라 이 세상에 사람이 (태어) 났 다가 부부해로를 하지 못하고 살아서 무엇을 하나 (차라리) 죽는 것이 옳다(고 생각을 하 고). 아주 산중 골짜기로 들어갔어. 들어가서, 바윗돌 위에 턱 누워서 (그) 밑은 기암절벽인 데, 떨어지면 죽을 그런 바위 위에서 누워 자 니까, 허연 노인이 오더니 “자네가 어찌 여 기 와서 자고 있는가?” “예 뭐, 죽으면 죽고 살면 살고 여기서 자는 중입니다.”라고 하니 까 “그래? 원인을 이야기하라.”고 하는 거야 “그 사실은 이러이러 하고 그렇다.”고 하니 까 “그래? 그 (사실은) 사람이 다 사람이 아 니다. 내가 안경을 한 벌 줄 모양이니까 이것 을 끼고 보면 사람이, 완전한 사람이 있고 사 람이 (모두) 다 사람이 아니고 온갖 짐승이

안경이 한 불 잇는 거야 그래서 딴 데는 사
램이 없고 그래 인자 큰길로 내러와가아 안
경을 끼고 보니, 전신 머 김생이고 어짜두구
사람이 백에 하나 댈까말까 하거등 기 이상
하다, 마아 옇어뿟다, 옇어뿌고 그래 큰 여관
하는 집울 그러니 도시로 갓는 모냉이지. 여
관 하는 집에 가가아 "여기 청, 청이나 좀 딲
고 그 국솥에 불이나 더러 옇어주고 그래 좀
잇자."꼬 카니

조 일로 해 주고 잇자 이겁니까?

제 으, "그 입이나 좀 얻어묵고 잇자." 이콰니
"머 그라시오." 그 집에는 곧 손이, 손이 모
지래가아 곧 황애로 치는데…… 그래 일로
시기보니 주인이 일로 시기고 보니 그 머 그
래 일 하고 잇일 사람이 아니거등 "그 글을
좀 배앗느냐?"고 물으니 "아이고 마, 많이는
몬 배와도 쪼꿈 배왓다." 이라거등. "그러면
우리집에 서사질 쫌 해라." 이콰거등. 그래
한 칸 올라갓지. 그럭저럭 한, 한 삼 연을 지
냈어. 일이 바뿌고

조 안경은 잊어뿌고?

제 머 옇어 놓은 거는, 자기 머고 예전 보따리,
거기 옇어놓고 잊어부리고. 그래 하루는 날
이 좀 쥐영한데 그날은 손님도 별로 없고 쥐
영한 날인데 그날 또 장날이고 '이런 날이
안경을 끼고 한분 바얄다.' 싶어가 안경을 끼
고 보니 전신만신 소고 대주고, 닥이고, 머
개고 머 희얀안 짐승이 많거등 전부 다 머
사램이 아니라. 그냥 벗고 보면 전신 사램인
데 그 참 이상하다, 그래 참 요새 요새애 말
로 정지 식모 아아가 일하고 잇는데 보니, 그
사람이야. 아 대앳다. 그래 인자 그날 지닉에
주인인데, "그 자하고 나하고 결온을 시기
다고." "애이 여보소, 점잖찮이 그거 머 부직
강아지 겉은 거 그거 하고 우째 결온을 하겟
십니까? 아 그런 양반이 아닌데." "아 그렇찮
다꼬, 내가 꼭 마암에 잇다 잇이니 꼭 결온을
시기 달라."꼬 "그래요? 그러면 그래 하지
요." 그 참 요새애 말로 쉬영딸 겉이 이래 거

돼 있을 것이다. 잠을 깨거든, 잠을 깨어서
보아라."고 하거든 그래 그 꿈을 꾸고, 깨어
서 머리맡에 보니까 아 참, 안경이 한 벌 있
는 거야 그래서 (안경을 끼고 보니까) 다른
데는 사람이 없고 그래 이제 큰길로 내려와
서 안경을 끼고 보니까, 모조리 뭐 짐승이고
어쩌다가 사람이 백에 하나가 될까말까 하거
든 그 이상하다, 에, (집어)넣어버렸다, 넣어
버리고 그래 큰 여관을 경영하는 집을 그러
니까 도시로 갔던 모양이지. 여관 하는 집에
가서 "여기서 청, 청마루나 좀 닦고 그 국솥
에 불이나 더러 넣어주고 그렇게 좀 있게 해
달라."고 하니까

조 일을 해 주고 지내자 이것입니까?

제 응, "그 입이나 좀 얻어먹고 있자."고 하니까
"뭐 그러시오." 그 집에는 곧 손이, 일손이
모자라서 곧 횡횡하며 급하게 설치는데……
그래 일을 시켜보니까 주인이 일을 시키고
보니까 그 뭐 그런 일이나 하고 있을 사람이
아니거든 "그 글은 좀 배웠느냐?"고 물으니
까 "아이고 많이는 못 배워도 조금은 배웠
다."고 이러거든. "그러면 우리집에서 서사노
릇을 좀 하라."고 이러거든. 그래 한 단계를
올라갔지. 그럭저럭 한 삼 년을 지냈어. 일이
바쁘고

조 안경은 까맣게 잊어버리고?

제 뭐 넣어 놓은 것은, 자기 뭐냐 예전 보따리,
거기에다 넣어놓고 잊어버리고. 그래서 하루
는 날이 좀 한가한데 그날은 손님도 별로 없
고 한가한 날인데 그날이 또 장날이고 '이런
날에 안경을 끼고 한번 봐야겠다.' 싶어서 안
경을 끼고 보니까 전신만신에 소이고 돼지
고, 닭이고, 뭐 개고 뭐 희한한 짐승들이 많
거든 전부 다 뭐 사람이 아니라. 그냥 (안경
을) 벗고 보면 모두들 사람인데 그 참 이상하
다, 그래 참 요새 요새 말로 하면, 부엌의 식
모아이가 일하고 있는데 보니까, 그것이 (진
짜) 사람이야. 아 됐다. 그래 이제 그날 저녁
에 주인에게, "저 아이와 나를 결혼을 시켜

느리고 잇는데, 그래 날로 받어가아 택일해 가주고 그래 결혼식을 올리고, 그 집이서 머월급도 안 받고 그래 잇엇는데 그래 집을 하나 세아가아 아주 살림을, 아주 한 살림 착실이 채리 줏어. 그래 나와가아 살림을 살고 잇는데, 하루 지닉에는, "온 지닉에 내 따러 좀 갑시다." 이라는 기야 색시가, 그래 따러 가니까, 어느, 아아 그, 주인집 샘이따물에 가디니마는 밤중 대가아 쥐영할 때 가디니 이레 샘이따물에, 요새애는 샘이따물에 첨부 다 샘이 가 세멘을 하고 햇지마는 예전에는 그양, 돌로 드문드문 낳아놓고 흘구딩이거등, 그래 돌로 이레 하나 들시디니 흘로 까래비고 아아, 흘로 까래비고 소더뱅이로 하나 들시내디니마는 거게 손을 옇디니 돈을 무진장을 꺼어내는 기야 "그래 이 돈은 웬 돈이냐?"꼬 "마아, 웬 돈이건 말건 가주가자."꼬 그래 옛날 돈을 멫 백 냥 대 꺼어내가아 집에 와가아 "이거 그 주인집 돈 아니냐? 그 집이 조야지." "그래요?", "그 집 샘이 가에 잇이니까 그 집 돈이 맞겟다. 낼아직……" 그래 이틀날 아침에 날이 새애가아 가 가주구 참 본인이 이약을 다 하고 틀림없이 주인집 돈이라꼬, 그러니 주인이 가지라꼬. "아아, 우리는 그래 해 놓은 일이 없다." 이콰거등. 예전에는 그 인자, 단지로 묻어 놓고 물을 퍼버어가아, 엽전은 물에다 옇어놓오면 암만 낳아도오도 색이 안 변하고 녹이 안 난다 이기야.

조 아아, 그래요?

제 으. "우리가 해 놓온 일 아니라."꼬 "자기 복이리꼬, 가기 하라."꼬 그래 결국 반석 갈랏어. 반석 갈라가아

조 그 처녀는 그거로 우애 알앗어요?

제 그거는 아아, 그거는 어예 안 기 아니고 술 묵고 천날만날 쥐중하고 쥐중뱅이가 그래 술을 대기 묵고, 그 집에 와가아 마 청에 눕어 자다가 목말라 죽는다꼬 과암을 지르고 말이지 으, 물 돌라꼬 목 타가아 죽는다 이레 상 아니 그 어덥은 데 물 뜨로 가다가 미끄러저

달라."고 (부탁을 했어). "아니 여보시오, 점잖지 못하게 그거 뭐 부엌강아지 같은 것을 그것과 어찌 결혼을 하겠습니까? (보기에는) 그런 양반이 아닌데." "아 그렇잖다고, 내가 꼭 마음에 있다 있으니까 꼭 결혼을 시켜 달라."고 "그래요? 그러면 그렇게 하지요." 그 참 요새 말로 수양딸 같이 이레 거느리고 있는데, 그래 날을 받아서 택일해 가지고 그래 결혼식을 올리고, 그 집에서 뭐 월급도 안 받고 그렇게 있었는데 그래 (새) 집을 하나 세워서 아주 살림을, 아주 한 살림 착실히 차려 줬어. 그래 나와서 살림을 살고 있는데, 하루 저녁에는, "오늘 저녁에는 나를 따라서 좀 갑시다." 이러는 거야 색시가, 그래 따라 가니까, 어느, 아 그, 주인집 우물가에 가더니만 밤중이 되어서 조용할 때 가더니만 이레 우물가에, 요새는 우물가에 전부 다 우물가에 시멘트를 바르고 발랐지마는 예전에는 그냥, 돌을 드문드문 놓아두고 흙구덩이거든, 그래 돌을 이레 하나 들추더니 흙을 할퀴고 응, 흙을 할퀴어 파고서 소댕을 하나 들어내더니만 거기에 손을 넣더니 (엽전) 돈을 무진장으로 꺼내는 거야 "그래 이 돈은 웬 돈이냐?"고 하니까 "에, 웬 돈이건 말건 가져가자."고 그래 옛날 돈으로 몇 백 냥이나 돼 꺼내서 집에 와서는 "이것은 그 주인집의 돈 아니냐? 그 집에 줘야지." "그래요?", "그 집 우물가에 있었으니까 그 집 돈이 맞겠다. 내일 아침……" 그래 그 이튿날 아침에 날이 새어서 가서는 참 본인이 이야기를 다 하고서 (이것은) 틀림없이 주인집의 돈이라고, 그러니까 주인이 가지라고 그래. "아, 우리는 그렇게 해 놓은 일이 없다." 이러거든. 예전에는 그 인제, 단지를 묻어 놓고 물을 퍼부어서, 엽전은 물에다 넣어놓으면 암만 (오래) 놓아두어도 색이 변하지 않고 녹이 안 쓴다 이거야.

조 아, 그래요?

제 응. "우리가 해 놓은 일이 아니라."고 "자기

뿌렛어, 미끄러지니 이 소더방 꼭대기가 발
에 걸리잇다 이기라. 그 처녀 발에 걸리이 가
주고 여거 머어가 잇나 싶어 손을 옇어보니
돈이 들엇더라 이기야. 그래서 다부 묻어 낳
앗어. 다부 묻어 놓고, 그래 그거로 찾앗는데,
그 사램이, 사람이 다 아니라는 기야 그래가
아 그 참 백년해로하고 자여를 놓고, 그래 잘
살더라는 그런 이약이 잇어.

일곱 살짜리 가장

제 예전에 어는 양반은 장가를 가가아 자꼬 놓
오니 아들 딸 머 수 없이 낳아지는 기야. 그
러니 마 한 여남시 대앳어. 그러니 머 식구는
많으나마 먹을 거는 작으니까 그래 제일 막
냉이가, 일곱 살 묵엇는데 "아부지요, 오늘버
텅 어른을 날로 주소. 내가 어른질 해얄시
더." "에이, 니가 머 어른질로 하노?" 말이야.
"글시요, 아부지는 머 하는 이력이 이래가아
우리 형제들 다, 형제들하고 아부지 어무니
다 긇아죽겟심다." "그래? 그럼 오늘버텅 니
어른을 주지." 그래 중우 하나 달라꼬, 중우
로 입고 "오늘 저 그, 저 큰마실에 그 대감
집이 갓다 오겟심더." "거어 마아로? 니가 거
어 대감 집에 마아로 가노?" "아아, 대감 집
에 내 가가아 돈도 쫌 빌리고, 양식도 빌리
와야 되겟심다." "그래야?" 대감 집에 가가아
참 옛날 정승, 정승 집이야 "그 대감님 집이
게십니까?" "오오, 그래, 니 어딘노?" 카니
"내, 저 웃마실에요. 산골에 잇는 아무낍니
다." 그래. "그래, 어얘 왓노?" "예, 쫌 빌 일

네 복이라고, 자기네가 가지라."고 그래 결국
(주인집과) 반씩 갈랐어. 반씩 갈라서는

조 그 처녀는 그것을 어떻게 알았어요?

제 그것은 응, 그것은 어찌 안 것이 아니고 술을
먹고 매일같이 주정하는 주정뱅이가 그래 술
을 많이 먹고, 그 집에 와서 에, 대청에 누워
자다가 목말라 죽는다고 고함을 지르고 말이
지 응, 물을 달라고 목이 타서 죽는다고 이레
쌓으니까 그 어두운 데 물을 뜨러 가다가 미
끄러져 버렸어, 미끄러지니 이 소댕 꼭대기
가 발에 걸렸다 이거라. 그 처녀의 발에 걸려
가지고 여기에 뭐가 있나 싶어서 손을 넣어
보니까 돈이 들었더라 이거야. 그래서 도로
묻어 놓았어. 도로 묻어 놓고, 그래 그것을
찾았는데, 그 사람들이, 사람이 다 아니라는
거야 그래서 그 참 백년해로하고 자녀를 낳
고, 그래 잘 살더라는 그런 이야기가 있어.

일곱 살짜리 가장

제 예전에 어느 사람은 장가를 가서 자꾸 (자식
을) 낳으니까 아들 딸 뭐 수도 없이 낳아지는
거야. 그러니까 (자식이) 에, 한 여남은 명(씩)
이나 됐어. 그러니까 뭐 식구는 많으나마 먹
을 것은 적으니까 그래 제일 막내가, 일곱 살
을 먹었는데 "아버지, 오늘부터 어른을 나에
게 주세요. 내가 어른 짓을 해야겠습니다."
"에이, 네가 뭐 어른 짓을 하느냐?" 말이야.
"글쎄요, 아버지는 뭐 하는 능력이 이래서
우리 형제들 다, 형제들과 아버지 어머니가
다 긇아죽겠습니다." "그래? 그럼 오늘부터
너에게 어른을 주지." 그래 바지 하나를 달
라고, 바지를 입고 "오늘 저 그, 저 큰마을에
그 대감 집에 갔다 오겠습니다." "거기는 무
얼 하러? 네가 거기 대감 집에는 무얼 하러
가니?" "아, 대감 집에 내가 가서 돈도 좀 빌
리고, 양식도 빌려 와야 되겠습니다." "그
래?" 대감 집에 가서 참 옛날 정승, 정승의
집이야 "그 대감님 집에 계십니까?" "응, 그
래, 너 어디에 사니?" 하고 물으니까 "나는,

이 잇어 왔는데 방아 쫌 드가야 대겟슴다.”
“오오, 둘온너라.” “그 우리 집이 식구는 우
리 형제가 누나들하고 형하고 열긴데 아부지
어무니 열둘인데 그 머 팔밭 쫏아가아 머 감
자 쫌 숨구고, 서숙 쫌 갈아바도 도저이 몬
묵고살겟심다.”

조 서숙이라 컹는 기이 조지요?

제 응, 조.

조 지정하고 조하고는 다릅니까?

제 틀리지. 천지 차이지. “그래? 그럼 나락 얼매
나?” “나락 백 섬하고 돈 백 냥 하고만 주소.
멩연, 올개는 몬 갚울 끼이고 멩연에 갚겟심
다.” “돈 백 냥은 머어한데 시노?” 카니 “뭐,
이쟁이 잇어야 일을 하지요. 산에 머, 팔밭을
쫏아가아 머 감자도 숨구고, 서숙도 갈고 콩
도 갈고, 머 여러 가지 하며 싶운데, 머 호미
도 사야 대고, 꽹이도 사야 대고 소구리도 사
야 대고, 이레 하는데 오늘 당장 쫌 보내 주
소, 양석, 머 오늘 먹을 기이 없심다.” “응,
그래? 그라지.” 그래 마당아 노죽 벳가리 꽉
가리 낳앗거등, 한 벳가리 가리 낳앗는데, 가
리 가주구 이레 덮어 낳앗는데, 벗기고 우예
섬을 들어내라 놓고 그 밑엣거로 실리 올리
보내 주거등 거거서 인자 다 올라가는 거 보
고 돈 백 냥 받아 옇어가아 집이 와가아 “오
늘버터 일 합시다. 그런데 일로 하는데요 해
가 빠지두룩 일하고 집에 올 때는 누구나 돌
을 줏어 오든지, 애, 흘을 지고 오든지, 머 낡
을 지고 오든지 많이 말고 힘대로, 빈걸로 오
는 사람은 다시 가가아 지고, 해가 와야 댄
다.”고 그래 머 이 연 동안 무앗는 돌이 마
아주 돌벳가리가 크게 한 벳가리야. 한 벳가
린데 기중 우옛돌이 생금장이야 기중 우옛돌
이 생금장인데 그 본집 공구는 생금장인지
아닌지 그냥 돌모데기만 삻아 올리는 줄 알
엇지.

조 그게 아무 눈에나 안 보인다 컹데에요.

제 그렇지, 고 그양 돌만 비이지. 여네 숯 굴에
부엌 아구리 한가지야. 저 저 이 머

저 윗마을에요. 산골에 있는 아무갭니다.”고
그래. “그래, 어떻게 왔니?” “예, 좀 뵐 일이
있어 왔는데 방에 좀 들어가야 되겠습니다.”
“오냐, 들어오너라.” “그 우리 집에 식구는
우리 형제자매가 누나들과 형을 합해서 모두
열 명인데 아버지 어머니(까지 합해서 식구
가 모두) 열둘인데 그 화전(火田)을 일구어서
뭐 감자 좀 심고, 조를 좀 갈아 봐도 도저히
못 먹고살겠습니다.”

조 서숙이라고 하는 것이 조지요?

제 응, 조.

조 기장과 조는 다릅니까?

제 틀리지. 천지 차이지. “그래? 그럼 벼는 얼마
나?” “벼 백 섬과 돈 백 냥만 (빌려) 주세요
명년, 올해는 못 갚을 것이고 명년에 갚겠습
니다.” “돈 백 냥은 무얼 하는 데 쓰느냐?”고
하니까 “뭐, 농기구가 있어야 일을 하지요.
산에 뭐, 화전을 일구어서 뭐 감자도 심고,
조도 갈고 콩도 갈고, 뭐 여러 가지를 (재배)
하면 싶은데, 뭐 호미도 사야 되고, 괭이도
사야 되고 소쿠리도 사야 되고, 이레 하는데
오늘 당장 좀 보내 주세요, 양식은, 오늘 먹
을 것이 없습니다.” “응, 그래? 그렇게 하지.”
그래 마당에는 노적가리를 잔뜩 가려 놓았거
든, 한 볏가리를 가려 놓았는데, 가려 가지고
이렇게 덮어놓았는데, 벗기고 위에 있던 섬
을 들어내려 놓고 그 밑엣것을 실어 올려 보
내 주거든 거기서 이제 다 (실어) 올라가는
것을 보고 돈 백 냥을 받아 넣고 집에 와서
는 “오늘부터 일들을 합시다. 그런데 일을
하는데 있어서는 해가 빠지도록 일하고 집에
올 때는 누구나 돌을 주워 오든지, 아니면,
흙을 지고 오든지, 뭐 나무를 지고 오든지 많
이는 말고 힘대로, 빈손으로 오는 사람은 다
시 가서 지고, 해서 와야 된다.”고 그래 뭐
이 년 동안 모은 돌이 에, 아주 돌무더기가
크게 한 무더기야. 한 무더긴데 그중 (맨) 위
의 돌이 생금장이야 그중 맨 위의 돌이 생금
장인데 그 본집 식구는 생금장인지 아닌지

조 이망돌.

제 이망돌 한가지야. 그래 그거 인자 우예 노적
벳가리 헐어가아 우예서 내라놓고 밑엣거 주
는 그 뿐을 바 가주고, 아아 그 뿐을 밧는데
그래 인자 "어어, 나락 백 섬을 안 받는다,
돈 백 냥도 안 받는다." 그 대감이 말이지
"저 돌벳가리 저거만 날 달라." 이기야.

조 와요? 대감님이 그 금덩거리를 밧단 말이지
요?

제 옳지.

조 다른 사람은 모르고?

제 다른 사람은 모리지.

조 그 아아도 모르고요?

제 본집 식구는 몰라.

조 고 일곱 살짜리도 모르고?

제 모르고.

조 인자 한 아홉 살 댓겟네요?

제 그렇지. 그 일곱 살이니까네, 두 해 대앳이니
까네 아홉 살 대앳지. "그래 왜, 그 돌벳가리
날 달라 그랫는데 왜 우엣거는, 와 내라놓느
냐?" 콰니 "대감님도 우예 노적 벳가리 우엣
거는 한 섬 내라놓고, 날 줏잖습니까? 나도
이 제일 우에 웃뚜껑인데 나도 이거 내라놓
습니다." 이라거등. '하하 저넘이 아무래 캐
도 어건이 너리니 저넘 복이 많구나.' 그래서
"돌모데기는 필오 없단 말이다. 으 돌벳가리
도 필오 없고 나락 백 석도 필오 없고 돈 백
냥도 필오 없다 말이다. 니가 하여간 머리가
좋다 말이야. 그 잘 살어라." 이 콰고 그래가
아 부자 대애가아 잘 사더라는데. 그래 다부,
다부 만석 하더라는데. 하하하하, 그 머리가
좋아야 대. 중국사람 '장구자' 내는 거 한가
지야.

조 머요?

제 중국사람 '장구자'.

조 그기이 무슨 말입니까?

제 중국, 이 중국서 나왔어, 이 얘기가 중국 사
램이 이 아들이 몇이기나 제일 똑똑한 애애
를 장구…… 저 주인을 내는 기라. '장구자'.

(모르고) 그냥 돌무더기만 쌓아 올리는 줄 알
았지.

조 그것이 아무 눈에나 보이지 않는다고 하더군
요.

제 그렇지, 고 그냥 돌로만 보이지. 마치 숯 굴
의 부엌 아궁이와 마찬가지야. 저 저 이 뭐

조 이맛돌.

제 이맛돌과 마찬가지야. 그래 그것 이제 위의
노적가리를 헐어서 위의 것은 내려놓고 밑엣
것을 주는 그 본을 봐 가지고, 응 그 본을 봤
는데 그래 이제 "응, 벼 백 섬을 안 받는다,
돈 백 냥도 안 받는다." 그 대감이 말이지
"저 돌무더기 저것만 나를 달라." 이거야.

조 왜요? 대감님이 그 금덩이를 봤단 말이지요?

제 옳지(암, 그렇지).

조 다른 사람은 모르고?

제 다른 사람들은 (아무도) 모르지.

조 그 아이도 모르고요?

제 본집 식구는 몰라.

조 고 일곱 살짜리도 모르고?

제 모르고.

조 이제 한 아홉 살이 됐겠네요?

제 그렇지. 그 (때) 일곱 살이니까, 두 해가 되었
으니까 아홉 살 됐지. "그래 왜, 그 돌무더
기를 나에게 달라고 했는데 왜 위의 것은, 왜
내려놓느냐?"고 하니까 "대감님도 위의 노적
가리 맨 위의 것은 한 섬을 내려놓고, 나를
주지 않았습니까? 나도 이 제일 위의 (것은),
위뚜껑이기에 나도 이것은 내려놓습니다."
이러거든. '하하 저놈이 아무리 해도 의견이
너르니까 저놈의 복이 많구나.' 그래서 "돌무
더기는 필요 없단 말이다. 응. 돌무더기도 필
요 없고 벼 백 석도 필요 없고 돈 백 냥도 필
요 없단 말이다. 네가 하여간 머리가 좋단 말
이야. 그럼 잘 살아라." 이렇게 말하고 그래
서 부자가 되어서 잘 살더라는데. 그래 도로,
도로 만석을 하더라는데. 하하하하, 그 머리
가 좋아야 돼. 중국사람이 '장구자'를 선출하
는 것과 한가지야.

머 이장을 얻으러 가기나 머어로 얻으로 가
도 '장구자'인데 물어보라 이기라 물어보고
가주 가라 이기라. 어른도 필오 없어. '장구
자'.

조 그게 인자 어른이네요?

제 아아, '장구자'가 어른이야.

자원(自願)한 며느리

제 어는 양반이 장가로 가가아 아들딸로 많이
낳앗어. 많이 낳앗는데, 한 열댓 식구 대는데
그 인자 큰아들로 장가를 보내 놓오니 참 아
까 말따나 머 일감이 잇어야 일로 하재? 그
아까 그, 머 '장구자' 나는 거어 그 집이는
일 참 산에, 산을 팔밭을 쪼앗지마는 이집에
는 산도 없어. 열다섯 식구에 그래 큰아들 장
개보내 놓오니 마 색시가 머 머 나물로 뜯어
다가 이레 먹고 이레 살어보니 도저이 몬 살
겠거등. 마 자기는 자기대로 가뿌렛어. 가뿌
고, 또 근근이 그 재추 장개로 보냇는데 이
사람도 마아 역시 살어보니 도저이 머 굶고
머 살 수가 잇는강? 또 마 도망 가뿌렛다. 가
뿌고. 시 분째 장개 보낼라 카니 도저이 머,
머 누가 딸 굶어 죽일 자리 누가 딸 줄라 카
는가배? 그래 중신애비가 중신하로 댕기는데
그래 한 집이 처여가 참 좋우 처녀데 거어
가가아 말로 하니 어른들이 마 냉걸량을 에
이 사람 에라. 고이한 사람겉이, 쯧. 어데 그
저저, 밥도 몬 묵고 죽도 몬 얻어 묵는 그런
집에다가 말로 해가아 대나, 가문이사 좋다.
좋구마는. 옛날에는 가문 보고도 그거 참

조 가문 뜯어묵고 사는기요?

제 그케, 시집 보내고 장가 보내고 햇는데 그래
그 참 중신애비가 삽쩍걸에 삽짝밖에 인자,

조 뭐요?

제 중국사람 '장구자'.

조 그것이 무슨 말입니까?

제 중국, 이게 중국에서 나왔어, 이 얘기가 중국
사람은 그 아들이 몇이거나 간에 제일 똑똑
한 애를 장구…… 저 주인을 삼는 거라. '장
구자'. 뭐 (누가) 농기구를 빌리러 가거나 무
엇을 빌리러 가도 '장구자'한테 물어보라 이
거라 물어보고 가져가라 이거라. 어른도 필
요 없어. '장구자'.

조 그것이 이제 어른이네요?

제 응, '장구자'가 집안의 어른이야.

자원(自願)한 며느리

제 어느 사람이 장가를 가서 아들딸을 많이 낳
았어. 많이 낳았는데, 한 열댓 식구가 되는데
그 인제 큰아들을 장가를 보내 놓으니까 참
아까 말처럼 뭐 일감이 있어야 일을 하지?
그 아까 그, 뭐 '장구자' 나는 거기 그 집에
는 일 참 산에, 산을 화전을 일구었지마는 이
집에는 산도 없어. 열다섯 식구에 그래 큰아
들을 장가보내 놓으니까 에, 색시가 뭐 뭐 나
물을 뜯어다가 이렇게 먹고 이렇게 살아보니
까 도저히 못 살겠거든. 에, 자기는 자기대로
가버렸어. (도망) 가버리고, 또 근근이 그 재
취 장가를 보냈는데 이 사람(=여자)도 에, 역
시 살아보니까 도저히 뭐 굶고서 뭐 살 수가
있는감? 또 마 도망 가버렸다. 가버리고. 세
번째 장가를 보내려니까 도저히 뭐, 누가 딸
을 굶어 죽일 자리에다 누가 딸을 주려고 하
겠어? 그래 중매쟁이가 중매하러 다니는데
그래 한 집에 처녀가 참 좋은 처녀가 있는데
거기 가서 말을 하니까 어른들이 에, 냉갈령
을 에 이 사람 에라. 고이한 사람같이, 쯧. 어
데 그 저저, 밥도 못 먹고 죽도 못 얻어 먹는
그런 집에다가 말을 해서야 되느냐, 가문이
야 좋다. 좋건마는. 옛날에는 가문을 보고도
그것 참

조 가문 뜯어먹고 삽니까?

나가 어른이 전송을 하고 둘오는데 그 엿들 엇거등 처녀가 엿듣고, "그 손님 와 왔던기요?" "아아 마, 니 알 거는 아니다." "와요? 내가 마아 대강 들어밧는데요. 날 치우라꼬, 중신하로 왔지요?" 그 머 알고 물으니. "그래." "날 거어 시집보내 주소. 살 자신이 잇심더.", "그래야?" 그래 인자 가는 사람을 다시 불럿지 불러가아, "머 지가 자청하고 시집갈라 칸다." 머 허락, 지가 허락하는 데는 머 내가 할 수 잇나. 머 말해 바라.

조 그라머 재추도 넘네요.

제 그렇지. 세 분째지. 그러니 인자, 이쪽에, 이쪽에 신랑 쪽에서러 중신하로 갓이니까, 그 머 그거는 틀림없거등. 어허허허. 안 델 텍이 없단 말이라. 시집 올라 카는, 직접 머, 처녀가 시집 올라 컹더라고 일은 대앳다 말이다. 내리 당장 사성 보내자. 그러니 당장 사성, 머 그날 이튿날 사성 가가아, 사성 가주 가 가주구 '날받이' 받어 와가아 잔챗날로 급하게 이레 해가아, 그래 인자 장개보내앤다 카니까네 머 혹 친구네들이 부조도 조매 둘오고 이레 해도 마아 그날뿐이야. 잔챗날 그날 뿐이라. 그 마아 행예만, 그 참 찬물 떠놓고 행예한다 카는 거, 그래 울어나왔어. 찬물 떠놓고 참 행예하고 그 이튿날. 새빗사관을 인자. 시집간 색시가 인자

조 해가아 갓겟지요.

제 그렇지. 안주 쫌 하고, 술하고 가주간 거 새 빗사관 디리고, 등 너메 오초, 오촌이 오촌이 그라면 당숙 아니가? 곡, 곡석 천석을 해. 천석을 하는데 그래 인자, 당숙이 그라면 시어른하고 사촌간 아니가? 이넘, 하도 쪼매꿈 쪼매꿈 대애조 바야 그거 머 참, 으 손에 붙은 밥풀이고 이레 놓오니 잔채해, 한다 캐도 오지도 안 햇어.

조 맞어요, 쪼매꿈석 주는 거는 평생 조도 소용없어요.

제 맞아. 평생 조도 소양없는 기야.

조 그러니까 뭉팅 조야지, 앤 그러면 안 주는 기

제 그러게, 시집 보내고 장가 보내고 했는데 그래 그 참 중매쟁이가 사립 부근에 사립밖에 이제, 나가서 어른이 전송을 하고 들어오는데 (처녀가) 그것을 엿들었거든 처녀가 엿듣고는, "(아까) 그 손님이 왜 왔습디까?" "응에, 네가 알 것은 아니다." "왜요? 내가 에, 대강 들어봤는데요. 나를 치우라고, 중매하러 왔지요?" 그 뭐 알고 물으니까. "그래." "나를 거기다가 시집보내 주세요. 살아갈 자신이 있습니다.", "그래?" 그래 이제 가는 사람을 다시 불렀지 불러서, "뭐 자기가 자청하고 시집가려고 한다." 뭐 허락, 본인이 허락하는 데는 뭐 내가 할 수 있나. 뭐 말해 봐라.

조 그러면 재취도 넘네요.

제 그렇지. 세 번째지. 그러니까 이제, 이쪽에, 이쪽에 신랑 쪽에서 중매하러 갔으니까, 그 뭐 그것은 틀림없거든. 어허허허. 안 될 턱이 없단 말이라. 시집 오려고 하는, (처녀가) 직접 뭐, 처녀가 시집 오려고 하더라고 일은 됐단 말이다. 내일 당장 사성(四星=四柱單子)을 보내자. 그러니까 당장 사주단자를, 뭐 그날 이튿날 사주단자가 가서, 사주단자를 가지고 가서 '날받이'를 받아 와서 잔칫날을 급하게 이리 받아서, 그래 이제 장가보낸다고 하니까 뭐 혹 친구들에게서 부조도 좀 들어오고 이렇게 해도 에, 그날뿐이야. 잔칫날 그날뿐이라. 그 에, 초례만, 그 참 찬물 (한 그릇) 떠놓고 초례 치른다고 하는 말이, 그렇게 해서 생겨나왔어. 찬물 떠놓고 참 초례를 치르고 그 이튿날. 새벽사관을 이제. 시집간 색시가 이제

조 (사관 볼 준비를) 해서 갔겠지요.

제 그렇지. 안주 좀 하고, 술하고 가져간 것으로 새벽사관을 드리고, 등 너머에 오촌이 오촌이란 그러면 당숙(堂叔) 아니냐? 곡, 곡식 천석을 해. 천석을 하는데 그래 이제, 당숙이 그러면 시어른과는 사촌간 아니냐? 이놈의 것은, 하도 조금 조금씩 대줘 봐야 그것은 뭐 참, 응 손에 붙은 밥풀이고 이러 해 놓으니까

낮지.

제 "그 등 너메 당숙이 기신다 카지요?" "그래.", "어, 어제 안 와싯지요?" "안 왓지러." "안 와시도 사관을 디리야 안 대겟십니거? 사관 디리고 오겟심더." 지가 갈라 카는데, 몬 간다 소리는 몬하지 그래,

조 당숙한데까지도 디립니까?

제 그렇지.

조 한 동네도 아닌데요?

제 한 동네 아니라도, 그 인자 지는 지 꿍수가 잇거등, 그래가아 술하고 안주하고 가주 가가아 사관을 보고, "아짐, 온 아칙에 쫌 빌 일도 잇고, 그래 왓심더. 그런데, 대관절 어제 내가 시집 왓는데 오늘 아침꺼리가 없습니다. 보니요 아침꺼리가 없는데, 양식을 쫌 주시요. 우선 살말이나하고 멩태 한 떼하고, 보내 주소."고.

조 옛날에는 멩태가 흔앳던 모양이지요?

제 그렇지. 그래 흔엇던 모냥이지. 한 떼라 카먼 시무 마리 아니가? 시무 마리 한 떼라 카거등.

조 눈까리 빼묵는 기억은 나는데.

제 허허허허,

조 그랫는 거 같애요.

제 노랑태 그거 눈 빼묵우먼 고소하다. "그래 당장 일꾼 시기 보내애 주소."

조 맽기 놓온 거도 아닌데요?

제 "그래. 보내애 주지." "그런데 또 쫌 더 조야 대겟심더. 그저 쪼매 조가아 앤 대겟심더. 나락 백 섬하고, 아까 얘기 말따나 돈 백 냥하고, 호미도 시고 낫도 사고, 머 스랑도 사고, 팽이도 사고, 이장을 쫌 사야 대겟심더. 내 요게 앉은자레서 그 시작들 시작이라 카는 거 인자, 그 논 부치는 사람들 불러가아 당장 실리이 보내 주소." 그 머 천석꾼 살림에 옛날에 머 그 시작들이 그 밑을, 그 상전에 상전이잖에 그 부자 꺼 묵고사는데 와가아 이거 해 돌라 카먼 그 집에 가먼 또 술잔이나 얻어 먹지러 그래 나락 백 섬 하고, "이, 십

년 내로 갚습니다. 십 년 내로 머, 꼭 갚을 자신이 잇슴더.”꼬 그래 여어 나락 백 섬을 집에 갖다가 가리 놓오니까네 참, 안 묵어도 배가 부른데 그러니 다 오라꼬, “인자 집안 식구가 아부님도 일하고 어머님도 일하고 머 시동생들도 다 일하고, 다 일합시더.”고, “일감이 없어가아 일로 몬햇는데 먹을 게 잇겟당. 논 백 마지기 잇겟당. 산에 가 풀또 비고, 거름도 하고 머 이, 오늘버텅 전부 다 합시더.”꼬 그래 한 오 연 대니까 나락 백 섬 잇지, 농사 한 사 연 식구가 한 열다섯이 대도 머 한 도오 해 넘기 묵겟거등 그래 머어로, 이레 농사로 지이니까네 그 나락 백 섬 얻엇재. 백 섬 얻고 돈 백 냥 하고, 논 백 마지기 하고, 그 논 백 마지기니까

조 그 다른 시작은 떨어질 거 아닙니까?

제 논문세 얻어 왔지. 얻어가아 와가아 떨어지지. 그래 오 연 대니까네 천 석이 넘어. 그래 저 천 석 하는 오촌은 머 우옌지 마아, 삐등삐등 살림이 내리가뿌고 머 거진 다 줄아뿟어, 다 줄아뿟는데 그래 이집이서 색시가 그 오촌을 오촌을 참 살림을 다시 서아 좃어. 그래가아 그 집들이 그래 참 윤기 잇게 잘 사더란다.

침과 약의 대결

제 옛날에 두 형제가 잇는데 하나는 약을 잘 시고 하나는 침을 잘 놓는단 말이야, 잘 놓는데, 그래 인자 약 잘 시는 사람은 형이고 조용해! 침 잘 놓는 사람은 동생인데 그 서루가 자랑을 하지, 자랑을 하는데, 그 인자 형은 약국이고 탄약을 시고, 동생은 침을 놓는데

부치는 사람들을 불러서 당장 실려서 보내 주십시오.” 그 뭐 천석꾼 살림에 옛날에 뭐 그 소작들이 그 밑을, 그 상전에 상전이 아니고 그 부자의 것을 먹고사는데 와서 이것을 해 달라고 하면 그 집에 가면 또 술잔이나 얻어 먹지(그러니 좋다고 거들어 줄밖에) 그래 벼 백 섬과, “이것을, 십 년 내로 갚겠습니다. 십 년 내로 뭐, 꼭 갚을 자신이 있습니다.”라고 그래 여기 벼 백 섬을 집에 갖다가 가려 놓으니까 참, 안 먹어도 배가 부른데 그러니 다 오라고, “이제 집안 식구가 아버님도 일하고 어머님도 일하고 뭐 시동생들도 다 일하고, 다 일합시다.”라고, “일감이 없어서 일을 못했는데 먹을 것이 있겠다. 논 백 마지기가 있겠다. 산에 가서 풀도 베고, 거름도 하고 뭐, 오늘부터 전부 다 합시다.”라고. 그래 한 오 년이 되니까 벼가 백 섬 있지, 농사 한 사 년 식구가 한 열다섯 명이나 되어도 뭐 한 두어 해를 넘게 먹겠거든 그래 무엇을, 이레 농사를 지으니까 그 벼 백 섬을 얻었지. 백 섬을 얻고 돈 백 냥과, 논 백 마지기 하고, 그 논이 백 마지기니까

조 그 다른 소작들은 떨어질 것 아닙니까?

제 논문서를 얻어 왔지. 얻어 가지고 와서 (다른 소작이야) 떨어지지. 그래 오 년이나 되니까 천 석이 넘어. 그래 저 천 석 하는 오촌은 뭐 어쩐지 에, 시들시들 살림이 내려 가버리고 뭐 거의 다 줄여버렸어, 다 줄여버렸는데 그래 이집에서 색시가 그 오촌을 오촌을 참 살림을 다시 (일으켜) 세워 줬어. 그래서 그 집들이 그래 참 윤기(潤氣) 있게 잘 살더란다.

침과 약의 대결

제 옛날에 두 형제가 있었는데 하나는 약을 잘 쓰고 (다른) 하나는 침을 잘 놓는단 말이야, 잘 놓는데, 그래 이제 약을 잘 쓰는 사람은 형이고 조용해! 침을 잘 놓는 사람은 동생인데 그 서로가 자랑을 하지, 자랑을 하는데, 그 이제 형은 한약국 (주인)이고 탕약을 쓰

형이 자꾸 자랑해 쌓아니까네 아, 형을 골탕을 한문 믹에, 믹에야겟다 싶어. 그 인자 오뉴월에 시 불 안 매나 말이지?

조 예.

제 많이 매는 사람은 니 불꺼지 .매거등

조 논을 니 불을 매요?

제 그래.

조 그러면 이거 까랩히이가 우야는기요?

제 까래……, 자꾸 이, 두불논으는 그냥 이레 매도, 시불논버텅은 골로 타고 매거등. 다섯 고랑석, 고 내 골 타가아 가는 한 고랭이재? 앞에 두 고랑이거등

조 두 고랑이지요.

제 다섯 고랑 매가아 가거등, 이레 하는데 그 인자, 시불논에 논을 매고 전섬 때, 형이 하도 자랑…… 약 잘 신다꼬……, 약은 참 잘 섯던 모냉이지 형이 저만침 캐 쌓아니까네 형을 골탕을 한문 믹이바야 댆다 싶어. 그 머슴, 전섬 묵고 인자 자는 데 가가아 마아 몬 일 나두룩

조 침을 한 대 낳아뿌렛어요?

제 침을 한 대 낳아뿌렛어, 한 대 낳아뿌래 놓오니 마아 자꾸 자는 기야,

조 간딴하지요 머, 그거사, 한 대만 놓오면 다 대니까.

제 "동생 보래, 우짠지 딴 사람 다 일낫는데 우리 일꾼, 지가 일로 시기야 대는데 자꾸 자고 잇는데, 저거 어짜지?" 카니. "이녁 약 잘 시니까, 머 약 서보소 와." 허허허허. 그때 인자 동생인데 항복을 햇어 "이 사람아 바라, 자네 바라 말이다. 침을 잘 안 놓나?" "형은 머, 약 잘 시는데 머, 침은 머 머 머 효꽈 잇습니가? 약 시면 안 댑니가?" "어엉어, 내가 안다, 알 수가 잇다. 허허 소작은 자네 소작이제?" "하, 그런 줄 압니까?" 약은 둘러가고, 약은 이레 둘러가고 침은 단방이야. "그러시면 예, 하지요." 침 한 대 놓오니까네 "아, 오늘 어찌 이레 곤하기 잣지?" 캄서러서 툴툴 털고 일나니 침이, 첫째 침을 첫다 이기라. 침은

고, 동생은 침을 놓는데 형이 자꾸 자랑해 쌓으니까 아, 형을 골탕을 한번 먹여, 먹여야겠다 싶어. 그 이제 오뉴월에 (논을) 세 벌을 매지 않느냐 말이지?

조 예.

제 많이 매는 사람은 (논을) 네 벌까지 매거든

조 논을 네 벌씩이나 매요?

제 그래.

조 그러면 이거 (볏 잎에 팔과 얼굴이) 긁혀서 어쩝니까?

제 긁……, 자꾸 이, 두벌논은 그냥 이렇게 매도, 세벌논부터는 골을 타고 매거든. 다섯 고랑씩, 고 내가 골 타서 기어가는 한 고랑이지? 옆에 두 고랑이거든

조 두 고랑이지요.

제 다섯 고랑을 매면서 가거든, 이렇게 하는데 그 이제, 세벌논을 맬 때 논을 매고 점심 때, 형이 하도 자랑…… 약을 잘 쓴다고……, 약은 참 잘 썼던 모양이지 형이 저만큼 (자랑을) 해 쌓으니까 형을 골탕을 한번 먹여봐야 되겠다 싶어. 그 머슴이, 점심을 먹고 이제 자는 데 가서 에, 못 일어나도록

조 침을 한 대 놓아버렸어요?

제 침을 한 대 놓아버렸어, 한 대를 놓아버리니까 에, 자꾸 자는 거야,

조 간단하지요 뭐, 그거야, (침을) 한 대만 놓으면 다 되니까.

제 "동생 보게, 어쩐지 딴 사람은 다 (자고) 일어났는데 우리 일꾼은, 자기가 (다른 일꾼들에게) 일을 시켜야 되는데 자꾸 자고 있는데, 저걸 어쩌지?" 라고 하니까. "이녁은 약을 잘 쓰니까, 약을 써보십시오 왜." 허허허허. 그때 이제 동생한테 항복을 했어 "이 사람아 봐라, 자네가 봐라 말이다. (자네는) 침을 잘 놓지 않니?" "형은 뭐, 약을 잘 쓰는데 뭐, 침은 뭐, 뭐, 무슨 효과가 있습니까? 약을 쓰면 되지 않습니까?" "아니, 내가 안다, 알 수가 있다. 허허 소작(所作)은 자네 소작이지?" "하, 그런 줄 아십니까?" 약은 둘러가고, 약

바로 직통이라 이기라. 그래 형제간에 투기
심이 잇어 가주고 서리가 내가 옳다, 니가 옳
다 그래가아 그라더라는데. 그런 이약이 잇
어.

그네 탄 기생 오입

조 그래 해 보이소, 박순호°가
제 그 금주°로,
조 금주°는 기생이고요?
제 기생인데, 군데로 으, 옷을 뻘강이 벳기놓고
조 어디서?
제 건천°서.
조 그러니까, 남 보는데 뻘가벗길 수는 없잖아
　요?
제 그렇지, 밀구° 정수댕°이가 밧다 이기라. 뻴
　가벳기 놓고, 군데로 태야놓고 말이지 그라
　면 이 다리가 벌어질 거 아닌가배
조 방에서요?
제 그래, 방아 실건에다 군데로 매애 놓고
조 아, 실건에다 매애 놓고, 아.
제 그러니 박순호° 영감은 뻴가벗고 이 용이 안
　일나거등. 그라니 자꼬 애로 달가가아 금주°
　는 이 군데로 타고 잇지 그래 오입을 하더라
　이기야. 그래 문을 열어놓오니 그라니 문을
　꽉 닫아뿌고 나와뻣다.
조 제대로 활량이네.
제 환량이고말고.
조 돈깨나 잇엇던 모양이지요?
제 돈은 없는 사람이야, 박순호° 카는 영감이
조 그러면 정만서° 식이네요?
제 돈이 없어도, 돈만 벌머, 잇으면 닷 돈이라도
　잇으면 마아 색시만 좋다 이기야.
조 그래도 옛날 기생들은 돈만 받어서는 안 그
　랫잖아요.
제 그래도 언창 좋와 카니.

은 이렇게 둘러가고 침은 단방이야. "그러시
다면 예, 하지요." 침을 한 대 놓으니까 "아,
오늘은 어찌 이렇게 곤하게 잤지?" 하면서
툴툴 털고 일어나니 침이, 첫째 침을 쳤다 이
거라. 침은 바로 직통이라 이거라. 그래 형제
간에 투기심이 있어 가지고 서로가 내가 옳
다, 네가 옳다 그래서 그러더라는데. 그런 이
야기가 있어.

그네 탄 기생 오입

조 그래 해 보세요, 박순호가
제 그 금주로,
조 금주는 기생이고요?
제 기생인데, 그네를 응, 옷을 빨가 벗겨놓고
조 어디서?
제 건천에서.
조 그러니까, 남 보는데서 빨가벗길 수는 없잖
　아요?
제 그렇지, 밀구 정수동이가 봤다 이거라. 발가
　벗겨 놓고, 그네를 태워놓고 말이지 그러면
　이 다리가 벌어질 것이 아닌가봐
조 방에서요?
제 그래, 방에 선반에다 그네를 매어 놓고
조 응, 선반에다 매어 놓고, 응.
제 그러니 박순호 영감은 발가벗고 이 남근이
　안 일어나거든. 그러니까 자꾸 애를 달구어
　서 금주는 그네를 타고 있지 그렇게 오입을
　하더라 이거야. 그래 문을 열어놓고 그러니
　까 (보던 사람이) 문을 꽉 닫아버리고 나와
　버렸다.
조 제대로 한량이네.
제 한량이고말고.
조 돈깨나 있었던 모양이지요?
제 돈은 없는 사람이야, 박순호라고 하는 영감
　이
조 그러면 정만서 식이네요?
제 돈이 없어도, 돈만 벌면, (돈만) 있으면 닷 돈
　이라도 (돈이) 생기면 에, 색시만 좋다 이거
　야.

조 그거는 어딘가 마암에 드는 구석이 잇으니까 그렇지…….
제 그렇지.
조 돈만 준다꼬는 안 그랫잖아요?
제 안 그렇지. 이런 이약은 할 끼이 아니야.

반딧불이 노래

제 손바닥을 친다.
조 개똥벌갱이가 저기 날라가면?
제 그래 고 저, 숨기 말로 담뱃불이라 안 카나
조 예, 예, 개똥벌갱이 커머 알지요 머.
제 고기이 인자 날러가며, 똘똘똘똘 똘똘 똘똘 이리 온너라 똘똘
조 그라면 옵니까?
제 와, 톡톡 치머 똘똘똘똘.
조 그래 그 잡아가아는 우야는데요?
제 잡아가아는 호박꼳에 안 옇나 고 인자, 해가, 고 개똥벌깅이 저 해 빠질 때, 해 빠질 때나 돋을 때나 호박꽃이 피거등
조 예. 예. 예.
제 박꼳은 인자 해 돋을 때 피고,
조 박꼳은 해가 질 때 피고
제 어언제! 해 돋기 전에, 아, 해가 질 때 피는 거 맞다.
조 박꽃은 볼살 삶울 때 피고
제 옳지, 옳지.
조 호박꽃은 새벽에 피고
제 세벅에 고고 낮에 핀다꼬, 피는데
조 고 호박꼳에다 잡어옇는다 말이지요?
제 호박꼳에다가 인자 그 개똥벌깅이로 잡어옇어가아 머? 그것도 노래가 잇어.
조 예.
제 그런데 생각이 안 난다.
조 호박꼳에 잡어옇어가아요?
제 그래. 잡어옇어가아 들고 가머 개똥벌깅이야 불 서라 길이 어덥다. 파짝파짝 해라. 앙아

조 그래도 옛날 기생들은 돈만 받아서는 안 그랬잖아요.
제 그래도 워낙 좋아 하니까.
조 그것은 어딘가 마음에 드는 구석이 있으니까 그렇지…….
제 그렇지.
조 돈만 준다고 (해서)는 안 그랬잖아요?
제 안 그렇지. 이런 이야기는 할 것이 아니야.

반딧불이 노래

제 손바닥을 친다.
조 반딧불이가 저기 날아가면?
제 그래 고 저, 쉽게 말해서 (반딧불이를) 담뱃불이라고 하지 않니
조 예, 예, 반딧불이라고 하면 알지요 뭐.
제 고것이 이제 날아가면, 똘똘똘똘 똘똘 똘똘 이리 오너라 똘똘
조 그러면 (사람이 부르는 쪽으로) 옵니까?
제 와, 톡톡 치며 똘똘똘똘.
조 그렇게 그것을 잡아서는 어쩌는데요?
제 잡아서는 호박꽃에다 넣잖니 고 이제, 해가, 고 반딧불이가 저 해 빠질 때, 해 빠질 때나 돋을 때나 호박꽃이 피거든
조 예. 예. 예.
제 박꽃은 이제 해 돋을 때 피고,
조 박꽃은 해가 질 때 피고
제 아니! 해 돋기 전에, 응, 해가 질 때 피는 것 이 맞다.
조 박꽃은 보리쌀을 삶을 때 피고
제 옳지, 옳지(그렇지).
조 호박꽃우 새벽에 피고
제 새벽에 고게 낮에 핀다고, 피는데
조 고 호박꽃에다 잡아넣는단 말이지요?
제 호박꽃에다가 이제 그 반딧불이를 잡아넣어 서 뭐? 그것도 노래가 있어.
조 예.
제 그런데 생각이 안 난다.
조 호박꽃에 잡아넣어서요?
제 그래. 잡아넣어서 들고 가며 반딧불이야 불

그래 말로 안 해도 고 파짝거리기는 파짝거리는데, 고런 말이 잇지.

이마를 맞대고

제 언제나 참 아부님 어무님 제사 모시로 와도 제사 모시고는 이튿날 가고 이랫는데 전에 보통 댕기로 와 가주구는 참 이삼일 잇다가 간 일도 잇고 그랫지마는 요분에는 참 너거인데는 할머니고 제사 모시로 와가아 아, 추석꺼정 쉬고 가기는 첨이라, 첨인데, 어흠, 그래서 전에도 내가 그런 이약 햇지마는 언제나, 나도 형제가 사 형젠데, 내 우에 백형이 잇고, 또 누임이 게시고 다 돌어가싯어. 돌어가시고, 그 내 형제가 사 형제서러 둘이, 둘이 여 생존하고 잇거등 백형 돌어가시고, 또 내가 다암 그래 그 다암 낸데, 다암 동생도 힘도 좋고 신체도 좋고,

조 키는 덕수°보다 작아요.

제 키는 작아도 신체가 덕수°,

조 이 가슴은 지금 덕수°보다 크지요?

제 어깨가 이랫다 말이야. 힘 좋고 신체 좋온 거도 아랑곳없어. 그 참 돌아가신 제가 오래다. 그런데, 그 왜 동생이라도, 내 아우라도, 내가 가가아 이래 풀 빈다 말이야. 풀 비고, 술 한 잔 버어 놓고 조카 아아들이 절하는데 안 할 수 없지 유명이 달라지머는 동생이 살아 생전에는 동생이 내인데 절로 해야 대는데 유명이 달라지면, 형제 일신인데 내 절을 한다. 제사에는 내 안 간다. 제사아는 가니, 내가 자꼬 눈물만 나고 그래서 안 가는데, 그 너거 삼 형제 이래 한테 모이가아, 응? 이래 참 끼조석을 같이 묵고, 아까 내가 저녁 묵울 때 이얘기 하잖더나? 이망을 맞대고 응. 죽을 묵어도 옛날에 할아버지가 그 이애기 하싯다꼬 죽을 묵어도 이망을 맞대고 윗고 이라면 그기이 좋다 카는 그런 말슴, 내가 들은 때민에, 이 귀로 들은 따문에 그런 이약을 햇는데, 내가 이런 이약 해도 너거가 잘 들으……

켜라 길이 어둡다. 반짝반짝 해라. 응 그렇게 말을 하지 않아도 고 반짝거리기는 반짝거리는데, 고런 말이 있지.

이마를 맞대고

제 언제나 참 아버님 어머님의 제사를 모시러 와도 제사를 모시고는 그 이튿날 가고 이랬는데 전에 보통 다니러 와 가지고는 참 이삼일 있다가 간 일도 있고 그랬지마는 요번에는 참 너희에게는 할머니고 제사를 모시러 와서 아, 추석까지 쉬고 가기는 첨이라, 첨인데, 어흠, 그래서 전에도 내가 그런 이야기를 했지마는 언제나, 나도 형제가 사 형젠데, 내 위에 백형(伯兄)이 있고, 또 누님이 계시고 (형과 누님은) 다 돌아가셨어. 돌아가시고, 그 내 형제가 사 형제에서 둘이, 둘이 여기 생존하고 있거든 백형은 돌아가시고, 또 내가 다음 그래 그 다음이 나인데, 다음 동생도 힘이 좋고 신체도 좋고,

조 키는 덕수보다 작아요.

제 키는 작아도 신체가 덕수,

조 이 가슴은 지금 덕수보다 크지요?

제 어깨가 (벌어져서) 이랬단 말이야. 힘 좋고 신체 좋은 것도 아랑곳없어. 그 참 돌아가신 지가 오래다(오래 됐다). 그런데, 그 왜 동생이라도, 내 아우라도, 내가 (산소에) 가서 이렇게 풀을 벤단 말이야. 풀을 베고, 술을 한 잔 부어 놓고 조카아이들이 절하는데 (내가) 안 할 수가 없지 유명이 달라지면 동생이 살아생전에는 동생이 나한테 절을 해야 되는데 유명이 달라지면, 형제 일신인데 내가 절을 한다. 제사에는 내가 안 간다. 제사에는 가니까, 내가 자꾸 눈물만 나고 그래서 안 가는데, 그 너희들 삼 형제 이렇게 한데 모여서, 응? 이래 참 끼니를 같이 먹고, 아까 내가 저녁 먹을 때 이야기하지 않더냐? 이마를 맞대고 응. 죽을 먹어도 옛날에 (너희) 할아버지께서 그 이야기 하셨다고 죽을 먹어도 이마를 맞대고 웃고 이러면 그것이 좋다고 하는

그거 잘 돌아가까 안 돌아가까 이문이라.

조 알아듣니더.

제 아, 마 그거는 너거 알아서 하고 그래 내 생전에는 만약에 너거가 형제간에 이가 비잇다카며는, 내안테 들어서지 마라 말이라. 나 이 약 고만 하고 끊재이. 너거가 알어서 해라.

광풍진사의 유언

제 광풍진사°가 구 대 진사 마지막 진사거등, 마지막 진산데,

조 무진 구 대 진사요?

제 으?

조 무진 구 대 진사요?

제 그 조천° 최 부자, 저 십이 대 만석, 십이 대 만석, 구 대 진사거등, 구 대 진산데, 그 광풍진사°가 어, 서울° 과게하로 올 때 그 어떤, 옛날에는 말이지, 이 덧머리 애동은 천리고 관동은 만리다 말이지 그 옛날 문자야.

조 그기이 무진 소린데요?

제 고 암만 나이 많애도, 그 저 머고? 오새 말로 결온하기 전에는 이 덧머리로 머리가 다 빠지고, 참 옛날 말로 저 요새애 말또 그런 말이 잇지, 쥐 꽁지 만해도 덧머리로 땅코 잇엇다꼬, 그 어, 십오 세 안에 장개로 가도 십오 세 안에는 옛날 초립이라 카는 기이 잇엇다꼬

조 초립.

제 초립, 초립, 그 망건 시고, 초립을 섯다 카니 장가로 가머 고 인자 열다앗 살 안에는 초립이라 카는 기이 잇엇다. 그거 시고 장가가는데 애동은 천리요 관동은 만리요, 만리라 그 인자 늙은 총각이 말이지 그 인자 처녀를, 그 인자 광풍진사°가 진사하로 올러올 때, 처여를 낡에다가 이레 서아놓고 바를 가아 묶아놓고 수트를 나앙두고 칼을 슬슬 갈고 잇

그런 말씀을, 내가 들었기 때문에, 이 귀로 들었기 때문에 그런 이야기를 했는데, 내가 이런 이야기를 해도 너희가 잘 들으…… 생각이 잘 돌아갈까 안 돌아갈까 의문이라.

조 알아듣습니다.

제 응, 에, 그것은 너희가 알아서 하고 그래 내 생전에는 만약에 너희가 형제간에 의가 비었다고 하면, 나한테 들어서지 말란 말이라. 내 이야기는 그만 하고 (여기서) 끊자. 너희가 알아서 해라.

광풍진사의 유언

제 광풍진사가 구(9) 대 진사의 마지막 진사거든, 마지막 진산데,

조 무슨 구 대 진사요?

제 응?

조 무슨 구 대 진사요?

제 그 교천 최 부자, 저 십이(12) 대 만석, 십이 대 만석, 구(9) 대 진사거든, 구 대 진산데, 그 광풍진사가 어, 서울로 과거보러 (올라) 올 때 그 어떤, 옛날에는 말이지, 이 뒷머리 애동은 천리고 관동(冠童)은 만리다 말이지 그 옛날 문자야.

조 그것이 무슨 뜻인데요?

제 그 암만 나이가 많아도, 그 저 뭐니? 요새 말로 결혼하기 전에는 이 뒷머리를 머리카락이 다 빠지고, 참 옛날 말로 저 요새 말도 그런 말이 있지, 쥐 꽁지 만해도 뒷머리를 땋고 있었다고, 그 어, 십오 세 안에 장가를 가도 십오 세 안에는 옛날 초립이라고 하는 것이 있었다꼬

조 초립.

제 초립, 초립, 그 망건 쓰고, 초립을 썼다니까 장가를 가면 고 이제 열다섯 살 안에는 (머리에 쓰는) 초립이라고 하는 것이 있었다. 그것을 쓰고 장가가는데 애동은 천리요 관동은 만리요, 만리라 그 이제 늙은 총각이 말이지 그 이제 처녀를, 그 이제 광풍진사가 과거시험을 보러 (서울°로) 올라올 때, 처녀를 나무

는 기라. 광풍진사°가 댈 때,

조 아직 진사 대기 전입니까, 진사 댄 훕니까?

제 올로오는 길이라.

조 그러니까 진사 대기 전이구나요?

제 그렇지. 올로오는, 여기 중청두° 와서, 중청
두° 와가아, 칼을 갈고 잇이니, 그 광풍진사°
가 물엇어 "총각, 그 저 처여로 낡에 뿔들어
매애…… 저, 바를 가아 매애 놓기는 와 매애
낳앗으며 수건을 가아 눈을 처매기는 와 처
매애낳앗으며 칼은 왜 가느냐?"꼬 물으니까
네 그 총각이 이 눈이 굴래굴래 카먼서러
"바아하니까네, 과게하로 가는 양반 겉은데
반다시 과게하로 가는 양반인데 남 하는 이
럭을 왜 묻느냐꼬 자기 갈 길만 가라." 이기
거등 그 소리로 듣고 그 답변을 몬 물엇어.
몬 묻고 이상하다 싶우거등, 그 여기서 대문
밖쭘, 인자 이삼사 월, 저 절호로 말하먼 이
삼사 월쭘 대앳거등 나무 그늘이 잇고 그 인
자 옛날에는 그 종이 다 잇거등 그 말쩡매
들고 가는 "말 서아라 말이지, 여어 그늘에
좀 쉬이가아 가자 말이지." '조라, 조라. 머가
비틀어젓다.' 저 사람 하는 행동을 보고 가
자. 이라니까, 이 잘 들어라 말이다. 그래 인
자, 그늘에 쉬임서러 가마 보니까, 그 디예
인자 초럽쟁이가 하나 오거등 초럽쟁이. 고
초럽이라 카는 기이 요고매애로, 요래 인자
요 갓 초롭 갓 우에, 네모지기 요래 햇는데
새파란 거하고, 붉운 긴강, 붉운 기 맞지, 요
래 하고 고 끈을 매애가아, 요 깍지에 달아매
앳다 달아매앳는데, 초럽쟁이가 마상을 해가
아 오거등 마상, 말로 타고 그 인자 말쩡매
고 인자 종을 델고 오면서러 여네, 아까 처녀
묶아놓고 칼 갈고 하는 거기 오디니마는 "총
각, 그 왜 저 저 처녀는 왜 낡에다가 묶아놓
고 으? 눈은 와 처매앳으며 칼은 왜 가느냐?"
고 이라니까네, 역시 그 광풍진사°인데 하는
이럭을 그대로 하거등. "나 알고 가머 싶우
다." 그래 그 인자 총각이 하는 말이, "이 처
녀, 여성은 내 동생이야, 내 동생인데, 결온,

에다가 이렇게 세워놓고 밧줄을 가지고 묶어
놓고 숫돌을 놓아두고 칼을 슬슬 갈고 있는
거라. 광풍진사가 될 때,

조 아직 진사가 되기 전입니까, 진사가 된 후입
니까?

제 (과거 보러 서울°로) 올라오는 길이라.

조 그러니까 진사가 되기 전이군요?

제 그렇지. (서울로) 올라오는, 여기 충청도 와
서, 충청도에 와서, 칼을 갈고 있으니까, 그
광풍진사가 물었어 "총각, 그 저 처녀를 나
무에 붙들어 매…… 저, 밧줄을 가지고 매어
놓기는 왜 매어놓았으며 수건을 가지고 눈을
가리기는 왜 가려놓았으며 칼은 왜 가느냐?"
고 물으니까 그 총각이 이 눈이 굴래굴래하
면서 "보아하니까, 과거보러 가는 양반 같은
데 틀림없이 과거보러 가는 양반인데 남이
하는 내력을 두고 왜 묻느냐고 자기가 갈 길
이나 가라." 이것이거든 그 소리를 듣고 다
음 질문을 하지 못했어. 못 묻고 이상하다 싶
거든, 여기서 대문 밖쯤, 이제 이삼사(2, 3, 4)
월, 저 절후로 말하면 이삼사 월쯤 됐거든 나
무 그늘이 있고 그 이제옛날에는 (상전이 데
리고 다니는) 그 종이 다 있었거든 그 말고삐
를 들고 가는 "말을 세워라 말이지, 여기 그
늘에서 좀 쉬었다가 가자 말이지." '줘라, 줘
라. 뭐가 비뚤어졌나보다.' 저 사람이 하는
행동을 보고 가자.(어쩌는지 보고 가자) 이러
니까, 이 (얘기를) 잘 들으란 말이다. 그래 이
제, 그늘에서 쉬면서 가만히 보니까, 그 뒤에
이제 초립둥이가 하나 오거든 초립둥이. 그
초립이라고 하는 것이 요것처럼, 요렇게 이
제 요 갓 초립 갓 위에, 네모지게 요렇게 했
는데 새파란 것이랑, 붉은 것인가, 붉은 것이
맞지, 요렇게 하고 그 끈을 매어서, 요 깍지
에 달아맸다 달아맸는데, 초립둥이가 마상(馬
上)을 해서 오거든 마상, 말을 타고 그 이제
말고삐(잡는) 그 이제 종을 데리고 오면서
또, 아까 처녀를 묶어놓고 칼 갈고 하는 거기
에 오더니마는 "총각, 그 왜 저 처녀는 왜 나

요새 말로 그 봉채 다 받아놓고 신랑 댈 사람이 죽어뻤다.” 이기야. 엣날에는 그 인자 봉채만 다 받으면 그대로 늙는 기야. 처녀라도. “행예는 안 햇지마는 그대로 늙어지니 저거로 어짜노 싶어서, 아버님도 글로 걱정을 해서 병이 노심이 대애가아 노짐병이 걸리이가아 세상을 돌아가싯고 또 어머니도 그로서 돌아가싯다. 돌아가시고, 내 역시도 저 여동생 때문에, 내 역시 죽겟다.” 말이지. “사람을 하나 만내 가주고 내 동생을 말이지, 맡아 줄 사람이 잇이면 내가 만사 해결인데, 맡을 사람이 없어가아 내 동생을 쥑이나? 내 동생을 맡아가아 가는 사람이 잇나? 그래서 여기 앉아가아, 앉아서 이런 참 행동을 합니다.” 이라니까, 그 초립쟁이가 말이지, “그래? 나는 장가를 갓지마는 한 남자가 열 사람을 안 데리니 그 평생을 내 맡어 주꾸마, 그 사람 죽을 땅아꺼정. 내가 먼저 죽을지 그 사람, 저 사람이 먼저 죽을지 평상을 내가 맡아 주께에, 그러머 어떻겟노?” 그래서 인자, 그 남매간이 대고 내가 맡앗다 말이야. 그러니 장온급제하고 광풍진사°는 “역시 진사다, 사람은 용기가 잇어야 대애.” 아나? 니도 용기가 잇어야 대애. 용기가 잇어야 대통영도 할 수 잇고 옛날에는 임금이지마는 옛날에 임금 할 때는, 으? 역, 역적에 마암을 묵어야 임금이 대앳지마는 요새는 대통영…… 내가 나면 대통영을 하는데, 왜? 남이 대통영 시기 준다 말이야. 그 용감해야 대. 알앗나? 오오, 고만침 하자. 이약 다 햇어. 우리 집, 우리 김해° 김기도 대통영 니이아 웅, 수료왕° 대통영이…… 다암 대통영은 니가…… 우리 가족끼리 잇이니까네 이애기라 해야 댄다 말이라. 그런 용기가 잇어야 대.

 그러니까 그 집에는 그럼 그 양반이 구 대 진사하고 그 다암에는 진사는 없고…….

 없엇지.

 만석은 계속 하고 그랫구만요?

 그렇지. 그 그 광풍진사° 산소 디릴 쩍에 그

무에다가 묶어놓고 응? 눈은 왜 가렸으며 칼은 왜 가느냐?”고 이러니까, 역시 그 광풍진사한테 하던 말을 그대로 하거든. “내가 알고 가면 싶다.” 그래 그 이제 총각이 하는 말이, “이 처녀, 여성은 내 (여)동생이야, 내 (여)동생인데, 결혼, 요새 말로 그 봉치를 다 받아놓고서 신랑 될 사람이 죽어버렸다.” 이거야. 옛날에는 그 이제 봉치만 다 받으면 그대로 늙는 거야. 처녀라도 “초례는 안 치렀지마는 그대로 늙어지니 저것을 어찌하느냐 싶어서, 아버님도 그로 인해 걱정을 해서 병이 노심이 돼서 신경쇠약에 걸려서 세상을 돌아가셨고 또 어머니도 그로써 돌아가셨다. 돌아가시고, 나 역시도 저 여동생 때문에, 내 역시 죽겠다.”는 말이지. “사람을 하나 만나 가지고 내 동생을 말이지, 맡아 줄 사람이 있으면 내가 만사 형통인데, 맡을 사람이 없어서 내 동생을 죽이느냐? 내 동생을 맡아서 가는 사람이 있나? 그래서 여기 앉아서, 앉아서 이런 참 행동을 합니다.” 이러니까, 그 초립둥이가 말이지, “그래? 나는 장가를 갔지마는 한 남자가 열 여자를 거느릴 수 있지 않느냐 그 평생을 내가 맡아 줄게, 그 사람이 죽을 때까지. 내가 먼저 죽을지 저 사람, 저 사람이 먼저 죽을지 (모르지만) 평생을 내가 맡아 줄게, 그러면 어떻겠나?” 그래서 이제, 그들은 남매간이 되고 내가 맡았단 말이야. 그러니 (과거에) 장원급제하고 광풍진사는 “역시 진사다, 사람은 용기가 있어야 돼.” 알겠느냐? (손자를 향하여) 너도 용기가 있어야 돼 용기가 있어야 대통령도 할 수 있고 옛날에는 임금이지마는 옛날에 임금을 할 때는, 응? 역, 역적의 마음을 먹어야 임금이 됐지마는 요새는 대통령…… 내가 잘나면 대통령을 하는데, 왜? 남이 대통령을 시켜 준단 말이야. 그 용감해야 돼. 알았나? 오오, 고만큼 하자. 이야기 다 했어. 우리 집, 우리 김해 김가도 대통령 나와야 응, 수로왕 대통령이…… 다음 대통령은 네가…… 우리 가족끼리만 있

저 머고, 상두해 갈 때, 내가 아는데

조 아, 얼마 안 댓구마는요, 그러면? 그러면 구 대 진사할 동안에 중간에는 진사 몯하고 만 석핻는 사람도 잇엇구마는요?

제 으?

조 진사 몯핻는 사람이 잇으니까 십이 대 만석을 하고 구 대 진사를 핻지

제 그래. 그래 그런데 그 광풍진사°가 돌아가시 가아 그 장에 지낼 때, 요새 와 여……

조 멫 살 때쯤 대는기요?

제 그 기이 한 열댓 살 대앳일 끼야.

조 그러니까 육십 년, 오십 멫 년

제 그 저 새들°에 그 우리 논을 그리 밟고 갓다 말이야.

조 어딘 데요? 묘가 어디 잇는데요?

제 저 감나무꼴° 카는 데, 당숯골° 너메.

조 단숯골° 너메 감나무꼴°

제 으

조 그머 군시뱅이° 못 가서요?

제 아니, 아니, 군시뱅이° 아니야.

조 그러면 단숯골°이라니요?

제 단숯꼴°에서 이짝을, 동쪽을 간다 카니

조 동쪽으로 가머는 탑골° 쪽으로요?

제 아아, 옳지. 단숯골° 디로 가가아.

조 지금도 그 묘가 잇겟네요?

제 잇고말고.

조 나는 생각이 전년 안 나는데

제 아아, 비석이 잇는……

조 경주° 최 부자네 묘가 거

제 광풍진사°

조 광풍진사° 묘가 잇다 말입니까?

제 잇지.

조 그래서 광풍진사°가……

제 마지막 진사야

조 마지막 진산데, 그 양반에 유언이 머냐 하며 는 '용감해야 대', '용감해야 대.' 그뿐이야.

제 으, 광풍진사°가 그런 용기가 없엇다 이기야.

조 용감해야 대, 그 용기가 없는 사람이니까 사 람이 죽는 거를 보고 그냥, "와 그러노?"꼬

으니까 하는 이야기야 해야 된단 말이야. 그 런 용기가 있어야 돼.

조 그러니까 그 집에는 그럼 그 양반이 구 대 진사를 하고 그 다음에는 진사가 없고……

제 없었지.

조 만석은 계속 하고 그랬구먼요?

제 그렇지. 그 그 광풍진사의 산소를 드릴 적에 그 뭐냐, 상여를 운상해 갈 때, 내가 아는데

조 응, 얼마 안 됐구먼요, 그러면? 그러면 구 대 진사를 할 동안에 중간에는 진사를 못하고 만석한 사람도 있었구먼요?

제 응?

조 진사를 못한 사람이 있으니까 십이 대 만석을 하면서 (그 기간에) 구 대 진사밖에 못했지

제 그래. 그래 그런데 그 광풍진사가 돌아가셔 서 그 장례를 지낼 때, 요새 왜 여……

조 (그때 제보자가) 몇 살 때쯤 됩니까?

제 그것이 한 열댓 살 됐을 거야.

조 그러니까 육십 년, 오십 몇 년 전

제 그 저 새들에 (있는) 그 우리 논을 그리 밟고 (지나) 갔단 말이야.

조 어딘 데요? 묘가 어디 있는데요?

제 저 감나무골이라고 하는 데, 단숯골 너머에.

조 단숯골 너머에 감나무골

제 응.

조 그러면 군시뱅이 못 가서요?

제 아니, 아니, 군시뱅이 쪽이 아니야.

조 그러면 단숯골이라니요?

제 단숯꼴에서 이쪽으로, 동쪽으로 간다니까

조 동쪽으로 가면 탑골 쪽으로요?

제 응, 옳지(그렇지). 단숯골 뒤로 (너머) 가서.

조 지금도 그 묘가 있겠네요?

제 있고말고.

조 나는 생각이 전혀 안 나는데

제 응, 비석이 있는……

조 경주 최 부자네 묘가 거

제 광풍진사

조 광풍진사의 묘가 있단 말입니까?

한번 물어만 보고 갓다 이기야. 비적극적이다, 소극적이지. 적극적으로……

제 초립동이가 그 사람 죽을 때꺼정 내가 맡아……

조 죽는 거를 살려 줄 수 잇엇는데 자기는 그걸. 그러니까 소싯적이지. 저기 소가, 소가 보는 정도 겉으면 소싯적이지. 한 수무 살 이전 나이에 가마 보니까 이건 온전찮거등 그런데, 열다섯 살배기가 문제를 해결하고 간단 말이야, 그러니까

제 죽을 때꺼정 내가 책임을

조 근데 그게요, 그게 문제가 잇어요. 제, 제 생각이 잇습니다. 뭐냐 하며는 그 집에 그러니까 십 대, 십오 대 전에, 이 처음에 그 멉니까? 개, 다리 세 개 잇는 개 그 햇는 그 어른이 또 유언을 남긴 거라요. 뭐라꼬 유언을 남깃느냐 하며는

제 구 대 진사, 저, 저 언제기나 진사, 진사만 해라

조 진사보다 더 하면 안 댄다 이거라 그리고 만석 더 하면 안 댄다꼬 딱 막어 낳앗거등요.

제 만석을 채우…… 만석을 하는데도 등게 한 섬을 옇어가아 만석을 했다

조 그러니까 그 밑에 사람들은 십만 석 할 수 잇는 넘도 잇을 거고 그렇지. 백만 석 할…… 정승 할 수 잇는 넘도 잇을 거 아임니까?

제 그렇지.

조 그거로 막어 놓으니까, 이것들이 전부 맥이 빠저뿌렛다 말입니다. 그래서 용기가 없어진 거예요.

제 그래 욿지

조 나는, 나는 경상° 감사도 할 수 잇는데 어른이 몬하라고 캐놓으니 고고밖에 몯햇다 말입니다. 힘은 지금 막 뻗치가아 장산데 몬하라고 캐놓으니 그기이 오구라들엇는 부분도 잇어요.

제 그런데 그 광풍진사°가 죽울 임종시에 그 이약을 하더란다. 사람은 용기가 잇어야 대는데 그만한 용기가 없엇고, 또 생운 때 생운때

제 있지.

조 그래서 광풍진사가……

제 (교천 최 부잣집의) 마지막 진사야

조 마지막 진산데, 그 양반의 유언이 뭐냐 하면 '용감해야 돼', '용감해야 돼.' 그뿐이야.

제 응, 광풍진사가 그런 용기가 없었다 이거야.

조 용감해야 돼, 그 용기가 없는 사람이니까 사람이 죽는 것을 보고 그냥, "왜 그러하냐?"고 (겨우) 한번 물어만 보고 갔다 이거야. 비적극적(非積極的)이다, 소극적이지. 적극적으로……

제 초립둥이가 그 사람 죽을 때까지 내가 맡아……

조 죽는 것을 살려 줄 수 있었는데 자기는 그걸. 그러니까 소싯적이지. 저기 소가(小家), 소가 보는 정도 같으면 소싯적이지. 한 스무 살 이전 나이에 가만히 보니까 이건 온전치 않거든 그런데, 열다섯 살배기가 문제를 해결하고 간단 말이야, 그러니까

제 죽을 때까지 내가 책임을

조 그런데 그것이요, 그것이 문제가 있어요. 제 생각이 있습니다. 뭐냐 하면 그 집에 그러니까 십 대, 십오 대 전에, 이 처음에 그 뭡니까? 개, 다리가 세 개 있는 개 그 한 그 어른이 또 유언을 남긴 것이에요. 뭐라고 유언을 남겼느냐 하면

제 구 대 진사, 저, 저 언제거나 진사, 진사만 해라

조 진사보다 더 하면 안 된다 이거라 그리고 만석 더 하면 안 된다고 딱 막아 놓았거든요.

제 만석을 채워…… 만석을 하는데도 왕겨 한 섬을 넣어서 만석을 했다

조 그러니까 그 밑의 사람들은 십만 석 할 수 있는 놈도 있을 것이고 그렇지. 백만 석 할…… 정승을 할 수 있는 놈도 있을 것 아닙니까?

제 그렇지.

조 그것을 막아 놓으니까, 이것들이 전부 맥이 빠져버렸단 말입니다. 그래서 용기가 없어진

진사바꿈 하지 마라 카는 유언을 한 따민에

조 기양 낳아돗으면 경주° 부윤을 하든지 경상°
감사를 하든지 무진 수가 낫다꼬요.

제 경상° 감사 카는 그 이약 아나?

조 머 매양 매양 컿는 거?

제 으

조 그런 얘기 들엇습니다.

손가락 이름

조 가마아 게서 보이소.

제 그 날 키 작고, 뭐 자꾸 눌라놓고 말하거등
“손가락 이름 다 아나?” 내가 묻거등 물으면

조 아아, 그런 사람한테.

제 응, “이름 다 아나?” 카면, “모린다.” 이거거
등

조 그 머, 그것도 모리는 기 와 까부노?

제 응 까부노? “요 내 가리치 주까?” 이레 묻거
등 물을 때, 손가락 여기는 두 마디뿐이라 말
이다. 이거는 다 세 마디식 잇는데, 앤 그래?

조 그러네요.

제 그렇제? 요고는 키가 작아도 이거 굵우니 엄
지손가락이라 말이다. 제일 작다 말이다. 엄
지, 여어 장지, 키다리, 셋째 키다리, 논달,

조 이거 와 노는기요? 일로 하는……

제 무명지 손가락이라.

조 그래도 소풀 빌 때는 이게 탁 이레 안 거머
옇는기요?

제 거머 옇기는…… 이거 무명지 손가락, 이름
없어 이거 논다니. 이거도 실 데 잇어 귀 휘

거예요.

제 그래 옳지.

조 나는, 나는 경상 감사도 할 수 있는데 어른이
못하라고 해놓으니까 고것밖에 못했단 말입
니다. 힘은 지금 막 뻗쳐서 장산데 못하라고
해놓으니까 그것이 오그라든 부분도 있어요.

제 그런데 그 광풍진사가 죽을 임종시에 그 이
야기를 하더란다. 사람은 용기가 있어야 되
는데 그만한 용기가 없었고, 또 생원(生員) 때
생원 때 진사밖에 하지 말라고 하는 유언을
한 때문에

조 그냥 놓아두었으면 경주 부윤을 하든지 경상
감사를 하든지 무슨 수가 났다고요.

제 경상 감사라고 하는 그 이야기를 아니?

조 머 매양 매양 하는 것(말입니까)?

제 응.

조 그런 얘기를 들었습니다.

손가락 이름

조 가만히 계셔 보십시오.

제 그 나를 키가 작다고, (남들이) 뭐 자꾸 눌러
놓고 말하거든 “손가락 이름을 다 아느냐?”
하고 내가 묻거든 물으면

조 응, 그런 (얕잡아 보는) 사람한테.

제 응, “(손가락) 이름을 다 아느냐?”고 하면,
“모른다.” 이것이거든

조 그 뭐, 그것도 모르는 것이 왜 까부느냐?

제 응 까부니? “요 (것을) 내가 가르쳐 줄까?” 이
렇게 묻거든 물을 때, (엄지) 손가락 여기는
두 마디뿐이란 말이다. 이것은 다 세 마디씩
있는데, 안 그래?

조 그러하네요.

제 그렇지? 요거는 키가 작아도 이것이 굵으니
까 (이름이) 엄지손가락이란 말이다. (키는)
제일 작단 말이다. 엄지, 여기 장지, 키다리,
셋째 키다리, 논달,

조 이것이 왜 놉니까? 일을 하는……

제 무명지 손가락이라.

조 그래도 쇠꼴을 벨 때는 이것이 탁 이렇게 그

비는. 귀휘비개.

조 하하하하.

제 귀휘비개. 이거도 어디 가가아 이약할 만해.

하늘 알고 땅 알고

제 다 알엇다 쿵는 거 알제?

조 몰라요

제 몰라? 그러면 그 이약 해 주까? 다 이얘기합니다. 조용하게 들어라. 허허. 옛날에 이 정승이 아들또 딸또, 아들또 딸도 없엇어. 그래서 인자 자기, 옛날에도 그 참 한갑잔채라 카면 옛날에는 참 드물엇고 요 중년에도 아주 드물엇는데

조 드물다니요? 뭐가 드물어요?

제 한갑 지내고 세상 베리는 어른이 드물엇는데, 그, 이 정승이 자기 한갑 때 동본 동성이면, 동본 동성 동파면 양자로 세운다 카는 반포로, 한갑에 옛날 광고로

조 자식이 없엇던가 보지요?

제 그렇지, 광고로 인자 조선° 팔도에 다 서 붙이가아 이레 인자 돌리놓오니, 그 아 참 우리 사는 경주° 겉으머는 저 우중골°, 첩첩 산중 이거등 그런 산골에 숯 꿉어가아 팔고 나무 해다 팔고 그래가아 묵고사는 그런 산골에 잇는 아들이 참 참 산 정기를 타고 낫어 그렇자면, 팔도 광고로 돌리낳앗이니까네 알 거는 사실 아닌가배. 그 산골에 잇어도 큰 마신이 잇거둥 ㄱ 놀루, 참 내러오니까네 그 아이가 열 살 먹엇덩강? 그런데 머, 온 입을 것도 없고 먹고 사는 거도 마아 감자 이거 머 좀 삶아먹고 이레 사는 헹핀인데, 그 큰 동네 오니까네 그 이 정승이 어 한갑인데 큰 소로 잡고, 살로 몇 섬 떡을 하고 큰 잔채로 한다 카는데 동본 동성이며는 마아 어떤 사람이기나, 그 정승 대감님 눈에 드는 사람으로 양자로 할라 칸다꼬. 그런 참, 광고로 붙이 낳앗

러넣지 않습니까?

제 그러넣기는……(하지) 이거는 무명지 손가락, 이름이 없어 이것은(새끼손까락은) 논다니. 이 것도 쓸 데 있어 귀 후비는. 귀이개.

조 하하하하.

제 귀이개. 이것도 어디 가서 이야기할 만해.

하늘 알고 땅 알고

제 다 알았다고 하는 것 알지?

조 몰라요.

제 몰라? 그러면 그 이야기를 해 줄까? 다 이야기합니다. 조용하게 들어라. 허허. 옛날에 이 정승이 아들도 딸도, 아들도 딸도 없었어. 그래서 이제 자기, 옛날에도 그 참 환갑잔치라고 하면 옛날에는 참 드물었고 요 중년에도 아주 드물었는데

조 드물다니요? 뭐가 드물어요?

제 환갑을 지내고 세상 버리는 어른이 드물었는데, 그, 이 정승이 자기 환갑 때 동성동본이면, 동성동본 동파(同派)면 양자로 들인다고 하는 반포를, 환갑에 옛날 광고를

조 자식이 없었던 모양이지요?

제 그렇지, 광고를 이제 조선 팔도에 다 써 붙여서 이레 이제 돌려놓으니까, 그 참 우리가 사는 경주 같으면 저 우중골(같은), 첩첩 산중 이거든 그런 산골에서 숯을 구워서 팔고 땔나무를 해다 팔고 그렇게 해서 (근근이) 먹고 사는 그런 산골에 있는 (사람의) 아들이 참 참 산 정기를 타고 났어 그렇게 하자면, 팔도에 광고를 돌려놓았으니까 알아질 것은 사실이잖아. 그 산골에 있어도 (인근에는) 큰 마을이 있거든 거기 놀러, 참 내려오니까 그 아이가 열 살을 먹었다던가? 그런데 뭐, 옷 입을 것도 없고 먹고 사는 것도 에, 감자 이것이나 뭐 좀 삶아먹고 이렇게 사는 형편인데, 그 큰 동네에 오니까 그 이 정승이 환갑인데 큰 소를 잡고, 쌀을 몇 섬씩이나 떡을 하고 큰 잔치를 한다고 하는데 동성동본이면 에, 어떤 사람이거나, 그 정승 대감님 눈에 드는

는데 그 날은 가면, 마아 아아기나 어른이기나 소고기, 떡 머, 밥 오만 거 다 묵고 참 좋다 이거거등. 그러니 이 아이가 그 마실에 가 가아 쥐영! 그것도 하지 마고 옳지. 옳지. 그래 한 날, 참 그날 참 이 정승 그 한갑날인데 글 때 열 살 묵운 아아가 만날 밸가벗고 사는 기라. 입울 거도 없고, 머 먹도 없고 붓도 없고 하니까네. 그 와 옹기 그륵 깨진 거 그 거로 커닲언 인자, 옹기 뚜껑 깨진 거로 가주 오디니마는 수껑을 커닲언 거로 가주 오는 기라 수껑을 대고 가는 기야 그래 적아부지 가, 적아부지 하고 저거 어무니 하고 보니까 네 그 이상하거등. "니 수껑 그거느 왜 그 비 댕이다 갈고 잇나?" 카니 "허 참 우리 고올 에 그 이 정승 그 대감님이 오늘 한갑잔채라 카는데 큰 소 잡고", 옛날 큰 소…… 옛날이 나 지굼이나 큰 소 잡는 기이 그 큰 잔채거 등. "큰 소 잡고 떡 머 얼매나 많이 하고 그 동본 동성 대는 사람은 그 대감 어른이 에 양재로 들루울라 카는데 나는 머 아무 머 머 전신에 입울 끼이 잇어야지요 만날 밸가벗고 살앗는데 다른 사람들은 다 머 머 이복 입고 가는데 옷 입은 형생이라도 기리야 안 대겟 십니가?" 마아 숯껑을 갈아 가주고 옷 입은 형상을 인자 검은 칠로 하는 기야 그 참 이 정승, 그 대감은 온종일 일가 동본 동성이면 머 새 이복을 해가아 입고 오는 사람도 잇고
조 벨에 벨 사람 다 오겟지요.
제 그렇지. 입던 이복이라도 싞어가아 깨끗게 해가아 이레 오는 사람 다 잇는데 그 대감님 은 온종일 바도 마암에 드는 아이가 없거등 마아, 마아 양자기나 머기나 나는 일펭성 마 아 영 디는 막는다. 생각을 하고. 그러니 멀 기 잇이니까네 지 딴에는 걸어온다꼬 오는 기 지녁 때 인자 해 넘어갈 임시에
조 밸가벗고?
제 밸가벗어도 먹칠로 햇거등 옷 입은 형상을 그릿지 그 요새 말로 하면 화상이지 그넘 기 상을 보니까네, 가아 참 대앳거등 기상이 대

사람을 양자로 삼으려 한다고. 그런 참, 광고 를 붙여 놓았는데 그 날은 가면, 에, 아이거 나 어른이거나 쇠고기, 떡 뭐, 밥 오만 것을 다 먹고 참 좋다 이것이거든. 그러니까 이 아 이가 그 마을에 가서(부산한 아기에게 주의 를 주며) 조용히! 그것도 하지 말고 옳지. 옳 지. 그래 한 날, 참 그날 참 이 정승의 그 환 갑날인데 그럴 때 열 살 먹은 아이가 만날 발가벗고 사는 거라. 입을 것도 없고, 뭐 먹 도 없고 붓도 없고 하니까. 그 왜 옹기 그릇 깨진 것 그것을 커다란 이제, 옹기 뚜껑 깨진 것을 가지고 오더니마는 숯덩이를 커다란 것 을 가지고 오는 거야 숯덩이를 대고 가는 거 야 그래 자기 아버지가, 자기 아버지와 자기 어머니가 보니까 그 (하는 행동이) 이상하거 든. "너 숯 그것은 왜 그 이징가미에다 갈고 있느냐?"고 하니까 "허 참 우리 고을에 그 이 정승 환갑잔치라고 하는데 큰 소를 잡고", 옛날 큰 소…… 옛날이나 지금이나 큰 소를 잡는 것이 그 큰 잔치거든. "큰 소를 잡고 떡 을 뭐 얼마나 많이 하고 그 동성동본 되는 사람은 그 대감 어른이 에 양자를 들이려고 하는데 나는 뭐 아무 뭐 도무지 입을 것이 있어야지요 언제나 발가벗고 살았는데 다른 사람들은 다 뭐 의복을 입고 가는데 옷을 입 은 형상이라도 그려야 되지 않겠습니까?" 에, 숯을 갈아 가지고 옷 입은 형상처럼 검은 칠 을 하는 거야 그 참 이 정승, 그 대감은 온종 일 일가 동성동본이면 뭐 새 의복을 해서 입 고 오는 사람도 있고
조 별의 별 사람이 다 오겠지요.
제 그렇지. 입던 의복이라도 씻어서 깨끗하게 해서 이렇게 오는 사람도 다 있는데 그 대감 님은 온종일 (살펴)봐도 마음에 드는 아이가 없거든 에, 양자거나 뭐거나 나는 일평생 에, 영 뒤는 막는다. 생각을 하고. 그러니 (열 살 먹은 소년은 집이) 멀리 있으니까 제 딴에는 걸어온다고 오는 것이 저녁 때 이제 해가 넘 어갈 임시에

애거등. "그 니 성이 머고?" 물으니 동본 동성이야. 그 파보도 물으니 동파고. 그 머 촌수는 머, 그 이약은 몬 들엇고 "그 니 몸에 와 그 황칠로 왜 햇지?" 카니 "허허, 우리 집이요 저 위에 아주 산 위에 잇심더. 머 온 해 입울라 카니, 온 해 입울 기이 잇는기요? 숯 꿉어 가주고 저 시장아 갖다 팔고 나무 해다 팔고 그리 묵고살고 이라는데 뭐 옷 입울 거 없어가아 다른 사람은 다 옷 입고 댕기는데 내 머 불알도 다 비이지요. 허허허허. 그래도 옷 입은 형생이라도 해야 안 대겟십니까? 그래 숯경을 갈아 가주고 이레 옷 입은 형상을……" "그래 대앳다. 저 아들, 오늘 양자합니다." 공포로 다 햇거등, 공포로 다 하고 그 인자, 참 뜨시기 가매솥에 물 덖아가아 옛날 가매솥이 제일 크거등 물 덖아가아 모욕 시키라 말이야. 모욕 시키고, 맹지 바아저구리 입히라 말이라. 입히가아, 내세아놓오니 활달한 기남자거등. 그래 독사장 앉차 놓고 글을 갈치니 화늘 천 따 지, 화늘 천 따 지, 오늘 가리치도 화늘 천 따 지 내일 가리치도 화늘 천 따 지 일 년 가리치도 화늘 천 따 지 이 연 가리치도 화늘 천 따 지 딴 거는 암만 갈치도 필오 없다 이기라 만날 화늘 천 따 지 이거뿐이야 삼 연을, 만 삼 연을 화늘 천 따 지밖에 안 일러 그 머, 화늘 천 따 지만 이리고 만날 골목에 가가아 놀고 그 대감이, 이 정승 대감이 암만 생각해바도, 저 머리가 비상하지 싶우고 관상도 볼 줄 알엇어.

조 그렇겟지요.

제 오, 저기이 머 참 유새 말로, 바본강?

조 축긴강?

제 축긴강? 이기 잇는데 삼 연 동안 갈치이 바도, 첫매에는 머리가 터질랑가 싶어가아 갈칫는데 만날 화늘 천 따 지밖에 모린다 이기라. 딴 거는 마 모린다 카고, 자꾸 손 내젓고 그래 인자 종을 시기가아, "야 업어다 저거 집에 갖다 조라 말이다." 그래 인자 종이, 업고 가먼서러 "아이고 참 도런님 참." 중간에

조 발가벗고?

제 발가벗어도 먹칠을 했거든 옷 입은 형상을 그렸지 그 요새 말로 하면 화상이지 그놈의 기상을 보니까, 그 애가 참 됐거든 기상이 됐거든. "그 네 성이 뭐니?" 하고 물으니까 동성동본이야. 그 파보(派譜)도 물으니까 동파(同派)이고. 그 뭐 촌수는, 그 이야기는 못 들었고 "그 네 몸에 왜 그 환칠을 왜 했지?"라고 하니까 "허허, 우리 집이요 저 위에 아주 산 위에 있습니다. 뭐 옷을 해 입으려니까, 옷을 해 입을 것이 (뭐가) 있습니까? 숯을 구워 가지고 저 시장에 갖다 팔고 땔나무 해다 팔고 그렇게 먹고살고 이러는데 뭐 옷 입을 것이 없어서 다른 사람들은 다 옷을 입고 다니는데 나는 뭐 불알도 다 보이지요. 허허허허. 그래도 옷을 입은 형상이라도 해야만 되지 않겠습니까? 그래 숯을 갈아 가지고 이렇게 옷 입은 형상을……" "그래 됐다. 저 아이를, 오늘 양자로 삼습니다." 공표를 다 했거든, 공표를 다 하고 그 이제, 참 따뜻하게 가마솥에다 물을 데워서 옛날에는 가마솥이 제일 크거든 물을 데워서 목욕을 시키란 말이야. 목욕을 시키고, 명주 바지저고리를 입히란 말이라. 입혀서, 내세워놓으니까 활달한 귀남자(貴男子)거든. 그래 가정교사를 앉혀 놓고 글을 가르치니 하늘 천 따 지, 하늘 천 따 지, 오늘 가르쳐도 하늘 천 따 지 내일 가르쳐도 하늘 천 따 지 일 년을 가르쳐도 하늘 천 따 지 이 년을 가르쳐도 하늘 천 따 지 다른 것은 아무리 가르쳐도 필요 없다는 거라 만날 하늘 천 따 지 이것뿐이야 삼 년을, 만 삼 년을 하늘 천 따 지밖에 안 읽어 그 뭐, 하늘 천 따 지만 읽고 만날 골목에 가서 놀고 그 대감이, 이 정승 대감이 암만 생각해봐도, 저 머리가 비상하지 싶고 (이 정승이) 관상도 볼 줄 알았어.

조 그렇겠지요.

제 응, 저것이 뭐 참 요새 말로 바보인가?

조 축귀인가?

가, 쉬다가 말이지, 으? "도런님 참 내가 생각해도 원통코 분합니다." "허 참, 머가 원통코 분하노? 말이지." "그 어째서 도런님이 삼 연 동안 화늘 천 따 지뱄우 모릅니까?" "허 참, 머 화늘 알고 땅 알엇으면 대앳지, 응? 자꼬 더 알면 머하노?" 이기야. 응. 천상 일 다

조 자기는 물리가 터젓다는 얘기.

제 그렇지. 화늘 천 따 지 삼 년 동안 읽어가아, 천상 일을 다 알고 지상 일을 다 알엇으면 그만이지 더 배야 머하노 이기야. 으?" 대감이 보내 놓고 생각해도 암만 캐도 원통하거등. 그 인자 업고 간 종인데 물엇어. "그 가다가 아무 말도 하는 말이 없더나?" "예, 대감님 말슴하시니 그렇지요 하도 나도 원통해 가아요, '아이고 도런님 참 나도 원통코 원통합니다. 그 어째서 삼 년 동안 화늘 천 따 지 밖움 몬 이릅니꺼?' 카이까네 '허허 참 내, 화늘, 천상 일 알고 땅 일 알고, 알앗으면 그 다 배앗지 머머 더 알면 머하는기요?' 캅디다." "응. 그래? 대앳어! 다시 가 델꼬 오라." 말이라. 그래가아, 참 그 정승이 참 앞으로 이레 참 장손을 세아가아 그 그 크기 댓다 카는 앞을 나라로 다스리고 그랫다 컁능 그 이약이 잇어. 자꾸 읽어도 자꾸 많이 배아도 소양없다 이기라 화늘 천 따 지만 읽어도 물리만 터지면 천상 일 알고 지상 일 다 안다 꼬. 그 이약이 잇어.

다황 마찌 활라

제 중국말° 아니고 세 마디뿐이라.

제 축귀인가? (그렇게) 생각하고 있었는데 삼 년 동안을 가르쳐 봐도, 처음에는 머리가 트일까 싶어서 가르쳤는데 만날 하늘 천 따 지밖에 모른다 이거라. 다른 것은 모른다 하고, 자꾸 손을 내젓고 그래 이제 종을 시켜서, "애를 업어다 자기 집에 갖다 줘라 말이다." 그래 이제 종이, 업고 가면서 "아이고 참 도련님 참." 중간에 가서, 쉬다가 말이지, 응? "도련님 참 내가 생각해도 원통하고 분합니다." "허 참, 뭐가 원통하고 분하냐? 말이지." "그 어째서 도련님이 삼 년 동안 하늘 천 따 지밖에 모릅니까?" "허 참, 뭐 하늘 알고 땅을 알았으면 됐지, 응? 자꾸 더 알면 뭐하니?" 이거야. 응. 천상 일 다

조 자기는 (모든) 물리가 터졌다는 얘기.

제 그렇지. 하늘 천 따 지를 삼 년 동안 읽어서, 천상(天上)의 일을 다 알고 지상의 일을 다 알았으면 그만이지 더 배워서 무얼 하느냐 이거야. 응?" 대감이 보내 놓고 생각해도 아무리해도 원통하거든. 그 이제 업고 간 종한테 물었어. "그 가다가 아무 말도 하는 말이 없더냐?" "예, 대감님께서 말씀하시니까 그렇지요 너무나 나도 원통해서, '아이고 도련님 참 나도 원통하고 원통합니다. 그 어째서 삼 년 동안 하늘 천 따 지밖에 못 읽습니까?' 라고 하니까 '허허 참 내, 하늘, 천상의 일을 알고 땅의 일을 알고, 알았으면 그 다 배웠지 뭐 더 알면 무엇을 합니까?' 라고 합디다." "응. 그래? 됐어! 다시 가서 데리고 오라." 말이다. 그래서, 참 그 정승이 참 앞으로 이렇게 참 장손(長孫)을 세워서 그 크게 됐다고 하는 앞으로 나라를 다스리고 그랬다고 하는 그 이야기가 있어. 자꾸 읽어도 자꾸 많이 배워도 소용없다 이거라 하늘 천 따 지만 읽어도 물리만 터지면 천상의 일을 알고 지상의 일을 다 안다고. 그런 이야기가 있어.

다황 마찌 활라

제 중국말이 아니고 세 마디뿐이라.

조 누가요?

제 사동° 어른, 사동떡°에 아나? 사동떡°에는 알 거로?

조 태문이° 적아부지요?

제 으, 으, 그 어른 저 택구가 저 사, 사동떡°에 거등

조 예, 예.

제 "삼국 말 하까?" 캐 놓골랑 다른 사람이 "하소" 이카먼 "다왕, 마찌, 활라." 허허허허. '다왕'은 조선말°이고, '활라'는 중국말°이고 '마찌'는 일분말°,

조 그런데 '활라'가 중국말°에 이하먼 모른다 컹던데?

제 그 어른 말숨은 '다왕'은 조선말°이고 '활라'는 중국말°이고, '마찌'는 일분말°이라, 이기라. 허허허허.

잔소리 속담

조 깻낱겉은 잔소리로 담배시겉이 한다?

제 "이약도 좀 구만하면 좋겟구마는 깻낱 겉은 잔소리로 담배시겉이 자꼬 하고 잇네." 대앳어? 으 고 고 저 떼에 낳아라.

소대성 내기 잠

제 소대신° 내기 잠, 잠만 잔다 카든지.

조 소대신°이라 컹는 사람이 무신 대신인데요?

제 대신이든동 머 모리, 모리지. 그 글을 아는 사람은 머가 머 그런 기이 잇겟지. 소대신° 내기 잠 잔다꼬.

조 잠을, 잠을 그러면 내기, 내기로 해서 잠을 자던 모양이지요?

제 으. 내기로 해가아. 가령 마 하리, 하리 종일로 잔다

조 닷새를 자든지 열을 자든지 그런 식이라야 내기가 되지. 하리야 누가 몰 자요?

제 그렇지마는 안 일나고 내 잘 수가 잇는강?

조 자는 척하고 가마아 눕어가아 잇지요.

제 허허허허.

조 누가요?

제 사동 어른, 사동댁 영감을 아나? 사동댁 영감은 (자네가) 알 걸?

조 태문이 그 사람의 아버지 말씀이에요?

제 응, 응, 그 어른의 저 택호가 저 사, 사동댁이 거든

조 예, 예.

제 "삼국(三國) 말을 할까?" 해 놓고서 다른 사람이 "하소" 이러면 "다황, 마치, 활라." 허허허허. '다황'은 (성냥의) 조선말이고, '활라'는 중국말이고 '마치'는 (성냥의) 일본말,

조 그런데 '활라'가 중국말에 의하면 모른다고 하던데?

제 그 어른의 말씀은 '다황'은 조선말이고 '활라'는 중국말이고, '마치'는 일본말이라, 이거라. 허허허허.

잔소리 속담

조 깻낱 같은 잔소리를 담배씨같이 한다?

제 "이야기도 좀 그만하면 좋겠건마는 깨알 같은 잔소리를 담배씨같이 자꾸 하고 있네." 됐어? 응 고 고 저 떼어 놓아라.

소대성 내기 잠

제 소대성(蘇大成)의 내기 잠, 잠만 잔다고 하든지.

조 소대성이라고 하는 사람이 무슨 대신(大臣)인데요?

제 대신인지 뭔지 모르지. 글을 아는 사람은 뭐가 뭐 그런 것이 있겠지. 소대성이 내기 잠을 잔다고.

조 잠을, 그러면 내기, 내기를 해서 잠을 잤던 모양이지요?

제 응. 내기를 해서. 가령 에, 하루 종일을 잔다

조 닷새를 자든지 열흘을 자든지 그런 식이라야 내기가 되지. 하루야 누가 못 잡니까?

제 그렇지마는 안 일어나고 계속 잘 수가 있는가?

조 자는 척하고 가만히 누워서 있지요.

제 허허허허.

주사암 돼지 굴

제 으, 그 대주가 굴에 거어 잇엇어. 거어 인자, 그 굴에 저 머고 신라° 그 공주, 공주인데 인자

조 대주가 신라° 공주한테 가 가주고.

제 으, 공주로 업고 갓어 대주가,

조 범이 아니고 대주예요?

제 아아, 대주, 그 저 최시로 대지라 이쾌거등. 최시는 머, 시조가 대지 아니가, 대지 아니가, 캐샇거등 위시개로.

조 경주° 최시가?

제 아아, 그래 냉재에는 대지가 머로 둔갑을 햇걸래 왓다 갓다 햇겟지. 그래 인자 맹지실에다가 바늘로 뀌이가아

조 공주가요?

제 그래, 맹지실에다가 바늘로 뀌이 가주고 그래 그 머고, 옛날 그 도복 도복 자락에다가 꼽엇거등, 맹지실이, 맹지실에

조 대지, 대지가 총각으로 환생을 해가아 공주한데로 인자 들락거린다 말이지요?

제 옳지. 그래서 인자 맹지실로 따라가니까네 그 굴에

조 주사암°으로 갓다 이거지요?

제 주사암° 굴에

주사암 돼지 굴

제 응, 그 돼지가 굴에 거기 있었어. 거기 이제, 그 굴에 저 뭐냐 신라 그 공주, 공주한테 이제

조 돼지가 신라 공주한테 가 가지고.

제 응, 공주를 업고 갔어 돼지가,

조 범이 아니고 돼지예요?

제 응, 돼지, 그 저 최씨를 (별명을 붙여) 돼지라고 하거든. 최씨는 뭐, 시조가 돼지 아니냐, 돼지 아니냐고, 해 쌓거든 우스개로.

조 경주 최씨가?

제 응, 그래 나중에는 돼지가 무엇으로 둔갑을 했기에 (궁중으로) 왔다 갔다 했겠지. 그래 이제 명주실에다가 바늘을 꿰어서

조 공주가요?

제 그래, 명주실에다가 바늘을 꿰어 가지고 그래 그 뭐니, 옛날 그 도포 도포 자락에다가 꽂았거든, 명주실이, 명주실에

조 돼지, 돼지가 총각으로 환생을 해서 공주한테 이제 들락거린단 말이지요?

제 그렇지. 그래서 이제 명주실을 따라가니까 그 굴에

조 주사암으로 갔다 이거지요?

제 주사암 (뒤에 있는) 굴에

새복　　　　　새벽
202

새빗사관　　　새벽사관
179, 180

샘이따물　　　우물가
157

생운　　　　　생원
231

서루　　　　　서로
189

서리　　　　　서로
77, 78, 194

서숙　　　　　조
128, 164

서아놓다　　　세워놓다
188, 212

석다　　　　　썩다
58, 59

선다님　　　　선달님
34

설레발이　　　설레발
133

세까리　　　　서까래
58

셍모　　　　　성묘
99

소구리　　　　소쿠리
166

소다　　　　　쏘다
57

소더방　　　　소댕, 솥뚜껑
160

소더뱅이　　　소댕, 솥뚜껑
158

소두뱅　　　　소댕, 솥뚜껑
120

소랑　　　　　쇠스랑
185

소빅이　　　　소복이
25

소양없다　　　소용없다
181, 251

소이까리　　　쇠고삐
20

손질　　　　　손짓
75

솔낡　　　　　소나무
104, 107, 108, 121

수껑　　　　　숯(덩이)
240, 241

수틀　　　　　숫돌
212

숨구다　　　　심다
109, 164, 165

숨키다　　　　숨기다
31

쉐다　　　　　새다(비가)
58, 59, 60

쉑이다　　　　속이다
135, 137

쉬영딸　　　　수양딸
156

쉽기　　　　　쉽게
200

스다　　　　　쓰다
41, 101, 102, 174, 187, 191, 211

스다　　　　　켜다(불을)
129, 203

시기다　　　　시키다
50, 133, 153, 156, 220, 248, 134

시다　　　　　쓰다(書)
50

편저자 약력 소개

최명옥(崔明玉)

경남 사천시 출생
서울대학교 문리과대학 국어국문학과 졸업(1973)
동대학교 대학원 문학석사(1975) · 문학박사(1982)
영남대학교 교수(1976~86) 역임
천리대학(1990~91, 2002~03) 및 동경대학(1996~97, 2005~06) 객원교수 역임
(현) 서울대학교 인문대학 교수(1986~), 한국방언학회 회장(2004~)
전자우편 : choimo@snu.ac.kr

저서 『경북 동해안방언 연구』(1980)
　　　『월성지역어의 음운론』(1982)
　　　『국어음운론』(공저, 1997)
　　　『국어음운론과 자료』(1998)
　　　『한국어 방언연구의 실제』(1998)
　　　『경주 속담 · 말 사전』(공편저, 2001)
　　　『함북 북부지역어 연구』(공저, 2003)
　　　『국어음운론』(2004)

논문 「변칙동사의 음운현상에 대하여」
　　　「국어 움라우트의 연구사적 고찰」
　　　「어간의 재구조화와 교체형의 단일화방향」
　　　「경상북도의 방언지리학」
　　　「경상도의 방언구획시론」
　　　「한국어 음운규칙 적용의 한계와 그 대체 기제」 외 다수

김주석(金珠石)

경주 출생
연세대학교 졸업
한화 그룹 공채 1기 입사
한국화약 CPO
경인에너지 CPO
경상석유 CEO
조양화학 CEO
전자우편 : saturi@paran.com

저서 『만화 같은 인생 정만서 해학』(1988)
　　　『경주 속담 · 말 사전』(공편저, 2001)

한국방언학회 자료총서 **1**

전국 지역어 텍스트 총서 ①

경상북도 ①

경주지역어 텍스트-1

인　쇄　2007년 7월 23일
발　행　2007년 7월 30일

편저자　최명옥·김주석
발행인　이대현
편　집　권분옥·허윤희·김지향

발행처　도서출판 역락
　　　　서울 서초구 반포 4동 577-25 문창빌딩 2층
　　　　전화 • 3409-2058, 3409-2060 / FAX • 3409-2059
　　　　등록 • 1999년 4월 19일 제303-2002-000014호

정　가　18,000원
I S B N　978-89-5556-561-4-93710

■ 잘못된 책은 교환해 드립니다.